Musik und Gesellschaft

Band 39

Reihe herausgegeben von

Sarah Chaker, Institut für Musiksoziologie, Universität für Musik und darstellende Kunst, Wien, Wien, Österreich

Michael Huber, Institut für Musiksoziologie, Universität für Musik und darstellende Kunst, Wien, Wien, Österreich

Die Schriftenreihe „Musik und Gesellschaft", ursprünglich von Kurt Blaukopf gegründet, wird seit über 50 Jahren vom Institut für Musiksoziologie in Wien herausgegeben und seit 2017 vom Verlag Springer VS verlegt. Aktuelle Befunde musik- und kultursoziologischer Forschung sichtbar zu machen stellt das zentrale Anliegen der Reihenherausgeber*innen dar.

Reihenherausgeber*innen:
Heft 1 bis Heft 21: Kurt Blaukopf
Heft 22 bis Band 27: Irmgard Bontinck
Band 28 bis Band 37: Alfred Smudits
Ab Band 38: Sarah Chaker und Michael Huber
Aktuelle Publikationen in der Reihe „Musik und Gesellschaft":

- Battentier, Andy (2021): A Sociology of Sound Technicians. Making the Show Go on. Reihe Musik und Gesellschaft, Band 38. Wiesbaden: Springer VS.
- Smudits, Alfred (2018): Roads to Music Sociology. Reihe *Musik und Gesellschaft*, Band 37. Wiesbaden: Springer VS.
- Huber, Michael (2018): Musikhören im Zeitalter Web 2.0. Theoretische Grundlagen und empirische Befunde. Reihe *Musik und Gesellschaft*, Band 36. Wiesbaden: Springer VS.
- Niederauer, Martin (2014): Die Widerständigkeiten des Jazz. Sozialgeschichte und Improvisation unter den Imperativen der Kulturindustrie. Reihe *Musik und Gesellschaft*, Band 35. Frankfurt/Main u. a.: Peter Lang.
- Gebesmair, Andreas / Brunner, Anja / Sperlich, Regina (2014): Balkanboom! Eine Geschichte der Balkanmusik in Österreich. Reihe *Musik und Gesellschaft*, Band 34. Frankfurt/Main u. a.: Peter Lang.
- Binas-Preisendörfer, Susanne / Unseld, Melanie (Hg.)(2012): Transkulturalität und Musikvermittlung. Möglichkeiten und Herausforderungen in Forschung, Kulturpolitik und musikpädagogischer Praxis. Reihe *Musik und Gesellschaft*, Band 33. Frankfurt/Main u. a.: Peter Lang.

Weitere Informationen zur Reihe finden sich auf www.musiksoziologie.at

Weitere Bände in der Reihe https://link.springer.com/bookseries/15551

Ina Kahle

Populärkultur und sozialökologische Transformation

Potenziale einer reflexiven Nachhaltigkeitskultur auf Musikfestivals

Ina Kahle
Fakultät für Wirtschafts- und
Sozialwissenschaften
Universität Hamburg
Hamburg, Deutschland

Zgl.: Lüneburg, Universität, Dissertation, 2021 Band 39 der Schriftenreihe Musik und Gesellschaft, seit 1967 herausgegeben vom Institut für Musiksoziologie in Wien

ISSN 0259-076X   ISSN 2522-8331 (electronic)
Musik und Gesellschaft
ISBN 978-3-658-36102-0   ISBN 978-3-658-36103-7 (eBook)
https://doi.org/10.1007/978-3-658-36103-7

Die Deutsche Nationalbibliothek verzeichnet diese Publikation in der Deutschen Nationalbibliografie; detaillierte bibliografische Daten sind im Internet über http://dnb.d-nb.de abrufbar.

© Der/die Herausgeber bzw. der/die Autor(en), exklusiv lizenziert an Springer Fachmedien Wiesbaden GmbH, ein Teil von Springer Nature 2022
Das Werk einschließlich aller seiner Teile ist urheberrechtlich geschützt. Jede Verwertung, die nicht ausdrücklich vom Urheberrechtsgesetz zugelassen ist, bedarf der vorherigen Zustimmung des Verlags. Das gilt insbesondere für Vervielfältigungen, Bearbeitungen, Übersetzungen, Mikroverfilmungen und die Einspeicherung und Verarbeitung in elektronischen Systemen.
Die Wiedergabe von allgemein beschreibenden Bezeichnungen, Marken, Unternehmensnamen etc. in diesem Werk bedeutet nicht, dass diese frei durch jedermann benutzt werden dürfen. Die Berechtigung zur Benutzung unterliegt, auch ohne gesonderten Hinweis hierzu, den Regeln des Markenrechts. Die Rechte des jeweiligen Zeicheninhabers sind zu beachten.
Der Verlag, die Autoren und die Herausgeber gehen davon aus, dass die Angaben und Informationen in diesem Werk zum Zeitpunkt der Veröffentlichung vollständig und korrekt sind. Weder der Verlag, noch die Autoren oder die Herausgeber übernehmen, ausdrücklich oder implizit, Gewähr für den Inhalt des Werkes, etwaige Fehler oder Äußerungen. Der Verlag bleibt im Hinblick auf geografische Zuordnungen und Gebietsbezeichnungen in veröffentlichten Karten und Institutionsadressen neutral.

Planung/Lektorat: Cori Antonia Mackrodt
Springer VS ist ein Imprint der eingetragenen Gesellschaft Springer Fachmedien Wiesbaden GmbH und ist ein Teil von Springer Nature.
Die Anschrift der Gesellschaft ist: Abraham-Lincoln-Str. 46, 65189 Wiesbaden, Germany

Danksagung

Ich möchte mich an dieser Stelle bei allen Menschen bedanken, die mich bei der Erstellung dieser Arbeit unterstützt haben.

Besonderer Dank gilt meiner Familie, insbesondere Marcel Didolff für das Vertrauen, viel Geduld und das Beibehalten einer guten Relation zu dieser Dissertation, meinem Sohn Veit Kahle für wichtige Ablenkungsmomente und einen kontinuierlich gesunden Abstand zu meiner Arbeit und auch meinen Eltern für ihr wichtige Unterstützung.

Einen bedeutenden Beitrag leisteten auch meine Freunde Kathrin Wortmann durch sowohl inhaltlichen als auch umfänglichen formalen Rat und Julia Baer mit konstruktiven Diskussionen zur inhaltlichen Ausrichtung. Ich danke euch fürs Mitdenken und für eure Kritik. Das gilt auch für Johannes Matern, der mir wahrscheinlich unbemerkt einen entscheidenden Denkanstoß am Küchentisch gegeben hat.

Ich danke meinem Doktorvater Volker Kirchberg für das Vertrauen und die Freiheiten, die er mir in meiner Forschung gewährt und in der er mich unterstützt hat, und Robin Kuchar, der mir sowohl bei fachlichen als auch bei organisatorischen Fragen geholfen hat.

Für die wertvolle Unterstützung bei der Datengewinnung und die Bereitstellung umfangreicher Informationen zur Recherche bedanke ich mich zudem bei Folkert Koopmans und Katja Wittenstein von der FKP Scorpio Konzertproduktionen GmbH.

Ich danke allen Interviewpartnern für interessante und informative Gespräche und Tabea Debora Pringal und Malte Schmidt für die Freigabe ihrer Fotos.

Nicht zuletzt möchte ich mich noch bei Tasos Zembylas, Sarah Chaker und Michael Huber vom Institut für Musiksoziologie in Wien für die Ermutigung zu dieser Veröffentlichung bedanken.

Hamburg, den 01.01.2022   Ina Kahle

Inhaltsverzeichnis

1 Einleitung 1
  1.1 Ausgangssituation und Problemstellung 3
      1.1.1 Nachhaltigkeitsdiskurs und Verortung des
           Nachhaltigkeitsproblems 3
      1.1.2 Von der Notwendigkeit kultureller Unterstützung 7
      1.1.3 Zielsetzung der sozialökologischen Transformation 9
  1.2 Beitrag der Populärkultur 10
      1.2.1 Positionierung der Populärkultur im
           Nachhaltigkeitsdiskurs 10
      1.2.2 Musikfestivals als Teil der Populärkultur 12
  1.3 Forschungsstand und Forschungslücken 14
  1.4 Zielsetzung und Forschungsfragen 18
  1.5 Aufbau der Publikation 19

**2 Sozialökologische Transformation, Musikfestivals und ein
mögliches Verhältnis** 23
  2.1 Die theoretischen Konzepte der Forschungsfrage 23
      2.1.1 Sozialökologische Transformation 23
      2.1.2 Das Nachhaltigkeitsproblem 31
      2.1.3 Ein möglicher Lösungsansatz 35
      2.1.4 Resonanz 49
  2.2 Untersuchungsleitende Fragestellung 54
  2.3 Ansatz der empirischen Studie 56
      2.3.1 Was ist eine kritische Reflexion? 58
      2.3.2 *Eigensinn* und *Binnenmoral* des ökonomischen
           Rationalismus 61
      2.3.3 Blickwinkel der Lebenswelt 63

2.4	Theoretische Zugänge zu Musikfestivals	66
	2.4.1 Diversität von Musikfestivals	67
	2.4.2 Der habituelle Grundmodus auf Musikfestivals	73
	2.4.3 Das Festivalpublikum und seine gesellschaftliche Prägung	84
	2.4.4 Transformativer Charakter von Musikfestivals	100

3 Forschungsdesign 107
   3.1 Methodik 107
   3.2 Beschreibung der Festivals als Fallstudien 109
      3.2.1 FKP Scorpio Konzertproduktionen GmbH 110
      3.2.2 Das *Hurricane*-Festival 111
      3.2.3 Das *M'era Luna*-Festival 113
      3.2.4 Das *Highfield*-Festival 114
      3.2.5 Der *Chiemsee Summer* 114
      3.2.6 Das *A Summer's Tale* 115
   3.3 Operationalisierung 116
      3.3.1 Qualitative Untersuchung auf dem *Hurricane*-Festival 116
      3.3.2 Quantitative Untersuchung 126

4 Forschungsresultate: Potenziale einer reflexiven Nachhaltigkeitskultur 133
   4.1 Festivals als Plattform 136
      4.1.1 Motivation der Veranstalter 137
      4.1.2 *Grüne Themen* auf Musikfestivals 138
      4.1.3 Festivals als Plattform in den Daten der Online-Umfrage 142
   4.2 Improvisierte Infrastruktur 144
      4.2.1 Umgang mit Müll 144
      4.2.2 Sanitärbereich und hygienische Hemmschwellen 147
      4.2.3 Das individuell Nötigste 148
      4.2.4 Schutzlos dem Wetter ausgeliefert 149
      4.2.5 Kommunikation ohne Netz 150
      4.2.6 Ordnungshüter 151
      4.2.7 Improvisierte Infrastruktur in den Daten der Online-Umfrage 152
   4.3 Festivalgemeinschaft 155
      4.3.1 Andere Werte und Normen 156
      4.3.2 Alle sind gleich 160

		4.3.3	Tauschen und Teilen	161
		4.3.4	Aktivitäten: Rollenspiel, Verkleidung etc.	163
		4.3.5	Kommunikation	164
		4.3.6	Alkohol	166
		4.3.7	Die Festivalgemeinschaft in den Daten der Online-Umfrage	167
	4.4	Abstand vom Alltag		170
		4.4.1	Hinter dem Zaun	170
		4.4.2	Der Alltag bleibt draußen	171
		4.4.3	Alles hat ein Ende	173
		4.4.4	Nachwirkungen	173
		4.4.5	Der Abstand vom Alltag in den Daten der Online-Umfrage	176
	4.5	Die Festivalatmosphäre aus Sicht der sozialökologischen Transformation		177
5	**Forschungsresultate: Auswirkung der Rahmenbedingungen auf Musikfestivals**			**181**
	5.1	Die Flucht aus dem Alltag		181
		5.1.1	Eskapismus	181
		5.1.2	Eskapismus in den Daten der Online-Umfrage	183
	5.2	Das ultimative *Hier und Jetzt*		185
		5.2.1	Umgang mit Smartphones auf dem Festival	186
		5.2.2	Der Flow-Zustand in Festivalsituationen	188
		5.2.3	Aufmerksamkeitsverschiebung in den Daten der Online-Umfrage	189
	5.3	Entschleunigung		190
		5.3.1	Zeit für das Wesentliche	190
		5.3.2	Entschleunigung in den Daten der Online-Umfrage	192
	5.4	Sich mit sich selbst beschäftigen – Identität		193
		5.4.1	Anonymität und sozialer Status	194
		5.4.2	Authentizität – das wirklich Urtümliche im Menschen	196
		5.4.3	Sich mit sich selbst beschäftigen in den Daten der Online-Umfrage	197
	5.5	Sich anders erfahren – Identität		198
		5.5.1	Selbsterfahrungen	199
		5.5.2	Selbstwirksamkeitserfahrungen	200

		5.5.3 Sich selbst anders erfahren in den Daten der Online-Umfrage	201
	5.6	Die Festivalstimmung aus Sicht der sozialökologischen Transformation	205

6 Interpretation und theoretische Einbettung 209
    6.1 Interpretation und Zusammenspiel der einzelnen Faktoren 209
    6.2 Anhaltspunkte für einen geänderten habituellen Grundmodus 221
        6.2.1 Potenziale von Liminalität und Flow 221
        6.2.2 Der transformative Moment 223
    6.3 Was passiert, ist Resonanz 227

7 Schluss 231
    7.1 Ausblick 231
        7.1.1 Feldversuch Resonanztheorie 231
        7.1.2 Einfluss der Ergebnisse auf gesellschaftliche Sozialstrukturen 234
        7.1.3 Festivalformen und Nachhaltigkeitskonzepte 237
        7.1.4 Grenzen der Studie und Forschungsanregungen 239
    7.2 Schlussbetrachtung 240

8 Verzeichnis über transkribierte Interviews/Gedächtnisprotokolle 247

Anhang 251

Literatur 269

Abkürzungsverzeichnis

AST	A Summer's Tale
BMAS	Bundesministerium für Arbeit und Soziales
BMBF	Bundesministerium für Bildung und Forschung
CO^2	Kohlenstoffdioxid
CRP	Chiemsee Reggae Production
CSR	Corporate Social Responsibility
FKP	Folkert Koopmans Presents
FONA	Forschung für Nachhaltige Entwicklung
GEMO	German Entertainment and Media Outlook
GO Group	Green Operation Group
HaHe	Hanseatic Help
ISO	International Organization for Standardization
K.I.Z.	Kannibalen In Zivil (Musikband)
MLK	Marek Lieberberg Konzertagentur
NAJU	Naturschutzjugend
NDR	Norddeutscher Rundfunk
NGO	Nichtregierungsorganisation
o. D.	ohne Datum
RFG	Roskilde Festival-Gruppen [DK]
SES	Sozialökologisches Systems
UNCED	United Nations Conference on Environment and Development
UNO	United Nations Organization
Unv	unverständlich
VcA	Viva con Agua
WASH	Wasser-, Sanitär- und Hygienebereich (Projekt Viva con Agua)
WOA	Wacken Open Air

Abbildungsverzeichnis

Abb. 1.1	Multiple contributions of culture to sustainable development. (Quelle: Dessein et al. 2015, S. 28)	8
Abb. 2.1	Ökonomische Rationalität versus ethische Vernunft. (Quelle: in Anlehnung an Ulrich 2005, S. 2)	62
Abb. 2.2	The Four Realms of an Experience. (Quelle: Pine und Gilmore 1998, S. 102)	69
Abb. 2.3	Der Akzelerationszirkel. (Quelle: Rosa 2016, S. 251)	96
Abb. 3.1	Aufbau der empirischen Studie. (Quelle: Eigene Darstellung)	117
Abb. 4.1	Rahmenbedingungen einer Festivalsituation. (Quelle: eigene Darstellung)	136
Abb. 4.2	Psychische Existenzbewältigung im Festivalleben. (Quelle: Kirchner 2011, S. 85)	157
Abb. 4.3	Foto Gummistiefel im Schlamm. (Foto: eigene Abbildung)	157
Abb. 4.4	Foto Zeitlupe. (Foto: eigene Abbildung)	158
Abb. 4.5	Foto Baum in Lebensgefahr. (Quelle: FKP, o. D. e. Foto: Tabea Debora Pringal)	159
Abb. 4.6	Foto Doseneinhorn. (Foto: eigene Abbildung)	162
Abb. 4.7	Foto Privater Angelteich. (Quelle: FKP o. D. e. Foto: Malte Schmidt)	175
Abb. 4.8	Foto Frisch gewischt. (Quelle: Weser Kurier 2016)	175
Abb. 4.9	Foto Staketenzaun. (Foto: eigene Abbildung)	176
Abb. 6.1	Rahmenbedingungen einer Festivalsituation – kommentiert. (Quelle: eigene Darstellung)	220

Tabellenverzeichnis

Tab. 2.1	Gegenüberstellung der Theorien zum Paradigmenwechsel. (Quelle: eigene Abbildung)	38
Tab. 4.1	Besucherbeteiligung an grünen Aktionen Hurricane 2017. (Quelle: eigene Auswertung Frage 7 in Anhang B.b)	142
Tab. 4.2	Kategorisierung bleibender Eindruck Hurricane. (Quelle: eigene Auswertung Frage 8 in Anhang B.a – Hurricane/Southside)	154
Tab. 4.3	Besucherbewertung Abhängigkeit vom Wetter – Augustfestivals. (Quelle: eigene Auswertung Frage 3 in Anhang B.a – Highfield/ M'era Luna/ Chiemsee Summer)	154
Tab. 4.4	Besucherbewertung Hemmschwellen: Hygiene (Duschen) – Augustfestivals. (Quelle: eigene Auswertung Frage 9 in Anhang B.a – Highfield/M'era Luna/Chiemsee Summer)	155
Tab. 4.5	Zustimmung Musikfestivals als Ausnahmezustand (5) – Augustfestivals. (Quelle: eigene Auswertung Frage 2 in Anhang B.a – Highfield/M'era Luna/Chiemsee Summer)	167
Tab. 4.6	Besucherbewertung Hemmschwellen: Auf Leute zugehen – Augustfestivals. (Quelle: eigene Auswertung Frage 9 in Anhang B.a – Highfield/M'era Luna/Chiemsee Summer)	168
Tab. 4.7	Zustimmung Musikfestivals als Ausnahmezustand (6) – Augustfestivals. (Quelle: eigene Auswertung Frage 2 in Anhang B.a – Highfield/M'era Luna/Chiemsee Summer)	168

Tab. 4.8	Besucherbewertung Alltagszufriedenheit – alle Festivals. (Quelle: eigene Auswertung Frage 5 in Anhang B.a. – Hurricane/Southside, Frage 7 in Anhang B. a – Highfield/M'era Luna/Chiemsee Summer)	169
Tab. 4.9	Zustimmung Musikfestivals als Ausnahmezustand (2) – Augustfestivals (Quelle: eigene Auswertung Frage 2 in Anhang B.a – Highfield/M'era Luna/Chiemsee Summer)	177
Tab. 5.1	Eskapisten versus Nicht-Eskapisten: Interaktion. (Quelle: eigene Auswertung Frage 4 in Anhang B.a – Hurricane/Southside)	184
Tab. 5.2	Eskapisten versus Nicht-Eskapisten: Selbstverständliches infrage stellen. (Quelle: eigene Auswertung Frage 5 in Anhang B.a – Hurricane/Southside)	184
Tab. 5.3	Eskapisten versus Nicht-Eskapisten: Veränderungseinschätzung. (Quelle: eigene Auswertung)	185
Tab. 5.4	Besuchereinschätzung Smartphone-Nutzung. (Quelle: eigene Auswertung Frage 3 in Anhang B.a – Highfield/M'era Luna/Chiemsee Summer)	189
Tab. 5.5	Zustimmung Musikfestivals als Ausnahmezustand (4) – Augustfestivals. (Quelle: eigene Auswertung Frage 2 in Anhang B.a – Highfield/M'era Luna/Chiemsee Summer)	190
Tab. 5.6	Besuchereinschätzung Geduld – Augustfestivals. (Quelle: eigene Auswertung Frage 3 in Anhang B.a – Highfield/M'era Luna/Chiemsee Summer)	192
Tab. 5.7	Zustimmung „sich selbst neu kennenlernen" (Quelle: eigene Auswertung Frage 5 in Anhang B.a – Hurricane/Southside, Frage 7 in Anhang B.a – Highfield/M'era Luna/Chiemsee Summer)	198
Tab. 5.8	Zustimmung „über mich selbst nachgedacht" (Quelle: eigene Auswertung Frage 3 in Anhang B.a – Hurricane/Southside)	202
Tab. 5.9	Zustimmung „Selbstverständliches infrage stellen" (Quelle: eigene Auswertung Frage 5 in Anhang B.a – Hurricane/Southside, Frage 7 in Anhang B.a – Highfield/M'era Luna/Chiemsee Summer)	202

Tab. 5.10	Kreuztabelle „Selbstverständliches/lebensveränderndes Ereignis" (Quelle: eigene Auswertung Frage 5 in Anhang B.a – Hurricane/Southside, Frage 7 in Anhang B.a – Highfield/M'era Luna/Chiemsee Summer)	204
Tab. 5.11	Kreuztabelle „Sich neu kennenlernen/lebensveränderndes Ereignis" (Quelle: eigene Auswertung Frage 5 in Anhang B.a – Hurricane/Southside, Frage 7 in Anhang B.a – Highfield/M'era Luna/Chiemsee Summer)	204
Tab. 5.12	Zustimmung Musikfestivals als Ausnahmezustand (Übersicht). (Quelle: eigene Auswertung Frage 2 in Anhang B.a – Highfield/M'era Luna/Chiemsee Summer) ...	208
Tab. 6.1	Gegenüberstellung Flow versus Resonanz. (Quelle: eigene Darstellung)	225
Tab. 7.1	Musikfestivals als lebensverändernde Ereignisse. (Quelle: eigene Auswertung Frage 5 in Anhang B.a – Hurricane/Southside, Frage 7 in Anhang B.a – Highfield/M'era Luna/Chiemsee Summer)	237

Einleitung 1

Bei einem Gang über den Zeltplatz eines Musikfestivals gibt es unzählige Eindrücke, die einem auf den ersten Blick fremd erscheinen: Gruppen von Jugendlichen, die vor ihren Zelten sitzen, offen miteinander interagieren und sich die Zeit mit gemeinsamen Aktionsspielen vertreiben, ohne dass jemand ein Smartphone in der Hand hat; Besucher, die in endlos langen Schlangen anstehen, um auf eine Toilette, an einen Essensstand oder auf das Festivalgelände zu gelangen, und keinerlei Anzeichen von Ungeduld aufweisen; Jugendliche, die in ihrem eigenen Müll sitzen und sich offensichtlich sehr wohl dabei fühlen; Besucher, die sich nach einem Regenschauer euphorisch über einen trocken gebliebenen Pappkarton oder eine noch nicht zerrissene Mülltüte freuen. Eine ungewohnt intensive Aufmerksamkeit aller Festivalteilnehmer ist auf das gerichtet, was auf den Zuwegungen und in den Camps passiert. Die Situation ist befremdlich, friedfertig und emotional aufgeladen. Das beschriebene Bild scheint nicht nur deshalb fremd zu sein, weil Dinge passieren, die im normalen Leben nicht vorkommen, oder die massive Gelöstheit von derart vielen Jugendlichen ungewöhnlich ist. Befremdlich ist die Art und Weise, auf welche Festivalbesucher – in stillem Konsens – ihren Festivalalltag verleben. Sind das die gleichen Jugendlichen, die Zeitdruck verspüren, wenn angekündigt wird, dass ihr Bus zehn Minuten später kommt (vgl. soziale Beschleunigung in Abschn. 2.4.3); die in regelmäßigen Abständen ein neues Smartphone, Spielkonsolen oder Laptops benötigen, obwohl die alten nur überholt sind und noch nicht ausgedient haben (vgl. Verfügungsreichtum in Abschn. 2.1.2); die sich in Chats, Blogs und Posts vertieft mit Freunden treffen (vgl. Fragmentierung des Alltags in Abschn. 2.4.3) und dabei sehr wohl auf körperliche Hygiene und Hygienestandards der Umgebung achten (vgl. Hemmschwellen in Abschn. 4.3.1)? Vermutlich schon – zumindest im Rahmen der gesellschaftlichen Prägung. Folgt man diesem Gedanken so wird deutlich, dass auf einem Musikfestival Verhaltensmuster die Situation dominieren,

© Der/die Autor(en), exklusiv lizenziert an Springer Fachmedien Wiesbaden GmbH, ein Teil von Springer Nature 2022
I. Kahle, *Populärkultur und sozialökologische Transformation*, Musik und Gesellschaft 39, https://doi.org/10.1007/978-3-658-36103-7_1

welche nicht von direkten Verboten oder üblichen Verhaltensweisen herrühren und auch von keinem der Besucher erklärt werden können. Sie entstammen einer kollektiven Überzeugung davon, dass auf Festivals andere Regeln herrschen als im Alltag. Diese Regeln scheinen Denk- und Verhaltensmuster zu berühren und auf eine Art und Weise zu ändern, die an der Entstehung und Bewertung dieser Muster, also an dem Hintergrundsystem, ansetzen.

Verfolgt man die öffentliche Diskussion über Nachhaltigkeit (vgl. BMBF 2015; vgl. UNO 2015), so dreht sich diese seit geraumer Zeit immer weniger um Recycling, Bioprodukte oder nachhaltige Produktionsketten, sondern immer mehr um die Notwendigkeit, gesellschaftliche Verhaltensmuster zu ändern, einen angestrebten Wertewandel, Konsumverzicht, Entschleunigung oder Entfremdung.

Wissenschaftliche Arbeiten zum Thema Nachhaltigkeit auf Musikfestivals widmen sich vorwiegend dem CO^2-Fußabdruck oder den Anforderungen an das Management von Musikfestivals, diese nachhaltiger zu gestalten (vgl. Abschn. 1.3). Dabei liegt bei der heutigen Diskussion um Nachhaltigkeit (vgl. Abschn. 1.1) ein ganz anderer Aspekt von Musikfestivals auf der Hand, nämlich die Frage nach der kollektiven drastischen Veränderung von Verhaltensmustern, deren Ursprung aus einer Gemeinschaft heraus selbst auferlegt zu erwachsen scheint.

Neben eher rückschrittig anmutenden Aspekten eines Musikfestivals, wie dem unverhältnismäßigen Konsum von Alkohol und dem unbedachten Umgang mit Müll, gibt es Verhaltensänderungen, die im Rahmen der Nachhaltigkeitsdiskussion bisher weitestgehend unbeachtet zu sein scheinen, diese aber durchaus bereichern können. So weisen die oben angedeuteten Verhaltensweisen der Festivalbesucher beispielsweise auf Entschleunigung, interaktive Beteiligung an der Gemeinschaft, die Umwertung von Bedürfnissen oder einen aufmerksameren Umgang mit der – wenn auch nicht ökologischen, so doch sozialen – Umgebung hin. In der Nachhaltigkeitsdiskussion um die Änderung von gesellschaftlichen Verhaltensmustern kommt diesen Aspekten eine zunehmende Bedeutung zu.

Zu klären sind Fragen wie: Warum sind die auf den Musikfestivals zu beobachtenden Verhaltensmuster so auffällig anders als im Alltag? Was stellen Festivals den Besuchern zur Verfügung, damit Verhaltensänderungen so massiv eintreten können? Welche auf Musikfestivals zu beobachtenden Verhaltensmuster sind mit den politischen Forderungen zur Nachhaltigen Entwicklung kompatibel? Können aus der Analyse dieses Phänomens Schlüsse gezogen werden, die die Implementierung einzelner Verhaltensmuster in die Alltagsgesellschaft unterstützen?

Die vorliegende Arbeit geht diesen Fragen im Rahmen einer umfangreichen empirischen Studie nach. Sie umfasst eine Kombination aus qualitativer und quantitativer Forschung, in deren Fokus eines der größten deutschen kommerziellen Open-Air-Musikfestivals, das *Hurricane* steht. Auf dem *Hurricane* werden über die Auswertung von mehr als dreißig halbstrukturierten Interviews, teilnehmender Beobachtung und 2077 ausgefüllten standardisierten Fragebögen zur Beantwortung der Forschungsfrage relevante Einflussfaktoren ermittelt. Diese Faktoren werden in einer begleitenden quantitativen Umfrage auf fünf weiteren deutschen Open-Air-Festivals unterschiedlicher Genre und unterschiedlicher Struktur mit einem Rücklauf von insgesamt 3977 ausgefüllten Fragebögen auf ihre allgemeine Gültigkeit für Musikfestivals geprüft.

Angestrebt wird in dieser Arbeit keine umfassende allgemeine Theorie, sondern vielmehr die Beleuchtung eines neuen Ansatzes zur Bewertung des Verhältnisses von populären Großveranstaltungen zur aktuellen Nachhaltigkeitsdiskussion. Dieser neue Ansatz besteht in der Annäherung an das grundlegende Verhältnis von Mensch und Natur und einen auf Musikfestivals zu beobachtenden und im Nachhaltigkeitsdiskurs als bedeutend zu bewertenden habituellen Grundmodus der Festivalbesucher.

1.1 Ausgangssituation und Problemstellung

Im Folgenden wird das Nachhaltigkeitsproblem, wie es in dieser Arbeit verstanden wird, hergeleitet und im politischen Nachhaltigkeitsdiskurs positioniert. Anschließend wird die Forderung nach der Einbeziehung der Kultur zur Lösung dieses Nachhaltigkeitsproblems beleuchtet und später die Zielsetzung der sozialökologischen Transformation in diesem Zusammenhang skizziert.

1.1.1 Nachhaltigkeitsdiskurs und Verortung des Nachhaltigkeitsproblems

Die politische Diskussion über Nachhaltigkeit bewegt sich mehr und mehr in Richtung einer kritischen Betrachtung von Verhaltensmustern der Industriegesellschaften (BMBF 2015, S. 19; vgl. Brundtland Kommission 1987, S. 78; UNCED 1992, S. 18 ff.; UNO 2015, S. 24 f.). Bereits 1987 verlieh die Brundtland-Kommission für Umwelt und Entwicklung verlieh der Diskussion um Nachhaltige Entwicklung in ihrem Bericht *Our Common Future* mit einem ganzheitlichen Ansatz neue Dimensionen (Brundtland Kommission 1987, S. 9). *Nachhaltige Entwicklung,* so steht in diesem Bericht, *beinhalte eine fortschreitende Transformation von Wirtschaft und Gesellschaft* (Brundtland Kommission 1987, S. 41). Gro Harlem Brundtland beschreibt im Vorwort ihres Berichts Nachhaltigkeit als globales Problem, welches nur gemeinsam lösbar ist (Brundtland 1987, S. 5 f.). Dieser ganzheitliche Ansatz wird 1992 in Rio de Janeiro in einer von den Vereinten Nationen geführten Debatte im Rahmen der Agenda 21 vertieft und es werden konkrete Handlungsempfehlungen erarbeitet (UNCED 1992, S. 1). Im Rahmen der Diskussion um die notwendige Veränderung von Konsumgewohnheiten wird darauf hingewiesen, dass die Armut zwar bestimmte Arten der Umweltbelastung zur Folge habe, doch sei *die Hauptursache für die anhaltende Zerstörung der globalen Umwelt in den nicht nachhaltigen Konsumgewohnheiten und Produktionsweisen – insbesondere in den Industrieländern – zu sehen, was Anlass zu ernster Besorgnis gibt und Armut und Ungleichgewichte noch verschärft* (UNCED 1992, S. 18). Ein Ziel dieses Programmbereichs wird in der Stärkung von Werten gesehen, welche nachhaltige Produktionsweisen und Konsumgewohnheiten fördern (UNCED 1992, S. 20). So wird *die Notwendigkeit neuer Konzepte von Wohlstand und Prosperität* herausgestellt, *die es gestatten, durch eine veränderte Lebensweise einen höheren Lebensstandard zu erzielen, und die in geringerem Maße von den endlichen Ressourcen der Erde abhängig sind und mit der Tragfähigkeit der Erde in größerer Harmonie stehen* (UNCED 1992, S. 19). Die Debatte über das Konsumverhalten ist lediglich ein Teilbereich der Diskussion über Nachhaltige Entwicklung, welches neben Themen wie Bildung, Gleichstellung, Gesundheit, ökologischer Nachhaltigkeit und technischen Innovationen steht. Für das in dieser Arbeit zugrunde gelegte Verständnis von Nachhaltigkeit ist dieser Aspekt jedoch zentral.

Auch das zwölfte der Sustainable Development Goals, welche die aktuellen Forderungen der Vereinten Nationen darstellen, beschreibt die Notwendigkeit, Konsum und Produktionsketten nachhaltig zu gestalten (UNO 2015, S. 24). Dieses Ziel besteht neben dem Wirtschaftswachstum, einem weiteren Sustainable Development Goal. So wird in der Resolution *Transforming our world: the 2030 Agenda for Sustainable Development* davon ausgegangen, dass es ein *inklusives und nachhaltiges Wirtschaftswachstum* geben kann, über welches Arbeitsplätze gesichert, Bekämpfung des Hungers und Wohlstand erreicht und gleichzeitig durch klimasensitive Innovationen und Technologien das Gleichgewicht zwischen Mensch und Natur erhalten werden kann (UNO 2015, S. 5).

Was für die Vereinten Nationen miteinander vereinbare Zielvorstellungen bedeutet, steht für Kritiker in einem antagonistischen Verhältnis.

Wenn eine ökologische Gegenbewegung gegen das vorherrschende Modell der zerstörerischen Wachstumswirtschaft nicht eine andere wirtschaftliche Praxis setzt, sondern

1.1 Ausgangssituation und Problemstellung

an den „Auswüchsen" der kapitalistischen Zerstörung, also am Ende der Wertschöpfungsprozesse, ansetzt, kann sie nie mehr als symbolische Erfolge verbuchen. Systematisch kann ja eine nicht nachhaltige Produktionsweise nicht in eine nachhaltige verwandelt werden, wenn Expansion ihr tragendes Prinzip bleibt und immer nur am Ende etwas verändert wird, was dann das Adjektiv „nachhaltig" bekommt (Welzer und Sommer 2014, S. 215).

So argumentieren Vertreter der stationären Wirtschaft, dass Wirtschaftswachstum als eine der wichtigsten Zielvorgaben industrialisierter Gesellschaften einen steten Mehrverbrauch an natürlichen Ressourcen bedinge und somit kein nachhaltiges Wirtschaften möglich sei (Cohen und Todd 2018, S. 6; Andreucci und McDonough 2015, S. 61; Jackson und Senker 2011, S. 86; Kallis 2015, S. 139; Paech 2009; Simms 2005, S. 73; Smith 2010, S. 30, Daly 1991, S. 180).

Während für Smith Stagnation und Kapitalismus nicht miteinander vereinbar sind (Smith 2010, S. 30), sehen andere Verfechter der stationären Wirtschaft wie Daly und Jackson durchaus die Möglichkeit, das bestehende kapitalistische System zu erhalten und durch eine Abkopplung des Wachstumsimperativs von Wirtschaft und Gesellschaft in modifizierter Form weiterzuführen, um die Errungenschaften dieses Systems wie Wohlstand oder Meinungsfreiheit beizubehalten (Daly 1996; Jackson und Senker 2011). So sei das Problem des Kapitalismus darin zu sehen, dass er sich in der vorherrschenden Form einzig über das Wirtschaftswachstum zu erhalten vermag. Durch eine konsequente und ganzheitliche Modifizierung könnte jedoch eine Abkopplung von diesem Zwang erwirkt werden (vgl. Daly 1996; Jackson und Senker 2011; Lawn 2011, S. 1).

Von dem Markt etabliert und den Gesellschaftsmitgliedern internalisiert, fördert der Wachstumsimperativ als habitueller Grundmodus industrialisierter Gesellschaften ein gesellschaftliches Missverhältnis von Mensch und Natur, was auf der Annahme beruht, der Mensch könne uneingeschränkt über die Natur verfügen (Hassenpflug 1993, S. 11; vgl. Reisch 2002, S. 41; Rosa 2017, S. 14, 383; Welzer und Sommer 2014, S. 117). Zur Lösung des Nachhaltigkeitsproblems ist demnach nicht an der Regulierung einzelner Teilbereiche des bestehenden – aufgrund des Wachstumsimperativs nicht nachhaltigem – Systems anzusetzen, sondern an der kritischen Hinterfragung der Grundannahmen und Mechanismen und darüber einer Entkopplung dieses habituellen Grundmodus von den Denk- und Verhaltensmustern industrieller Gesellschaften (Rosa 2017, S. 58; Welzer und Sommer 2014, S. 18 f.). Für den massenhaften Verbrach natürlicher Ressourcen und den instrumentellen Umgang mit der Umwelt, so argumentiert Heidbrink in seinem Artikel *Kultureller Wandel: zur kulturellen Bewältigung des Klimawandels* (Heidbrink 2010), seien vor allem kulturell geprägte Handlungsgründe verantwortlich. So habe vorwiegend ein Zusammenspiel aus Werthaltungen, Normen und Lebensvorstellungen Auswirkungen auf gesellschaftliche Evolutionsprozesse. Diesen Aspekt habe die Diskussion um eine Nachhaltige Entwicklung bisher weitestgehend ignoriert, da sie von Naturwissenschaften dominiert sei, denen ein mathematisch-physikalischer Wissenschaftsbegriff zugrunde liege. Durch ihre vermeintliche Berechenbarkeit, so Heidbrink weiter, habe die Natur ihren objektiven Eigenwert verloren und sei in den Sog der subjektiven Verfügung geraten (Heidbrink 2010, S. 52; vgl. auch Welzer et al. 2010, S. 15). Die menschliche Kultur diene als Rahmensystem und Hintergrundinformation ökologisch relevanter Entscheidungsprozesse und wirke als autonomes Steuerungsprogramm auf das menschliche Handeln ein (Brocchi 2008, S. 35; Kagan 2011, S. 13; vgl. hierzu auch Leggewie und Welzer 2010, S. 97 f.). Ein wirkungsmächtiger Ansatz zur Unterstützung einer Nachhaltigen Entwicklung seien demnach Maßnahmen zur Schaffung eines kulturellen Rahmendesigns, das den Forderungen einer Nachhaltigen Entwicklung entspreche sowie Entscheidungen und Handlungen im Sinne der Nachhaltigen Entwicklung forciere.

Um dem hier hergeleiteten Nachhaltigkeitsproblem entgegenzutreten, ist also eine kritische Reflexion gesellschaftlicher Rahmenbedingungen nötig, um gesellschaftliches Umdenken zu erreichen und das Verhältnis von Mensch und Natur zu regulieren (Kagan 2011, S. 91, 2012, S. 26; Kolland 2002, S. 38 f.; Kurt und Wagner 2002, S. 13; Welzer et al. 2010, S. 12).

Der dieser Arbeit zugrunde liegende Nachhaltigkeitsbegriff beinhaltet folgende Komponenten: Ausgegangen wird von der Notwendigkeit, Wirtschaft und Gesellschaft vom Wachstumsgedanken als habituellen Grundmodus zu entkoppeln, um die Erhaltung des Systems unter der Voraussetzung einer grundlegenden Modifizierung sicherzustellen. Im Rahmen eines systemischen Ansatzes wird davon ausgegangen, dass diese Entkopplung sowohl über Institutionen vollzogen werden, gleichzeitig aber auch ein gesellschaftliches Umdenken stattfinden muss. Konzentriert wird sich in der vorliegenden Arbeit auf die Wechselwirkung von sich ändernden gesellschaftlichen Rahmenbedingungen und Denk- und Verhaltensmustern der Gesellschaftsmitglieder. Fokussiert wird ein gesellschaftliches Umdenken, welches über eine kritische Reflexion der Hintergrundannahmen grundlegende Veränderungen in Denk- und Verhaltensmustern bewirken kann, und die Beleuchtung möglicher Ansätze, über welche dieses Umdenken aktiv unterstützt wird.

1.1.2 Von der Notwendigkeit kultureller Unterstützung

Über die letzten Jahrzehnte wurde der Ruf nach kultureller Unterstützung der Nachhaltigen Entwicklung laut. In diversen Publikationen (Dessein et al. 2015; Kurt und Wagner 2002; Parodi et al. 2010) wird auf die Notwendigkeit einer gesellschaftlichen Transformation in Richtung Nachhaltigkeit aufmerksam gemacht, welche ohne das Einbeziehen einer kulturellen Komponente nicht möglich sei. Kultur wird hier das Potenzial zugeschrieben, Gesellschaften aus sich heraus zu verändern (Brocchi 2008, S. 35; Heidbrink 2010, S. 51; Kagan 2011, S. 14, 2012, S. 19; Kirchberg 2013, S. 25; Kurt 2002, S. 46; Kurt und Wagner, 2002) und nur so ein gesamtgesellschaftliches Umdenken zu ermöglichen.

Innerhalb dieser Diskussion haben sich Theorien zu einer kulturellen Dimension von Nachhaltigkeit herausgebildet (Brocchi 2008; Kagan 2011). *Wenn die Kultur das Verhältnis zwischen gesellschaftlichem System und Umwelt reguliert, dann ist die heutige Umweltkrise eine kulturelle Krise* (Brocchi 2008, S. 57).

Die kulturelle Dimension von Nachhaltigkeit beschreibt Einflüsse von Kultur auf Denk- und Verhaltensmuster von Gesellschaftsmitgliedern. Neben Theorien, die Kultur als vierte Dimension von Nachhaltigkeit – neben den drei konventionellen Dimensionen Ökologie, Ökonomie und Soziales – also von diesen Dimensionen weitestgehend getrennt sehen, gibt es Ansätze, welche der kulturellen Dimension von Nachhaltigkeit eine übergreifende Funktion zuschreiben. Hier agiert der Einfluss der kulturellen Dimension von Nachhaltigkeit innerhalb der drei konventionellen Dimensionen und wird eher als verbindendes bzw. übergeordnetes Element gesehen (Dessein et al. 2015, S. 28). Abb. 1.1 gibt einen Überblick über drei Beziehungsmodelle von der kulturellen zu den drei bestehenden Dimensionen der Nachhaltigkeit. Die ökologische, die ökonomische und die soziale Dimension sind in Abb. 1.1 als weiße Kreise dargestellt. Die kulturelle Dimension wird als grauer Kreis veranschaulicht und innerhalb des konventionellen Drei-Säulen-Modells der Nachhaltigkeit als gleichberechtigte Dimension neben den drei bestehenden (vgl. Cultures in sustainable development in Abb. 1.1) als die drei anderen Dimensionen verbindendes Element (vgl. Cultures for sustainable development in Abb. 1.1) oder als übergeordnete Dimension gesehen (vgl. Cultures as sustainable development in Abb. 1.1) (Dessein et al. 2015, S. 28–33).

In der vorliegenden Arbeit wird die übergeordnete Stellung der kulturellen Dimension zugrunde gelegt, womit der Nachhaltigkeitsbegriff im Rahmen von Kulturen der Nachhaltigkeit gedacht wird. So wird der kulturellen Dimension eine

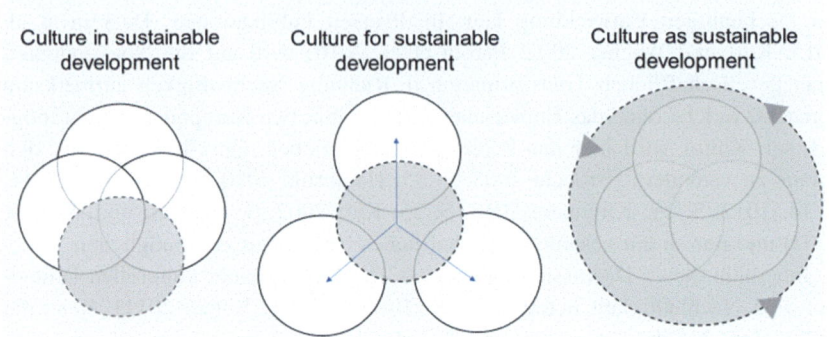

Abb. 1.1 Multiple contributions of culture to sustainable development. (Quelle: Dessein et al. 2015, S. 28)

Schlüsselrolle innerhalb der Nachhaltigen Entwicklung zugesprochen, über welche das Verhältnis von Mensch zu Natur neu gedacht werden kann (vgl. Dessein et al. 2015, S. 31).

Kagan entwickelt in seiner Arbeit *Art and Sustainability,* in der er sich ausführlich Überlegungen zur kulturellen Dimension von Nachhaltigkeit widmet, das Konzept einer ästhetischen Dimension von möglichen Kulturen der Nachhaltigkeit. Dieses Konzept beinhaltet die bereits von Bateson 1979 formulierte Vision von *Mustern, die verbinden* (Bateson 1979 zitiert in Kagan 2011, S. 484). Diese Muster werden als Meta-Muster verstanden, welche die Welt als komplexes Ganzes verstehen und damit die vereinfachten Darstellungen einzelner Teilbereiche, welche über die Rationalität der Industrialisierung etabliert sind, überwinden. Um diese Muster sichtbar und vorstellbar zu machen, sei ein Zulassen von Komplexität und ein Sich-Lösen von vorherrschenden Werten und Normen in industrialisierten Gesellschaften grundlegend (Kagan 2011, S. 484, 2012, S. 16; Kolland 2002, S. 40; Luks et al. 2007, S. 116). Über die Rationalität der Industrialisierung haben sich lineare Denkstrukturen etabliert. Diese erlauben Akteuren, seien es Wissenschaftler in ihrer jeweiligen Disziplin, Unternehmen in ihren jeweiligen Prozessen oder Politiker in ihrer Entscheidungsfindung, komplexe Zusammenhänge auszublenden. Auf diese Weise wird eine Automatisierung des Wissens geschaffen, welches sich komplexen Zusammenhängen und den damit einhergehenden Wechselwirkungen entzieht.

1.1 Ausgangssituation und Problemstellung

Diese Zusammenhänge und Wechselwirkungen gilt es aber aufzudecken und zu regulieren, um ein gesellschaftliches Umdenken in Richtung einer Nachhaltigen Entwicklung zu erreichen.

At more abstract level, the question of culture(s) of sustainability also touches upon transformations in world-views and paradigmatic bases for the knowledge of the world around oneself, i.e. epistemological issues (Kagan 2011, S. 16).

Mit dem von Kagan angeführten Paradigmenwechsel befasst sich auch Hartmut Rosa im Rahmen einer umfassenden *Soziologie der Weltbeziehung* (Rosa 2017). Rosa entwickelt sein eigenes Konzept der *Resonanz*, welches das Verhältnis von Mensch zu Natur wieder in die mit der Nachhaltigen Entwicklung vereinbare Bahnen zu lenken vermag und über seinen transformativen Charakter einen Zugang zur Nachhaltigkeitsproblematik der sozialökologischen Transformation, also zur Gestaltbarkeit Nachhaltiger Sozialstrukturen, bietet. Dieser Theorie wird in der vorliegenden Arbeit großes Aufklärungspotenzial zugesprochen, da sie die Grundlagen für eine umfassende theoretische Reflexion von auf Musikfestivals auftretenden Phänomenen und deren Verbindung zum Forschungsansatz der sozialökologischen Transformation bietet.

1.1.3 Zielsetzung der sozialökologischen Transformation

Mit der Erforschung der oben angeführten Zusammenhänge und Wechselwirkungen des komplexen Problems *Klimawandel,* möglichen Lösungsansätzen und deren praktischer Umsetzung im gesellschaftlichen Kontext widmet sich der Forschungsansatz der sozialökologischen Transformation (BMBF 2015, S. 3; Welzer und Sommer 2014, S. 22). Vertreter der sozialökologischen Transformation postulieren die Abkehr von kapitalistischen Grundgedanken wie Wirtschaftswachstum und dem unverhältnismäßigen Verbrauch natürlicher Ressourcen in industrialisierten Ländern und rufen zu einem *Pfadwechsel,* also einem ganzheitlichen Umdenken der industriellen Gesellschaft im obigen Sinne, auf (Welzer und Sommer 2014, S. 221 f.). Dieser Pfadwechsel beinhaltet das Verwerfen von Prozessen, welche sich über die vermeintliche Rationalität der Industrialisierung etabliert haben, und fordert zur Entwicklung neuer Hintergrundannahmen, neuer Rationalitäten und damit zur kompletten Neustrukturierung verfestigter Prozesse auf (Leggewie und Welzer 2010, S. 142 f.). Innerhalb dieses Pfadwechsels konzentrieren sich Vertreter der sozialökologischen Transformation auf eine Gestaltungskomponente dieses Umdenkens, welche eine aktive Einflussnahme beispielsweise von Institutionen beinhaltet, aber auch Unsicherheiten, welche sich aus sozialen Bewegungen und deren Eigendynamiken ergeben, zulässt (Getz 2010, S. 7; Jones 2010, S. 188; Leggewie und Welzer 2010, S. 142 f.). Auch dieser Forschungsansatz beschreibt das Zulassen von Komplexität und ein Sich-Lösen vom vorherrschenden Wertesystem als unerlässlich und zielt auf die praktische Umsetzung theoretisch erarbeiteter Strategien.

1.2 Beitrag der Populärkultur

Die obige Darstellung des Nachhaltigkeitsproblems gibt Anlass zur Überlegung, inwiefern einer der gewichtigsten kulturellen Sektoren, die Populärkultur, zum Umdenken einer Gesellschaft hin zu einer Nachhaltigen Entwicklung beitragen kann.

1.2.1 Positionierung der Populärkultur im Nachhaltigkeitsdiskurs

1944 widmen sich Theodor W. Adorno und Max Horkheimer dem Phänomen der modernen Massenkultur. Ausgehend von der Annahme, technischer und sozialer Fortschritt als Herrscher der Vernunft bedinge die Unterwerfung der Natur unter die menschlichen Zwecke, wird das Phänomen der modernen Massenkultur im Rahmen der Kritischen Theorie umfassend beleuchtet. Ihr Kapitel *Kulturindustrie – Aufklärung als Massenbetrug* aus der *Dialektik der Aufklärung* (Horkheimer und Adorno 2010) bildet bis heute die eine wichtige Grundlage der Kritik an der Populärkultur. Adorno und Horkheimer machen auf prekäre Machtverhältnisse innerhalb der Kulturindustrie aufmerksam. So werde die Technik von Befürwortern der modernen Massenindustrie als Ursprung und Motor der Kulturindustrie angeführt:

> *Verschwiegen wird dabei, daß der Boden, auf dem die Technik Macht über die Gesellschaft gewinnt, die Macht der ökonomisch Stärksten über die Gesellschaft ist. Technische Rationalität heute ist die Rationalität der Herrschaft selbst. Sie ist der Zwangscharakter der sich selbst entfremdeten Gesellschaft (Horkheimer und Adorno 2010, S. 129).*

Kritisiert wird auch die unkritische Adoption der Kulturwaren durch die Konsumenten, welche u. a. der beeinflussenden Wirkung von Reklame auf ihre Bedürfnisse unterliegen.

1.2 Beitrag der Populärkultur

Der Gesamteffekt der Kulturindustrie ist der einer Anti-Aufklärung, nämlich die fortschreitende technische Naturbeherrschung, zum Massenbetrug, zum Mittel der Fesselung des Bewußtseins (Adorno 1967, S. 69).

In einem Resümee seiner Kritik an der Kulturindustrie weist Adorno in seiner Arbeit *ohne Leitbild* (Adorno 1967, S. 64) auf die große Bedeutung der Kulturindustrie für die Bildung des Bewusstseins ihrer Konsumenten und warnt eindringlich davor, diese Wirkung zu unterschätzen. Somit bescheinigen Adorno und Horkheimer der Kulturindustrie eine Wirkung, welche sich dem oben beschriebenen Anspruch nicht nur zu entziehen, sondern ihr umfangreich und wirkungsmächtig entgegenzustehen scheint.

Auch Christian Ruck und Carsten Zorn widmen ihren Band *Das Populäre der Gesellschaft* dieser Wirkungsmacht, erweitern aber die Diskussion, indem sie die Richtung dieser Wirkung öffnen. So stellen sie die Frage, ob das Populäre der Gesellschaft beispielsweise auch auf das Erfordernis antworte, *diese historisch neuartige Gesellschaftsstruktur auf neue Weise mit der menschlichen Umwelt (den Wahrnehmungs- und Aufmerksamkeitskapazitäten von Bewusstseinssystemen, dem Erleben psychischer Systeme, den Möglichkeiten und Beschränkungen menschlicher Körper) zu koordinieren* (Ruck und Zorn 2007, S. 12).

Das Populäre, so Ruck und Zorn, stelle in modernen Gesellschaften ein alternativloses Instrument zur Lösung fundamentaler gesellschaftlicher Probleme dar. In seiner neuen Form der Erreichbarkeit und Adressierbarkeit sei es in der Lage, eine Kommunikation bereitzustellen, welche territoriale, gesellschaftliche oder ideologische Grenzen zu überwinden vermöge und die Abkopplung von Rollenanforderungen und gesellschaftlich auferlegten Funktionen ermögliche (Ruck und Zorn 2007, S. 23). Das Populäre spreche Menschen höchstpersönlich als Ganzes an, wobei es stets eine Komponente des *Spaßhabens* beinhalte. Es biete ein Instrument zur Selbstreflexion, aus welcher die Gesellschaft Hinweise auf die eigene Sozialisation ziehen könne, und sei in der Lage, zur *Autopoiesis einzelner Funktionssysteme beizutragen (hier: Kunst, Wissenschaft, Wirtschaft)* (Ruck und Zorn 2007, S. 14 f.). Dieser Komponente der Populärkultur billigt Helmstetter in Anlehnung an die Argumentation von Stäheli und Grossberg die *Fähigkeit* zu, *affiziert zu werden und zu handeln* (Stäheli 1999, S. 331). Über die Bildung einer semantischen Hintergrundrealität (Luhmann 1980 zitiert in Helmstetter 2007, S. 53) schaffe das Populäre neue Erwartungs- und Normalitätshorizonte der Interaktionswelten (vgl. Helmstetter 2007, S. 53).

Im Populären scheint die moderne Gesellschaft so nicht zuletzt eine Form ihrer Selbstbeschreibung gefunden zu haben, die es erlaubt, ihre Entwicklungsmöglichkeiten sowie alternative Verläufe zeitnah ‚durchzuspielen': einen Ort des ebenso raschen wie (scheinbar) relativ ungefährlichen Experimentierens mit ihren Möglichkeiten (Ruck und Zorn 2007, S. 29).

1.2.2 Musikfestivals als Teil der Populärkultur

Die in dieser Arbeit untersuchten Musikfestivals als Teil der Musik- und Unterhaltungsindustrie in Deutschland sind aufgrund ihres kommerziellen Charakters der Populärkultur zuzuordnen. Sie sind kommerzielle und unpolitische Open-Air-Veranstaltungen, die ihre Besucher über einen Zeitraum von mehreren Tagen einbinden. Das hier fokussierte Genre ist vorwiegend Rock und Pop, wobei auch Informationen von Reggae- und Gothic-Festivals einfließen.

In Deutschland verzeichnete die Musikindustrie 2019 nach Angaben des Bundesverbands Musikindustrie mit 8 % das größte Umsatzplus seit mehr als zwei Jahrzehnten und liegt damit bei insgesamt 1,623 Mrd. EUR (Sobbe et al. 2020, S. 7). Diese Entwicklung deckt sich mit den vorhergesagten Trends zur Entwicklung der Musikbranche in Deutschland. Nach dieser 2019 veröffentlichten Studie wird dem Sektor Livemusik – wie auch der gesamten Musikindustrie – ein stetig steigender Umsatz bis 2023 prognostiziert (Ballhaus et al. 2019, S. 10). Mit dem unvorhergesehenen Einbruch der Veranstaltungsindustrie durch die Covid-19-Pandemie im Jahre 2020 dürften diese Prognosen für die kommenden Jahre hinfällig werden (vgl. Sobbe et al. 2020, S. 7). Wirtschaftliche Folgen und Prognosen zu etwaigen Entwicklungen insbesondere der Livemusik-Branche sind bis dato nicht abzusehen (vgl. Sobbe et al. 2020, S. 2).

Aufgrund der Diversität von Musikfestivals und unterschiedlicher Perspektiven der Betrachter gibt es keine einheitliche Definition von Festivals (vgl. Acordia und Robb 2000, S. 155; Duffy und Mair 2018, S. 3; Falassi 1987, S. 6; Getz 2010, S. 2). So formuliert Falassi seine Definition von Festivals im Rahmen einer klassischen kulturanthropologischen Perspektive als *a sacred or profane time of celebration, marked by special observances* (Falassi 1987, S. 2). Ein Festival, so Falassi, sei ein Event, ein soziales Phänomen und in nahezu allen menschlichen Kulturen anzutreffen.

This festive complex is everchanging and evolving. But with all its modifications, festival has retained its primary importance in all cultures, for the human social animal still does not have a more significant way to feel in tune with his world than to partake in the special reality of the Festival, and celebrate life in its 'time out of time' (Falassi 1987, S. 3).

1.2 Beitrag der Populärkultur

Getz, der Festivals eher aus einer wirtschaftlichen Perspektive betrachtet, kommt zu der schlichten Formulierung, Festivals seien *themed, public celebrations* (Getz 2005, S. 21). Acordia und Robb stellen in Anlehnung an Getz und Falassi als wesentliches Merkmal eines Festivals eine deutliche gemeinschaftliche und feierliche Ausrichtung des Geschehens heraus (Acordia und Robb 2000, S. 157). Bezugnehmend auf den kommerziellen Charakter von Festivals wird im Rahmen der Definition von Events die Vermarktung eines *totalen, außeralltäglichen Ereignisses* hervorgehoben, in welchem ein kollektives Sich-Lösen vom vorherrschenden Wertesystems angestrebt und eine daraus neu entstehende Gemeinschaft forciert wird (Gebhardt et al. 2000, S. 53). Ronald Hitzler beschreibt diesen Zusammenhang im Rahmen der Definition von Events abstrakter und bezieht sich in seiner Definition sehr komprimiert auf einen Wechsel der Rahmenbedingungen zwischen Alltag und Events:

> ... *aus unserem spät-, post- bzw. reflexiv-modernen Alltag herausgehobene, raumzeitlich verdichtete, performativ-interaktive Erlebnisse mit hoher Anziehungskraft für relativ viele Menschen. Diese Anziehungskraft resultiert wesentlich aus dem 'Versprechen' eines hohen, teilnehmerspezifisch vorangestellten, typischerweise verschiedene Kulturformen übergreifenden Spaß-Erlebens. D.h. Events sind vorproduzierte Gelegenheiten zur massenhaften Selbst-Inszenierung der Individuen auf der Suche nach einem besonderen 'eigenen Leben'* (Hitzler 1999, S. 195).

Im Konzept von Musikfestivals kommen also unterschiedliche Faktoren zusammen, welche diese zur Erforschung des Verhältnisses von Populärkultur zur sozialökologischen Transformation besonders interessant erscheinen lassen. Erstens forcieren Musikfestivals das im Rahmen der kulturellen Dimension von Nachhaltigkeit geforderte Sich-Lösen vom vorherrschenden Wertesystem und stellen einen Referenzrahmen für soziale Interaktionen, der unterschiedlich von dem des Alltags ist (Gebhardt et al. 2000, S. 53; vgl. auch Kirchner 2011, S. 129). Zweitens bildet sich innerhalb dieses anderen Referenzrahmens eine Gemeinschaft mit eigenen Merkmalen heraus (vgl. Arcodia und Witford 2006, S. 11; Packer und Ballantyne 2011, S. 11; Kirchner 2011, S. 85). Drittens kann Musikfestivals über die Argumentation des Einflusses von Populärkultur auf seine Konsumenten ein verändernder Einfluss auf Denk- und Verhaltensmuster unterstellt werden (vgl. Adorno 1967, S. 64; Ruck und Zorn 2007, S. 12).

Eine empirische Studie darüber, in welcher Form sich der Referenzrahmen innerhalb von Musikfestivals verändert, wie diese Veränderungen von den Besuchern aufgenommen und verarbeitet werden, in welchem Maße diese Verarbeitung eine Veränderung von Denk- und Verhaltensmustern bedingt und ob etwaige Veränderungen kompatibel mit den oben herausgestellten Forderungen der sozialökologischen Transformation sein können, verspricht interessante und wichtige Erkenntnisse.

Über die Erforschung dieses spezifischen Teils der Populärkultur wird es nicht möglich sein, das Verhältnis von Populärkultur zur sozialökologischen Transformation im Ganzen abzubilden, noch ist eine Generalisierbarkeit der Ergebnisse auf die Gesamtheit der Populärkultur generell zu erwarten. Dennoch wird das Verhältnis von Populärkultur zur sozialökologischen Transformation in der vorliegenden Arbeit umfassend beleuchtet. Als Ergebnis werden wertvolle Erkenntnisse zur Klärung dieses Verhältnisses erwartet.

1.3 Forschungsstand und Forschungslücken

Die Untersuchung des transformativen Potenzials von Musikfestivals im Sinne der sozialökologischen Transformation lässt relevante Ergebnisse vermuten.

Anhaltspunkte für den transformativen Charakter von Musikfestivals im Sinne eines sozialen Wandels geben die Arbeiten von Picard (2016), Sharpe (2005, 2008), O'Rourke et al. (2011), Wilks (2011, 2015), Quinn und Wilks (2013), Arcodia und Whitford (2006), Andersson et al. (2012), Cummings et al. (2011) sowie Packer und Ballantyne (2011). In *The Festive Frame: Festivals as Mediators for Social Change* geht Picard auf die in festiven Rahmen veränderte Wahrnehmung des sozialen Status sowie auf die Umdeutung von Wohlstand und Ansätze zur kritischen Reflexion der Festivalbesucher ein und bringt diese mit einem sozialen Wandel in Verbindung, welchen er aber nicht mit nachhaltigen Konzepten verbindet (Picard 2016). Dies möchte die vorliegende Arbeit nachholen. Auch lassen sich in Picards Arbeit Hinweise auf die später von Rosa entwickelte Resonanztheorie finden. In Arbeiten von Sharpe wie *Having fun and changing the world* (Sharpe 2005) oder *Festivals and social change* (Sharpe 2008) sowie von O'Rourke et al. wie *Dancing to sustainable tunes: an exploration of music festivals and sustainable practices in Aotearoa* (O'Rourke et al. 2011) werden transformative Konzepte wie Muße – als Zeit, welche ausschließlich durch eigenen Antrieb gesteuert wird –, Liminalität – als einen Schwellenzustand im Übergang von einem sozialen Status in den nächsten – und Eskapismus – das ein Sich-Lösen vom Alltag – besprochen. Über diese Konzepte wird die Atmosphäre auf Festivals beschrieben und mit der Änderung von Denk- und Verhaltensmustern in Verbindung gebracht. Die o. g. Studien betrachten allerdings ausschließlich die Rezeption von auf den Festivals über den Veranstalter aktiv kommunizierten nachhaltigen Themen und lassen jegliche Aspekte, die sich über die transformativen Konzepte über der Eigendynamik auf einem Festival entwickeln, außer Acht.

1.3 Forschungsstand und Forschungslücken

Dem Verhältnis von Musikfestivals zu sozialem Kapital nach Theorien von Robert Putnam widmen sich Arbeiten wie *Bridging and Bonding: Social Capital at Music Festivals* (Wilks 2011) *oder Social Capital in the Music Festival Experience* (Wilks 2015) von Lina Wilks, *Festival Attendance and the Development of Social Capital* von Charles Arcodia und Michelle Whitford (Arcodia und Whitford 2006), *Festival Connections: people, place and social capital* von Bernadette Quinn und Linda Wilks (Quinn und Wilks 2013). In diesen teils empirischen Arbeiten werden soziale Interaktionen von Festivalbesuchern analysiert und mit Theorien über das soziale Kapital im Sinne der freiwilligen Auseinandersetzung mit sich durch soziale Voraussetzungen unterscheidenden Gesellschaftsmitgliedern in Verbindung gebracht. Über Diskussionen zur Reziprozität der Besucher verweisen diese Arbeiten auf einen offenen Umgang mit unterschiedlichen Lebensformen im Rahmen von Musikfestivals. Eine positive Wirkung dieses intrapersonellen Umgangs auf den Zusammenhalt bereits bestehender Besuchergruppen (bonding) wird hier als festivalspezifisch identifiziert. Der Aufbau neuer Beziehungen mit fremden Besuchergruppen (bridging) konnte allerdings nicht bestätigt werden. Transformative Konzepte und deren Rückkopplung werden in diesen Arbeiten nicht berücksichtigt, ihnen wird aber im Rahmen der vorliegenden Studien großes Potenzial zur weiteren Analyse der intrapersonellen Beziehung von Festivalbesuchern beigemessen. Zwar zielt der Artikel *Estimating Use and Non-use Values of a Music Festival* von Tommy D. Andersson, John Armbrecht und Erik Lundberg (Andersson et al. 2012) ebenfalls in diese Richtung, fokussiert jedoch die monetäre Darstellung des sozialen Kapitals eines.

Mit Blick auf die Gesundheit und das Wohlbefinden untersuchen Jan Packer und Julie Ballantyne – neben Studien zu anderen Orten der Erhaltung und der Aufklärung wie Museen oder botanischen Gärten, in *The Impact of Music Festival Attendance on young People's Psychological and Social Well-Being* (Packer und Ballantyne 2011) hergeleitet, über theoretische Konzepte der positiven Psychologie – die Wirkung von Musikfestivals auf junge Festivalbesucher. Sie unterteilen das Festivalerlebnis in einer qualitativen Studie in vier unterschiedliche Facetten, das Musikerlebnis, das Festivalerlebnis, das soziale Erlebnis und das Trennungserlebnis, und analysieren diese über transformative Konzepte wie das Spiel mit der Identität, der multisensualen Wirkung von Musik und der Fähigkeit, sich auf eine andersartige Umgebungen einzulassen, Erwartungen und Routinen innerhalb des Festivalerlebnisses initiierten Perspektivwechsel. Ergebnis der Studie ist, dass Musikfestivals einen positiven Beitrag zu Selbstverwirklichung, sozialer Integration und persönlichem Wachstum der Festivalbesucher leisten. Aufgrund ihres Fokus auf transformative Konzepte im Rahmen der Festivalerfahrung und der Verbindung dieser mit dem physischen und psychischen Gesundheitszustand der

Festivalbesucher kann diese Arbeit im Zusammenhang mit Festivalerlebnissen wohl am nächsten an der Resonanztheorie von Rosa verortet werden. Verbindungen zu Nachhaltigkeitskonzepten konnten allerdings auch in dieser Arbeit nicht identifiziert werden.

Unterschiedliche Arbeiten zur Motivation eines Festivalbesuchs ergeben, dass gesellschaftliche Aspekte unter den Besuchern und das Zugehörigkeitsgefühl wichtige Motivationen für einen Festivalaufenthalt darstellen (Pegg und Patterson 2010; Gelder und Robinson 2009; Webster 2016; Arcodia und Whitford 2006; H. E. Bowen und Daniels 2005) und geben Aufschluss über die Eigendynamik, welche unter den Festivalbesuchern stattfindet. Babette Kirchner analysiert in ihrem Buch *Eventgemeinschaften – das Fusion Festival und seine Besucher* die Vergemeinschaftung der *Fusion*-Besucher und geht in diesem Zusammenhang auch auf unterschiedliche Bewusstseinszustände der Festivalbesucher aus soziologischer Sicht ein (Kirchner 2011). Kirchner analysiert im Rahmen des *Fusion*-Festivals, welche Art von Gemeinschaft während dieses Festivals unter den Festivalbesuchern entsteht und schreibt dieser einen temporären Charakter zu. Eventgemeinschaften entstehen nach Kirchner nicht über gemeinsame Interessen, sondern über soziale Praktiken und gemeinsame Emotionen. So rücken während eines Festivalaufenthalts beispielsweise Aspekte wie Ordnung und Sauberkeit in den Hintergrund, unproduktives Handeln und performative Darstellungen wie exzessives Tanzen hingegen bestimmen das Festivalleben. Im Rahmen ihrer Arbeit untersucht Kirchner transformative Konzepte wie Liminalität, den karnevalesken Charakter eines Festivals oder den Abstand vom Alltag und beschreibt grundlegende Aspekte der Eigendynamik, die in einer Festivalsituation stattfindet. Sie schreibt der Festivalsituation mit Blick auf den gesellschaftlichen Zusammenhang einen transformativen Charakter zu. Über die Bereitstellung von Rahmenbedingungen, welche unterschiedlich zu denen im Alltag sind, haben Besucher des *Fusion*-Festivals demnach die Möglichkeit, sich selbst und andere temporär anders bzw. neu zu erfahren. Eine konkrete Auseinandersetzung zur langfristigen Änderung von Denk- und Verhaltensmustern im Sinne der sozialökologischen Transformation und einer in diesem Rahmen als erklärendes Konzept herausgestellten Rolle von Resonanzerfahrungen werden allerdings in der Arbeit Kirchners nicht analysiert. Das Sich-Lösen vom Alltag und die Integration in eine Gemeinschaft, in der andere Werte und Normen als im Alltag gelten, bietet Anhaltspunkte dafür, dass es sich hier um einen fruchtbaren Nährboden für die Umdeutung von alltäglichen Werten und Normen (wenn auch zunächst nur temporär) handelt. Mit ihrer Untersuchung stellt Kirchner somit die Weichen für eine detaillierte Untersuchung dieser Annahme.

1.3 Forschungsstand und Forschungslücken

Betrachtet man den internationalen Diskurs um Nachhaltigkeit auf Musikfestivals, so bezieht sich der Nachhaltigkeitsbegriff vorwiegend auf das umweltbewusste Produzieren dieser Veranstaltungen. Bestrebungen der Organisatoren im Sinne von Kulturen der Nachhaltigkeit werden in diesem Diskurs eher peripher behandelt. Nationale und internationale Arbeiten zu dem Thema beziehen sich vorwiegend auf die ökologische bzw. ökonomische Dimension von Nachhaltigkeit, in welcher das ressourcenschonende Produzieren von Festivals im Vordergrund steht (vgl. unter anderem Jones 2010; Wall und Behr 2010; Laing und Frost 2010; Wong et al. 2015; Martinho et al. 2018) bzw. das *Erziehen* des Publikums zu ressourcenschonendem Verhalten während der Veranstaltung selbst (Henderson und Musgrave 2014; Mair und Laing 2012).

Eine direkte Verbindung vom Forschungsansatz der sozialökologischen Transformation zu gesellschaftlich relevanten Projekten auf Musikfestivals ist in der Initiative *Die offene Gesellschaft* zu sehen, welcher Harald Welzer (Honorarprofessor für Transformationsdesign an der Europa-Universität Flensburg) mit vorsteht. Mit dem Schwerpunkt *In welcher Welt wollen wir leben* werden unter der Leitung von Jacob Bilabel (Gründungsmitglied der Green Operation Group Europe) im Jahr 2017 auf acht internationalen Musikfestivals unterschiedlicher Genres im Rahmen unterschiedlicher Projekte interaktive Diskussionsformate für Festivalbesucher eingerichtet. In diesem Rahmen tauschen Festivalbesucher innerhalb einer *real erlebten Utopie*, wie Jacob Bilabel die Festivalsituation beschreibt (Bilabel 2017), Gedanken und Ideen zu Schlagworten wie *Demokratie, Gemeinschaft, Gerechtigkeit* oder *Offene Gesellschaft* aus (Bilabel 2017). Diese Initiative ist somit auf konkrete politische Anregungen, die aus einer Festivalsituation gewonnen werden können, fokussiert, beschäftigt sich aber nicht mit dem Zustandekommen dieser *real erlebten Utopie* im Sinne der sozialökologischen Transformation. Die Eigendynamik der Besucher im obigen Sinne und einer Änderung von Denk- und Verhaltensmustern über auf Festivals gemachten Erfahrungen sind hier jedoch nicht Gegenstand der Initiative.

Die bislang diskutierten Arbeiten beinhalten diverse Ansätze für die hier anvisierte Studie. So können transformative Konzepte wie Liminalität, Muße, Wirkung von Musik, Umdeutung von Wohlstand und sozialem Status etc. und ggf. Überlegungen zu deren Wirkung auf die Veränderung von Denk- und Verhaltensmustern der Festivalbesucher zur Konzeption dieser Studie verwendet werden. Eine Verbindung dieser Arbeiten zum Untersuchungsansatz der sozialökologischen Transformation und dem damit einhergehenden Nachhaltigkeitsgedanken konnte jedoch in keiner der Arbeiten festgemacht werden. Zudem ist bislang noch keine Verknüpfung dieser Denkansätze mit der Resonanztheorie von Hartmut Rosa erfolgt.

In den Verbindungen des transformativen Potenzials von Musikfestivals und den Bestrebungen der sozialökologischen Transformation unter Einbeziehung des Konzepts der Resonanztheorie nach Hartmut Rosa wird jedoch ein bedeutender Beschleunigungsmoment für die sozialökologische Transformation gesehen, welcher in der vorliegenden Studie empirisch analysiert werden soll.

1.4 Zielsetzung und Forschungsfragen

Um die eingangs aufgeworfenen Fragen zu den veränderten Verhaltensmustern von Festivalbesuchern, deren Auswirkungen und deren Ursprung zu beantworten, sollen erstens Rahmenbedingungen identifiziert werden, welche die Verhaltensänderungen der Besucher in einer Festivalsituation bedingen. Als Rahmenbedingungen gelten hier solche Faktoren, die von der Festivalsituation vorgegeben und von den Festivalbesuchern als festivalspezifisch und unterschiedlich zum Alltag beschrieben werden. Zweitens soll untersucht werden, wie die Besucher auf diese Rahmenbedingungen, mit denen sie sich in einer Festivalsituation konfrontiert sehen, reagieren und wie über diese eine Veränderung der Denk- und Verhaltensmuster forciert wird. Drittens soll als übergeordnetes Ziel festgestellt werden, inwiefern die sich herausgestellten veränderten Denk- und Verhaltensmuster den später zu erläuternden Forderungen einer sozialökologischen Transformation entsprechen und somit das Verhältnis von Populärkultur zu dieser sozialen Bewegung zu erklären vermögen.

Die Forschungsfrage beinhaltet daher drei Fragen, eine übergeordnete Frage, welcher zwei weitere Fragen untergeordnet sind:

Wie tragen Popmusik-Festivals zur sozialökologischen nachhaltigen Transformation bei?

a. *Welche intersubjektiven Bedingungen müssen auf diesen Festivals herrschen, damit diese Transformation unterstützt wird?*
b. *In welcher Art und Weise berühren diese Bedingungen den subjektiven habituellen Grundmodus der Besucher eines Festivals?*

Zur Beantwortung dieser Fragen wird ein sowohl induktives als auch deduktives Vorgehen kombiniert. So werden bisherige Konzepte zur Erklärung des habituellen Modus auf Musikfestivals herangezogen, um ein Forschungsdesign zu erstellen. In dieser Studie erlangte Erkenntnisse aber legen ein bisher noch nicht in diesem Zusammenhang bedachtes Phänomen, nämlich die Resonanz der Festivalbesucher, zur Klärung der Forschungsfrage nahe.

1.5 Aufbau der Publikation

Im einleitenden ersten Teil der vorliegenden Arbeit wird über die Skizzierung des für diese Arbeit gültigen Nachhaltigkeitsproblems, dessen Einbettung in die Nachhaltigkeitsdiskussion und die Positionierung von Musikfestivals als Teil der Populärkultur zu diesem Problem die Ausgangssituation und die Problemstellung beschrieben und daraus die Zielsetzung und die zentralen Forschungsfragen abgeleitet.

Im zweiten Teil werden die theoretischen Konzepte zur Eingrenzung und Konkretisierung des Untersuchungsgegenstands eingeführt und erläutert. Die sozialökologische Transformation wird als soziale Bewegung vorgestellt und deren Kernaspekte hergeleitet, erläutert und diskutiert. An dieser Stelle werden angrenzende Konzepte wie Resilienz und Responsivität angeführt und zur sozialökologischen Transformation in Beziehung gesetzt. Aus den vorgestellten Grundannahmen zur sozialökologischen Transformation wird dann das für diese Arbeit relevante Nachhaltigkeitsproblem definiert. Anschließend werden Ansätze vorgestellt, welche sich mit der Lösung des oben definierten Nachhaltigkeitsproblems direkt oder indirekt befassen und Gemeinsamkeiten in den Argumentationen herausgearbeitet. So werden unter anderem die Werke von Welzer und Sommer zu einem Transformationsdesign (Welzer und Sommer 2014), von Etzioni zur aktiven Gesellschaft (Etzioni 1968) oder von Kallis zum Thema *Degrowth* (Kallis 2015) zur sozialökologischen Transformation in Beziehung gesetzt. Nach einem vertiefenden Exkurs zu den gesellschaftlichen Voraussetzungen bezüglich des Nachhaltigkeitsproblems und dessen Lösungsansätzen, der das Veränderungspotenzial von Bedürfnissen in Form des Wertewandels nach Inglehart (1977) oder über die Entstehung von Werten und Normen beleuchtet, wird ein weiteres Konzept zur Lösung des Nachhaltigkeitsproblems vorgestellt: die Resonanztheorie oder eine Soziologie der Weltbeziehungen von Hartmut Rosa (Rosa 2017). Nach dieser theoretischen Konkretisierung und Eingrenzung des Problems wird eine untersuchungsleitende Fragestellung formuliert. Auf der Suche nach einem Ausgangspunkt zur empirischen Erforschung der untersuchungsleitenden Frage widmet sich die Arbeit einem von Ulrich im Rahmen seiner Überlegungen zu der *Erlangung einer wohlverstandenen ökonomischen Vernunft* (Ulrich 2005) konkret formulierten kritischen Punkt zu dem geforderten gesellschaftlichen Umdenken, um diesen als Ausgangspunkt für die empirische Studie zu übernehmen. Zur Beleuchtung der Umgebung eines theoretisch hergeleiteten kritischen Punkts für einen Pfadwechsel wird im Folgenden das Potenzial von Musikfestivals diskutiert. Insbesondere wird an dieser Stelle auf den transformativen Charakter von Musikfestivals und die sich unter den Besuchern etablierende Eigendynamik während eines Festivals eingegangen und deren Potenzial zur Erforschung des kritischen Punkts herausgestellt.

Im dritten, empirischen Teil der Arbeit werden zunächst die einzelnen Festivals, im Rahmen derer die Daten zur Beantwortung der Forschungsfrage erhoben werden, vorgestellt. Auf Basis von den Veranstaltern zur Verfügung gestellter Besucherdaten werden die jeweiligen Festivals hinsichtlich des vermuteten Potenzials charakterisiert. Anschließend wird ein Forschungsdesign für die empirische Studie hergeleitet, begründet und diskutiert. Da der Untersuchungsgegenstand, die Reflexivität von Besuchern während eines Musikfestivals, nahezu unerforscht und die Ergebnisse nicht vorhersehbar sind, soll eine möglichst divers angelegte Datenerhebung dazu dienen, Muster in dieser Umgebung zu erkennen. Die Studie besteht aus einem qualitativen und einem quantitativen Teil. Die qualitativen Daten wurden in Form von semistrukturierten Interviews und teilnehmender Beobachtung auf einem der größten kommerziellen und unpolitischen deutschen Musikfestivals, dem *Hurricane*-Festival, erhoben. Umfangreiche quantitative Daten, welche sowohl auf dem *Hurricane*-Festival sowie auf fünf weiteren deutschen Festivals unterschiedlicher Genres erhoben werden, werden herangezogen, um die qualitativ hergeleiteten Mechanismen zu beurteilen und ggf. deren Anwendbarkeit auf weitere Festivals zu verifizieren. Nach einer Darstellung der praktischen Umsetzung, etwaigen Problemen und Grenzen der Studie werden in den folgenden Kapiteln die Forschungsergebnisse präsentiert.

Die über die qualitative Studie hergeleiteten und im Rahmen der quantitativen Studie verifizierten Mechanismen werden, unterteilt in intersubjektive und subjektive Faktoren, vorgestellt.

Das vierte Kapitel befasst sich mit der Darstellung der intersubjektiven Faktoren. Hier wird das Potenzial von Musikfestivals als Kommunikationsplattform für nachhaltige Themen diskutiert, die Rolle der improvisierten Infrastruktur im Rahmen der Reflexionen eigener Handlungsmuster im Alltag beleuchtet, Eigenschaften und Auswirkungen der Entstehung einer Festivalgemeinschaft analysiert und der seitens der Besucher wahrgenommene „Abstand vom Alltag" untersucht.

Die etwaige Wirkung der durch die intersubjektiven Faktoren dominierten Rahmenbedingungen auf Musikfestivals auf Denk- und Verhaltensmuster der Besucher wird im fünften Kapitel über die Darstellung der subjektiven Faktoren diskutiert und analysiert.

Im Rahmen der Interpretation der Daten über Konzepte wie Eskapismus nach Frode Stenseng (Stenseng 2009), der Auswirkung einer Aufmerksamkeitsverschiebung in Festivalsituationen, Ausführungen zur Entschleunigung der Festivalbesucher nach dem Konzept Hartmut Rosas (Rosa 2016), Untersuchung von

1.5 Aufbau der Publikation

Konzepten der Identität sowie der Auswirkung geänderter Rahmenbedingungen auf Selbst- und Selbstwirksamkeitserfahrungen innerhalb einer Festivalsituation werden Hinweise für den anfangs hergeleiteten kritischen Punkt erläutert. Im Rahmen dieser Diskussion werden Hinweise für die Änderung des habituellen Grundmodus herausgestellt, welche später, über die Resonanztheorie von Hartmut Rosa (Rosa 2017) argumentiert, als wichtiger Beitrag zur Beschleunigung der sozialökologischen Transformation präsentiert werden.

In einem letzten Kapitel werden wesentliche Ergebnisse und Erkenntnisse zusammengefasst und sowohl Handlungsempfehlungen zur praktischen Umsetzung als auch Anregungen zu weiteren Forschungen gegeben.

Sozialökologische Transformation, Musikfestivals und ein mögliches Verhältnis

2.1 Die theoretischen Konzepte der Forschungsfrage

Um die Forschungsfrage zu konkretisieren und deren Umgebung zu beleuchten, sollen zunächst die einzelnen Bestandteile und angrenzenden Aspekte erläutert werden. Hierzu ist es nötig, komplexe theoretische Konzepte vorzustellen, diese zueinander in Beziehung zu setzen und deren Bezug zur Forschungsfrage herauszustellen.

Zunächst wird das Nachhaltigkeitsproblem über den Ansatz der sozialökologischen Transformation beschrieben. Darauf folgt die Formulierung eines möglichen Lösungswegs für das Problem, welche aus unterschiedlichen Überlegungen von Vertretern der Theorien von der sozialökologischen Transformation hergeleitet wird. Im Anschluss wird anhand der Resonanztheorie nach Rosa ein konkretes Phänomen vorgestellt, über welches ggf. eine gelungene Transformation festgemacht werden kann.

2.1.1 Sozialökologische Transformation

Betrachtet man das Nachhaltigkeitsproblem aus dem Blickwinkel einer kulturellen Neuausrichtung kompletter Gesellschaften, so bedürfen mögliche Lösungsansätze einer ganzheitlichen Betrachtung des Problems (vgl. Abschn. 1.1.1). Diese Ansätze beruhen nicht auf der Entwicklung punktueller Regulationsmomente einzelner Bereiche eines etablierten Systems, sondern auf der grundlegenden Hinterfragung des vorherrschenden Wirtschaftssystems selbst und der Einbeziehung von Interaktionen sozialer und ökologischer Entwicklungen (BMBF 2015, S. 3 f.; vgl. auch Luks et al. 2007, S. 116).

Im Rahmen der Sozialökologie werden Rückkopplungseffekte zwischen der wechselseitigen Abhängigkeit sozialer und wirtschaftlicher Interaktionen berücksichtigt, ohne sich dabei auf den Einfluss des Menschen auf seine Umgebung zu reduzieren. So wird hier dem Einfluss von Wechselwirkung zwischen Umgebung und Menschen auf deren Handlungsweisen Rechnung getragen (Schubert 2007, 120 f.). Durch das Ablegen des Gedankens der Beherrschbarkeit der Natur durch den Menschen eröffnet die Sozialökologie neue Perspektiven für die Umdeutung dieser Beziehungen, welche vormals durch die Naturwissenschaft und Technik dominiert waren (Hassenpflug 1993, S. 13). Als interdisziplinäre Wissenschaft bedient sich die Sozialökologie Konzepten unterschiedlicher Bereiche wie Psychologie, Ökologie und Soziologie (Hassenpflug 1993, S. 13). Bezeichnend für diesen Untersuchungsansatz ist die Einbeziehung von Rückkopplungen zwischen sozialen und wirtschaftlichen Prozessen in die Erforschung ökologischer Phänomene (vgl. auch Haas und Neumair 2015; Hassenpflug 1993, S. 26; Helmes-Hayes 1987, S. 387). So wird beispielsweise eine zunehmende Entfremdung von Gesellschaftsmitgliedern in diesem Ansatz mit einem Missverhältnis in der Beziehung von Mensch und Natur in Zusammenhang gebracht (Hassenpflug 1993, S. 14 f., 105).

Die sozialökologische Forschung wird vom Bundesministerium für Bildung und Forschung (BMBF) im Rahmen der Forschung für Nachhaltigkeit (FONA) im Jahr 2000 als Förderschwerpunkt definiert (BMBF 2015, S. 2). Verstanden als eine wissenschaftliche Disziplin mit einer inter- und transdisziplinären Ausrichtung befasst sich die sozialökologische Forschung mit gesellschaftlichen Veränderungsprozessen bzw. Transformationen (BMBF 2015, S. 5; Luks et al. 2007, S. 116) und bezieht gesellschaftswissenschaftliche Ansätze in die bis dahin von Natur- und Technikwissenschaften dominierte Umweltforschung ein (Wächter und Janowicz 2012, S. 297). Im Rahmen dieses Förderschwerpunkts soll *Wissen zu zentralen Nachhaltigkeitstransformationen wie die nachhaltige städtische und ländliche Entwicklung, die nachhaltige Mobilität oder der Übergang zu einer nachhaltigen Wirtschaftsweise* (FONA o. D.) generiert werden. Mit einer Sondierungsphase 1999 ist der Anfang dieser Disziplin begründet, welche sich im Weiteren zu einem wesentlichen Bestandteil der Forschung für Nachhaltige Entwicklung etabliert hat (Balzer und Wächter 2006 zitiert in Luks et al. 2007, S. 116; Becker und Jahn 2006; BMBF 2015). Ziel des Forschungsschwerpunkts ist es, im wissenschaftlichen Umfeld Grundlagen für politische Entscheidungen und Handeln im Sinne der sozialökologischen Forschung bereitzustellen und praxisnahe Konzepte für Projekte und Initiativen zu entwickeln und umzusetzen (BMBF 2015, S. 5).

2.1 Die theoretischen Konzepte der Forschungsfrage

Die sozialökologische Forschung begreift Nachhaltigkeit als gesellschaftliche Aufgabe und konzentriert sich auf der Grundlage der in der Sozialökologie beschriebenen Wechselwirkungen auf konkrete gesellschaftliche Problemfelder. Neben der steigenden Umweltbelastung durch unverhältnismäßigen Ressourcenverbrauch bestimmen Themen wie *die globale Finanz und Wirtschaftskrise, der beschleunigte demografische Wandel und die wachsende Weltbevölkerung, Landnutzungskonflikte, Probleme der weltweiten Ernährungssicherung, die rasch fortschreitende Urbanisierung oder die Versorgungssicherung mit nachhaltiger Energie* (BMBF 2015, S. 5) die inhaltliche Ausrichtung. Die Nachhaltigkeitsdebatte wird neben der Umweltbelastung um Gerechtigkeitsaspekte und gesellschaftliche Werteorientierungen erweitert (BMBF 2015, S. 5). Die vorliegende Studie konzentriert sich auf die Justierung gesellschaftlicher Wertorientierungen bezüglich des Umgangs mit natürlichen Ressourcen und sozialen Beziehungen und mögliche darüber initiierte Änderungen des Konsumverhaltens.

Dem Konzept der sozialökologischen Transformationen wird innerhalb der sozialökologischen Forschung eine zentrale Rolle zugesprochen, da es, neben *der komplexen Interaktion von sozialen und ökologischen Entwicklungsprozessen und deren Rückkopplungen, Gestaltungsmöglichkeiten individueller und kollektiver Akteure* impliziert (BMBF 2015, S. 5; Luks et al. 2007, S. 116). Luks et al. begründen die Gestaltungskomponente des Transformationsbegriffs in diesem Zusammenhang über zwei unterschiedliche Sichtweisen. Zum einen bezeichne der Begriff aus analytisch-deskriptiver Sicht *die Entstehung neuer Formen der Interaktion und der wechselseitigen Bezogenheit sozialer und ökologischer Prozesse,* zum anderen stehe aus normativer Sicht das *Erreichen sozialer und ökologischer Ziele und nachhaltiger Zustände* im Vordergrund (Luks et al. 2007, S. 116). Dass die Gestaltungsmöglichkeiten sozialer Prozesse zwar gegeben, jedoch stark eingeschränkt sind, diskutieren Welzer und Sommer im Rahmen der Ausarbeitung eines Transformationsdesigns im sozialökologischen Sinne. So seien gesellschaftliche oder soziale Prozesse grundlegend durch Nicht-Linearität und Eigendynamiken gekennzeichnet. Sie sind Teil eines komplexen Gefüges, in welchem soziale Dynamiken nicht selten den Absichten der Handelnden zuwiderlaufen oder paradoxe Effekte erzeugen (Welzer und Sommer 2014, S. 23). Nichtsdestotrotz sei ein Pfadwechsel in Richtung Nachhaltigkeit möglich und könne durch externe Impulse und deren interne Verarbeitung ausgelöst werden (Welzer und Sommer 2014, S. 106). So plädieren Welzer und Sommer für die Etablierung neuer Sozialstrukturen sowie die Änderung kultureller Praktiken, über welche die Gesellschaft zu einem Pfadwechsel hin zu einer *reduzierten Moderne* geführt werden könne (Welzer und Sommer 2014, S. 106). So gehen sie davon aus, dass Konsumenten darin trainiert werden könnten zu hinterfragen, für welche

Aufgaben ihre Konsumentscheidungen eine Lösung sein soll, und somit unsinnige Konsumentscheidungen reduziert würden (Welzer und Sommer 2014, S. 114).

Die im Folgenden zitierten Vertreter der sozialökologischen Transformation stehen entweder in einer direkten Verbindung zur sozialökologischen Forschung, indem sie in Projekte oder Institutionen dieses Forschungsschwerpunkts eingebunden sind oder waren (Leggewie und Welzer 2010; Ulrich 2005; Welzer und Sommer 2014). Sie diskutieren im internationalen Kontext die Problematik des unverhältnismäßigen Ressourcenverbrauchs mit Grundgedanken, welche sie mit der sozialökologischen Forschung teilen (Cohen und Todd 2018; Etzioni 1968, 2009; Kallis 2015), oder tragen zur theoretischen Erweiterung der Darstellung des Nachhaltigkeitsproblems, welches dieser Studie zugrunde liegt, bei (Kagan 2011; Rosa 2017).

Die sozialökologische Transformation wird in dieser Arbeit als soziale Bewegung verstanden, welche das Nachhaltigkeitsproblem mit sozialer Ungerechtigkeit verbindet. Grund für das Nachhaltigkeitsproblem ist demnach ein unverhältnismäßig verschwenderischer Umgang mit natürlichen Ressourcen (BMBF 2015, S. 19; Cohen und Todd 2018, S. 111; D'Alisa et al. 2015; Etzioni 2009; Kolland 2002, S. 40; Leggewie und Welzer 2010; Welzer und Sommer 2014), woraus sich soziale Ungerechtigkeiten in zwei unterschiedliche Richtungen ergeben. Zum einen herrscht eine vertikale Ungerechtigkeit zwischen den Generationen, indem die aktuell handelnde Generation Raubbau an den Lebensgrundlagen der künftigen Generation betreibt. Zum anderen besteht eine horizontale Ungerechtigkeit zwischen den Gesellschaften, die im globalen Kontext von den Auswirkungen der Klimaveränderung unterschiedlich stark betroffen sind (Leggewie und Welzer 2010, S. 54).

In dieser Perspektive, die die horizontale und die vertikale Achse der Ungleichheit der Lebens- und Überlebensbedingungen zusammensieht, erscheint die ökologische Frage unmittelbar als Gerechtigkeitsfrage und damit als eine, die systematisch nicht durch die Erhöhung von Effizienz gelöst werden kann, sondern nur durch die Erhöhung von Gleichheit. So betrachtet wird aus der Nachhaltigkeitsthematik eine soziale, und die hat (…) eine weitaus höhere Brisanz als alle Fragen von Technik und Wissenschaft (Welzer und Sommer 2014, S. 219).

Die Lösung für das Nachhaltigkeitsproblem wird also nicht in der punktuellen Justierung eines im Sinne der Gerechtigkeitsproblematik nicht nachhaltigen Systems (hier der Kapitalismus) gesehen, sondern setzt in der grundlegenden Überdenkung dieses Systems, dessen Mechanismen und dessen Motivationen an. Ziel der sozialökologischen Transformation sei nach Welzer und Sommer aber nicht unweigerlich ein Systemwechsel, sondern eher die Schrumpfung

2.1 Die theoretischen Konzepte der Forschungsfrage 27

oder Abschaffung nicht zukunftsfähiger Teilbereiche des Systems (Welzer und Sommer 2014, S. 51). Durch eine durchdachte kollektive und aktive gesellschaftliche Transformation und einen dadurch initiierten Wertewandel sei ggf. ein unkontrollierter Zusammenbruch dieses Systems abzuwenden und der Erhalt der Errungenschaften, die dieses nicht nachhaltige System durchaus hervorgebracht hat, möglich (BMBF 2015; Etzioni 1968, S. 121; Leggewie und Welzer 2010, S. 10; Welzer und Sommer 2014). Als Errungenschaften gelten hier die Marktwirtschaft, Zivilgesellschaft und Demokratie (Leggewie und Welzer 2010, S. 10). Eine Gesellschaft, die sich ändernden externen oder internen Bedingungen anzupassen und damit einen Zusammensturz des bisherigen Systems abzuwenden hat, um dessen Errungenschaften zu bewahren, bedürfe eines hohen Grades an Überlebensfähigkeit, also Resilienz (BMBF 2015, S. 22; Folke 2016; Kagan 2012, S. 27; Welzer und Sommer, S. 116). Berkes und Folke (1998) bringen das Konzept Resilienz, welches vorwiegend im Rahmen der Nachhaltigkeitsforschung diskutiert wird, erstmals mit dem sozialökologischen Denkansatz zusammen, indem sie Rückkopplungen zwischen sozialen und ökologischen Interaktionen integrieren und diese nicht als voneinander abgegrenzte Systeme begreifen (Berkes et al. 1998, S. 4). Im Rahmen des sozialökologischen Forschungsansatzes entwickeln Biggs et al. (2015) das Konzept der Resilienz weiter und tragen dieser Rückkopplung Rechnung, indem sie Resilienz eines sozialökologischen Systems (SES) definieren *as the capacity of an SES to sustain human well-being in the face of change, both buffering shocks but also through adapting or transforming in response to change (Biggs et al. 2015, S. 13).*

Kagan und Kirchberg verweisen in ihrem Artikel *Music and sustainability* auf drei Charakteristika, welche überlebensfähige Gesellschaften in diesem Sinne teilen. Diese sind zum ersten die Etablierung unterschiedlicher Arten und Weisen, gleiche Dinge zu tun (Redundanz), zum zweiten mehreren Optionen, die Welt und sich selbst darin zu sehen (Diversität), und zum dritten grundlegende Fähigkeiten zur Entwicklung von Antworten auf Krisensituationen (Selbstorganisation) (Kagan und Kirchberg 2016, S. 1490). Kagan und Kirchberg bringen das Konzept Resilienz mit den Überlegungen zur kulturellen Dimension von Nachhaltigkeit zusammen und leiten daraus eine Notwendigkeit zur Förderung von Kreativität ab. Die Entwicklung der drei Charakteristika überlebensfähiger Gesellschaften erfordere Raum für Vorstellungskraft, Experimentierfreudigkeit und herausfordernde Erlebnisse und trage zur Steigerung der Überlebensfähigkeit bei (Kagan und Kirchberg 2016, S. 1490). Kagan und Kirchberg entwickeln so die Begrifflichkeit der kreativen Resilienz, welche ein Zulassen von Komplexität und eine Abkehr von linearen Denkstrukturen fordert (Kagan und Kirchberg 2016, S. 1490). Die Überlebens- und Anpassungsfähigkeit einer Gesellschaft nachhaltig zu stärken ist die Grundlage dafür, einen Zusammenbruch des Systems abzuwehren und Gestaltungskomponenten für die sozialökologische Transformation zu etablieren.

Der Konsens zu einem unten noch genau zu bestimmenden Wertewandel kann einer Gesellschaft aber nicht institutionell auferlegt werden, sondern muss aus der Gesellschaft selbst erwachsen, um von dieser angenommen und gelebt zu werden (Welzer et al. 2010, S. 55). Etzioni stellt diesbezüglich heraus, dass es nicht genüge, Regularien und institutionell auferlegte Gesetze für mehr Gerechtigkeit zu etablieren, sondern dass in der Überarbeitung der normativen Kultur einer Gesellschaft der grundlegende Hebel für die erforderlichen Veränderungen zu sehen ist (Etzioni 2009, S. 157). Etzioni fordert eine aktive Gesellschaft, welche sich der eigenen Bedürfnisse bewusst ist und sich für deren Umsetzung auf politischer Ebene engagiert. Ein präsentes Beispiel für eine aktive Gesellschaft im Sinne Etzionis ist in der Bewegung *Fridays for Future* zu sehen, in welcher vorwiegend junge Gesellschaftsmitglieder sich gesellschaftlicher Missstände bewusst werden und über Demonstrationen und politische Einmischung ihr Bedürfnis nach Sicherheit zum Ausdruck bringen und politische Unterstützung dafür fordern. Nach Etzioni ist eine Gesellschaft aktiv, deren Mitglieder bewusst, engagiert und potent – im Sinne von mit entsprechenden Machtmitteln ausgestattet – ist (Etzioni 1968, S. 5). In seiner Arbeit *The Active Society* leitet Etzioni dezidiert her, dass eine Gesellschaft erst dann im Gleichgewicht sein kann, wenn sie aus aktiven Gesellschaftsmitgliedern besteht, deren Bedürfnisse von den Kontrollebenen der Gesellschaft beachtet und deren Befriedigung entsprechend verfolgt werden (Etzioni 1968).

Den Mechanismus, über welchen diese Sensitivität seitens der Kontrollebenen möglich ist, nennt Etzioni Responsivität (vgl. Etzioni 1968, S. 8). Der Begriff der Responsivität bezeichnet somit die Fähigkeit einer Kontrollebene, Begehren der Gesellschaft aufzunehmen und auf diese zu reagieren.

Politikwissenschaftlich ist damit [Responsivität] die Fähigkeit von Repräsentanten, vor allem von Parlamentsabgeordneten gemeint, aufgeschlossen zu sein gegenüber den Wünschen, Erwartungen oder Interessen der Wählerschaft, diese zur Kenntnis zu nehmen und in die politischen Entscheidungen einfließen zu lassen (Herzog 2002, S. 298).

Um für die eigenen Bedürfnisse effektiv einstehen zu können, braucht es ein ausreichendes Maß an Selbstwirksamkeitserfahrungen. Selbstwirksamkeitserfahrung, im Englischen *perceived self-efficiancy* genannt, definiert Albert Bandura als *die Überzeugungen der Menschen über ihre Fähigkeiten, selbst erklärte Anforderungsniveaus zu erzeugen, die Einfluss auf Ereignisse ausüben, welche ihr Leben*

2.1 Die theoretischen Konzepte der Forschungsfrage

beeinflussen (Bandura 1994, S. 71). Über sie wird beurteilt, wie effektiv man über eigene Handlungsoptionen die zukünftige Situation beeinflussen kann (Bandura 1993, S. 122). Personen mit hoher Selbstwirksamkeitserfahrung sind also geneigt, eigenen Handlungen innerhalb der Interaktion mit anderen oder einer Situation eine hohe Wirksamkeit zuzuschreiben. Der Selbsteinschätzung, die aus den gemachten Selbstwirksamkeitserfahrungen resultiert, wird unter anderem von Hartmut Rosa eine hohe Bedeutung im Rahmen seiner Resonanztheorie beigemessen:

> *Die Kernidee besteht darin, dass es für die menschliche Handlungs- und Lehrfähigkeit, aber darüber hinaus auch für das Eingehen und Aufrechterhalten sozialer Beziehungen und für die Lebenszufriedenheit insgesamt – und damit kurz: für die Qualität der menschlichen Weltbeziehung – entscheidend darauf ankommt, dass Subjekte sich zutrauen, Herausforderungen zu meistern, kontrolliert auf die Umwelt Einfluss nehmen und damit planvoll etwas bewirken zu können* (Rosa 2017, S. 271).

Trauen sich Personen zu, mit ihren Handlungen etwas verändern zu können, haben sie hohe Selbstwirksamkeitserwartungen. Sie werden intrinsisch motiviert sein, sich aktiv am sie umgebenden Miteinander teilzunehmen, eigene Ideen umzusetzen oder gefühlten Missständen entgegenzutreten (Rosa 2017, S. 273). Dieser Motivation, nämlich dem Drang, sich am gesellschaftlichen Leben aktiv beteiligen zu wollen, wird sowohl in der Diskussion um die Aufrechterhaltung der Demokratie als auch in der um das Vorantreiben der sozialökologischen Transformation eine Schlüsselrolle zugesprochen (Auhagen 1999, S. 211 ff.; vgl. auch Etzioni 1975, S. 28; Rosa 2017, S. 271; Welzer et al. 2010, S. 56).

Soll ein Wertewandel aus einer Gesellschaft heraus initiiert, also von unten nach oben erfolgen, so kann der Motor der sozialökologischen Transformation nur die intrinsische Motivation der Gesellschaftsmitglieder sein. Diese Motivation muss darauf gerichtet sein, das Gerechtigkeitsproblem lösen zu wollen, indem man bewusst mit seiner und der Umwelt der anderen umgeht.

> *Damit gerät das aus der Perspektive der Nachhaltigkeit kritisch zu sehende Menschenbild des „homo oeconomicus" zunehmend unter den Druck des „homo cooperativus". Denn Ziele der Nachhaltigkeit lassen sich oftmals nur gemeinschaftlich erreichen* (BMBF 2015, S. 24).

Für diesen Schritt ist allerdings ein kultureller Perspektivwechsel und eine daraus hervorgehende Umwertung von Bedürfnissen erforderlich.

> *Sozial-ökologische Transformationen bedeuten daher nie nur die Formierung der äußeren Bedingungen menschlicher Existenz, sondern immer auch die der psychischen Struktur der Menschen – also ihre Wahrnehmungs- und Deutungsweisen, ihre Selbstbilder, ihre Emotionen, ihr Habitus* (Welzer und Sommer 2014, S. 106).

Die Formierung von institutionellen, politischen und wirtschaftlichen Strukturen, über welche die Behebung des Ungerechtigkeitsproblems von Gesellschaftsmitgliedern umgesetzt werden kann, ist demnach eine hinreichende Bedingung für eine Transformation. Die Internalisierung von Wertvorstellungen jedoch, über welche die Gesellschaft intrinsisch motiviert ist, diese Strukturen zu nutzen und auszubauen, ist die notwendige Bedingung.

Geht man nun davon aus, dass die sozialökologische Transformation eine Bottom-to-top-Bewegung ist, so kann sie nur durch einen gesellschaftlichen Wertewandel erfolgen (vgl. Abschn. 2.1.3). Über diesen muss eine Abkehr von der durch den Markt in die Gesellschaft induzierten Wachstums- und Steigerungslogik ermöglicht und Wertvorstellungen forciert werden, die die Mechanismen, welche die horizontalen und vertikalen Ungerechtigkeiten begründen, unterlaufen (BMBF 2015, S. 3 f.; Leggewie und Welzer 2010, S. 53; Welzer und Sommer, S. 91, 180, 215).

Die Vorstellung einer Abkehr vom Wachstums- und Steigerungsgedanken ist in dem vorherrschenden Wertesystem industrialisierter Gesellschaften eng mit Verzicht und Verlust verknüpft (Leggewie und Welzer 2010, S. 134, 176; Welzer und Sommer 2014, S. 48 f.). So wird eine Gesellschaft keinen Konsens annehmen oder gar aus sich hervorbringen, der auf dem Modus der *freiwilligen Deprivilegisierung* beruht. Über einen kulturellen Perspektivwechsel muss der Modus des Verzichts und Verlusts zu einem Gewinn umgedeutet werden, damit ein Pfadwechsel wünschenswert wird (vgl. auch Kirchberg 2013, S. 25).

Um diesen gesamtgesellschaftlichen Pfadwechsel voranzutreiben, braucht es Vorreiter, sogenannte *Change Agents* (Rogers 2003, S. 365). Diese *Change Agents* gilt es erst einmal auf die Problematik aufmerksam zu machen, zu überzeugen und ihnen dann Instrumente an die Hand zu geben, über welche sie ihre Überzeugungen verbreiten können (Rogers 2003, S. 365). Auf der Suche nach Beschleunigungsmomenten innerhalb dieser Überzeugungsarbeit soll in der hier vorliegenden Studie das Potenzial der kulturellen Unterstützung untersucht werden, um so ein Umdenken der Gesellschaft aus sich heraus erreichen zu können.

Es wird vermutet, dass Musikfestivals das Potenzial innewohnt, über situationsbedingte Faktoren die Hervorbringung von *Change Agents* zu forcieren. In einer anschließenden Diskussion soll weiter geklärt werden, ob und unter welchen Umständen diese Veranstaltungen ggf. selbst als *Change Agents* fungieren können.

2.1.2 Das Nachhaltigkeitsproblem

Das Nachhaltigkeitsproblem wird in dieser Arbeit aus dem Blickwinkel der sozialökologischen Transformation verstanden. So basiert das Problem der Ressourcenverschwendung, welches gemeinhin als Grundproblem der Klimaveränderung angenommen wird, auf dem Grundmodus des Wachstums- und Steigerungsgedankens (vgl. BMBF 2015, S. 19). Im Rahmen der sozialökologischen Transformation industrialisierter Gesellschaften sind sich die Wissenschaftler weitestgehend einig darüber, dass die Implementierung von nicht nachhaltigen Marktlogiken in den Lebensalltag der Gesellschaftsmitglieder der Grund oder zumindest einer der Hauptgründe für das Nachhaltigkeitsproblem ist (Etzioni 2009, S. 156; Rosa 2018, S. 58; Speth 2012, S. 4 ff.; Ulrich 2005, S. 7; Welzer und Sommer 2014, S. 18 f.). Als nicht nachhaltige Marktlogiken werden hier solche verstanden, denen der Grundmodus des Wachstumspostulats innewohnt.

Polanyi hat dieses Phänomen, nämlich die Vereinnahmung des Lebensalltags der Menschen durch Marktmechanismen im Kontext der Industrialisierung, bereits 1944 vorausgesehen und diesem eine potenziell gravierende Wirkung auf die Gesellschaft zugeschrieben:

> *To allow the market mechanism to be sole director of the fate of human beings and their natural environment, indeed, even of the amount and use of purchasing power, would result in the demolition of society* (Polanyi 1985 [c1944], S. 73).

Den gravierenden Auswüchsen der von Polanyi formulierten Vision sehen sich Vertreter der sozialökologischen Transformation heute gegenüber und forschen nach Möglichkeiten, diesen gesellschaftlich vernichtenden Ausgang der Vision abzuwenden (vgl. BMBF 2015, S. 3). Um dieser Entwicklung entgegenzuwirken, wird über Umstände diskutiert, durch welche die Marktmechanismen in den Lebensalltag Einzug halten konnten.

Für Welzer und Sommer etwa haben sich über nunmehr Jahrhunderte alte kulturelle Praktiken die Vorstellungen von unablässigem Wachstum, von Entwicklung, Fortschritt, Wettbewerb als eine vormals äußere Bedingung unserer Lebenswelt in unseren Innenwelten installiert. Diese Vorstellung manifestiere sich in einem unverhältnismäßigen Konsumverhalten seitens der industrialisierten Gesellschaften (Welzer und Sommer 2014, S. 115). Nach Etzioni kann der Einzug nicht verhältnismäßiger Wertorientierungen in eine industrialisierte Gesellschaft über ein zweistufiges Modell erklärt werden. Etzioni beschreibt die Transformation im sozialen Bereich in Anlehnung an die Transformation von Arbeit durch die Industrialisierung. So wird nach Etzioni zunächst die soziale Ebene erster Ordnung transformiert, auf der die effektive Art und Weise ausgehandelt wird, *Dinge zu erledigen*. Es bilden sich Unternehmen und Organisationen heraus, über welche Handlungsweisen und Kontrollmechanismen gesteuert und entwickelt werden. Die zweite Stufe beschreibt die Transformation der Organisationen zweiter Ordnung, der Entwicklung von Mechanismen, über welche die Organisationen und Unternehmen erster Ordnung überwacht und kontrolliert werden, *in other words, the introduction of a comprehensive overlayer of societal guidance* (Etzioni 1968, S. 7).

Dieses Stufenmodell, welches Etzioni Theorien ökonomischer Prozesse in modernen Gesellschaften, der technischen Kybernetik, entliehen hat, erweitert er für den sozialen Bereich mit dem Aspekt, dass gesellschaftlichen Akteuren politische Macht und damit ein ethischer Status zugesprochen werden muss. Gesellschaftliche Selbstregulierung unterscheidet sich von ökonomischen Prozessen unter anderem in der Form, dass dieser Organisation zweiter Ordnung zwei Ebenen zugesprochen werden können: Kontrolle und Reaktionsfähigkeit. Die übergeordneten Organisationen kontrollieren zum einen die Interessengruppen, indem sie deren Verpflichtung gegenüber den gesellschaftlichen Werten spezifizieren, zum anderen stellen sie die Responsivität der Kontrolle über die Akteure sicher, wann immer gemeinschaftliche Ambitionen der Akteure dies erfordern (Etzioni 1968, S. 7). Responsivität bezeichnet hier die Fähigkeit und die Bereitschaft der übergeordneten Organisation, auf kommunizierte Begehren der Organisationen erster Ordnung einzugehen. Ist nun die kontrollierende Einheit nicht ausreichend fähig oder bereit, auf die Interessen und Bedürfnisse der Kontrollierten einzugehen, so resultiert daraus entweder eine interne Starrheit im Mechanismus der Akteure oder eine Unterwerfung der Mehrheit durch einige, die den Zugang zu sozialen Kontrollzentren monopolisieren (Etzioni 1968, S. 7). Wird eine kapitalistische Gesellschaft aufgrund eines stabilen Wohlstands träge, so ist hier eine Unterwerfung der Mehrheit durch einige möglich und das soziale Kontrollzentrum wird von ökonomischen Interessen angeführt.

Dem Kapitalismus wohnt ein steter Drang nach Wirtschaftswachstum und Steigerung inne, welcher über die Kontrollzentren den Organisationen erster Ordnung auferlegt wird (Etzioni 2009, S. 157). Dies manifestiert sich hier im Unvermögen der Gesellschaft, sich gegen das Diktat zum zügellosen Konsum seitens der Wirtschaft zu wehren, und in den verloren gegangene Responsivität des

2.1 Die theoretischen Konzepte der Forschungsfrage

Wirtschaftssystems (Etzioni 2009, S. 159). So wird einerseits dem Wirtschaftssystem aufgrund des ihm innewohnenden Steigerungs- und Wachstumspostulats abgesprochen, auf die eigentlichen Bedürfnisse der Konsumenten einzugehen, andererseits hätten auch die Konsumenten selbst die Sensitivität für diese Frage verloren (Welzer und Sommer 2014, S. 113).

Inwieweit der Trend zum Konsum gesellschaftlich vertretbar sei und ab wann dieser Entwicklung ein Hang zur Obsession unterstellt werden muss, zeigt Etzioni in seiner Arbeit *A Crisis of Consumerism* auf (Etzioni 2009). So argumentiert er nach Ausführungen zur *Theory of Human Motivation* von Maslow (1943), dass Konsum immer dann eine Obsession unterstellt werden kann, wenn dieser zur potenziellen Befriedigung höherer Bedürfnisse wie Selbstverwirklichung benutzt und damit unverhältnismäßig werde, da Konsum höhere Bedürfnisse nur oberflächlich befriedigen kann (Etzioni 2009, S. 159).

Etzioni geht davon aus, dass die Befriedigung höherer Bedürfnisse nach Maslow wie Selbstverwirklichung, Anerkennung, Wertschätzung oder Zugehörigkeit eben nicht durch Konsum befriedigt, sondern nur durch den Aufbau sozialer Beziehungen erreicht werden könne (Etzioni 2009, S. 160). Ein Umdenken dürfte nicht auf der Ebene einer Reflexion des Versagens in Form von unverhältnismäßigem Konsum stattfinden, sondern über das Aufzeigen von Freiheiten, die das Ablegen der Obsessionen mit sich bringt (Etzioni 2009, S. 160). Eben dieser Gedanke ist einer der von Welzer und Sommer formulierten Kernaspekte der sozialökologischen Transformation und findet sich auch in Rosas Überlegungen zur Soziologie der Weltbeziehungen wieder.

Dass der Irrglaube, Ressourcen- oder Verfügungsreichtum allein wären der Schlüssel zu einem *guten Leben,* sich in der modernen Gesellschaft derart prekär verfestigen konnte, hat für Rosa zwei Gründe. Zum einen wurde die Frage nach einem guten Leben in der Moderne zunehmend privatisiert oder tabuisiert (Rosa 2017, S. 18), womit jedes Gesellschaftsmitglied *seines eigenen Glückes Schmied* geworden ist. Auf diese Weise hat sich zum zweiten kein gesellschaftliches Instrumentarium (Rosa 2017, S. 19) als ausreichend sensibles Frühwarnsystem für potenzielle Störfaktoren etabliert. So konnten sich die nach Rosa grundfalschen kapitalistischen Verteilungsverhältnisse in der Moderne einschleichen, ohne auf widerstandsfähige Gegenkonzepte zu stoßen (Rosa 2017, S. 22). Diese Verteilungsverhältnisse, nämlich die schrankenlose Steigerung und private Akkumulation von Ressourcen führen in modernen Gesellschaften geradewegs zu einem Grundmodus, den Rosa als dynamische Stabilisierung beschreibt. Eine moderne Gesellschaft sei dadurch gekennzeichnet, dass sie sich nur dynamisch zu stabilisieren vermag und so *auf permanentes, immer wiederkehrendes Wachstum, auf Beschleunigung und auf die Steigerung von Innovationsleistungen angewiesen ist, um sich zu erhalten und in der Struktur zu reproduzieren* (Rosa 2018, S. 58; vgl. auch Ausführungen in Abschn. 5.4.1).

> *Es gibt also einen institutionellen Steigerungszwang und es gibt eine kulturelle Steigerungshoffnung, dass mehr Welt verfügbar wird. So kann Wissenschaft erklärt werden oder auch Technik. Kurz gesagt, das ist die Logik des Kapitalismus. Dieser ist jedoch kein rein äußerliches Gebilde, sondern den Subjekten der Gesellschaft eingeschrieben* (Rosa 2018, S. 63).

Aus diesem Steigerungszwang leitet Rosa eine immerwährende Präsenz von Konkurrenzdynamiken ab, welche dem Modus von Angst und Begehren entspringen und so zur Entfremdung von Gesellschaftsmitgliedern führen (Rosa 2017, S. 208).

In seinem Werk *Risikogesellschaft* schreibt auch Beck der zunehmenden Individualisierung eine Auflösung von Klassen, Familie, Partei und Beruf zu und beklagt darüber ein Schwinden gesellschaftlicher Instanzen, welche sich übergeordneter Probleme und Risiken – wie beispielsweise der heutigen Klimakrise – annimmt (Beck 1986).

In seinem Buch *The infinite Desire for Growth* stellen Cohen und Todd heraus, dass der Drang zu wachsen dem Menschen von Natur aus innewohnt (Cohen und Todd 2018, S. 9) und über den Wettbewerb mit anderen (vorwiegend Gleichgestellten) ausgelebt wird (Cohen und Todd 2018, S. 152).

Auch Kallis argumentiert in seinem Beitrag *Social Limits of Growth* in eine ähnliche Richtung. In einer Volkswirtschaft, so argumentiert Kallis nach Fred Hirsch (1976), in welcher das Wachstumslevel über die Befriedigung der Grundbedürfnisse hinausgeht, werden zusätzliche Reichtümer über einen gesellschaftlichen Wettbewerbsgedanken eher zur Akkumulation von privaten Positionsgütern als für zur Lebenszufriedenheit beitragende öffentliche Allgemeingüter verwendet (vgl. Cohen und Todd 2018, S. 134; Kallis 2015, S. 137). Auch Kallis hält eine gewisse Unersättlichkeit und einen daraus resultierenden Wachstumsdrang der Gesellschaftsmitglieder, welche zu diesen fehlgeleiteten Konsumentscheidungen führt, für psychologisch begründbar. Er kreidet aber dem Kapitalismus an, diesem Hang eine fruchtbare Plattform zu geben – indem der Wettbewerb derart forciert wird, dass die Unersättlichkeit zu einer normativen psychologischen Basis der Zivilisation wird (Kallis 2015, S. 139).

Dieter Hassenpflug benennt dieses Problem ungleich plakativer, indem er schreibt:

2.1 Die theoretischen Konzepte der Forschungsfrage

Der gegenwärtig vorherrschende ökonomische, technologische und industrielle Universalismus ist ein Abonnent auf die Zerstörung des Planeten. Er bindet Selbstverwirklichung an abstrakt-suchtartigen Konsum, Fortschritt an partikularistisches Machenkönnen und Wohlstand an sinnentleerte quantitative Zeit-, Wert-, und Geldmaße (wie z. B. das Sozialprodukt) (Hassenpflug 1993, S. 11).

Peter Ulrich kritisiert ergänzend die einseitige Ausbildung der Ökonomen, welche in ihrem Studium zwar umfassende Informationen über die Sachlogik des marktwirtschaftlichen Systems erhielten, nicht aber über deren Auswirkung auf das gesellschaftliche Zusammenleben der Menschen (Ulrich 2005, V). Diese Ausbildungslücke sucht er über die Etablierung einer Wirtschaftsethik, welche sich eben diesen fehlenden Inhalten widmet, zu füllen (Ulrich 2005, V).

Das Nachhaltigkeitsproblem wurzelt hier also in der Steigerungslogik, welche sich über Marktlogiken in den Alltag der Gesellschaftsmitglieder eingeschlichen hat. Eine Analyse darüber, in welchen Momenten eines Musikfestivals diese Mechanismen freigelegt, sichtbar gemacht, benannt und einer Auseinandersetzung unterzogen werden, scheint für die vorliegende Arbeit ein sinnvoller Ansatz zu sein. Wie die Konfrontation mit diesen Mechanismen gesellschaftlich aufgearbeitet werden kann, soll im folgenden Kapitel diskutiert werden.

2.1.3 Ein möglicher Lösungsansatz

In diesem Zusammenhang werden diverse Theorien oder Empfehlungen dazu erarbeitet, die Risiken und Probleme dieser Internalisierung der Marklogiken aufzudecken, sichtbar zu machen und Mechanismen zu entwickeln, die diese Kopplung wieder auflösen.

So bieten Welzer und Sommer einen Pfadwechsel von kapitalistisch geprägten Lebenswelten zu einer Heuristik des Weniger an, über welchen durch die Umbewertung von Bedürfnissen der Verzicht auf Konsum nicht mehr als Verlust, sondern als Gewinn umgedeutet werden kann (Welzer und Sommer 2014, S. 22 und 169). Der potenzielle Zugewinn an Lebensqualität ist demnach in Zeitwohlstand, befriedigenden sozialen Beziehungen, Gesundheit, Glück und Solidarität zu sehen (Welzer und Sommer 2014, S. 175; Welzer und Wiegandt 2012). Welzer und Sommer sprechen in ihrem Buch *Transformationsdesign* Vorstellungen an, wie diese gesellschaftliche Umwertung von Bedürfnissen und damit von Werten und Normen aussehen und gelebt werden könnte (zur Definition von Werten und Normen vgl. Abschn. 2.1.3).

Kurz verdeutlicht werden soll diese Vorstellung am Beispiel des Konsums von Videospielen. Kauft eine Person Videospiele, geschieht dies bestenfalls mit der

Intention, sich die Zeit und die Muße nehmen zu wollen, das Gekaufte auch zu konsumieren. Der Kauf unverhältnismäßig vieler Videospiele brächte neben den Erwerbskosten noch den zum Konsum nötigen Zeitaufwand mit sich. Dieser Aufwand lässt sich im Zweifel nicht im Alltag, den Bedürfnissen des Spiels entsprechend, aufbringen, was ggf. zu Unzufriedenheit bis hin zum Stress führt. Der anforderungsgerechte und dadurch reduzierte Konsum von Videospielen hätte also neben einer Kostenersparnis, was zusätzlich zu einer Entlastung in der Beschaffung der finanziellen Mittel führt, auch noch ein ausgegliceneres Zeitbudget und ggf. befriedigendere Konsumerlebnisse zur Folge. Das Beispiel des Videospiels kann auf jedes beliebige Konsumgut übertragen werden. Die Heuristik des Weniger setzt bei der Konsumentscheidung an. Hier muss ein Bewusstsein dafür geschaffen werden, was man zur Befriedigung der eigenen Bedürfnisse tatsächlich konsumieren sollte und was nicht. Das bewusste Hinterfragen einer potenziellen Konsumentscheidung könnte als erster Schritt zu einem Pfadwechsel fungieren. Lösungsansätze, wie dieser Pfadwechsel konkret eingeleitet und zu einem Wertewandel im obigen Sinne gelangt werden kann, werden jedoch nicht vorgegeben.

Ulrich appelliert an die Etablierung einer wohlverstandenen ökonomischen Vernunft, aus welcher ein gesellschaftlicher Konsens darüber erwachsen kann, dass der Markt wieder der Gemeinschaft dienen muss und nicht umgekehrt. Um zu dieser Vernunft zu gelangen, schlägt Ulrich unter anderem einen konkreten Lösungsansatz vor. Ulrich widmet sich in seinen Arbeiten zum Thema Wirtschaftsethik der Frage, wie Gesellschaftsmitglieder an die, für das geforderte gesellschaftliche Umdenken nötige, wohlverstandene ökonomische Vernunft herangeführt werden können (Ulrich 2005). In seinem Artikel *Sozialökonomische Bildung für mündige Wirtschaftsbürger* stellt Ulrich heraus, dass eben dieser Schritt *die kritische Reflexion des „Eigensinns" und der „Binnenmoral" des ökonomischen Rationalismus (d. h. der entgrenzten und verabsolutierten normativen Logik des Marktes) und seine Hinterfragung aus dem Blickwinkel der Lebenswelt* voraussetzt (Ulrich 2005, S. 4). Nur aus diesem Ansatz heraus sei eine wohlverstandene ökonomische Vernunft, welche sich von der Ideologie des Ökonomismus abgrenze, möglich (vgl. auch Kagan 2012, S. 41; Ulrich 2005, S. 4). So geht Ulrich – wie später noch detaillierter gezeigt werden soll – davon aus, dass die Typologie des ökologischen Rationalismus für ein einzelnes Individuum nach kritischer Reflexion dessen Grundannahmen nicht wünschenswert sein kann und so die Offenlegung dieser Grundannahmen der kritische Punkt zur Erlangung der wohlverstandenen ökonomischen Vernunft sein muss.

Für Kallis ist *Degrowth* die mögliche Lösung. Auch hier wird über eine Neubewertung von Bedürfnissen ein Lebensmodell in Aussicht gestellt, welches als

2.1 Die theoretischen Konzepte der Forschungsfrage

Voluntary Simplicity bezeichnet wird (Alexander 2015, S. 133) und Parallelen zu Welzers Heuristik des Weniger aufweist. Auch Etzioni sieht in der Selbstzügelung der Bevölkerung die Lösung des Nachhaltigkeitsproblems:

Moreover, a civil society requires some form of self-government; citizens must have the capacity to restrain themselves (Etzioni 2009, S. 157).

Rosa geht in seinem Lösungsansatz einen Schritt weiter und konstruiert eine umfassende Soziologie der Weltbeziehungen. Über das konkrete Konzept *Resonanz* bietet er unter anderem einen gesellschaftlichen Lösungsweg für das Nachhaltigkeitsproblem an. Er setzt dem Grundmodus der dynamischen Stabilisierung ein resonantes Weltverhältnis entgehen, welches über einen später noch genauer darzustellenden Paradigmenwechsel etabliert werden soll (Rosa 2017, S. 725). Dieser Paradigmenwechsel weg von einer entfremdeten Weltbeziehung hin zu einem resonanten bringt mit sich, dass Gesellschaftsmitglieder sich wieder mit ihrer Welt verbunden fühlen und diese aus rein intrinsischer Motivation zu schützen versuchen (Rosa 2017, S. 225 ff., 713).

In der Tab. 2.1 sind die hier erwähnten Theorien zu einem möglichen gesellschaftlichen Umdenken im obigen Sinne noch einmal zusammengefasst. Jeder Theorie ist eine Mikroebene und eine Governanceebene zuzuordnen. Die Mikroebene bezieht sich auf das Individuum und zielt darauf ab, die Gesellschaftsmitglieder aus sich heraus zu einem Umdenken zu bewegen. Die Governanceebene beschreibt den individuellen, unternehmerischen bzw. politischen Einfluss auf ein gesellschaftliches Umdenken.

Trotz teils sehr unterschiedlicher Herangehensweisen lässt sich ein Konsens aller hier erwähnten Wissenschaftler darüber erkennen, was das Nachhaltigkeitsproblem ist und wie dagegen vorzugehen ist. Einigkeit besteht vor allem über eine Grundproblematik, die mit der Implementierung von einer Steigerungslogik in die Lebenswelten der Mitglieder industrialisierter Gesellschaften verbunden ist. Diese Logik – initiiert über einen unerbittlichen Wettbewerb, der auf dem Modus der Angst aufbaut und vom Markt herrührt – ist das Problem.

Eine Ablösung von der herrschenden Steigerungslogik, welche sich in unverhältnismäßiger Akkumulation von privaten Ressourcen manifestiert und über die Umwertung von Bedürfnissen bewusster, selbstbestimmter und dadurch weniger – also sozialer – zu konsumieren, wird dagegen als die wichtigste Voraussetzung für die Überwindung des Nachhaltigkeitsproblems angesehen.

Tab. 2.1 Gegenüberstellung der Theorien zum Paradigmenwechsel. (Quelle: eigene Abbildung)

Gegenüberstellung der Theorien zum Paradigmenwechsel			
Theorie	Mikroebene	Governanceebene	Transformationsansatz
Transformationsdesign (Welzer & Sommer, 2014)	Umwertung von Bedürfnissen: Umdefinition von Verlust an meteriellem Besitz in Gewinn von Zeitwohlstand, befridigende Sozialbeziehungen, Heuristik des Weniger	Schrumpfung oder Abschaffung nicht nachhaltiger Teile des kapitalistischen Systems	Pfadwechsel
Resonanz (Rosa, 2017)	Resonanz	Stärkung von Resonanzachsen	Paradigmenwechsel
Aktive Gesellschaft (Etzioni, 1975)	Bewusstmachung eigener Bedürfnisse und politische Durchsetzung, selbstzügelung der Gesellschaft	Rahmenbedingungen zur Rückkopplung zwischen Kontrollebenen und Gesellschaft, Transformation von Kontrollebenen	Responsivität
Kulturelle Dimension (Kagan, 2011)	Zulassen von Komplexität, Abstand vom vorherrschenden Wertesystem	Förderung der Kreativität, Integration komplexer Wechselbeziehungen über alle Disziplinen (Wissenschaft) und alle sozialer Sektoren	Kreative Resilienz
The infinite Desire for Growth (Cohen & Todd, 2018)	Umwertung von Bedürfnissen	Abkehr vom kapitalistischen Grundgedanken (Wachstum)	Moderates Wirtschaftswachstum
Degrowth (Kallis, 2015)	Umwertung von Bedürfnissen: Voluntary Simplicity	Regulierung des Verhältnisses von Wachstumslevel und Befriedigung der Grundbedürfnisse	Degrowth
Wohlverstandene ökonomische Vernunft (Ulrich, 2005)	Kritische Reflexion des "Eigensinns" und der "Binnenmoral" des ökonomischen Rationalismus aus der Lebenswelt heraus	Ausbildung der Ökonomen nach Grundsätzen der wohlverstandenen ökonomischen Vernunft	Wohlverstandene ökonomische Vernunft

Wertewandel

Da in diesem Zusammenhang der Begriff *Wertewandel* bereits wissenschaftlich eingeführt ist, soll dieser hier kurz skizziert und eine für die vorliegende Arbeit relevante Begrifflichkeit herausgestellt werden. Mit einem Wertewandel von materialistischen zu postmaterialistischen Werten befasst sich der amerikanische Soziologe Inglehart im Rahmen seiner Arbeit *The Silent Revolution: Values and Political Styles among Western Publics* (Inglehart 1977) und prägt damit maßgeblich den Begriff. Inglehart geht davon aus, dass sich ändernde gesellschaftliche Rahmenbedingungen einen Wertewandel auslösen (Inglehart 1977, S. 5). Die 1977 noch theoretisch hergeleiteten Rahmenbedingungen für einen Wertewandel konnten durch umfangreiche empirische Studien im Zeitraum 1970 bis 1993 unter anderem von der World Valus Surveyes, welcher Inglehart als

2.1 Die theoretischen Konzepte der Forschungsfrage

Präsident vorstand, weitestgehend belegt werden (Abramson und Inglehart 1995; Inglehart 1990). Rahmenbedingungen für den von Inglehart festgemachten Wertewandel sind demnach das Nichtvorhandensein von Kriegen, wirtschaftlicher Wohlstand durch ökonomische und technische Entwicklungen, Bildung und sich durch den Wandel der Medien etablierten Kommunikationsstrategien. Diese Rahmenbedingungen bewirken Änderungen auf einer individuellen Ebene, welche einen zunehmenden Fokus auf Bedürfnisse wie Zugehörigkeit, Wertschätzung und Selbstentfaltung sowie den Ausbau von Fähigkeiten zur politischen Mitbestimmung nach sich ziehen (Inglehart 1977, S. 5). Aus diesem eigentlichen Wertewandel leitet Inglehart wiederum Phänomene als Konsequenz dieses Wertewandels ab, die auf gesellschaftlicher Ebene sichtbar werden. Zu diesen zählen unter anderem die Änderungen des Fokus vorherrschender politischer Aspekte, die Etablierung von Lebensstilen, die Abnahme der Bedeutung von sozialen Klassen und die großflächige Beteiligung an politischen Diskursen (Inglehart 1977, S. 5).

Inglehart stellt in seiner Untersuchung zwei grundlegende Hypothesen zur Erklärung des Wertewandels heraus: die Mangel- und die Sozialisationshypothese (Abramson und Inglehart 1995, S. 4). Die Mangelhypothese bezeichnet das Streben von Gesellschaftsmitgliedern nach der Befriedigung von Bedürfnissen, deren Grad an Befriedigung durch einen Mangel gekennzeichnet sind (Abramson und Inglehart 1995, S. 4). So streben Mitglieder einer Gesellschaft, in welcher Sicherheit und physische Bedürfnisse keinem Mangel mehr ausgesetzt sind, eher nach Zugehörigkeit, Wertschätzung und Selbstverwirklichung (Abramson und Inglehart 1995, S. 3). Maslow hat diesen Zusammenhang bereits 1943 aufgezeigt, dass die aktuelle Bedürfnisorientierung eines Menschen grundlegend seine philosophische und ideologische Grundausrichtung dominiert (Maslow 1943, S. 375). Diese Bedürfnisorientierung wird von Inglehart als kurzfristiger Trend bezeichnet (Abramson und Inglehart 1995, S. 3). Dieser fände dort statt, wo Generationen im Wohlstand aufwachsen und sich deren Bedürfnisorientierung von der Orientierung der elterlichen, charakterisiert durch Krieg und Mangel sozialisierten Generation abheben (Abramson und Inglehart 1995, S. 9). Die Sozialisierungshypothese besagt, dass Menschen in den ersten Lebensjahren entscheidend in ihrem Wertesystem geprägt werden und dieses System, wenn erst einmal etabliert, relativ stabil ist.

Das Nachrücken junger, eher postmaterialistisch eingestellten Generationen, nimmt Inglehart zum Anlass, dem aus der Mangelhypothese resultierenden Trend auch eine langfristige Komponente zuzuschreiben und den von ihm hergeleiteten Wertewandel als langen und trägen, aber durchaus stabilen Prozess zu beschreiben (Abramson und Inglehart 1995, S. 4). Die Ausführungen Ingleharts wurden diversen Kritiken unterzogen, sodass einzelne Aspekte in seiner Arbeit, vorwiegend die Abgrenzung von materiellen und postmateriellen Werten, grundlegend modifiziert wurden. Dennoch bleibt der Kern seiner Aussagen, nämlich, dass der Wertewandel in westlichen Gesellschaften eine Tendenz zur Selbstentfaltung mit sich bringt, unangefochten (vgl. Abramson 2011, S. 2; Etzioni 2009, S. 156; Hradil 2002, S. 32; Klages 2001, S. 8).

Ein Wertewandel ist auf äußeren Rahmenbedingungen begründet, definiert eine Veränderung der Vorstellung vom allgemein Wünschenswerten auf individueller Ebene und ist ein keineswegs linearer Prozess, welcher von aktiven Gruppen im politischen und privaten Diskurs inhaltlich beeinflusst wird. Auch in jüngster Zeit sehen sich die westlichen Gesellschaften prekären Änderungen gesellschaftlicher Rahmenbedingungen gegenüber. So dominieren Themen wie Klimawandel, Digitalisierung und Globalisierung den öffentlichen Diskurs. Allen drei strukturellen Änderungen kann ein hohes Maß an Komplexität zugesprochen werden. In welcher Form diese Rahmenbedingungen den Wertewandel tangieren oder gar einen neuen Wandel in Gang setzen, wurde bislang noch in keiner Langzeitstudie erforscht. Auszugehen ist davon, dass eine Umorientierung im Wertesystem sich ankündigt und es schwerwiegende Konsequenzen hat, wenn diese nicht in die richtige Richtung geht oder nicht rechtzeitig stattfindet. So muss die andauernde Orientierung an Bedürfnissen wie Selbstentfaltung von einer Akkumulation privater Ressourcen hin zu nachhaltigen Lebensbedingungen wie Zeitwohlstand oder Erhalt befriedigender Lebensgrundlagen umgedacht werden (vgl. Welzer und Sommer 2014, S. 175; Welzer und Wiegandt 2012).

Aufbauend auf den Arbeiten von Inglehart wird der Wertewandel und dessen gesellschaftliche Auswirkungen auch für die Bundesrepublik Deutschland von unterschiedlichen Wissenschaftlern weiterverfolgt. Diesem Trend zur Selbstentfaltung werden nicht nur positive Nebenwirkungen zugesprochen. So verweist die Kommunikationswissenschaftlerin Noelle-Neumann auf einen durch den Wertewandel induzierten Werteverfall (Noelle-Neumann 1985). Dieser bestehe nach Noelle-Neumann in einem Zerfall von Werten wie Sicherheit und Ordnung und bringe eine Erosion der Sekundärtugenden und bürgerlichen Arbeits- und Leistungsethiken, Bindungsverluste an Gemeinschaften, an Religion und Kirche sowie allgemeine Infragestellung von Autoritäten und Hierarchien, bürgerlichen Arbeits- und Leistungsethik mit sich und manifestiere sich in individueller Anspruchsinflation, abnehmendem Gemeinsinn und sinkender Bereitschaft zum politischen Engagement (Hepp 2001, S. 31 f.; vgl. auch Noelle-Neumann 1985). Im Rahmen der Diskussionen darüber, ob die von Inglehart aufgedeckte Werteverschiebung hin zur Selbstentfaltung einen Werteverfall oder eine Chance bedeutet, deckt Klages unter Zuhilfenahme empirischer Studien wie der *Speyerer Werte-*

2.1 Die theoretischen Konzepte der Forschungsfrage 41

und Engagementsurvey 1997 fünf Wertetypen auf und untersucht deren gesellschaftliche Präsenz empirisch. Diese Typen unterscheiden sich aufgrund ihrer *Fähigkeiten und Neigungen, sich proaktiv und sozialverträglich auf die Anforderungen der gesellschaftlichen Modernisierung und der Bürgergesellschaft einzulassen* (Klages 2001, S. 10). Klages zeichnet hier ein sehr optimistisches Bild fernab eines Werteverfalls, da im Rahmen seiner Studie eine Gruppe dominiert, welcher ein besonders hohes Potenzial an *menschlicher Handlungsfähigkeit unter den Bedingungen moderner Gesellschaften* zugesprochen werden kann (Klages 2001, S. 10). Klages deckt in der Studie eine direkte positive Korrelation zwischen der Orientierung an Selbstentfaltungswerten und der Bereitschaft, sich gesellschaftlich zu engagieren, auf (Klages 2001, S. 8). Daraus ist abzuleiten, dass die Tendenz zu Selbstentfaltungswerten eine Gesellschaft im Sinne Etzionis aktiver macht. Dieses Potenzial an Engagementbereitschaft gilt es nun im Sinne der sozialökologischen Transformation zu nutzen.

Hradil beschreibt in seinem Artikel *Wandel des Wertewandels* eine Stagnation des von Inglehart vorausgesagten Wertewandels von materiellen zu postmateriellen Werten (Hradil 2002, S. 40). So leitet er unter Bezugnahme auf Studien wie die *Allensbacher Markt- und Werbeträgeranalyse 1999* oder die *IBM-Jugendstudie 1995* eine gesellschaftliche Rückkehr zu Werten wie Sicherheits- und Gemeinschaftswerten und materialistischen Werthaltungen ab. Diese allerdings entsprechen nach Hradil nicht in Gänze der vorherigen Form, sondern stehen mit Werten der Selbstentfaltung in Einklang (Hradil 2002, S. 40; vgl. auch Noelle-Neumann und Petersen 2001). Die Tendenz zur gesteigerten Selbstentfaltung westlicher Gesellschaften manifestiert sich nach Inglehart in unterschiedlichen gesellschaftlichen Phänomenen. So stellt er 2006 in einem Rückblick auf seine Studien heraus, dass gesteigerte Selbstentfaltung eine höhere Priorität für Themen wie Umweltschutz, Toleranz gegenüber Diversität und aktive Mitgestaltung ökonomischer und politischer Themenfelder mit sich bringt und diese in Form von sozialen Bewegungen den politischen Diskurs beeinflussen (Inglehart 2008, S. 140 f.).

Mit diesem Rückschluss bezieht sich Inglehart unter anderem auf Studien von Berry, der in seinen Arbeiten zu *The New Liberalism: The Rising Power of Citizen Groups* liberalen Gruppen jeglicher politischer Richtung hohe Effektivität in der Durchsetzung eigener Themen im politischen Diskurs zuspricht (vgl. Berry 1999). Auch Berry geht von einer Tendenz zur Selbstentfaltung in westlichen Gesellschaften aus und begründet darauf die Motivation zur politischen Mitbestimmung der Mitglieder liberaler Gruppen (Berry 1999 zitiert in Inglehart 2008, S. 142). Auch wenn die Motivation der liberalen Gruppen auf gesteigerte Selbstentfaltungswerte zurückzuführen ist, so unterscheidet Berry in der inhaltlichen Ausrichtung dieser Gruppen Vertreter materialistischer und postmaterialistischer

Werte. So streiten Vertreter materialistischer Werte für eine Erhöhung der nationalen Sicherheit durch die Ausweitung des Wohlstands und gleichzeitig für die Freiheit, sich Träume zu verwirklichen und mehr freie Zeit mit der Familie verbringen zu können (Berry 1999, S. 5). Vertreter postmaterialistischer Werte hingegen plädieren für eine Reduktion wirtschaftlicher Expansion, sind bereit, potenzielle wirtschaftliche Renditen für den Schutz der Umwelt einzutauschen und wollen die Integrität und Sicherheit der Verbrauchermärkte bewahren (Berry 1999, S. 5).

Politische Aktivität und Durchsetzungsvermögen bringt auch der deutsche Soziologe Gerhard Schulze mit Tendenzen zur Selbstentfaltung in Verbindung (Schulze 2005, S. 38, 411 f., 493). Neben den Gruppen der Niveau-, Integrations-, Harmonie- und Unterhaltungsmilieus stellt Schulze im Rahmen seiner Milieuforschung *Die Erlebnisgesellschaft* eine Gruppe heraus, die er dem Selbstverwirklichungsmilieu zurechnet. Dieses Milieu vereinigt junge, tendenziell gut ausgebildete Gesellschaftsmitglieder, welche ein Ich-verankertes Weltbild internalisiert haben, Komplexität gegenüber aufgeschlossen sind und im Rahmen ihrer Egozentralität ein generelles Interesse an der Welt ausbilden (Schulze 2005, S. 325). Dem Selbstverwirklichungsmilieu schreibt Schulze im Rahmen sozialer Bewegungen eine tragende Rolle zu (Schulze 2005, S. 411):

> *Das Selbstverwirklichungsmilieu ist das Kernmilieu sozialer Bewegungen. Alternativbewegung, Friedensbewegung, die Grünen, alle zur Erhebungszeit noch vom Fluidum politischer Unkonventionalität und Aktualität umgeben, finden im Selbstverwirklichungsniveau die meisten Anhänger* (Schulze 2005, S. 319).

Versteht man die sozialökologische Transformation nun als soziale Bewegung, so ist sie in Ingleharts Theorie wohl im Übergang von der individuellen Ebene auf die gesellschaftliche Ebene anzusiedeln und bezieht sich auf die gesellschaftlichen Phänomene, welche sich aus der Umorientierung im Wertesystem ergeben. Durch das Einbringen sozialökologisch relevanter Themen wie beispielsweise den Klimawandel und damit zusammenhängende Gerechtigkeitsproblematiken in den gesellschaftlichen und politischen Diskurs werden die Rahmenbedingungen bezüglich dieser Themen offengelegt und neue Vorstellungen vom Wünschenswerten und Gewollten, also neuer Normen, forciert und ausgehandelt. Wie in der Darstellung der Normenentstehung und dessen Verhältnis zum Wertesystem noch gezeigt werden wird, bestehen Rückkopplungseffekte neu entwickelter Normen auf das Wertesystem.

Werden beispielsweise gesellschaftliche Trends wie das Recyclen von Ressourcen über die Argumentation des nachhaltigen Erhalts der Lebensgrundlage mit dem Wert Sicherheit verknüpft, so besteht die Möglichkeit, diesen Wert zu modifizieren. Sicherheit würde sich so nicht mehr auf die kurzfristige Sicherstellung der eigenen Ernährung und des eigenen Wohlstands beziehen, sondern auf den Erhalt dieser Lebensqualität auch für künftige Generationen. Diese könnten als Hebel für eine Modifizierung des Wandels in eine sozialökologische Richtung verstanden werden. Sozialökologische Werteorientierungen innerhalb dieses nicht linearen Wandels gesellschaftlich hochzuhalten, im politischen und privaten Diskurs durchzusetzen und zu etablieren und so die Richtung des Wandels mitzubestimmen, könnte als Ziel der sozialökologischen Transformation verstanden werden. An dieser Stelle soll der Begriff des Normenwandels als für diese Studie zugrunde liegendes konkretes Ziel sozialökologischer Interessen eingeführt werden.

Gesellschaftliche Begebenheiten

In den folgenden Ausführungen wird im Rahmen der Umwertung von Bedürfnissen oft von gesellschaftlichen Begebenheiten zu lesen sein. Da auch diese Benennung einer Eingrenzung oder Klärung bedarf, soll nun darauf eingegangen werden, was genau mit gesellschaftlichen Begebenheiten gemeint ist. Unter dieser Begrifflichkeit sollen hier Umgangsformen verstanden werden, welche sowohl aus dem Wertesystem als auch aus den Denk- und Verhaltensmustern, welche in einer Gesellschaft etabliert sind, erwachsen und nach diesen gedeutet werden können.

Notwendig ist neben dem Wissen über empirische Sachverhalte, Systemdynamiken und Wechselbeziehungen (Systemwissen) auch die Untersuchung von Werten und Normen, um Veränderungsbedarf sowie erwünschte Ziele begründen zu können (Ziel oder Orientierungswissen) (BMBF 2015, S. 4).

Um Ausschweifungen zu vermeiden, welche nicht unmittelbar der Beantwortung der Forschungsfrage zuträglich sind, konzentrieren sich die Ausführungen im Verlauf dieser Arbeit auf solche gesellschaftlichen Begebenheiten, welche sich über die Implementierung nicht nachhaltiger Marktlogiken in den Alltag der Gesellschaftsmitglieder eingeschlichen haben.

Werte und soziale Normen

Clyde Kluckhorn definiert Werte in seinem Artikel *Values and Value-Orientations in Theory and Action* wie folgt:

A conception, explicit or implicit, distinctive of an individual or characteristic of a group, of the desirable which influences the selection from available modes, means and ends of action (Kluckhohn 1951, S. 395).

Kluckhorns Definition von Werten ist bis heute gültig (Hradil 2002, S. 20; Schäfers et al. 2006, S. 352).

Eng mit dem Konzept der Werte ist das der Norm verbunden. Normen sind allgemein anerkannte Standards, Regeln oder Vorschriften, welche das Zusammenleben von Gemeinschaften regeln und aus diesem hervorgehen. Sie sind Äußerungen, über welche die Erwartung zum Ausdruck gebracht wird, dass etwas gewollt oder ungewollt ist (Opp 1983, S. 4). Unter sozialen Normen werden Traditionen, Standards, Werte und Regeln verstanden, die das Sozialverhalten, also die Interaktion von Individuen in einer Gruppe, regeln und aus diesem hervorgehen (Opp 1983, S. 205; vgl. auch Schäfers et al. 2006, S. 213; Sherif 1966, S. 3, 198). Soziale Normen können auf unterschiedliche Weise entstehen. In modernen Industriegesellschaften werden Normen unter anderem über Institutionen gesetzt (institutionelle Normen) oder entstehen über Vereinbarungen in Gruppen (Normenentstehung durch freiwillige Übereinkunft). Beiden Entstehungswegen kann eine aktive Übereinkunft, also eine Planung, unterstellt werden (Opp 1983, S. 205). Ein Großteil der Normen allerdings, welcher nach Opp bis dato seitens der Ökonomen unbeachtet scheint, entsteht ungeplant (evolutionäre Normentstehung) (Opp 1983, S. 205). Unter Berufung auf unter anderem Elias Schrift *Über den Prozeß der Zivilisation* erklärt Opp die evolutionäre Entstehung von Normen über ein utilitaristisches Verhaltensmodell. In diesem werden Arten und Präferenzen von Restriktionen berücksichtigt, welche in ökonomischen Theorien bis dato unzureichend diskutiert sind. Zugleich bedient sich Opp sozialpsychologischer Theorien, um Präferenzen zu erklären.

Ein erster Schritt zur evolutionären Normentstehung sind Verhaltensregelmäßigkeiten, welche innerhalb einer Gruppe durch Belohnung oder Imitation begründet und durch die beiden Strukturvariablen Kommunikationsstruktur und Kohäsion determiniert werden. Je besser ein Verhalten innerhalb einer Gruppe kommuniziert wird und je größer der Gruppenzusammenhalt ist, desto eher wird es zu einer Verhaltensregelmäßigkeit kommen (Opp 1983, S. 208 ff.). In einem zweiten Schritt werden Präferenzen für das entsprechende Verhalten gebildet. Dies geschieht aufgrund eines Kosten-Nutzen-Abgleichs mit anderen Verhaltensweisen (Opp 1983, S. 213 ff.). Darauf folgt in einem dritten Schritt die normative Äußerung der Präferenz in Form von: *Man sollte x tun* oder *Man sollte x nicht tun*. Opp spricht in einem vierten Schritt von der Internalisierung einer normativen Äußerung, wenn die Konformität mit einer Norm als intrinsisch belohnend

2.1 Die theoretischen Konzepte der Forschungsfrage

empfunden wird (Opp 1983, S. 218). Den letzten Schritt in der evolutionären Normentstehung sichert die Durchsetzung der entsprechenden Norm. *D. h. es werden Ressourcen eingesetzt, die Konformität mit den Normen sichern sollen* (Opp 1983, S. 218).

Sherif stellt in seiner Arbeit *The Psychology of social norms* heraus, dass soziale Normen, sobald sie von einem Individuum internalisiert sind, einen Referenzrahmen bilden, welcher maßgeblich bestimmt, wie ein Individuum eine bestimmte Situation erfährt und sich dazu verhält (Sherif 1966, S. 43). So gibt es externe Faktoren (Objekte, Personen, Gruppen oder kulturelle Produkte wie Sprache) und interne Faktoren (Einstellungen, Emotionen, Erfahrungen) einer Situation, welche über die psychologische Struktur des Individuums, das beobachtete Verhalten determinieren (Sherif 1966, S. XV). Einmal internalisiert, tendieren Normen dazu, stabil zu sein. Sie sind aber weder starr noch unveränderbar (Sherif 1966, S. 44). Ändern sich wichtige Strukturen einer Gesellschaft (wie beispielsweise durch Digitalisierung, Globalisierung oder Klimawandel), so werden neue Normen entstehen, welche über kurz oder lang in der Lage sind, die alten Normen abzulösen (Sherif 1966, S. 44).

Zur Erklärung des Verhältnisses von Werten zu Normen greift Opp auf die Definition des Wertbegriffs von Blake und Davis (1964) zurück, welche einen begründenden Zusammenhang von Werten und Normen herausstellt:

Werte sind also definitionsgemäß solche Verhaltensvorschriften, mit denen andere Verhaltensvorschriften gerechtfertigt werden. Die gerechtfertigten Verhaltensvorschriften heißen Normen (Opp 1983, S. 118).

Dieser Beziehung billigt Opp zu, dass ihr nicht unweigerlich eine logische Implikation unterstellt sein muss. Zwar entstehen Normen über diese Argumentation aus bestehenden Werten. Im Umkehrschluss stellt Opp aber auch heraus, dass Werte über die Etablierung von Normen erst gerechtfertigt werden (Opp 1983, S. 122). Sind Werte also nicht alleinige Determinanten zur Entstehung von Normen, wie in der vorangegangenen Ausführung gezeigt, so kann über die Entstehung neuer Normen ein Rückkopplungseffekt auf die Entstehung neuer Werte oder die Justierung bzw. den Grad der Anerkennung bestehender Werte geschlossen werden (Opp 1983, S. 120 f.). Je häufiger und je entschlossener also Erwartungshaltungen, welche konform zu einem entsprechenden Wert sind, in Form von Normen geäußert, internalisiert und akzeptiert werden, desto höher ist die Akzeptanz des der jeweiligen Normen zugrundeliegenden Werts (Opp 1983, S. 126 f.). Diese Wechselwirkung von Werten und Normen lässt Raum für die Annahme, dass über das Forcieren der Entwicklung konkreter Erwartungshaltungen Einfluss auf die Entwicklung von Werten genommen werden kann. Da, wie bereits erwähnt, soziale Prozesse durch Nicht-Linearität und Eigendynamiken charakterisiert sind, wäre eine konkretere Schlussfolgerung bezüglich dieser Rückkopplung überambitioniert. Festgehalten werden soll an dieser Stelle jedoch das theoretische Potenzial, welches der Änderung konkreter Erwartungsäußerungen in diesem Zusammenhang zugesprochen werden kann.

Werte und Normen determinieren das Verhalten, indem sie beispielsweise in Form von Regeln oder Vorschriften verdeutlichen, was wünschenswert und was nicht wünschenswert ist (Schäfers et al. 2006, S. 213; Welzel 2009, S. 110). Über die Etablierung von Werten und Normen werden im gesellschaftlichen Konsens Handlungsoptionen ausgegrenzt, welche nicht wünschenswertes Verhalten bedeuten würden. Sie dienen als Orientierungshilfe in einem sonst uneingeschränkten Gefüge an Handlungsoptionen (Schäfers et al. 2006, S. 213; Sherif 1966, S. XX). Von diesem Standpunkt aus betrachtet helfen Normen also dabei, die Komplexität des sozialen Handelns einzuschränken.

Komplexität

Denk- und Verhaltensmuster erwachsen in einer Gesellschaft über das Werte- und Normensystem. In modernen Gesellschaften sind Denkstrukturen nach Morin (2007) durch drei Prinzipien gekennzeichnet: Zum Ersten sind sie geprägt vom universellen Determinismus, der impliziert, dass allem Geschehen und Handeln eine kausale Vorbestimmung zugrunde liegt. Zum Zweiten wird das Wissen über einen komplexen Bereich auf das Wissen über dessen Grundelemente reduziert. Und zum Dritten werden kognitive Problematiken derart voneinander getrennt, dass unterschiedliche Disziplinen sich zu hermetisch voneinander getrennten Bereichen entwickeln (Morin 2007, S. 5). Über diese Charakterisierung spricht Morin den Denkstrukturen moderner Gesellschaften jeglichen konstruktiven Umgang mit Komplexität ab (vgl. hierzu Kagan 2011; Morin 2007, S. 5).

Angelehnt an Morin führt Kagan den Grund für die Entwicklung linearer Denkstrukturen auf die Art und Weise moderner Gesellschaften zurück, Kenntnis über die Wirklichkeit zu gewinnen (Kagan 2012, S. 13). So habe sich in industriellen Gesellschaften ein Zweckbewusstsein als vorherrschende Rationalität durchgesetzt, welche eng auf Handlungszwecke ausgerichtet ist (Kagan 2012, S. 13). Dieses Zweckbewusstsein impliziere, so Kagan, lineare Kausalitäten, die auf ein einseitiges Ursache-Wirkungs-Prinzip aufbauen und jedwede Rückkopplungseffekte der ausgelösten Ereignisse ignorieren (Kagan 2011, S. 14). Beispielsweise sei in ökonomischen Überlegungen jahrzehntelang der Aspekt

2.1 Die theoretischen Konzepte der Forschungsfrage

der Umweltverschmutzung ignoriert worden, welcher nun über wissenschaftliche Studien, Demonstrationen und politische Sanktionen einen maßgeblichen Einfluss auf die Wirtschaft hat. Durch das kategorische Ausblenden dieser Rückkopplungseffekte seien lineare Kausalitäten unfähig, die vielseitigen Wechselbeziehungen von Interaktionen einzubeziehen, welche zur Bewältigung komplexer Probleme nötig seien. Sie forcieren so eine Atomisierung des Wissens, über welches eingeschränkte Problemfelder zwar durchaus bearbeitet werden könnten, übergreifende Zusammenhänge aber unerkannt bleiben. Lineare Kausalitäten sind somit unfähig, Komplexität zu begreifen (Kagan 2012, S. 15).

Komplexität zuzulassen aber sei der Schlüssel zu einem Weltverständnis, welches zur Etablierung einer Kultur der Nachhaltigkeit unbedingt notwendig sei (Kagan 2012, S. 15). Nur durch das Einbeziehen komplexer Wechselbeziehungen über alle Disziplinen und soziale Sektoren hinweg sei es möglich, ein nachhaltiges Verhältnis der Gesellschaft zu ihrer natürlichen Umgebung und damit ihrer Lebensgrundlage aufzubauen (Kagan 2012, S. 15).

Andreas Ernst stellt im Rahmen des Sammelbands *KlimaKulturen – soziale Wirklichkeiten im Klimawandel* die Umwelt als ein komplexes System dar.

Ein komplexes System liegt dann vor, wenn eine Vielzahl von Variablen hochgradig miteinander vernetzt ist. Diese Beziehungen führen dazu, dass man an keiner Stelle des Systems Hand anlegen kann ohne das Risiko, dass man das an einer anderen Stelle, und sei sie auch noch so weit entfernt, nicht zu einem bestimmten Grad und zu einem bestimmten Zeitpunkt doch spüren würde. Alles steht mit allem – zum Teil auf Umwegen – in Beziehung (Ernst 2010, S. 130).

Komplexe Systeme sind, so Ernst weiter, durch drei Aspekte gekennzeichnet. Zum einen sind sie *vernetzt,* indem alles mit allem in Beziehung steht, sie sind *autodynamisch,* d. h. sie verändern sich auch ohne externe Einflüsse, und sie sind *intransparent,* d. h. diverse Interaktionen sind *nicht unmittelbar der menschlichen Sinneserfahrung zugänglich* (Ernst 2010, S. 130).

Ernst identifiziert drei Schwächen menschlichen Umgangs mit komplexen Systemen, welche sich in Teilen auf die von Morin herausgearbeiteten Prinzipien von Denkstrukturen industrieller Gesellschaften zurückführen lassen. Zum einen benennt er die monokausale Hypothese, welche besagt, dass Menschen dazu tendieren, komplexe Probleme auf ein kognitiv verarbeitbares Niveau zu reduzieren. Weiter besteht der Trugschluss, nicht lineare Verläufe komplexer Systeme über die Zeit linearisiert betrachten und prognostizieren zu können, und drittens unterstellt Ernst dem Umgang mit komplexen Systemen einen Überoptimismus und eine Kontrollillusion. Neben diesen kognitiven Aspekten des fehlgesteuerten

Umgangs mit dem komplexen System Umwelt stellt Ernst im Weiteren motivationale Probleme im Umgang mit komplexen Systemen heraus. Hergeleitet aus einer Dilemmasituation, über welche endliche, natürlich nachwachsende Ressourcen gemeinschaftlich von vielen Menschen geteilt werden müssen, benennt er für die Kosten-Nutzen-Relation des Verbrauchs der Ressourcen unterschiedliche Fallen: Die Zeitfalle besteht darin, dass Gewinn jetzt generiert wird, die Kosten aber erst später anfallen. Die soziale Falle ist in der Verteilung von Kosten und Nutzen auf unterschiedliche Akteure verortet. So verteilen sich die Gewinne der Ressourcennutzung auf Akteure innerhalb des Dilemmas, die Kosten aber tragen ggf. an der Aktion Unbeteiligte. Die räumliche Falle bezieht sich auf das räumliche Auseinanderfallen von Kosten und Nutzen; so kann ein Nutzen lokal entstehen, die Kosten aber woanders. Die Sicherheits- oder Vulnerabilitätsfalle beschreibt den Zusammenhang von durch genutzte Ressourcen erstandenen Wohlstand, welcher die Absicherung vor Klimafolgen gewährleisten kann, wohingegen unbeteiligte vom Klimawandel betroffene Regionen ggf. nicht am Wohlstand beteiligt und deswegen vulnerabel sind (Ernst 2010, S. 130). Die Zeitfalle kann somit zur Begründung der vertikalen Ungerechtigkeit herangezogen werden, wohingegen die anderen drei Fallen die vertikale Ungerechtigkeit erklären.

Als nicht nachhaltig kann das Wertesystem, welches sich in industrialisierten Gesellschaften etabliert hat, in der Hinsicht gedeutet werden, als dass es aufgrund der Ausblendung von Rückkopplungseffekten sozialer Interaktionen nicht in der Lage ist, Komplexität zuzulassen. Durch die Etablierung des Zweckbewusstseins als vorherrschende Rationalität aus diesem Wertesystem entsteht ein Konsens darüber, dass lineare Denkstrukturen zur Generierung von Wissen ausreichen und dadurch komplexe Rückkopplungseffekte ignoriert werden. Gesellschaftliche Begebenheiten sollen in dieser Arbeit als Umgangsform verstanden werden, welche diesem nicht nachhaltigen Werte- und Normensystem und linearen Denkstrukturen entspringen (Kagan 2011, S. 463). Ein Ausbruch aus diesen Umgangsformen und eine Öffnung für neue Umgangsformen und Lebenskonzepte setzt ein Sich-Lösen vom vorherrschenden Werte- und Normensystem und von linearen Denkstrukturen voraus (Kagan 2012, S. 39; vgl. auch Sherif 1966, S. 16).

Schafft es eine Gruppe oder Gemeinschaft aufgrund eines starken Zusammengehörigkeitsgefühls und guter Kommunikationsstrukturen, lineare Denkstrukturen zu überwinden und neue, wenngleich temporär begrenzte Verhaltensregelmäßigkeiten als Norm zu internalisieren (Normenwandel) und bis dato erlernte Normen infrage zu stellen, so können hierüber Rückschlüsse auf einen etwaigen Wertewandel gezogen werden. In der Form nämlich, dass dieser kurzfristige Normenwandel ein Beschleunigungsmoment oder sogar eine Weichenstellung für

2.1 Die theoretischen Konzepte der Forschungsfrage

einen langfristig angelegten Wertewandel sein kann. Dieser Beschleunigungsmoment bezieht sich vorerst auf die einzelnen Mitglieder dieser Gruppe oder Gemeinschaft, welche künftig aber als *Change Agents* fungieren können. Im Verlauf dieser Arbeit wird für diesen temporären und ersten Schritt des Lösungswegs der Begriff des Normenwandels verwendet.

2.1.4 Resonanz

Einer der umfassendsten und damit ggf. konkretesten Lösungsansätze für das oben definierte Nachhaltigkeitsproblem ist wohl die Resonanztheorie von Hartmut Rosa. Der deutsche Soziologe und Politikwissenschaftler hat sich in jüngster Zeit mit der Möglichkeit eines gesellschaftlichen Paradigmenwechsels zur Überwindung der kapitalistischen Steigerungs- und Wachstumslogik befasst. Diesen Vorschlag diskutiert Rosa auch im Rahmen der Krise der Demokratie, der Psychokrise und auch der ökologischen Krise – also dem Klimawandel. Über ausführliche Darlegungen zu Zeitstrukturen und deren Bezug zur Industrialisierung (Rosa 2013) identifiziert Rosa eine *dynamische Stabilisierung* als Grundproblem, welche als Strukturimperativ moderner Gesellschaften fungiert (Rosa 2017, S. 56). Dieses könne nicht über einen Bewusstseinswandel allein überwunden werden, sondern bedürfe einer grundlegenden institutionellen Reform (Rosa 2017, S. 725), nämlich der Veränderung menschlicher Weltbeziehungen (Rosa 2017, S. 70). Mit dieser betont ehrgeizigen Überlegung geht Rosa nach eigenen Angaben einen Schritt weiter als seine Kollegen (Rosa 2017, S. 70) und bietet eine umfassende Soziologie der Weltbeziehung als Lösungsansatz an. In deren Einleitung heißt es: *Wenn Beschleunigung das Problem ist, dann ist Resonanz vielleicht die Lösung* (Rosa 2017, S. 13).

Die Idee, die Rosas Soziologie der Weltbeziehungen zugrunde liegt, besteht in der Annahme, dass die Qualität eines *gelingenden und misslingenden Weltverhältnisses* nicht am *Ressourcen- oder Verfügungsreichtum* und auch nicht an der *Weltreichweite* bemessen werden könne, sondern am *Grad der Verbundenheit mit und der Offenheit gegenüber anderen Menschen (und Dingen)* (Rosa 2017, S. 53).

Innerhalb von Gesellschaften, welche der dynamischen Stabilisierung unterliegen, gilt Konkurrenz als *dominanter Allokationsmodus* (Rosa 2017, S. 44). Das Konzept der Konkurrenz findet seine Begründung in der Angst der Konkurrierenden, hinter dem anderen zurückzubleiben, und bildet damit eine solide Basis für die massive Entfremdung ihrer Gesellschaftsmitglieder. Über diese, hier sehr vereinfacht skizzierte, Kausalkette leitet Rosa gesellschaftliche Massenphänomene wie Burnout- oder Depressionsraten her, deren Wurzel er in einem Missverhältnis der Weltbeziehung der einzelnen Gesellschaftsmitglieder sieht.

Als Gegenkonzept zu dieser Reaktionskette stellt Rosa in seinen Überlegungen ein resonantes Weltverhältnis in Aussicht, in welchem sich Subjekte als von der Welt getragen wahrnehmen und mit der Welt in einem Antwortverhältnis stehen. Innerhalb dieses Konzepts sind Resonanzerfahrungen von ausschlaggebender Bedeutung, da über diese das Weltverhältnis transformiert werden kann (Rosa 2017, S. 58). Über die Idee der resonanten Weltbeziehung leitet Rosa eine intrinsische Motivation ab, sich der Welt gegenüber nachhaltig zu verhalten (Rosa 2017, S. 226 f., 713).

Was also ist Resonanz?

Resonanz, so wie Hartmut Rosa sie versteht, ist eine *Form der Weltbeziehung, in der sich Subjekt und Welt gegenseitig berühren und zugleich transformieren.* Dieser Beziehung liegen die physikalischen Relationseigenschaften von Resonanz zugrunde (Rosa 2017, S. 285). Zur Veranschaulichung dieser Eigenschaften führt Rosa die Metapher von zwei Stimmgabeln an, welche über einen Resonanzdraht verbunden sind, also einem Medium, das die Übertragung von Schwingungen zulässt. Der Anschlag der einen Stimmgabel regt über diesen Resonanzdraht die Eigenfrequenz der anderen zum Schwingen an und umgekehrt (Rosa 2017, S. 282). Übertragen auf die Form der Weltbeziehung besteht Resonanz folglich in einer Antwortbeziehung *zwischen Psyche und Körper (oder Geist und Leib) eines Menschen einerseits und zwischen dem Menschen und seiner Umwelt andererseits* (Rosa 2017, S. 286), in welchem jede Seite mit eigener Stimme zu sprechen und sein Gegenüber in Schwingungen zu versetzen vermag. Die zwei Objekte müssen also geschlossen genug sein, um mit eigener Stimme sprechen können und das Gegenüber zu affizieren, gleichzeitig aber offen genug sein, um sich von dem Gegenüber berühren und verändern zu lassen, um in Resonanz zu geraten.

Resonanzbeziehungen sind nach Rosa von fünf wesentlichen Elementen gekennzeichnet (Rosa 2018, S. 72 ff.):

Das erste Element ist der *Moment der Affizierung*. Es geht darum, sich von Weltausschnitten erreichen, berühren oder bewegen zu lassen. Weltausschnitte zum Sprechen zu bringen erfordert (auf postmoderne Gesellschaften bezogen) kostbare Ressourcen wie Zeit, Muße und intrinsische Motivation. Diesen Aufwand zu betreiben kann sich demnach nur lohnen, wenn mit dem jeweiligen Weltausschnitt starke Wertungen verbunden werden, d. h. etwas, das *schlechthin* wichtig ist und nicht von *konkreten Bedürfnissen, Wünschen und Begehrungen* herrührt (Rosa 2017, S. 456). Mit anderen Worten: Der Weltausschnitt muss dem

2.1 Die theoretischen Konzepte der Forschungsfrage

Subjekt *etwas sagen* (Rosa 2017, S. 187). Um diesem Weltausschnitt andererseits mit eigener Stimme begegnen zu können, gibt Rosa dem Leser als zweites Element das Konzept der *Selbstwirksamkeitserwartung* an die Hand. Ein Subjekt muss demnach überzeugt davon bzw. intrinsisch dazu motiviert sein, dass es durch kontrolliertes Handeln einen gesteuerten Einfluss auf eben diesen Weltausschnitt oder seine Umwelt nehmen kann (Rosa 2017, S. 271). Als drittes Element führt Rosa die *Transformation* an. Individuen sind innerhalb einer Resonanzbeziehung Änderungen gegenüber offen. D. h. sie lassen zu, dass sie selbst durch die Begegnung mit einem Weltausschnitt geändert werden, sich diesen Weltausschnitt *anverwandeln*. Diese Öffnung gegenüber Veränderungen erfordert Mut und Neugierde, da sie auch immer mit einem gewissen Risiko verbunden ist. Hat man die Änderung einmal zugelassen, kann sie nicht wieder rückgängig gemacht werden (Rosa 2018, S. 74 ff.).

Weiter bedürfen Resonanzerlebnisse einen *Moment konstitutiver Unverfügbarkeit* (Rosa 2017, S. 279, 317). Sie können nicht erzwungen oder kontrolliert herbeigeführt werden, sondern treten auf, wenn man mit etwas Fremdem in ein Antwortverhältnis tritt, was die eigenen starken Wertungen anspricht und das Subjekt so affizieren kann. Zwar gibt es Rahmenbedingungen (vgl. weiter unten Ausführungen zu Resonanzachsen), die Resonanzerlebnisse begünstigen, ob diese sich jedoch tatsächlich einstellen, bleibt unverfügbar.

Das letzte wesentliche Element von Resonanzbeziehungen ist ein *entgegenkommender Resonanzraum*. In diesem sind Störfaktoren wie Stress, Angst und Wettbewerb optimalerweise ausgeschaltet (Rosa 2017, S. 644) und die Kontextbedingungen nicht zu kontrollieren, was nach sich zieht, dass diesem Resonanzraum keinerlei konkrete Erwartungen anhaften (Rosa 2017, S. 635). Weiter muss die Verbindung, derer Subjekt und Weltausschnitt bedürfen, um sich gegenseitig zu transformieren, so gestaltet sein, dass Schwingungen in beide Richtungen übertragen werden können. In diesem Zusammenhang verweist Rosa auf Stimmungen, die sich zwischen Weltausschnitt und Subjekt aufspannen und eben diese Schwingungen zu übertragen vermögen. Darüber hinaus wird Stimmungen das Potenzial zugewiesen, die *ursprüngliche, primäre, basale* Bezogenheit zwischen Subjekt und Weltausschnitt zu verhandeln. Dies nimmt Rosa zum Anlass, Stimmungen als primäre Resonanzachse zwischen Subjekten und Weltausschnitten zu betiteln (Rosa 2017, S. 636). *Freundliche, gelöste, aber auch ehrfürchtige oder solidarische Stimmungen* innerhalb der Resonanzachsen sind nach Rosa per se *präaktiviert, zur Resonanz disponiert (Rosa 2017, S. 639).*

Auch muss für die Anverwandlung genügend Zeit zur Verfügung stehen, da ein sich Einlassen auf einen Weltausschnitt zeitaufwendig ist und eine Konzentration von Aufmerksamkeit erfordert (Rosa 2018, S. 75). Resonanz ist also:

[...] eine durch Af<-fizierung und E->motio, intrinsisches Interesse und Selbstwirksamkeitserwartung gebildete Form der Weltbeziehung, in der sich Subjekt und Welt gegenseitig berühren und zugleich transformieren (Rosa 2017, S. 297).

Da Resonanzerfahrungen per Definition *unverfügbar* sind, stellt sich nun die Frage danach, welche Rahmenbedingungen einer Gesellschaft auf dem Weg zu einem resonanteren Zusammenleben an die Hand gegeben werden können. Rosa stellt heraus, dass sich Resonanzerfahrungen unter spezifischen Rahmenbedingungen und entlang individuell und kulturell etablierter Resonanzachsen einstellen (Rosa 2017, S. 692). Entlang dieser Resonanzachsen ist es Subjekten möglich, immer wieder Resonanzerfahrungen zu machen, sich die jeweiligen Weltausschnitte anzuverwandeln und damit eine *existentielle Resonanzgewissheit* zu erlangen (Rosa 2017, S. 297). Da Resonanzachsen wie oben erwähnt unter anderem kulturell etabliert werden und somit an deren Aufbau institutionell mitgewirkt werden kann, kommt diesen innerhalb der Gesellschaft eine besondere Rolle zu. Um weiter bestehen und sichern zu können, was sie sich an Vorzügen erarbeitet haben, sind postmoderne Gesellschaften demnach angehalten, aktiv an der Etablierung von Resonanzachsen mitzuwirken (Rosa 2017, S. 725).

Wenn an der Etablierung von Resonanzachsen gesellschaftlich bzw. institutionell und aktiv mitgewirkt werden kann, so ist das die Aufgabe, derer sich postmoderne Gesellschaften anzunehmen haben, um weiter bestehen und sichern zu können, was sie sich an Vorzügen erarbeitet haben (Rosa 2017, S. 725).

Resonanzachsen können nach Rosa horizontal (z. B. Familie, Freundschaft, Politik), vertikal (z. B. Objektbeziehungen, Arbeit, Schule, Sport und Konsum) oder diagonal (z. B. Religion, Natur, Kunst und Geschichte) sein. Welche Resonanzachsen sich bei Subjekten Resonanzerfahrungen einstellen, sei individuell unterschiedlich und von spezifischen Rahmenbedingungen abhängig. Subjekte seien bestrebt, sich eine oder mehrere Resonanzachsen zu eigen zu machen, um in Resonanz mit dem entsprechenden Weltausschnitt zu kommen und darüber eben diese *existentielle Resonanzgewissheit* zu erlangen (Rosa 2017, S. 296). Existieren für Subjekte keine Resonanzachsen, so wird keine Affizierung mehr möglich. Subjekte haben dann keine Möglichkeit mehr, Selbstwirksamkeit zu erfahren. Die Welt wird in diesem Fall tot und leer, was sich in Gesellschaftskrankheiten wie Burnout und Depression manifestiert (Rosa 2017, S. 314). Generell stellt Rosa aber heraus, dass Menschen von Natur aus resonanzfähig sind und diese Resonanzfähigkeit durch institutionelle und kulturelle Rahmenbedingungen gefördert werden kann (Rosa 2017, S. 35 f.). Wenn auch die Forschung zur Soziologie der Weltbeziehungen sich vorwiegend auf das einzelne Individuum und dessen

2.1 Die theoretischen Konzepte der Forschungsfrage

Beziehung zu den es umgebenden Weltausschnitten fokussiert, so sei *das prozessierende Element [...] nur verstehbar aus der Perspektive der ersten Person, aus einer hermeneutischen Analyse dessen, was die Ängste, aber auch die Hoffnungen der darin lebenden Subjekte sind* (Rosa 2018, S. 57 f.). Nichtsdestotrotz brauche es zudem institutionelle Rahmenbedingungen, in welchen sich resonante Weltverhältnisse erst entfalten können (Rosa 2018, S. 57). Rosa entwickelt zum Ende seiner Ausführungen Maßgaben an die institutionelle Unterstützung resonanter Weltverhältnisse, ohne welche ein gesellschaftlicher Paradigmenwechsel nicht umsetzbar sei. Institutionelle Maßnahmen, so Rosa, müssten auf die Emanzipation der Individuen und der jeweiligen Teilbereiche der Gesellschaft abzielen und von jeglicher Form der Repression abrücken (Rosa 2017, S. 728). Emanzipation begründe die Schwingungsfähigkeit der einzelnen Individuen und sei somit eine Voraussetzung für die Resonanzfähigkeit der Subjekte (Rosa 2017, S. 728). Gleichzeitig sei es für eine Postwachstumsgesellschaft notwendig, sich als liberal, demokratisch und pluralistisch zu verstehen (Rosa 2017, S. 728). Durch institutionelle Rahmenbedingungen müsse der Grundmodus der Angst überwunden werden (Rosa 2017, S. 729). Angst vor Arbeitsplatzverlust, Verlust des sozialen Status und damit Anerkennung und Zugehörigkeit sei ein *Resonanzkiller par excellence* (Rosa 2017, S. 729). Der Entwurf resonanzsensibler Verständigungsinstrumente sei in diesem Zusammenhang eine der schwierigsten Aufgaben, für die Rosa selbst noch keine zufriedenstellende Antwort habe (Rosa 2017, S. 731). Neben Überlegungen zu einer *Share-Economy* führt Rosa als konkreten, wenn auch *revolutionären Reformvorschlag* die Idee des *garantierten, voraussetzungslosen Grundeinkommens* als das *plausibelste sozialstaatliche Korrelat zu einer ökonomischen Postwachstumsgesellschaft* (Rosa 2017, S. 729) an. Durch die Entfaltung der darauf begründeten Resonanzqualität, so Rosa, könne sich Produktivität und Innovationsfähigkeit einer Gesellschaft sogar steigern, ohne jedoch von dieser Steigerung abhängig zu sein (Rosa 2017, S. 730). Das Grundeinkommen sei ein Element, welches die dominante politische Steigerungslogik unterlaufe und zugleich über sie hinausweise (Rosa 2017, S. 731). Ausführungen zur konkreten Umsetzung dieses Reformvorschlags führt Rosa nicht weiter aus.

An dieser Stelle sei ein für diese Arbeit maßgeblicher Rückschluss festgehalten: Wo nämlich Resonanzerfahrungen dominieren, hat (wenn auch nur temporär) ein Paradigmenwechsel nach Hartmut Rosa stattgefunden und das Weltverhältnis gelingt (Rosa 2017, S. 53 ff.). Wenn also Situationen Rahmenbedingungen schaffen, in denen Resonanzerfahrungen situationsspezifische Phänomene sind, so können diese Situationen nach obiger Argumentation als Beschleunigungsmoment für die sozialökologische Transformation gewertet werden.

Eine dieser Studie zugrunde liegende Hypothese besteht darin, dass Rahmenbedingungen einer Festivalsituation das Auftreten von Resonanzerfahrungen als festivalspezifische Phänomene forcieren und so ein resonanter Grundmodus in Festivalsituationen ausgemacht werden kann. Dieser ermöglicht es Festivalbesuchern, gesellschaftliche Begebenheiten (wie beispielsweise die eigene Ungeduld in Alltagssituationen oder die ausgiebige Nutzung des Smartphones) grundlegend zu hinterfragen und neue – im Sinne der sozialökologischen Transformation nachhaltige – Normen (wie beispielsweise sich der Muße hinzugeben oder zwischenmenschliche Interaktionen) zu entwickeln. Werden diese Normen – wenn auch nur temporär etabliert – im Weiteren mit Werten wie Zufriedenheit verknüpft, so ließe sich darüber eine fruchtbare Diskussion über einen Einfluss von Musikfestivals auf den Wertewandel im Sinne der sozialökologischen Transformation begründen.

2.2 Untersuchungsleitende Fragestellung

Zu zeigen ist an dieser Stelle, dass sich auf Musikfestivals, selbst wenn nur temporär, ein gesellschaftlicher Grundmodus etabliert, welcher nicht auf Angst und Konkurrenz basiert, sondern auf einem lebensweltlich orientierten Wertesystem. Aus diesem heraus werden gesellschaftliche Begebenheiten kritisch reflektiert, was zur Umwertung von Bedürfnissen führt und so einen Normenwandel im Sinne der sozialökologischen Transformation nach sich zieht.

Erklärt werden soll das Verhältnis von Populärkultur zur sozialökologischen Transformation auf Musikfestivals demnach durch das Herleiten von Rahmenbedingungen, die einen temporären kollektiven Normenwandel hervorrufen. Als notwendige Bedingung für einen kollektiven Normenwandel wird in vorangegangenen Ausführungen die grundlegende Öffnung eines Subjekts und das Loslösen vom vorherrschenden Werte- und Normensystem und von linearen Denkstrukturen vorausgesetzt. Eine weitere, wenn auch nicht notwendige, so doch hinreichende Bedingung für einen Normenwandel stellt der Kontext einer kritischen Reflexion gesellschaftlicher Begebenheiten dar.

Das temporäre Ausbrechen aus linearen Denkstrukturen, das Zulassen von Komplexität und das Sich-Lösen vom vorherrschenden Wertesystem ist keine exotische Begebenheit, zu welcher Mitglieder postmoderner Gesellschaften aufwendig animiert oder angeleitet werden müssten. Sie finden vielmehr in deren Alltag statt und können durch situative Faktoren begünstigt oder sogar hervorgerufen werden. So kann der von Rosa im Rahmen seiner Resonanztheorie

2.2 Untersuchungsleitende Fragestellung

geforderte Paradigmenwechsel während eines Naturereignisses wie einem Sonnenuntergang, eines kulturellen Ereignisses wie einem Museumsbesuch oder Musikkonzert erfahren werden (vgl. Rosa 2016, S. 296).

Was also soll an Festivalsituationen so besonders sein, dass man diese einer gesonderten Untersuchung unterziehen müsste? Eine Festivalsituation zeichnet sich neben situativen Faktoren, die bei den Besuchern einen temporären Perspektivwechsel begünstigen, durch intensive Impulse aus, welche parallel zu dem Perspektivwechsel die Reflexion gesellschaftlicher Begebenheiten fördern und somit auch die Herstellung eines gesellschaftlichen Zusammenhangs bereitstellen. In Festivalsituationen werden Besucher über mehrere Tage innerhalb einer improvisierten Infrastruktur Teil einer temporären Festivalgemeinschaft mit eigenen Regeln. Diesem Umstand wird ein hohes und besonders intensives Potenzial für Reflexionen gesellschaftlicher Begebenheiten zugeschrieben, was in Verbindung mit einem Wertewandel als eine fruchtbare Kombination gewertet werden kann. Gezeigt werden soll, dass situationsbedingte Faktoren auf Musikfestivals einen Rahmen, hier bezeichnet als Festivalsituation, stellen, in welchem sowohl die notwendige als auch die hinreichende Bedingung für einen kollektiven Normenwandel im Sinne der sozialökologischen Transformation gegeben ist. Als Faktoren werden in der vorliegenden Untersuchung Aspekte und Konzepte zusammengefasst, über welche seitens der Befragten explizit die Besonderheit einer Festivalsituation im Gegensatz zu einer Alltagssituation festgemacht wird.

Die These der vorliegenden Studie lautet, dass sich im Laufe eines Musikfestivals über die Außeralltäglichkeit und die gesellschaftliche Komponente junge Gesellschaftsmitglieder, welchen eine Tendenz zur Identitätssuche unterstellt werden kann, im Rahmen ihrer Freundeskreise über transformative Konzepte wie Liminalität, Entschleunigung, Identität und Resonanz zu einem Perspektivwechsel begleitet und zu kritischen Reflexionen gesellschaftlicher Begebenheiten animiert werden.

Als Hypothesen sollen Folgende formuliert werden:

H1: Über Rahmenbedingungen, die in einer Festivalsituation herrschen, werden die Besucher mit den Eigenheiten der eigenen Kultur innerhalb eines Referenzrahmens konfrontiert, der sich von dem des Alltagslebens unterscheidet.

H2: Über den Umgang der Besucher mit diesen Rahmenbedingungen kann ein Bezugsrahmen identifizieren werden, der eine kritische Reflexion von Eigenheiten der eigenen Gesellschaft auslöst und grundlegende Änderungen in dem habituellen Grundmodus begründen.

Konkret festgemacht werden soll der Normenwandel an innerhalb der Untersuchung als festivalspezifisch identifizierten Phänomenen, welche über das Konzept der Resonanz von Hartmut Rosa umfassend erklärt werden. Aus der Etablierung dieser durch die Rahmenbedingungen von Musikfestivals hervorgerufenen Aspekte wird eine intrinsische Motivation abgeleitet, welche von Vertretern der sozialökologischen Transformation als Motor der Bewegung angesehen wird. Die Erfahrung eines als positiv empfundenen Normenwandels würde so das Vertrauen in ein gesellschaftlich erwünschtes und benötigtes Umdenken im Sinne der sozialökologischen Transformation stärken. Ausgehend von der Reflexivität der Festivalbesucher sollen Erkenntnisse darüber gewonnen werden, ob sich Besucher während eines Musikfestivals mit gesellschaftlichen Begebenheiten anders auseinandersetzen als im Alltag und ob diese Auseinandersetzung situationsbedingt kritischer im Sinne Mezirows (vgl. Abschn. 2.3) ist.

Als untersuchungsleitende Fragestellung kann also Folgendes formuliert werden:

1. Welche Faktoren werden von den Besuchern in einer Festivalsituation als festivalspezifisch, also als den Unterschied zwischen einer Festival- und einer Alltagssituation erklärend, wahrgenommen?
2. In welcher Weise werden Festivalbesucher über diese Faktoren mit gesellschaftlichen Begebenheiten konfrontiert?
3. In welcher Weise fördern diese Faktoren einen Perspektivwechsel der Besucher, welcher zu kritischen Reflexionen animiert?

An dieser Stelle soll ein Sachverhalt aufgeklärt werden, welcher ansonsten im Laufe der Arbeit zu Missverständnissen führen könnte. So sind die untersuchungsleitenden Fragestellungen sowie das Forschungsdesign keineswegs von vornherein darauf ausgelegt, den habituellen Grundmodus einer Festivalgemeinschaft als resonant zu entlarven. Vielmehr wurde eine generelle Reflexivität der Festivalbesucher bei den Befragungen in den Fokus genommen. Dass die Ergebnisse der Studie so treffend die Schlussfolgerung zulassen, dass Resonanz ein in diesem Zusammenhang dominantes festivalspezifisches Phänomen sein könnte, ist vielmehr ein überraschendes Ergebnis dieser Studie.

2.3 Ansatz der empirischen Studie

Um analysieren zu können, über welche situativen Faktoren und Mechanismen Musikfestivals Denk- und Verhaltensmuster der Besucher im Sinne der

2.3 Ansatz der empirischen Studie

sozialökologischen Transformation beeinflussen, soll vorerst ein konkretes Untersuchungsobjekt festgelegt werden, im Umfeld dessen situative Aspekte erforscht werden können. Zu definieren ist hier ein Ausgangspunkt, an dem eine empirische Studie zur situationsbedingten Änderung von Denk- und Verhaltensmustern im obigen Sinne ansetzen kann.

Hier bieten sich zwei unterschiedliche Herangehensweisen an. Eine umfassende Analyse des Werte- und Normenverständnisses und dessen langfristige Änderungen initiiert durch einen Festivalbesuch einzelner Probanden wäre in diesem Zusammenhang auch ein sinnvoller Ansatz. Dieser müsste sich aufgrund der intensiven qualitativen Auseinandersetzung mit den Befragten mit einem sehr geringen Stichprobenumfang begnügen. Erkenntnisse aus dieser Untersuchung zu generalisieren wäre demnach kaum möglich. Ein weiteres Problem bestünde in dem Unschärfeproblem bezüglich unterschiedlicher Einflüsse auf das Werte- und Normensystem der Probanden. So ist eine Abgrenzung der Einflüsse von Festivalsituationen, welche maximal drei- bis viermal im Jahr oder ggf. nur einmal überhaupt erlebt werden, im Gegensatz zu diversen anderen Erfahrungen starken Unsicherheiten ausgesetzt. Aufgrund der nichtlinearen Entwicklung sozialer Prozesse ließe sich diese ggf. nicht in ausreichender Schärfe realisieren. Auch würde die Erforschung einer langfristigen Entwicklung des Untersuchungsgegenstands den Rahmen dieser Arbeit überschreiten.

Die zweite Herangehensweise konzentriert sich auf den kritischen Punkt für das Umdenken im Sinne der sozialökologischen Transformation. Könnte für die hier dargestellte soziale Bewegung ein erster Schritt ausgemacht werden, über welchen Gesellschaftsmitglieder zu einem Pfadwechsel nach Welzer und Sommer, einem Paradigmenwechsel nach Rosa oder zur wohlverstandenen ökonomischen Vernunft nach Ulrich geleitet würden, so wäre die Erforschung der Festivalsituation um eben diesen kritischen Punkt herum ein sinniger Ansatz. Situative Rahmenbedingungen könnten auf ihre Mitwirkung an dem Aufbau dieses kritischen Punkts untersucht und so Rückschlüsse auf die Bewertung einer Festivalsituation als Beschleunigungsmoment für die sozialökologische Transformation gezogen werden.

Wie also kann dieser kritische Punkt oder der erste Schritt zu einem oben hergeleiteten Normenwandel aussehen?

Um zu klären, wie dieser grundlegende erste Schritt konkret aussehen könnte, sollen nun die einzelnen Aspekte des Postulats, welches Ulrich als kritischen Punkt zur Erlangung der wohlverstandenen ökonomischen Vernunft heranzieht (vgl. Abschn. 2.1.3) genauer betrachtet werden. Anschließend wird die Anwendbarkeit dieses kritischen Punkts für die vorliegende Studie diskutiert. Zunächst soll geklärt werden, was unter einer kritischen Reflexion verstanden wird. Nachfolgend werden Aspekte herausgearbeitet, welche hier als *Binnenmoral* des ökonomischen Rationalismus verstanden werden. Abschließend wird beleuchtet, wie die Hinterfragung dieser Aspekte aus dem Blickwinkel der Lebenswelt zu verstehen ist.

2.3.1 Was ist eine kritische Reflexion?

Der amerikanische Soziologe Mezirow erarbeitet im Rahmen der Erforschung von transformativem und emanzipatorischem Lernen von Erwachsenen eine Abgrenzung von Reflexion zu kritischer Reflexion (Mezirow 1990). Nach Mezirow befähigen Reflexionen Individuen, Verzerrungen in der eigenen Überzeugung zu korrigieren und Fehler im Rahmen einer Problemlösung zu bereinigen. Unter Zuhilfenahme von Definitionen zur Reflexion anderer Wissenschaftler wie Boud et al. (1985, S. 3) und Dewey (1933, S. 9) identifiziert Mezirow Reflexion als einen Prozess der bewussten oder gedankenvollen (thoughtfull) Einbeziehung von Bewertungen und Interpretationen vorheriger Erlebnisse in einen Handlungsprozess (Mezirow 1990, S. 2). Erkennt beispielsweise ein Festivalbesucher, dass er sich während des Festivalaufenthalts offener und freundlicher gibt, sich mit dieser Interpretation und Repräsentation von sich selbst auf Festivals wohler fühlt als im Alltag und beschließt, einzelne Komponenten dieses Benehmens für den Alltag zu übernehmen, so handelt es sich um die Reflexion des eigenen Benehmens.

Kritische Reflexionen hingegen gehen einen Schritt weiter und befassen sich mit der Hinterfragung der Annahmen und Voraussetzung, auf denen die eigenen Überzeugungen begründet sind (Mezirow 1990, S. 12). Lernen definiert Mezirow in diesem Zusammenhang *als einen Prozess, in welchem neue oder überarbeitete Interpretationen von der Bedeutung einer Erfahrung gemacht werden, welche dann das nachfolgende Verständnis, die Beurteilung und das Handeln bestimmen* (Mezirow 1990, S. 2 f.). Hinterfragt nun dieser Festivalbesucher bei dem Beschluss, einzelne Komponenten des Festivalbenehmens in den Alltag zu übernehmen, welche Annahmen und Überzeugungen ihn dazu verleiten, im Alltag verschlossener und vorsichtiger zu sein, so handelt es sich um eine kritische Reflexion.

Was wir lernen, sei maßgeblich von unserer Erwartungshaltung (Gewohnheit der Erwartung) abhängig, welche die Art und Weise strukturiert, in der wir Erfahrungen interpretieren (Mezirow 1990, S. 2 f.). Um zu verdeutlichen, wie diese Erwartungshaltungen die Interpretation von Erfahrungen determinieren, unterscheidet Mezirow zwei Dimensionen der Bedeutungsbildung (making meaning), das Bedeutungsschema und die Bedeutungsperspektive (Mezirow

2.3 Ansatz der empirischen Studie

1990, S. 2). Bedeutungsschemata werden hier definiert als *Kontingente von ähnlichen und gewohnheitsmäßigen Erwartungen, über welche ‚Wenn-Dann'-, ‚Ursache-Wirkung'- und Kategorie-Beziehungen sowie Ereignisfolgen geregelt werden* (Mezirow 1990, S. 2). Bedeutungsperspektiven hingegen *beziehen sich auf die Struktur von Annahmen, innerhalb derer neue Erfahrungen durch die Erfahrung der Vergangenheit während des Interpretationsprozesses assimiliert und transformiert werden* (Mezirow 1990, S. 2). Bedeutungsperspektiven bestehen somit aus Schemata höherer Ordnung. Sie entstammen einem System, der Struktur nämlich, über welche Erfahrungen verarbeitet werden, welches ein anderes, nämlich das Muster von bewerteten und in Beziehung zueinander gesetzten Erfahrungen aus sich hervorbringt.

Mezirow unterscheidet weiter zwei Formen der Handlungen. So können Handlungen gedankenlos (thoughtless), unbewusst oder habituell sein (Mezirow 1990, S. 6). Diesen Formen von Handlungen kann keinerlei reflexiver Charakter zugeschrieben werden. Handlungen jedoch, welche bewusst und gedankenvoll (thoughtfull) ausgeführt werden, in welchen also die Bewertungen vorheriger Erlebnisse bewusst einbezogen werden, beinhalten immer auch eine reflexive Komponente (Mezirow 1990, S. 6). Richten sich diese Reflexionen nun nicht nur auf die Bewertung oder Interpretation vorheriger Erlebnisse (Bedeutungsschema), sondern auf die Hinterfragung der Gedankenstruktur, mit der die vorherigen Erlebnisse interpretiert wurden (Bedeutungsperspektiven), so kann diese Reflexion als kritische Reflexion bewertet werden (Mezirow 1990, S. 6 f.).

Für den Soziologen Brookfield ist eine Reflexion – neben dem von Mezirow beschriebenen tiefgreifenden transformativen Charakter – nur dann kritisch, wenn in ihr Machtverhältnisse verhandelt werden (Brookfield 1995, S. 8 zitiert in Fook und Askeland 2006, S. 41). Diesen Ansatz entwickeln Fook und Askeland weiter. Sie befassen sich im Rahmen ihrer Arbeit zur kritischen Reflexion in der Gesundheits- und Pflegefürsorge ausführlich mit der Abgrenzung von Reflexion zu kritischer Reflexion. Für sie ist beiden Prozessen gemein, dass sie sich mit grundlegenden Annahmen auseinandersetzen und diese Annahmen durchaus verändern können (Fook und Askeland 2006, S. 46). Kritische Reflexion befasst sich demnach mit den Voraussetzungen und der Struktur der individuellen Wissensbildung unter dem Einfluss gesellschaftlich dominanten Denkens (Fook und Askeland 2006, S. 41).

Als das Kritische innerhalb der kritischen Reflexion stellen sie jedoch – hergeleitet aus dem Hintergrund der Kritischen Theorie – die ausdrückliche Intention heraus, diese grundlegenden Annahmen aufzudecken und zu erschüttern, um dadurch einen Wandel in den bestehenden Machtverhältnissen herauszufordern

(Fook und Askeland 2006, S. 47), und gehen so in der Abgrenzung beider Prozesse einen Schritt weiter als Mezirow. Um diese offen oppositionelle Intention besser erfassen zu können, teilen ihr Fook und Akseland unterschiedliche Prinzipien zu (Fook und Askeland 2006, S. 47). Diese Intention beinhaltet demnach unter anderem eine Analyse der Machtstrukturen im gegenwärtigen sozialen Kontext und die eigene Positionierung und Möglichkeit der Einflussnahme darin. Eine weitere Komponente ist der Fokus auf Möglichkeiten, über welche Veränderungen im aktuellen Kontext auf gesellschaftliche Zusammenhänge im Sinne eines sozialen Wandels übertragen werden können, sowie die Bewertung von persönlichen Erfahrungen und Wahrnehmungen in Relation zu empirisch hergeleitetem Wissen in Verbindung mit dem sozialen oder politischen Kontext (Fook und Askeland 2006, S. 47).

Mit Rückbezug auf das Postulat Ulrichs und den Kontext einer grundlegenden gesellschaftlichen Veränderung soll – um der ethischen Ausrichtung wirtschaftlichen Denkens gerecht zu werden – der kritischen Reflexion neben dem über Mezirow herausgestellten inhaltlichen Fokus auch die von Fook und Akseland hergeleitete Intention als zentraler Bestandteil der kritischen Reflexion verstanden werden.

Dass die Reflexivität von Gesellschaftsmitgliedern ein sinnvoller Ausgangspunkt für ein gesellschaftliches Umdenken ist, zeigen Ausführungen von Giddens. Im Rahmen seiner Überlegungen zur Konstruktion der Gesellschaft schreibt er der Reflexivität eine zentrale Bedeutung zu (Giddens 1988, S. 94). Über Reflexivität, so Giddens, wird hier die Verbindung von Individuen zur Situation bzw. von *Agents* zu *Structures* erklärt. Reflexivität im Sinne einer stetigen Rückkopplung zwischen *Agents* und *Structure* steuert nach Giddens das Verhalten der Menschen und ist so an der Konstitution der Gesellschaft maßgeblich beteiligt (Giddens 1979, S. 69).

Im Kontext dieser Überlegung leitet Daniel Little ab, dass reflexive Individuen in der Lage seien, eine Gesellschaft aus sich heraus zu verändern (Little 2012). Hans Dieleman entlarvt mit Zuhilfenahme von den Theorien Anthony Giddens Nachhaltigkeit als einen Prozess der Reflexion und Strukturierung. In seinem Artikel *Sustainability, Art and Reflexivity* stellt er heraus, dass vielen Menschen die Möglichkeit und die Kapazität zur Reflexion des eigenen Lebens fehle. In diesem Zusammenhang diskutiert Diéleman den Einfluss von Kunst und Design und kommt zu dem Schluss, dass diesen das Potenzial innewohne, über die Motivation zur Reflexion in den Menschen Änderungen des Lebensstils in Richtung Nachhaltigkeit voranzutreiben (Dieleman 2008, S. 108). In seinen Briefen über die ästhetische Erziehung des Menschen stellt auch bereits Schiller die Unvermeidbarkeit der Reflexion über die eigene Sinnlichkeit heraus. Wird den Menschen

2.3 Ansatz der empirischen Studie

ihr Bezug zur eigenen natürlichen Empfindung (Ästhetik) genommen und durch reine Vernunft ersetzt, so kann nach Schiller keine Freiheit erlangt werden. Wirkliche Freiheit müsse den Weg durch ästhetische Erziehung nehmen und bilde so die Grundlage eines stabilen Zusammenlebens (Rittelmeyer 2005, S. 22 ff.). Derartige Selbstbeobachtungen, so kann man sich nun fragen, sind doch längst lebensweltliche Praxis in modernen Gesellschaften, wie sollen kritische Reflexionen nun die Lösung des Nachhaltigkeitsproblems sein? Wie bereits Michael Powers in seiner Arbeit *Audit Society* (Powers 1997) beschreibt, sind Selbstbeobachtungen in modernen Gesellschaften bereits nicht nur etabliert, sondern werden exzessiv betrieben. So gibt es allerlei Arten von Controlling, Ratings, Rankings und Analysen über weite Teile des gesellschaftlichen Zusammenlebens und Zusammenarbeitens. Auch Moldaschl skizziert in seinem Artikel *Was ist Reflexivität* die Komponente der Selbstbeobachtung:

> *Wird man sich des eigenen Standpunkts nicht nur bewusst, sondern versucht, dessen Folgen für die eigene Wahrnehmung zu erkunden, dann wird Selbstbeobachtung hierfür zur methodischen Grundlage. Sie setzt die Fähigkeit zur Dezentrierung voraus. Moderne Gesellschaften und Organisationen tun das exzessiv* (Moldaschl 2010, S. 8)

Selbstbeobachtung, da sind sich Moldaschl und Powers einig, reflektiert zwar die Folgen des eigenen Handelns, gibt aber per se keinen Hinweis darauf, welchen Grund das eigene Handeln hat (Moldachl 2010, S. 8). Doch eben dieser Aspekt ist es, der kritische Reflexionen zu einem für die in dieser Arbeit angeführten Argumentation so wichtigen Konzept machen.

2.3.2 *Eigensinn* und *Binnenmoral* des ökonomischen Rationalismus

Im Folgenden soll nun der zweite Aspekt in Ulrichs Postulat beleuchtet werden. An dieser Stelle ist zu klären, was genau mit dem *Eigensinn und der Binnenmoral des ökonomischen Rationalismus* gemeint ist. Dieser Aspekt verweist auf die bereits diskutierten gesellschaftlichen Begebenheiten. Eine kurze Überleitung von den Überlegungen Ulrichs zu den im Abschn. 2.1.3 beleuchteten Inhalten soll an dieser Stelle genügen. Ulrich stellt in seinen Ausführungen zur sozialökonomischen Bildung für mündige Wirtschaftsbürger Aspekte der ökonomischen Rationalität denen der ethischen Vernunft gegenüber. Damit zeigt er fundamentale Differenzen auf, die es zur Erreichung der ökonomischen Vernunft auszuhandeln gilt. Innerhalb dieser Gegenüberstellung werden die Grundsätze des ökonomischen Rationalismus systematisch aufgelistet und lassen so auf den *Eigensinn* und die *Binnenmoral* schließen.

Mit der Darstellung der ökonomischen Rationalität (vgl. Abb. 2.1) stellt Ulrich die Grundvoraussetzungen für die Etablierung der im Abschn. 2.1.3 als über den Markt induzierten und gesellschaftlich internalisiert diskutierten Aspekte heraus. So kann aus der vorteilsbedingten Kooperation zwischen eigennützigen, wechselseitig desinteressierten Individuen direkt ein unerbittlicher Wettbewerb abgeleitet werden. Die Behandlung anderer als Mittel der eigenen Erfolgssicherung lässt auf unbefriedigende soziale Beziehungen schließen und die uneingeschränkte Fokussierung auf das, was einem nützen kann, die Etablierung linearer Denkstrukturen und eine Atomisierung des Wissens erklären.

Über diese kompakte Abgrenzung (vgl. Abb. 2.1) macht Ulrich deutlich, dass die ökonomische Vernunft *einer wohlgeordneten Gesellschaft freier und gleichberechtigter Bürger widerspricht* (Ulrich 2005, S. 3). Diese Rationalität basiert einzig auf dem eigenen Vorteil und beinhaltet keinerlei zwischenmenschliche Beziehungen, welche auf ethischen Grundsätzen wie Solidarität, Menschenwürde oder Freiheit der Individuen beruhen. Nach ihr würde gesellschaftlich immer das Recht des Stärkeren über das Allgemeinwohl gestellt (Ulrich 2005, S. 3). Die Effizienz im Umgang mit Ressourcen, welche dem ökonomischen Rationalismus

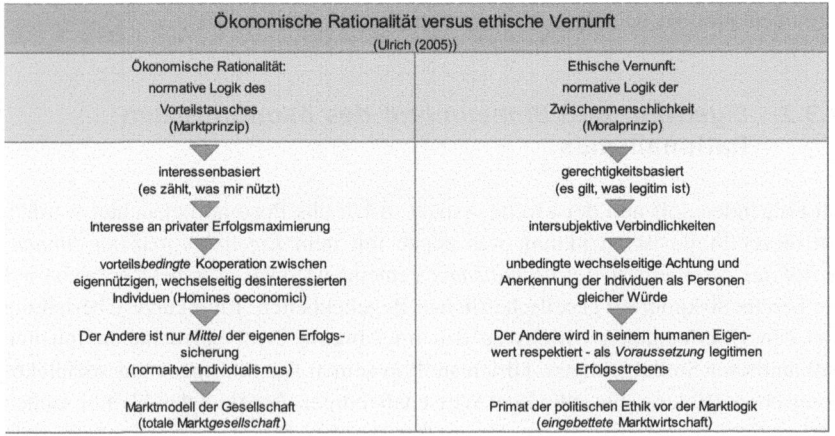

Abb. 2.1 Ökonomische Rationalität versus ethische Vernunft. (Quelle: in Anlehnung an Ulrich 2005, S. 2)

2.3 Ansatz der empirischen Studie

zugrunde liegt, wird allerdings von Ulrich nicht infrage gestellt. Diese würde nur innerhalb der Marktlogik durch gesellschaftlich unvernünftige Zielhorizonte missverstanden und gemeinwohlgefährdend praktiziert (Ulrich 2005, S. 3). Der *Eigensinn* und die *Binnenmoral* des ökonomischen Rationalismus werden in dieser Arbeit als Motor für jene gesellschaftlichen Begebenheiten gesehen, welche im Laufe der Studie untersucht werden.

2.3.3 Blickwinkel der Lebenswelt

Im Folgenden wird nun der Blickwinkel der Lebenswelt genauer betrachtet, aus welchem heraus nach Ulrich der *Eigensinn* und die *Binnenmoral* des ökonomischen Rationalismus kritisch hinterfragt werden sollen. Ulrich plädiert dafür, die Sachlogik des Marktes nicht einfach zusammenhangslos als theoretisches Konstrukt zu verstehen, sondern sie *im Kontext persönlicher Sinnorientierungen und gesellschaftlicher Legitimitätsansprüche kritisch zu reflektieren* (Ulrich 2005, S. 5).

Was also ist die Lebenswelt und wie ist eine Auseinandersetzung mit einzelnen Aspekten aus dem Blickwinkel der Lebenswelt zu verstehen? Nach Schütz und Luckmann ist die *Lebenswelt [...] die vornehmliche und ausgezeichnete Wirklichkeit der Menschen. Unter alltäglicher Lebenswelt soll jener Wirklichkeitsbereich verstanden werden, den der wache und normale Erwachsene in der Einstellung des gesunden Menschenverstandes als schlicht gegeben vorfindet* (Schütz und Luckmann 2017, S. 29). Die alltägliche Lebenswelt wird in weiteren Ausführungen von Schütz und Luckmann zu anderen Wirklichkeitsbereichen geschlossener Sinnstrukturen abgegrenzt, wie z. B. von der Welt der Wissenschaft, der Traumwelt – welche ein in sich geschlossenes, logisch gegliedertes System darstellt (Schütz und Luckmann 2017, S. 35), – oder der Fantasiewelt, in welcher keine Eingriffs- oder Handlungsmöglichkeiten bestehen.

Wirklichkeitsordnungen würden nicht auf Grundlage der ontologischen Struktur ihrer Objekte, sondern auf dem Sinn der in unterschiedlichen Wirklichkeiten gemachten Erfahrungen aufgebaut (Schütz und Luckmann 2017, S. 55). Ein geschlossenes Sinngebiet wie die alltägliche Lebenswelt, die Fantasiewelt oder die Welt der Wissenschaft bestehe aus sinnverträglichen Erfahrungen und bildet eine für sich geschlossene Sinnstruktur. Darin ergeben sich natürliche Einstellungen i.S.v. Selbstverständlichkeiten, welche unhinterfragt angenommen werden. So wird in der alltäglichen Lebenswelt vorausgesetzt, dass andere Menschen mit ähnlichem Bewusstsein wie dem eigenen existieren, für welche die Außenweltdinge wie z. B. die Natur gleich sind und denen *grundsätzlich gleiche Bedeutung zugebilligt wird* (Schütz und Luckmann 2017, S. 31).

In der alltäglichen Lebenswelt können die Menschen durch den Einsatz ihres Leibes Handlungen vollziehen, in die Wirklichkeit eingreifen und etwas verändern. Zwischen Menschen mit ähnlichem Verständnis ihrer Lebenswelt ist eine Form der Kommunikation möglich, durch welche sich eine gemeinsame kommunikative Umwelt konstituieren und so eine kollektiv erfahrbare Wirklichkeit teilen lässt (Schütz und Luckmann 2017, S. 31). Die alltägliche Lebenswelt ist also intersubjektiv. Innerhalb derartiger Prozesse erlangen Menschen wechselseitig Kenntnis über die Erfahrungen der anderen, wodurch mannigfaltige Sozialbeziehungen aufgebaut werden.

Als Bezugsrahmen wird hier eine gegliederte Sozial- und Kulturwelt als historisch gegeben vorausgesetzt (Schütz und Luckmann 2017, S. 31). Aus den geteilten Gruppenerfahrungen, den eigenen Erfahrungen und daraus resultierenden Selbstverständlichkeiten setzt sich für jeden Menschen ein eigener lebensweltlicher Wissensvorrat zusammen (Schütz und Luckmann 2017, S. 149 ff.). Sinndeutungen sind stark situationsabhängig; so können unterschiedliche Situationen unterschiedliche Auslegungen verschiedener Bereiche hervorbringen (Hitzler und Eberle 2007, S. 112; Schütz und Luckmann 2017, S. 37). So wird ein anliegender Hofbesitzer über Diskussionen innerhalb der Gemeinde und der Auseinandersetzung mit den Einflüssen auf die eigene Umgebung ein Musikfestival ggf. grundlegend anders deuten als ein teilnehmender Besucher, welcher sich in Vorfreude auf das Festival mit seinen Freunden über die Vorbereitungen dafür auseinandergesetzt hat.

Des Weiteren spielt in der Motivation zur Auslegung verschiedener Bereiche das Relevanzsystem, also der Fokus der zu verarbeitenden Problemstellungen, eine maßgebliche Rolle (Schütz und Luckmann 2017, S. 252). Der Wissensvorrat dient als Bezugsschema für die eigene Weltauslegung.

Schütz und Luckmann befassen sich in ihren Ausführungen zur Struktur der Lebenswelt auch mit der Frage, wie in diesem System von Selbstverständlichkeiten ggf. fraglich gewordene Aspekte in neue Fraglosigkeit überführt werden können. Diese Überführung wird über die Ausarbeitung von Auslegungen bisher nicht relevanter Bezugsschemata erklärt. Zur Klärung akuter Aufgaben- oder Problemstellungen innerhalb eines geschlossenen Sinnbezirks werden gerade die Bereiche des Bezugsschemas herangezogen, die für die Beantwortung der Frage oder zur Lösung des Problems notwendig sind. Für ein akutes Problem nicht relevante Bereiche existieren zwar, bleiben aber so lange unangetastet, bis sie in den Fokus einer Problemstellung gelangen (Schütz und Luckmann 2017, S. 42).

In dem von Schütz und Luckmann herangezogenen bildlichen Beispiel ist ein Pilz so lange einfach nur ein Pilz, bis man das erste Mal auf die Idee kommt, ihn essen zu wollen und die Unterscheidung in giftige und ungiftige Pilze einen

2.3 Ansatz der empirischen Studie

Themenbereich eröffnet, der über Auslegungen zu erschließen ist, bevor man den Pilz isst. Eine Auslegung des eigenen Bezugsschemas ist somit niemals final abgeschlossen, es gibt immer Raum für weitere, breitere und tiefere Auslegungen (Schütz und Luckmann 2017, S. 37). So manifestiert sich der Wissensvorrat eines jeden Menschen nach Scheler (1926) nicht in einem geschlossenen, logisch gegliederten System (Schütz und Luckmann 2017, S. 35), sondern besteht in für sich bestimmten Inhalten von Teilbereichen innerhalb eines größeren unbestimmten, aber auslegungsfähigen Hintergrunds oder Horizonts (Schütz und Luckmann 2017, S. 36).

Unbestimmt ist dieser Horizont aufgrund seiner existenten, aber bisher noch nicht in den Fokus geratenen Bereiche. Auslegungsfähig ist er, da neue zu den bisherigen Auslegungen inkongruente Probleme auftauchen können, welche durch weitere oder neu erarbeitete Auslegungen geklärt werden können. Werden nun situationsbedingt Erfahrungen gemacht, die zu den bisher entwickelten Auslegungen oder gar ganzen Bereichen des eigenen Bezugsschemas inkongruent sind, so werden bisher unrelevante und deshalb unbeachtete Bereiche der Bezugsschemata herangezogen, um eine Auslegung zu erarbeiten, welche die Inkongruenz aufzuheben vermag (Schütz und Luckmann 2017, S. 42).

Legt man die Definition der Lebenswelt als im wachen und hellen Zustand erfahrbare Welt mit allen oben angeführten Selbstverständlichkeiten zugrunde, so kann die Festivalsituation als lebensweltlich gedeutet werden. Zwar steigen Festivalbesucher während eines Festivals regelmäßig aus dieser Lebenswelt aus und geben sich beispielsweise während der Konzerte ihrer Fantasie- oder Traumwelt hin oder schränken durch übermäßigen Konsum von Alkohol den wachen und hellen Zustand ein, im Grunde aber findet das Festival innerhalb der Lebenswelt der Besucher statt. Trotz der Tatsache, dass Besucher das Festival als unterschiedlich zur Alltagssituation bis hin zur Parallelwelt oder als Heterotopie i.S.v. einer gelebten Utopie wahrnehmen, müssen ihr doch die oben zusammengefassten Grundannahmen zugebilligt werden. Was die Festivalsituation in diesem Zusammenhang als besonders interessant erscheinen lässt, ist die Annahme, dass die Relevanzsysteme der Besucher durch situationsbedingte Faktoren derart verschoben werden, dass hierdurch ein Perspektivwechsel ermöglicht und dadurch ggf. neue Auslegungen grundlegender Bezugssysteme motiviert werden können.

Als Untersuchungsgegenstand der vorliegenden Studie fungiert somit die situationsbedingte Reflexivität von Festivalbesuchern bezüglich gesellschaftlicher Begebenheiten. Zu klären ist, welche Faktoren direkt oder indirekt dazu beitragen, dass ein für die kritische Reflexion nötiger Wechsel des Bezugsrahmens stattfinden kann. Des Weiteren müssen Faktoren extrahiert werden, über welche

Besucher aus eigenem Antrieb und Interesse mit der Verarbeitung gesellschaftlicher Begebenheiten konfrontiert werden. Die folgenden Ausführungen sollen die Vermutung stützen, dass in Festivalsituationen Abstand vom Alltag genommen wird (vgl. Abschn. 4.4) und Festivals so als kleine soziale Lebenswelt mit reduziertem Relevanzsystem (Fokus: Menschlichkeit) gedeutet werden können (Flick), in welcher die Menschen von dem Imperativ der Ökonomie (Steigerungslogik) befreit und darum offener für kritische Reflexionen sind.

2.4 Theoretische Zugänge zu Musikfestivals

Betrachtet man Musikfestivals aus der Perspektive der sozialökologischen Transformation, so sind sie als kleine soziale Lebenswelten zu beschreiben, denen ein anderer Referenzrahmen als im Alltag zugrunde liegt (vgl. Abschn. 2.3 und 5.4.1). Die hohe emotionale Aufladung von Musikfestivals deutet an, dass sie sogar Lebensbereiche starker Wertung im Sinne Rosas sind (vgl. hierzu Abschn. 5.7.1). Trotz des wechselnden Referenzrahmens werden Musikfestivals innerhalb des Freundeskreises und zusammen mit anderen Gesellschaftsmitgliedern der eigenen Kultur erfahren, was eine Verbindung der auf dem Festival erlebten Ereignisse mit dem Alltag begründet. Es wird vermutet, dass hier ein Relevanzsystem dominiert, welches unterschiedlich zu dem im Alltag ist (vgl. hierzu Abschn. 5.4.1), und so die Erweiterung des Wissensvorrates forciert wird. Des Weiteren deutet sich durch Ansätze unter anderem von Kirchner, Turner, Bennett und Rosa ein transformativer Charakter von Musikfestivals an, was diese Lebenswelten für den Appell der sozialökologischen Transformation besonders wertvoll macht.

Nach einer Eingrenzung der Definition von Musikfestivals für diese Arbeit, welche mit Blick auf festivalspezifische Faktoren hergeleitet wird, werden Ansätze skizziert, die den habituellen Grundmodus auf Musikfestivals beschreiben oder einen transformativen Charakter von Musikfestivals aufzeigen. An dieser Stelle sollen diese Ansätze dazu dienen, das transformative Potenzial von Musikfestivals zu begründen. Eine umfassende Analyse dieser Konzepte mit Bezug zur Forschungsfrage wird im Laufe der Untersuchung durchgeführt. Darauf folgt eine Analyse der Besucherstruktur, über welche ein fruchtbarer Nährboden für das transformative Potenzial von Musikfestivals aufgezeigt werden soll.

2.4.1 Diversität von Musikfestivals

Die Landschaft der Musikfestivals zeichnet sich durch einen hohen Grad an Diversität aus. So variieren Musikfestivals in den Genres, in den Veranstaltungsorten, in der dahinterstehenden Philosophie und in der Dauer. Eine einheitliche oder generalisierte Definition für Musikfestivals zu finden, ohne Einschränkungen zu machen, ist nicht möglich. Ein Musikfestival kann von den *Bayreuther Festspielen,* welche über mehrere Wochen im Rahmen einer für diese Veranstaltungen ausgelegten Infrastruktur (Richard-Wagner-Festspielhaus) mit einer Philosophie, die eng an einen Künstler und sein Lebenswerk gebunden ist und sogar eine dezidierte Kleiderordnung beinhaltet, bis hin zum *Rocco del Schlacko* variieren, welches über drei Tage auf einem improvisierten Open-Air-Gelände bei Herchenbach eine Genrevariation von Rock, Punk, Indie, Rap und Electro bietet, ohne eine eindeutig formulierte Festivalphilosophie bereitzustellen. So definiert Stone im Jahr 2009 bereits 17 unterschiedliche Musikfestivaltypen allein in Großbritannien (Stone 2009, S. 219). Um diese Diversität für die vorliegende Arbeit einzugrenzen, beschränkt sich die qualitative Feldforschung dieser Arbeit auf Open-Air-Musikfestivals des Genres Rock und Pop, wird aber durch quantitative Umfragen auf Festivals unterschiedlicher Genres und Konzepte begleitet.

Musikfestivals entwickeln sich aus unterschiedlichen Motivationen der veranstaltenden Entscheidungsorgane heraus. So gibt es Festivals, die aktiv eine Parallelgesellschaft als gelebte Utopie auf den Festivals forcieren, wie beispielsweise beim *Fusion*-Festival. Die Veranstalter der *Fusion* erklären ihre Motivation zur Durchführung des Festivals auf ihrer Homepage wie folgt:

Gemeinsames Ziel unseres Handelns ist der Versuch, unserem Ideal von einem selbstbestimmten Leben abseits kapitalistischer Zwänge und Verwertungsinteressen nahezukommen. Wir wollen Utopien für uns und andere im Hier und Jetzt erlebbar und im Modellversuch realisierbar machen (Kulturkosmos Müritz e. V. o. D.a).

Andere Festivals gleicher Größe in Deutschland wie das *Hurricane-,* das *Wacken-* oder das *Rock am Ring*-Festival haben einen augenscheinlich kommerziellen Charakter. Sie verfolgen, neben der Motivation, ihren Besuchern ein unvergessliches Festivalerlebnis bieten zu wollen, das Ziel, mit ihren Veranstaltungen einen möglichst hohen Gewinn zu generieren. Veranstaltermotivationen variieren also stark in ihrem ideologischen Anspruch.

Veranstalterphilosophien werden hier aufgrund des Bezugs zur Forschungsfrage mit Blick auf die nachhaltige Ausrichtung differenziert. So unterscheiden sich mehrtägige Open-Air-Festivals in Bezug auf die aktive Kommunikation nachhaltiger Themen. Unterschiedliche Ansätze der Veranstalter, das Thema

Nachhaltigkeit in ihre Festivals zu integrieren, erstrecken sich über hintergründig kommunizierte Leitfäden kommerzieller und unpolitischer Festivals (FKP o. D.b; MLK o. D.; WOA o. D.) bis hin zu Festivals, in welchen nachhaltige Themen den Kern der gesamten Festivalphilosophie bestimmen (Kulturkosmos Müritz e. V. o. D.a; RFG o. D.b).

Zur Beleuchtung der Rezeption von *grünen Themen* auf Musikfestivals soll im Folgenden der Sachverhalt des Greenwashings skizziert werden. Greenwashing ist eine Form der Desinformation von Unternehmen, die versuchen, einen nachhaltigen Ruf aufzubauen und im Rahmen der öffentlichen Meinung aufrechtzuerhalten, den sie nicht halten können (vgl. Laufer 2003, S. 253). Ursprünglich war der Begriff Greenwashing auf irreführende Werbung beschränkt, musste aber entsprechend der Ausweitung der Öffentlichkeitsarbeit von Unternehmen auch auf Umweltberichterstattung, Sponsoring von Veranstaltungen, die Verteilung von Bildungsmaterialien und die Bildung von Partnerschaften mit nachhaltigen Initiativen ausgeweitet werden (Whellams und MacDonald 2008, S. 1042). Die Gefahr des Greenwashings besteht darin, dass es den Verbrauchern und Regulierungsbehörden eine ungerechtfertigte Selbstkontrolle suggeriert und Bemühungen zur Regulierung von Umwelteinflüssen unnötig erscheinen lässt. Die Akzeptanz von Greenwashing innerhalb einer Branche kann eine branchenweite Illusion von ökologischer Nachhaltigkeit nach sich ziehen, ohne jedoch Nachhaltigkeit zu betreiben, und nicht zuletzt bewirkt Greenwashing die Bildung eines generellen Zynismus in der Nachhaltigkeitskommunikation, sodass ernst gemeinte Nachhaltigkeitsbestrebungen nicht mehr als solche wahrgenommen werden (Whellams und MacDonald 2008, S. 1043). Greenwashing wird nicht nur von Unternehmen betrieben, sondern auch von Regulierungsbehörden, politischen Institutionen, Konsumierenden, Wahlberechtigten und Forschenden, die sich mitschuldig machen, wenn sie die Unternehmen nicht in ihrem jeweiligen Möglichkeitsbereich zur Rechenschaft ziehen (F. Bowen 2015, S. 246). Trotz unterschiedlicher Regulierungsversuche (vgl. ISO 2010; TerraChoice 2010) ist Greenwashing ein weit verbreitetes Problem. Gerade kommerzielle Musikfestivals schmücken sich gern über Kooperationen mit nachhaltigen Initiativen oder auf dem Festival kommunizierten Inhalten, um den allgemeinen Trend zu mehr Nachhaltigkeit nachzukommen. Dabei wird oft die Grenze zum Greenwashing überschritten, wenn beispielsweise die Kommunikation nicht auf die einzelnen Projekte beschränkt bleibt oder über die Regulierung eines einzelnen Teilbereichs dann das ganze Festival als *grün* beworben wird. So liegt dieser Verdacht nahe, wenn Veranstalter vereinzelte nachhaltige Bestrebungen nicht in einer umfassenden Philosophie formulieren, an die sie sich selbst im Rahmen der Produktion des Festivals zu halten haben. An dieser Stelle soll aber keineswegs infrage gestellt

2.4 Theoretische Zugänge zu Musikfestivals

werden, dass es generell wichtig ist, über *grüne Themen* zu informieren und jegliche Plattformen dafür zu nutzen. Im Folgenden soll kurz auf das Potenzial von der Plattform Musikfestivals als Erlebnisse eingegangen werden.

Im Rahmen ihrer Arbeiten zur Experience Economy stellen Pine und Gilmore vier Motivationsgründe für den Konsum von Erlebnissen heraus. Neben Unterhaltung, Eskapismus und Ästhetik schreiben sie der Bildung einen gewichtigen Anteil an dieser Motivation zu (Pine und Gilmore 1998, S. 102). Im Zusammenhang mit der Vermarktung von Erlebnisprodukten unterscheiden Pine und Gilmore zwei Dimensionen von Erlebnissen. Die erste Dimension betrifft die Partizipation eines Individuums an einem Erlebnis. Das Spektrum dieser Dimension reicht von einer aktiven Partizipation, in der das Individuum sein Erlebnis selbst gestaltet und aktiv auf die Situation einwirkt, bis hin zu einer passiven Partizipation, in welcher das Individuum nicht in die Situation eingreift, das Erlebnis also in keiner Weise mitgestaltet, es aber auf sich wirken lässt (vgl. Abb. 2.2). Die zweite Dimension betrifft die Verbindung von Individuum und Erlebnis. So kann das Individuum in ein Erlebnis eintauchen (Immersion), sich also voll und ganz dem Erlebnis hingeben und in ihm verlieren oder aber das Erlebte mit einem

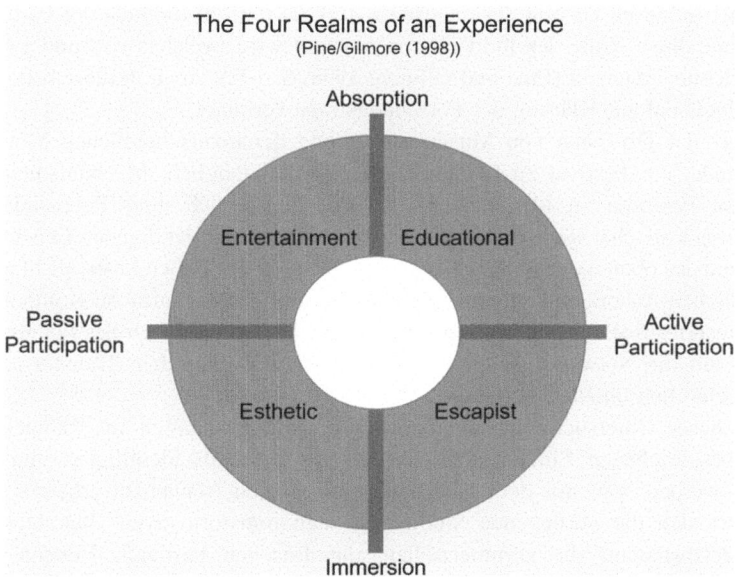

Abb. 2.2 The Four Realms of an Experience. (Quelle: Pine und Gilmore 1998, S. 102)

gewissen Abstand aufnehmen (Absorption) und an sich herantragen lassen (vgl. Abb. 2.2).

Diesen Dimensionen und den dazugehörigen Spektren können nun Bereiche zugeordnet werden, welche die jeweiligen Ausprägungen der Dimensionen abbilden. Dem Bereich Bildung beispielsweise kann hier eine aktive Partizipation an und zugleich ein gewisser Abstand zu dem Erlebnis zugeordnet werden.

Manthiou et al. diskutieren diese vier Motivationsgründe explizit für die Nachfrage von Festivals (Manthiou et al. 2014, S. 24) und kommen mit Zuhilfenahme von Arbeiten wie Ritchie und Crouch (2003) und Prentice und Andersen (2003) zu dem Ergebnis, dass das Streben nach Bildung einen Hauptmotivationsgrund für den Besuch von Festivals darstellt (Manthiou et al. 2014, S. 24). Hier bleibt der Begriff *Bildung* nicht auf das Lernen externer Inhalte beschränkt, sondern erstreckt sich bis hin zu Selbsterfahrungen. Geht man davon aus, dass auch die Besucher von den hier zu untersuchenden Musikfestivals einen gewissen Grad an Bildungshunger mitbringen, macht es Sinn, den Umgang der Besucher mit den aktiv vom Veranstalter oder den Initiativen kommunizierten nachhaltigen Botschaften zu beleuchten. Pine und Gilmore identifizieren weiterhin Eskapismus als einen von vier Grundbereichen eines Events (Pine und Gilmore 1998, S. 102, vgl. auch Abb. 2.2). Der Bereich, der mit dem Konzept Eskapismus beschrieben wird, ist in dieser Theorie der intensivste Teil, da ihm im Rahmen der Partizipation eine aktive Rolle des Individuums zugeteilt wird, welches voll und ganz in das Erlebnis eintaucht (Pine und Gilmore 1998, S. 102). Auch in diesem Bereich wird Potenzial zur Klärung der Forschungsfrage vermutet.

Trotz der Diversität von Musikfestivals und der unterschiedlichen Motivationsgründe, ein Festival zu besuchen, erscheint es möglich, Mechanismen und situative Faktoren zu identifizieren, welche, hinsichtlich ihrer Potenziale zur Anregung kritischer Reflexion und der Beschäftigung mit der eigenen Lebenswelt im Sinne des oben dargestellten Nachhaltigkeitsproblems, allen Festivals in unterschiedlichen Ausprägungen gemein sind. Über die gesellschaftliche Komponente von Musikfestivals und deren transformativen Charakter wird großes Potenzial in Bezug auf die Notwendigkeit im Sinne der sozialökologischen Transformation, gesellschaftlich umzudenken, gesehen.

In dieser Untersuchung sollen gemeinsame Eigenschaften im Rahmen der oben beschriebenen Einflussmöglichkeiten von Festivals identifiziert und analysiert werden. Um mit dem kleinsten gemeinsamen Nenner zu arbeiten, konzentriert sich die vorliegende Studie über den transformativen Charakter von Musikfestivals auf die kommerziellen, unpolitischen Festivals. Etwaige Forschungsergebnisse können so im Nachhinein auch auf alle weiteren Festivals angewandt werden.

2.4 Theoretische Zugänge zu Musikfestivals

In dieser Studie soll der Fokus auf mehrtägigen Open-Air-Festivals liegen, da das transformative Potenzial des Festivals nicht allein in der Wirkung von gemeinsam erlebten musikalischen Darbietungen vermutet wird, sondern in der Interaktion der Besucher und einer darin verorteten Eigendynamik. Je länger und je intensiver diese Interaktionen sind, desto deutlicher kommt die Eigendynamik zum Tragen. Für die Etablierung von festivalspezifischen Mustern dieser Interaktionen ist eine mehrtägige Einbindung der Festivalbesucher durch das Festivalprogramm erforderlich, da die Entwicklung einer Eigendynamik in diesem Zusammenhang umfangreiche Ressourcen wie Zeit und Muße voraussetzt.

Musikfestivals, auf die sich die vorliegende Studie fokussiert, sind demnach mehrtägige Open-Air-Veranstaltungen. Sie finden weiter in einer kreativ motivierten und infrastrukturell improvisierten Umgebung statt und zielen darauf ab, die Besucher als eine Festivalgemeinschaft in eine außeralltägliche Erfahrung bis hin zur Parallelwelt zu begleiten (Hitzler 1999, S. 402; Ziegenrücker und Wicke 1989, S. 271). Hier konsumieren vorwiegend junge Gesellschaftsmitglieder (vgl. Abschn. 3.2) über einen längeren Zeitraum Kunst und Kultur in Form von Konzerten und anderen künstlerischen Darbietungen innerhalb einer temporären Gemeinschaft (vgl. Snell 2005, S. 4), in der Werte und Normen herrschen, welche sich deutlich vom Alltag unterscheiden (Gebhardt et al. 2000, S. 147; Kirchner 2011, S. 84 f.). Musikfestivals sind also mehr als eine Reihe von Konzerten, sie haben auch eine beträchtliche gesellschaftliche Komponente. Auf großen Musikfestivals kommen regelmäßig mehrere Tausend Besucher zusammen, um über einen Zeitraum von meist fünf Tagen an einem für derartige Massen nicht ausgelegten und daher infrastrukturell improvisierten Ort zu verweilen. An diesem Ort wird gegessen, gefeiert, geschlafen, geduscht und sich mit anderen Besuchern und infrastrukturellen Begebenheiten auseinandergesetzt (vgl. Snell 2005, S. 4). Derartige Events dienen primär der Herstellung eines alle Teilnehmer umfassenden Wir-Gefühls (Gebhardt et al. 2000, S. 53). Welche Aspekte im Einzelnen dieses Wir-Gefühl ausmachen und ob innerhalb dieser Aspekte ggf. eine positive Wirkung auf das oben hergeleitete Nachhaltigkeitsproblem gesehen werden kann, soll im Laufe der vorliegenden Untersuchung herausgestellt werden. Auch wird in Betracht gezogen, dass die kollektiv, innerhalb dieses Wir-Gefühls erfahrenen Erlebnisse die jeweilige Sicht auf die eigene Gesellschaft verändern können.

Eigendynamik

Aus der hergeleiteten Theorie geht hervor, dass die sozialökologische Transformation aus der Gesellschaft heraus und durch intrinsisch motivierte *Change*

Agents in Gang gesetzt werden muss, also von gesellschaftlichen Eigendynamiken getragen wird.

Festivals werden nicht ausschließlich von den Veranstaltern gemacht. Zwar lässt sich die Eintrittskarte zu einem Festival kaufen, auf dem ein kulturelles Programm, eine gewisse Infrastruktur und Rahmenbedingungen für ein Zusammenleben während des Festivals vom Veranstalter bereitgestellt werden, das Produkt Musikfestivals wird aber als Erlebnisgut konsumiert (Grunwell und Inhyuck 2007). Musikfestivals sind somit Erlebnisse, die nicht gekauft, sondern von jedem Besucher in Eigenregie gemacht werden (Schulze 2005, S. 548). Erlebnisse, so Schulze, sind nicht einfach Eindrücke, die in einer Situation gemacht werden, sondern Vorgänge der Verarbeitung. Aufgrund des Wandels von Lebensauffassungen und der geänderten, nun aktiveren Rolle des Subjekts innerhalb der Erlebnisorientierung stellt Gerhard Schulze im Rahmen seiner Untersuchung zur Erlebnisgesellschaft eine Theorie zur Verarbeitung von Erlebnissen auf (Schulze 2005, S. 43–46). Die Verarbeitungstheorie unterscheidet sich von der bis dahin angenommenen Eindruckstheorie darin, dass Erlebnisse nicht mehr vom Subjekt empfangen, sondern von ihm gemacht werden. Schulze stellt drei Elemente der Verarbeitungstheorie von Erlebnissen heraus: erstens die Subjektbestimmtheit, durch welche das Ereignis erst durch seine Integration in einen schon vorhandenen subjektiven Kontext zum Erlebnis wird (Schulze 2005, S. 44). Zweitens die Reflexion, welche die Selbstverarbeitung im Sinne von Erinnern, Erzählen, Interpretieren, Bewerten der Ursprungserlebnisse durch das Subjekt bezeichnet (Schulze 2005, S. 45). Und drittens die Unwillkürlichkeit, welche besagt, dass Erlebnisse nicht vorhersehbar oder planbar sind, sondern von Situation zu Situation und von Subjekt zu Subjekt unterschiedlich wahrgenommen werden und somit unterschiedliche Ereignisse darstellen (Schulze 2005, S. 46).

Für diese Eigendynamiken Voraussetzungen zu untersuchen und den kritischen Punkt für ein Umdenken im Alltag der Gesellschaftsmitglieder auszumachen ist ein komplexes und aufgrund der Nicht-Linearität von sozialen Prozessen ausuferndes Projekt. Musikfestivals stellen in diesem Zusammenhang ein interessantes Experimentierfeld dar. Hier ist über einen klar abgrenzbaren Zeitraum der Referenzrahmen für gesellschaftliche Eigendynamiken verändert (vgl. Abschn. 5.4.1). So können Festivalbesucher mit einem Abstand zur eigenen gesellschaftlichen Struktur ggf. im Rahmen der Umschreibung einer festivalspezifischen und alltagsfremden Eigendynamik Motivationen, Voraussetzungen und charakteristische Aspekte sozialer Prozesse im Alltag klarer extrahieren, benennen und ggf. sogar erklären.

2.4 Theoretische Zugänge zu Musikfestivals

Um kritischen Überlegungen zur hier angeführten Eigendynamik auf Musikfestivals vorzugreifen, seien an dieser Stelle zwei Anmerkungen zur Eigendynamik und den herauszustellenden Faktoren aufgeführt. Zunächst soll festgehalten werden, dass an der Eigendynamik, welche sich unter den Besuchern auf einem Musikfestival entwickelt, generell alle Festivalteilnehmer beteiligt sind. Sie nehmen jedoch in unterschiedlichen Intensitäten und mit unterschiedlichen Ambitionen an der Entwicklung dieser Eigendynamik teil. Ein Teil der Besucher wird voll und ganz in das Festivalgeschehen eintauchen und über mehrere Tage das eigene Dasein im *normalen Leben* vergessen, andere konsumieren die Festivalsituation eher passiv und halten sich aus aktiven Beteiligungen an deren Aufbau raus, sie betrachten das Festival eher als Zaungast.

So kann nicht allen Besuchern eines Musikfestivals gleichermaßen die Partizipation an allen in dieser Studie herausgestellten Aspekten unterstellt werden. Es wird für alle angesprochenen Bereiche Besucher geben, die den jeweiligen Aspekt innerhalb ihrer eigenen Festivalerfahrung kaum oder anders als beschrieben wahrgenommen haben. Die empirischen Ergebnisse der quantitativen Studie allerdings verdeutlichen, dass die herausgearbeiteten Faktoren von der Mehrheit der Festivalbesucher in beschriebener Form bestätigt werden. Des Weiteren werden die untersuchten Faktoren, fokussiert auf ihren transformativen Charakter im Sinne der sozialökologischen Transformation, hergeleitet und umschrieben. Es mag noch weitere Faktoren geben, die zur umfassenden Beschreibung dieser Eigendynamik, der Festivalatmosphäre, -stimmung und -situation auf Musikfestivals angeführt werden müssten, in dieser Arbeit jedoch aus Platzgründen und aufgrund fehlender Relevanz für die Beantwortung der Forschungsfrage nicht berücksichtigt oder peripher behandelt werden.

2.4.2 Der habituelle Grundmodus auf Musikfestivals

Musikfestivals wird andernorts ein transformativer Charakter unterstellt (Bennett und Woodward 2014, S. 19; Kirchner 2011, S. 49; Turner 1974, S. 57). Als transformativ sollen hier Konzepte und Ansätze gelten, die darauf schließen lassen, dass sich Besucher im Laufe eines Musikfestivals grundlegend verändern. Nimmt man an dieser Stelle Mezirows Ausführungen zur kritischen Reflexion zur Hilfe, so betrifft diese grundlegende Veränderung nicht nur die Bedeutungsschemata der Festivalbesucher, sondern auch die den Bedeutungsschemata übergeordnete Ebene, die Bedeutungsperspektiven (vgl. Mezirow 1990, S. 2).

Da der in dieser Arbeit gewählte Ansatz zur Beleuchtung des Verhältnisses von Musikfestivals und Nachhaltigkeit über das Verhältnis von Mensch und Natur führt, sind zunächst Konzepte ausfindig zu machen, welche den habituellen Grundmodus einer Festivalgemeinschaft beschreiben. Als habitueller Grundmodus ist hier eine Stimmung zu verstehen, aus welcher regelmäßige Verhaltensweisen abgeleitet werden können. Bislang wird diese *Grundstimmung auf Musikfestivals* am umfassendsten über die Konzepte des Flow-Zustands oder der Liminalität beschrieben.

Dass während eines Festivals eine Gemeinschaft unter den Festivalbesuchern entsteht, hat Babette Kirchner in ihrem Buch *Eventgemeinschaften – das Fusion Festival und seine Besucher* ausführlich analysiert. Sie hat herausgearbeitet, wie diese Gemeinschaft der Festivalbesucher aufgebaut ist und erklärt werden kann (Kirchner 2011). Nach Kirchner handelt es sich bei der Eventgemeinschaft auf der *Fusion* um eine temporäre Gemeinschaft, in welcher vom Alltag unterschiedene Werte und Normen gelebt werden (Kirchner 2011, S. 84). Innerhalb dieser Arbeit identifiziert Kirchner einen den Gemütszustand der Festivalbesucher beschreibenden Schwellenzustand, in dem sich die Besucher während des Aufenthalts auf einem Festival befinden (Kirchner 2011, S. 87–95). Das Festival wird dabei mithilfe der Theorien von Victor Turner als liminale Episode identifiziert.

Liminalität

Nach Turner bezeichnet Liminalität einen Schwellenzustand, der während eines Ritus durchlaufen wird. In diesem Zustand lösen sich die Teilnehmer oder Passanten vom vorherrschenden Wertesystem, um nach der liminalen Phase mit einem neuen Status wieder in die herrschende Sozialordnung integriert zu werden. Alltagsstimuli werden in diesen Phasen weitestgehend ausgeblendet (Turner und Abrahams 1995, S. 95 f.). Turner untersucht in seinen Arbeiten unter anderem Rahmenbedingungen für diesen Schwellenzustand und die Wirkung liminaler Phänomene auf die Teilnehmer eines Ritus. Liminalität wird hier auch als Phase der Reflexion bezeichnet (Turner 1964, S. 12). Aus einer liminalen Phase gehen die Passanten nach Turner mit einem alarmierten Bewusstsein, erweitertem Wissen über allgemeine Dinge des Lebens und ggf. mit neu definierten Wertvorstellungen heraus und sind dadurch in der Lage, soziale Begebenheiten neu zu bewerten und sich dazu entsprechend zu verhalten (Turner 1974, S. 74). Festivals werden sowohl von Turner selbst als auch von weiteren Wissenschaftlern als liminale Episoden anerkannt (Bennett und Woodward 2014, S. 11; Kirchner 2011, S. 87–94; Luckman 2003, S. 327; vgl. Luckman 2014, S. 195). Communitas ist eine Gemeinschaft, welche sich innerhalb eines Schwellenzustands, den Turner Liminalität nennt, im Rahmen von Übergangsriten zusammenfindet (Leggewie

2.4 Theoretische Zugänge zu Musikfestivals

2012, S. 51). Er schreibt den Mitgliedern (hier Passanten genannt) dieser Communitas unter anderem zu, sich innerhalb der Gemeinschaft als Ganzes zu fühlen (vgl. auch Kirchner 2011, S. 89; Leggewie 2012), sich also der Fragmentierung ihrer Identität im Alltag durch wechselnde Rollen zu entziehen und sich nur noch einer, ursprünglichen Rolle hinzugeben. Im Folgenden soll erläutert werden, wie die Konzepte Übergangsriten, Liminalität und Communitas zusammenhängen und auf welche Weise Musikfestivals als liminale Phasen gedeutet werden können.

Übergangsriten werden erstmals von van Gennep in seinen Arbeiten zu *rites de passage* mit der Intention untersucht, deren vollständigen Ablauf sowie die Zusammenhänge der rituellen Strukturen untereinander aufzudecken (van Gennep 1981, S. 20). *Rites de passage* begleiten deren jeweilige Passanten in dem Übergang von einem Zustand in einen anderen oder von einer kosmischen bzw. sozialen Welt in eine andere (van Gennep 1981, S. 21). Beispiele hierfür sind Geburten, Hochzeiten oder Bestattungen. Van Genepp billigt den Übergangsriten drei Phasen zu, eine Trennungs-, eine Schwellen- und eine Angliederungsphase (van Gennep 1981, S. 21). In der ersten Phase trennt sich der Passant von seinem vorherigen Zustand oder Status. Die zweite Phase beschreibt eine Umorientierung in einem strukturleeren Raum und in der dritten Phase geht der Passant in einen neuen Zustand oder Status über. Der zweiten, also der Schwellenphase innerhalb eines Ritus, hat sich Victor Turner ausführlich gewidmet. Turner benutzt den Begriff der Liminalität, um den Zustand zu beschreiben, in dem sich die Passanten im Rahmen eines Ritus nach der Lösung von der vorherrschenden Sozialordnung befinden (Turner 1969, S. 69). Wird so ein Schwellenzustand nicht aufgrund gesellschaftlicher Zwänge, also fremdbestimmt (Adoleszenz, Hochzeit), sondern freiwillig (z. B. während eines Musikfestivals) durchlaufen, so spricht Turner anstelle von liminalen von liminoiden Phasen (vgl. Turner 1974, S. 65).

In einer liminalen Phase herrscht Anti-Struktur. Damit ist ein Bereich zwischen Kultur und Gesellschaft gemeint, in welcher die normative Struktur des Zusammenlebens aufgehoben ist und einer nicht durch gesellschaftliche Normen strukturierten Umgebung weicht (Turner 1969, S. 96). Die Anti-Struktur ermöglicht Passanten die Öffnung für neue Auslegungen gesellschaftlicher Aspekte:

> *The normative structure represents the working equilibrium, the anti-structure represents the latent system of potential alternatives from which novelty will arise when contingencies in the normative system require it. We might more correctly call this second system the proto-structural system (he says) because it is the precursor of innovative normative forms. It is the source of new culture* (Sutton-Smith 1972 zitiert in Turner 1974, S. 60).

Innerhalb des Schwellenzustands bildet sich also eine anti-strukturelle Gemeinschaft im Übergang unter den Passanten heraus, die Turner Communitas nennt (Leggewie 2012, S. 51). Babette Kirchner leitet detailliert her, warum ein Besuch beim *Fusion*-Festival als liminale Phase betrachtet werden muss. So beginnt Liminalität mit Betreten des geografisch abgetrennten und konstruierten Bereichs des Festivalgeländes (Kirchner 2011, S. 88). Strukturen des Alltags werden abgelegt und die Besucher geben sich voll und ganz dem Festival und der temporären Festivalgemeinschaft hin, um mit Beendigung des Festivals aus der liminalen Phase aufzutauchen und wieder in den Alltag zurückzukehren (Kirchner 2011, S. 87 ff.). Innerhalb des Festivals, so Kirchner, findet eine Transformation der Festivalbesucher statt (vgl. hierzu auch Picard 2016, S. 608 f.). Es erscheint also durchaus sinnvoll, auf den Festivals eine durch liminale Phasen ausgelöste Reflexion zu erwarten.

Um den Umgang mit Liminalität im Rahmen einer Festivalsituation besser analysieren zu können, sollen an dieser Stelle zwei für den Umgang mit wechselnden Referenzrahmen bedeutende Konzepte skizziert werden. Zum einen soll beleuchtet werden, welche Rolle hier der soziale Status spielt, zum anderen soll auf das Konzept der Authentizität eingegangen werden.

Anderson et al. beschreiben die Rolle des sozialen Status in ihrem Artikel *Who Attains Social Status* als allgegenwärtig (Anderson et al. 2001, S. 116). Nach A. Adler (1930) und Hogan (1983) argumentieren sie, dass Menschen von Natur aus soziale Wesen sind und ihnen innerhalb des sozialen Gefüges ein Streben nach Überlegenheit innewohne (Anderson et al. 2001, S. 116). Sie folgern aus den Forschungsergebnissen unterschiedlicher Wissenschaftler (Adler et al. 2000; Barkow 1975; Eibl-Eibesfeldt 1989; Fiske 1993; Keltner et al. 1998; zitiert nach Anderson et al. 2001, S. 116), dass der soziale Status Einfluss auf das persönliche Wohlbefinden, soziale Kognitionen und emotionale Erfahrungen hat und somit eine wichtige Komponente des sozialen Zusammenlebens darstellt (Anderson et al. 2001, S. 116). Das Streben nach einem möglichst hohen sozialen Status innerhalb einer vorgegebenen Hierarchie, so Anderson et al. weiter, sei ein primäres und universelles menschliches Bedürfnis (Anderson et al. 2001, S. 116).

Die soziale Hierarchie ist eine implizite oder explizite Rangordnung von Individuen oder Gruppen bezüglich einer bewerteten sozialen Dimension (Magee und Galinsky 2008, S. 356). Die bewertete soziale Dimension bezeichnet hier die einheitliche Spezifikation und das Verständnis für eine Dimension, entlang derer die Personen nach ihrem Rang geordnet sind (Magee und Galinsky 2008, S. 355), beispielsweise über den beruflichen Status oder die Leistung innerhalb einer Sportgruppe. Diese Definition einer sozialen Hierarchie zeichnet sich dadurch aus, dass die sozialen Dimensionen, entlang derer Rangordnungen erfolgen,

2.4 Theoretische Zugänge zu Musikfestivals

austauschbar sind. D. h. für identische Individuen können in unterschiedlichen Situationen unterschiedliche Bewertungskriterien der sozialen Rangordnung herrschen. So lässt sich ggf. argumentieren, dass das Ausheben eines Referenzrahmens, wie er im Alltag gültig ist, durch eine Festivalsituation die bestehenden Bewertungskriterien sozialer Rangordnungen außer Kraft setzt und durch neue eigene Logiken ersetzt. Der soziale Status wird von Magee und Galinsky definiert als *the extent to which an individual or group is respected or admired by others (Magee und Galinsky 2008, S. 368)* und beschreibt ein Phänomen, welches sowohl innerhalb einer Gruppe als auch zwischen zwei Gruppen auftreten kann (vgl. Anderson et al. 2001).

Der soziale Status wird also an dem gemessen, wie ein Individuum von außen, also von anderen gesehen wird und beruht auf der Aufmerksamkeit und dem Respekt, der einem Individuum oder einer Gruppe für bestimmte, dem Referenzrahmen entsprechend bedeutende Aufgaben zukommt (vgl. Anderson et al. 2001, S. 117; Magee und Galinsky 2008, S. 358). Somit ist der soziale Status immer von subjektiven Interpretationen, welche in unterschiedlichen Referenzrahmen variieren können, abhängig. Das Streben nach einem möglichst hohen sozialen Status innerhalb eines bestimmten Referenzrahmens wird also maßgeblich an den Spielregeln bemessen, die ein Individuum einer Gemeinschaft unterstellt. Im Alltag wird der soziale Status an Faktoren bemessen, die entweder direkt aus dem Berufsstand hervorgehen oder aber eng an diesen gekoppelt sind. Hollingshead beispielsweise leitet in seinem *Four Factor Index of Social Status* ein Modell her, in welchem aus den vier Faktoren Bildung, Beruf, Geschlecht und Familienstand ein Index zur Messung des sozialen Status errechnet wird (Hollingshead 2011, S. 22). Neben den direkt mit dem beruflichen Werdegang verbundenen Faktoren Bildung und Beruf wird außerdem zur Bestimmung des Faktors Familienstand innerhalb des Modells ein enger Bezug zum eigenen Beruf oder dem des etwaigen Lebenspartners hergestellt (Hollingshead 2011, S. 24). Dass sich der soziale Status in industrialisierten Gesellschaften maßgeblich über den beruflichen Erfolg definiert (Schäfers et al. 2006, S. 313), lässt sich über die eingangs skizzierte Dominanz der Marktlogik in nahezu allen Bereichen der Lebenswelt ihrer Gesellschaftsmitglieder erklären (vgl. Kap. 2). Hartmut Rosa hat sich diesem gesellschaftlichen Problem ausführlich im Rahmen seiner Arbeit zur Resonanz angenommen und führt als Grund des Einzugs der Marktmechanismen in umfassende Bereiche der Lebenswelt die von ihm benannte dynamische Stabilisierung an. So ist die Sozialformation der Moderne strukturell dadurch gekennzeichnet, dass sie sich nur dynamisch zu stabilisieren vermöge (Rosa 2017, S. 518). Die dynamische Stabilisierung dient dazu, einen Status quo aufrechtzuerhalten, welcher keinerlei statischen Charakter aufweist, sondern im Gegenteil in der Stetigkeit des Wachstums besteht (Rosa 2017, S. 673). Ihr werden von Rosa drei Ebenen zugewiesen: Erstens findet dynamische Stabilisierung in der grundlegenden institutionellen Ordnung statt, welche aus der konkurrenzkapitalistischen Marktwirtschaft, der politischen Demokratie, der Wissenschaft etc. besteht. Zweitens in der sozialstrukturellen Ordnung, über welche unter anderem Klassen- und Schichtenzugehörigkeiten ausgehandelt werden, und drittens in einer Operationslogik der sozialen Akkumulation (Rosa 2017, S. 677). Die berufliche Situation der Mitglieder moderner Gesellschaften beschreibt Rosa mit einem Ringen um dynamische Performance. D. h. ein beruflicher Werdegang ist nicht wie noch vor wenigen Jahrzehnten darauf ausgerichtet, dass zwischenzeitig Positionen erreicht werden, auf die man hinarbeiten und auf denen man sich ausruhen und sicher fühlen kann. Vielmehr sind berufliche Positionen in hohem Maße unsicher und die eigene Person in ihr kurzfristig ersetzbar geworden, was die Positionsinhaber zu einem lebenslangen Konkurrenzkampf verpflichtet (Rosa 2017, S. 687). Dieser getriebene Umgang mit dem Konkurrenzkampf wiederum sei Grund für den Einzug der Steigerungslogik in die Lebenswelt der Menschen (Rosa 2017, S. 696). Ähnlich wie mit der beruflichen Position verhalte es sich auch mit dem familiären Stand, in welchem man durch alternative Lebensmodelle zunehmend austauschbarer würde, sowie mit Bildungseinrichtungen und dem sozialen Umfeld und somit mit allen von Hollinghead zur Bestimmung des sozialen Status herangezogenen Faktoren. Hier wird der Gesellschaft von Rosa innerhalb des Grundmodus dynamischer Stabilisierung der Drang zur Vermehrung des Ressourcenreichtums und der Weltreichweite unterstellt, welche zwar den sozialen Status in der Gesellschaft nach den Spielregeln der dynamischen Stabilisierung Rechnung trägt, den eigentlichen Sinn, nämlich die Steigerung des Wohlbefindens, aber verfehle.

Sein und sich benehmen zu können, wie man wirklich will, ohne sich darum zu scheren, was andere von einem denken, würde im allgemeinen Sprachgebrauch wohl mit dem Konzept der Authentizität umschrieben. Authentisch zu sein bedeutet: die Konsistenz zwischen drei Ebenen: a) der primären Erfahrung einer Person, b) ihrem symbolisierten Bewusstsein und c) ihrem äußeren Verhalten und Kommunikation (Barrett-Lennard 1998, S. 82; vgl. auch Wood et al. 2008). Das Streben nach Authentizität bedarf nach Hogan einem hohen Maß an Selbsterkenntnis und wird maßgeblich über zwei Aspekte definiert. Zum einen müssen Individuen sich der Gründe für das eigene Handeln bewusst sein, um authentisch zu sein. Da die unterschiedlichen Rollen, welche ein Individuum im Alltag einnimmt, vorwiegend fremdbestimmt sind, kommt diesem Aspekt ein aktiver Umgang mit der Identifizierung der eigenen und eigentlichen Ziele zu. Zum anderen müssen Individuen ihre eigene Identität auf der Grundlage der Selbsterkenntnis herausbilden (vgl. auch Hogan 1976; Hogan und Cheek 1983,

2.4 Theoretische Zugänge zu Musikfestivals

S. 340). Authentische Individuen definieren nach Hogan die Rollen, die sie im Alltag spielen, selbst. Sie begegnen fremdbestimmten Rollen wie der beruflichen oder der familiären Rolle mit einer Rollendistanz, die es ihnen ermöglicht, jederzeit zwischen den fremdbestimmten Zielen innerhalb der eingenommenen Rolle und den eigenen Zielen zu differenzieren. So sind sie sich stets ihrer eigenen Identität bewusst und können eigene Handlungen darauf abstimmen (vgl. auch Hogan 1976; Hogan und Cheek 1983, S. 340). Die Entwicklung einer Rollendistanz setzt also die kritische Reflexion der im Alltag herrschenden Anforderungen einer jeden Rolle an die eigene Person voraus.

Das Konzept der Authentizität wird in der Literatur kontrovers diskutiert (Saupe 2012, S. 6). Auf der einen Seite wird Authentizität als bestimmender Faktor für das eigene Wohlbefinden gesehen. Taylor beispielsweise verbindet Authentizität mit den Zielen der Selbsterfüllung, -verwirklichung und -bestimmung und billigt ihr somit eine kreative, konstruktive und schöpferische Dimension zu. Authentizität trage weiterhin zum Nonkonformismus und der Möglichkeit des Widerstands gegen gesellschaftliche Moralvorstellungen bei (Taylor 1995, S. 75–82 zitiert in Saupe 2012, S. 6; vgl. auch Wood et al. 2008, S. 386). Skeptiker jedoch sehen in dem Streben nach Authentizität Tendenzen zur Selbstabschottung, Ich-Bezogenheit und Narzissmus, welche in Systemen wie dem Kapitalismus fruchtbare Nährböden fänden und somit in modernen Gesellschaften Entfremdung und soziale Kälte förderten (Saupe 2012, S. 5). Das Konzept der Authentizität soll an dieser Stelle aus Zeitgründen nur skizziert und nicht in seiner Gänze diskutiert werden. Eine umfassende Anwendung dieses Konzepts auf die Kommentare der Interviewpartner würden den Rahmen dieser Arbeit sprengen. Dies zeigt der Verweis auf einen scheinbaren Widerspruch innerhalb des Konzepts der Authentizität. In ihrem Buch *Fiktionen von Wirklichkeit – Authentizität zwischen Materialität und Konstruktion* widmen sich Wolfgang Funk und Lucia Krämer einer Annäherung an ein Paradox, welches dem Authentizitätskonzept innewohnt.

Dramatisch verkürzt könnte man dieses Paradox auf die Formel bringen, dass sich Authentizität als ästhetische, epistemologische und ethische Kategorie per definitionem jeglicher Form von eindeutiger Repräsentation notwendigerweise entzieht, oder anders ausgedrückt, dass sich ‚echte' Authentizität sowohl einer Person wie eines Objekts oder Kunstwerks nicht erklären, sondern höchstens (unzureichend) beschreiben lässt (Funk und Krämer 2014, S. 8).

Beitragen allerdings soll die Skizze des Konzepts dazu, einen als festivalspezifisch identifizierten Aspekt der Festivalsituation einzuordnen und darüber Rückschlüsse auf die Erklärung der oben angeführten Kommentare aus den Interviews zu ziehen.

Nach Hogan wird die eigene Identität maßgeblich über die sozialen Rollen reflektiert, die ein Individuum in einem sozialen Gefüge spielt. Diese Rollen können dem Individuum entweder erlaubt sein oder aber ihm aufgedrängt werden (Hogan und Cheek 1983, S. 340). So tragen unterschiedliche Rollen verschiedenen und wechselnden externen Referenzrahmen Rechnung, derer sich ein Individuum im Alltag stetig anpassen muss (Hogan und Cheek 1983, S. 340). Die Identität eines Individuums im Alltag ist somit zusammengesetzt aus den einzelnen Identitäten, welche in den jeweiligen Rollen angenommen wird. Negativ ausgedrückt könnte man auch sagen, die Identitäten im Alltag seien zersplittert in diverse Einzelidentitäten. Eben diese Zersplitterung und die Unsicherheiten, die damit verbunden sind, aufzuheben, bescheinigt Babette Kirchner der Festivalgemeinschaft des *Fusion*-Festivals (Kirchner 2011, S. 89). Die Festivalgemeinschaft, so Kirchner, kann als Communitas im Sinne Victor Turners (vgl. Abschn. 2.4.2) verstanden werden, welcher eben dieses Phänomen innewohne. Communitas findet ausschließlich im *Hier und Jetzt* statt, bedarf einer ungeteilten Aufmerksamkeit (Turner 1969, S. 113). Sie ist somit in hohem Maße vergänglich. Die normative Struktur hingegen ist in der Vergangenheit begründet und erstreckt sich in die Zukunft (Turner 1969, S. 113). Charakteristisch für die Communitas ist ein zwischenmenschlicher Umgang, welcher sich in positiver Weise von dem in einer normativen Struktur unterscheidet:

> *Die Unberührtheit, Reinheit, Aufrichtigkeit, Unmittelbarkeit und Herzlichkeit einer Communitas-Gesellschaft, die sich nur im direkten zwischenmenschlichen Umgang manifestieren kann, sind für Turner zu vergänglich, zu einzigartig, zu emotionell und zu unkontrolliert, um auf lange Sicht bestehen zu können* (Barth 2002, S. 7).

In einer Communitas, so Turner, fühlen sich die Passanten als Ganzes (Turner 1964, S. 78).

Flow

Der Flow-Zustand ist bereits vielerorts als festivalspezifisches Phänomen identifiziert worden (vgl. auch Anderton 2011, S. 155; Chirico et al. 2015, S. 2 f.; Wrigley und Emmerson 2013). Der Psychologe Csíkszentmihályi fokussiert im Rahmen der positiven Psychologie den Zustand des Flows, welcher, wenn auch nicht von ihm entdeckt, von Csíkszentmihályi umfassend erforscht und publik gemacht wird. In diversen Forschungsreihen im Rahmen der Glücksforschung widmet er diesem Phänomen langjährige Studien (vgl. M. Csíkszentmihályi 1990, 1997, 2002, 2010, 2013, 2014; I. S. Csíkszentmihályi und Csíkszentmihályi 1988). Das Konzept des Flow-Zustands umschreibt nach Csíkszentmihályi eine

2.4 Theoretische Zugänge zu Musikfestivals

Situation, in der Individuen sich voll und ganz dem präsenten Moment hingeben (M. Csíkszentmihályi 2014, S. 89) und auf diese Weise eine optimale Erfahrung im Sinne der positiven Psychologie machen. Innerhalb dieser Situationen wird Individuen ein hoher Grad an intrinsischer Motivation und deren Handlung ein hohes Maß an Selbstzweck beigemessen (M. Csíkszentmihályi 2014, S. 89). Handlungen in diesem Sinne dienen also nicht der Hervorbringung eines Endresultats oder der Anerkennung von außen, sondern finden ausschließlich um ihrer selbst willen statt. Der Flow-Zustand tritt ein, wenn subjektiv wahrgenommene Herausforderungen oder Handlungsmöglichkeiten einer Situation in Balance mit den subjektiv (M. Csíkszentmihályi 2014, S. 91) wahrgenommenen individuellen Kapazitäten – diesen entgegenzutreten und diese bewältigen zu können – stehen (M. Csíkszentmihályi 2014, S. 89). Des Weiteren sind in dieser Situation klare Ziele definiert, welche sich jedoch nicht auf das Endresultat, sondern auf die Handlung an sich beziehen, und es erfolgt ein sofortiges Feedback auf die eigenen Handlungen (M. Csíkszentmihályi 2014, S. 89). Der Flow-Zustand wird von Csíkszentmihályi wie folgt charakterisiert (M. Csíkszentmihályi 2014, S. 90):

a) Es herrscht intensive und fokussierte Konzentration auf das, was ein Individuum in einem Moment tut, Handlung und Aufmerksamkeit verschmelzen (vgl. Abschn. 5.2).
b) Das Individuum lässt von seinem reflexiven Selbstbewusstsein (i.S.v. Verlust der eigenen Wahrnehmung als sozialer Akteur) ab (vgl. Abschn. 5.4.1).
c) Das Individuum hat das Gefühl, dass es seine Handlungen kontrollieren kann; es kann im Prinzip mit der Situation umgehen, weil es weiß, wie es auf das reagiert, was als Nächstes passiert (vgl. Abschn. 5.4).
d) Die Wahrnehmung von Zeit wird verzerrt (i.S.v. das Gefühl, dass Zeit schneller vergeht als normal) (vgl. Abschn. 5.3).
e) Die Handlung wird um seiner selbst willen ausgeführt, das Endziel dient eher als Entschuldigung für die Handlung (vgl. Abschn. 5.4).

Im Fokus steht hier die Interaktion des Individuums mit seiner Umwelt (M. Csíkszentmihályi 2014, S. 90). Wenn auch aus der Flow-Theorie keine direkte transformative Wirkung abgeleitet werden kann, so birgt sie doch das Potenzial, die Entstehung eines transformativen Moments auf Musikfestivals zu begleiten und zu erklären.

Beide Konzepte geben zwar Anhaltspunkte für eine im Sinne dieser sozialökologischen Transformation so wichtige nachhaltige Veränderung von Denk- und Verhaltensmustern, geben aber weder ein Prozedere zur Bemessung dieser Veränderungen vor, noch bestehen sie auf eine transformative Wirkung.

Der Flow-Zustand beschreibt den Zustand eines produktiven Gleichgewichts (M. Csíkszentmihályi 2014, S. 90) und ist damit ein eher statischer Ansatz, der keinerlei Anspruch auf eine nachhallende transformative Komponente hat. Liminalität beschreibt einen Schwellenzustand, in dem sich Passanten im Rahmen eines Ritus befinden. Dieses Konzept konzentriert sich auf die Veränderung von Denkmustern innerhalb dieses *Reifeprozesses* Ritus, lässt aber keinen Ausblick auf spätere Verhaltensmuster zu.

Beide Konzepte werden zur Erklärung des habituellen Grundmodus benötigt, da sie wichtige Komponenten dieses Modus auf einem Festival beschreiben.

Betrachtet man den habituellen Grundmodus einer Festivalgemeinschaft nun aber im Rahmen des Konzepts der Resonanz nach Hartmut Rosa, so ist es möglich, eine interessante Verbindung vom habituellen Grundmodus auf Musikfestivals zu sozialen Bewegungen wie der sozialökologischen Transformation und darüber zur Nachhaltigkeitsdiskussion aufzumachen und so das Verhältnis von Populärkultur zur sozialökologischen Transformation zu erklären. Die Resonanztheorie ist im Gegensatz zur Flow-Theorie ein dynamisches Konzept und beansprucht für sich eine transformative Wirkung auf Denk- und Verhaltensmuster. So könnte nach der Argumentation Rosas (Rosa 2017) ein resonanter habitueller Grundmodus auf Musikfestivals die Transformationsbereitschaft und ein Sich-Öffnen für etwas Neues seitens der Festivalbesucher bewirken. Über diese Öffnung könnten kritische Reflexionen von Eigenheiten der eigenen Gesellschaft forciert und so ein Pfadwechsel in den Denk- und Verhaltensmustern der Festivalbesucher angestoßen werden.

Resonanz

Auch Hartmut Rosa geht auf das Potenzial von Musikfestivals in seiner Untersuchung zu resonanten Weltbeziehungen ein. Er schreibt Orten wie Museen, Theatern und Konzertsälen in diesem Zusammenhang eine bedeutsame Rolle zu, da diese das Potenzial innehaben, in ihren Besuchern Resonanz hervorzurufen. So suchen und finden moderne Menschen an diesen und vergleichbaren Orten immer wieder aufs Neue Momente der transformativen Erschütterung und Verflüssigung ihres Selbst- und Weltverhältnisses, des Berührt-, Bewegt- und Ergriffenwerdens (Rosa 2017, S. 479). Rosa macht in seiner Bewertung des Potenzials dieser Orte keinen Unterschied, ob deren Darbietungen in Form von Kunstwerken, Theater- oder Musikstücken der Hoch- oder der Populärkultur entspringen (Rosa 2017, S. 479). So ordnet er auch Kinos in die Reihe dieser Orte ein. Dem vielversprechenden Potenzial speziell von Open-Air-Konzerten widmet sich Rosa, indem

2.4 Theoretische Zugänge zu Musikfestivals

er auf das Zusammenwirken zweier bedeutender Resonanzsphären, nämlich der Musik und der Natur, verweist:

> *Oder denken wir an die Millionen und Abermillionen von Menschen anlockenden, mehrtägigen hochsommerlichen Open-Air-Konzerte, bei denen die Besucher sich ganz bewusst und fast schutzlos den Unbilden der >Elemente<, der erbarmungslosen Sonne und Hitze, dem peitschenden Sturm und Regen, den Wolkenbrüchen und Gewittern dem Schlamm und dem Matsch aussetzen, mehr oder minder auf der Erde schlafen und dabei auch ihren eigenen Bedürfnissen nach Wasser, nach Nahrung, Kleidung, Schutz und Orten, ihre Notdurft ungestört zu verrichten, auf >archaische< Weise begegnen. Nicht zufällig werden dabei Schlammbäder zu einem wiederkehrenden Ritual, und ebenso wenig ist es Zufall, dass sich dabei die beiden vielleicht wichtigsten Resonanzsphären der Moderne: Musik und Natur, zu einem kollektiv aufgeladenen Resonanzfeld verbinden. Die >Stimme der Natur< wird hier in einem höchst unwahrscheinlichen Kontext vernehmbar, ohne dass dieser Aspekt den Akteuren bewusst sein müsste* (Rosa 2017, S. 460).

Musikfestivals, so wird in dieser Arbeit vermutet, potenzieren diese Wirkung noch einmal durch das Andauern dieser Situation über mehrere Tage und deren kollektiven Charakter durch den Umstand, dass innerhalb dieser Situation eine Gemeinschaft aufgebaut und gelebt wird.

Nicht zuletzt soll noch der multisensuale Charakter von Musikfestivals speziell über das Medium Musik an dieser Stelle angesprochen werden.

Die Vermittlung von Welt und damit den Aufbau einer Beziehung zur Welt stellt Rosa als leibliche Erfahrung heraus. Über die essenziellen leiblichen Formen der Weltaufnahme wie Atmen, Essen und Trinken stellt er vermittelnde Medien wie Geruch, Stimme und Antlitz heraus, über die Welt multisensorisch erfahren wird. Ein bestimmter Geruch beispielsweise, der in der Kindheit mit einer bestimmten Szenerie verbunden wurde (hier der Geruch von Gebäck in Tee), wird das Potenzial zugeschrieben, diese Szenerie zu späteren Zeitpunkten genuin heraufbeschwören zu können. Über den Geruch allein vermag diese bestimmte Szenerie derart präsent zu werden, dass sie multisensorisch, d. h. mit mehr als nur dem Geruchssinn, erneut erfahrbar wird (Rosa 2017, S. 154). Ähnliches Potenzial wird auch der Musik zugesprochen. Musik wird hier als Medium diskutiert, welches in der Lage ist, mehrere Sinne auf einmal anzusprechen und so Erfahrungen umfassend und wiederabrufbar zu machen (Rosa 2017, S. 161–164). In der Musik, so Rosa, werden die Weltbeziehungen an sich verhandelt (Rosa 2017, S. 161):

> *Nichts anderes scheint eine vergleichbare psychisch wirksame Qualität zur alltäglichen Vermittlung und >Heilung< subjektiver Weltverhältnisse zu besitzen. Musik scheint so*

etwas wie das universelle Bindemittel für das spätmoderne Weltverhältnis geworden zu sein (Rosa 2017, S. 112 f.).

In postmodernen Gesellschaften hat sich, so Rosa, der Bildschirm als uniformes Medium nahezu aller Weltbeziehungen durchgesetzt. Die flächendeckende Einführung von Smartphones führt dazu, dass die Vermittlung von Welt nicht mehr über die eben genannten multisensorischen Modi erfolgt, sondern sich hin zu einer bildschirmvermittelten Weltbeziehung entwickelt, und stellt damit eine kulturelle Verschiebung der Medien zur Weltaufnahme dar (Rosa 2017, S. 212). Das Weltverhältnis wird somit genuin Bildschirm-symbolvermittelt erfahren (Rosa 2017, S. 156–159). Das Medium Bildschirm jedoch hat einen unisensorischen Charakter. Es spricht lediglich den Sehsinn an. Es ist nicht möglich, bildschirmvermittelt Weltausschnitte zu spüren und so nachhaltig affiziert zu werden (Rosa 2017, S. 159). Zwar spricht Rosa auch den digitalen Medien über ihr Kommunikationspotenzial den Charakter von Resonanzachsen zu (Rosa 2017, S. 159), die Entwicklung dieser Medien jedoch basiert auf dem resonanzfeindlichen Grundmodus der dynamischen Stabilisierung und kann somit keine unmittelbar sinnlichen und leiblichen Reaktionen (Rosa 2017, S. 158) entfachen und somit nachhaltigen Resonanzerfahrungen stiften.

Musik ist definitionsgemäß ein maßgeblicher Bestandteil des Weltausschnitts Musikfestival. Hier wird physisch Welt erfahren und diese Erfahrungen ggf. unmittelbar über das Medium Musik umfassend reflektiert, was das besonders intensive Erlebnis, welches Festivalbesucher vor den Bühnen beschreiben, erklärt. Ggf. können diese Erfahrungen also im Nachhinein über das Medium Musik umfassend wieder abgerufen werden und erzeugen somit eine gewisse Nachhaltigkeit.

2.4.3 Das Festivalpublikum und seine gesellschaftliche Prägung

Neben den Konzepten, die den habituellen Grundmodus auf Musikfestivals beschreiben, gibt es weitere theoretische Faktoren, die eine mögliche grundlegende Veränderungen der Besucher von Musikfestivals im obigen Sinne erklären könnten.

Im Folgenden werden Aspekte aufgezeigt, die darauf hinweisen, dass die von Babette Kirchner (2011) identifizierte Festivalgemeinschaft aus Gesellschaftsmitgliedern besteht, die im Alltag geprägt sind von sozialer Beschleunigung und

2.4 Theoretische Zugänge zu Musikfestivals

einer Fragmentierung des Alltags, was weitestgehend den habituellen Grundmodus einer dynamischen Stabilisierung im Alltag beschreibt. Diese Gemeinschaftsmitglieder befinden sich u. a. in der Phase der Adoleszenz und erleben das Festival in ihren Peer Groups, was großes Transformationspotenzial im Rahmen der Identitätsbildung mit sich bringt, und zusätzlich entsteht diese Gemeinschaft aus einer Situation heraus, die u. a. von transformativen Konzepten wie Eskapismus, Selbsterfahrungen in Übergangserlebnissen und das Spiel mit der eigenen Identität bestimmt wird. Gehen wir von dieser Situation aus, so geben diese theoretischen Konzepte stichhaltige Anhaltspunkte dafür, dass gerade ein Musikfestival eine fruchtbare Untersuchungsumgebung darstellt, da es Rahmenbedingungen bietet, die eben diesen habituellen Grundmodus im Rahmen intensiver gesellschaftlicher Konstitutionen berühren. Beginnen wir mit der gesellschaftlichen Prägung der Mitglieder einer potenziellen Festivalgemeinschaft.

Fragmentierung des Alltags

Im Folgenden soll ausführlich auf die Fragmentierung des Alltags durch Aufmerksamkeitsunterbrechungen eingegangen werden, da diese Ausführung einen zur Beantwortung der Forschungsfrage maßgeblichen Aspekt darstellt.

Alltagssituationen sind dadurch gekennzeichnet, dass die Aufmerksamkeit für die gegenwärtige Situation durch Reize wie Smartphones unterbrochen wird. Vorweg sei gesagt, dass in nahezu allen Artikeln zu negativen Auswirkungen der Smartphone-Nutzung immer auch betont wird, welche Errungenschaften die Nutzung von Smartphones bedeuten (Chotpitayasunondh und Douglas 2016, S. 9; Karadağ et al. 2015, S. 60; Markowetz 2015, S. 57 ff.; Nazir und Pişkin 2016, S. 40). Die hier erläuterten Auswirkungen sollen nicht als generelle Verteufelung der Smartphone-Nutzung verstanden werden, sondern beziehen sich lediglich auf eine unreflektierte Handhabung dieser Errungenschaft.

Diese unterbrechenden Reize sind Einflüsse aus der Umgebung, Laptop, Fernseher und andere Medien, aber vorwiegend Smartphones (Markowetz 2015, S. 56). Alexander Markowetz entwickelte 2012 innerhalb des Projekts *Menthal* eine App, über welche der tatsächliche Umgang mit dem Smartphone erstmals für den Nutzer in Zahlen und Statistiken festgehalten und veranschaulicht wird. Diese App fungiert somit als Waage für die digitale Diät (Markowetz 2015, S. 12). Die Daten zur Nutzung der Smartphones werden anonymisiert an die Forscher weitergeleitet und von diesen ausgewertet. Die App wurde im Januar 2014 online geschaltet (Markowetz 2015, S. 11) und zum Zeitpunkt der Veröffentlichung des Buchs *Digitaler Burnout – Warum unserer permanente Smartphone-Nutzung gefährlich ist* bereits von ca. 300.000 Smartphone-Nutzern heruntergeladen. Für die Analyse der Studie wurden bis dato 60.000 Datensätze ausgewertet (Markowetz 2015, S. 11 f.). So liegt den Forschenden eine breite Datenbasis vor, aus welcher folgende Statistiken gezogen werden.

> *Wir schalten den Bildschirm unseres Smartphones durchschnittlich 88 Mal am Tag ein. 35 Mal davon schauen wir nur auf die Uhr oder sehen nach, ob eine Nachricht eingegangen ist – eine geringfügige Unterbrechung. Doch die restlichen 53 Mal entsperren wir tatsächlich das Handy, um mit ihm zu interagieren, also E-Mails zu schreiben, Apps zu benutzen oder zu surfen. Davon ausgehend, dass wir acht Stunden schlafen und 16 Stunden wach sind, unterbrechen wir also alle 18 Minuten die Tätigkeit, mit der wir gerade beschäftigt sind, um uns mit dem Smartphone zu befassen. Die 25 Prozent der Menschen, die ihr Handy besonders häufig nutzen, sehen sogar alle 14 Minuten darauf* (Markowetz 2015, S. 12).

Die 17- bis 25-jährigen Teilnehmer, also die Altersgruppe, die vorwiegend auch die Festivalbesucher ausmacht, schalten nach dieser Studie den Screen ihres Smartphones täglich sogar 100 Mal ein und nutzen es davon 60 Mal intensiv, für insgesamt drei Stunden (Markowetz 2015, S. 13).

Aus diesen Daten leitet Markowetz das eigentliche Problem der Smartphone-Nutzung her, welches nicht in dem Zeitverlust bestehe, der durch die Nutzung von Smartphones täglich anfällt, sondern in den durch Smartphones initiierten ständigen Aufmerksamkeitsunterbrechungen und damit eine Fragmentierung des Alltags (Markowetz 2015, S. 53 ff.). Der Ausgangspunkt in Markowetz' Argumentation ist die Relation von Smartphone-Nutzung und der Produktivität des Benutzers. Trotz des unermesslichen Potenzials von Smartphones zur Erhöhung der Produktivität des Nutzers, tendieren Smartphone-Nutzer dazu, weniger produktiv zu sein. Dies erklärt sich Markowetz über die Fragmentierung des Alltags. Wie die Daten aus seiner Studie zeigen, werden Smartphone-Nutzer in ihrem Alltag durchschnittlich alle 18 min durch ihr Smartphone von den Tätigkeiten und Aufgaben, welchen sie sich jenseits der Online-Aktivitäten widmen, abgelenkt. Hergeleitet über die Theorie zum Flow-Zustand von M. Csíkszentmihályi (2014) geht Markowetz davon aus, dass der Mensch eine ununterbrochene Vorlaufzeit zur Vertiefung in eine Aufgabe braucht, um seine Produktivität maximal zu nutzen. Wird diese Vorlaufzeit unterbrochen, so kann diese Unterbrechung als Abbruch der Vorlaufzeit gewertet werden und der Prozess der Vorbereitung beginnt bei null. Ein vereinfachtes Rechenbeispiel dient der Veranschaulichung des Problems. So beruft sich Markowetz auf Studien von DeMarco und Lister (1987), welche belegen, dass die Vorbereitungszeit zur Vertiefung in eine Aufgabe im Sinne Csíkszentmihályis 15 min beträgt. Findet nun alle 18 min eine Unterbrechung der Aufmerksamkeit allein durch ein Smartphone statt, so kann nicht nur die Dauer

2.4 Theoretische Zugänge zu Musikfestivals

der Unterbrechung, sondern auch die Zeit, die bereits (aufgrund der Unterbrechung vergeblich) darauf aufgewendet wurde, sich in eine Aufgabe zu vertiefen, als vertane Zeit gesehen werden. Über diese Argumentation wird deutlich, dass den Nutzern von Smartphones jegliche Chance genommen wird, sich über eine ausreichend lange Zeitspanne ungestört mit einer Aufgabe zu beschäftigen und ihre maximale Produktivität zu entfalten und auszuschöpfen.

Die 53 täglichen Unterbrechungen, die Smartphones verursachen, haben unseren Alltag und unsere Arbeit in unzählige kleine Zeiteinheiten fragmentiert. Der Produktivitätsverlust, den wir durch die permanenten Unterbrechungen erleiden, hat mittlerweile ein Niveau erreicht, auf dem er beginnt, als wahrnehmbarer Negativeffekt der Digitalisierung den positiven Auswirkungen dieser technischen Revolution entgegenzuwirken (Markowetz 2015, S. 60).

Die eigene Produktivität jedoch ist für Menschen eine notwendige Bedingung dafür, zufrieden und glücklich zu sein (vgl. M. Csíkszentmihályi 2014), weswegen Unterbrechungen des Alltags eine stete Unzufriedenheit und damit Stress und Angst bis hin zu einem Burnout in einem Menschen hervorrufen können. Den Smartphones kommt in diesem Komplex nun eine besondere Rolle zu: *Sie wirken wie ein Turbo auf das Problem (Markowetz 2015, S. 67).* Eine Vielzahl der angeführten Unterbrechungen werden durch das Smartphone initiiert, wodurch diese als eine Art Unterbrechungsmaschine interpretiert werden kann. Zusätzlich wird durch jede Unterbrechung durch ein Smartphone eine weitere Aufgabe gestellt, der sich der Nutzer im Anschluss an die Unterbrechung zu widmen hat. So ist der Smartphone-Nutzer zeitgleich ständig mit mehr als einer Aufgabe betraut, was dazu führt, dass er sein Gehirn mit einem permanenten Multitasking überfordert (Markowetz 2015, S. 72).

Auch der Nutzung von Smartphones und der damit einhergehenden Aufmerksamkeitsunterbrechungen in sozialen Kontexten wurde in den letzten Jahren verstärkt Aufmerksamkeit geschenkt. Bezeichnenderweise gibt es für das Phänomen der latenten Abgelenktheit durch das Smartphone während beispielsweise persönlicher Gespräche bereits ein eigenes Wort: *Phubbing* (The Guardian 2013). Das Wort *Phubbing* setzt sich aus den Worten *Phone* für Telefon und *snubbing* für brüskieren zusammen und bezeichnet die Handlung, sein Gegenüber innerhalb einer sozialen Situation durch das Konzentrieren auf das eigene Smartphone statt auf sein Gegenüber zu brüskieren (vgl. Chotpitayasunondh und Douglas 2016; *The Guardian* 2013).

Nazir und Pişkin widmen sich der Frage nach den sozialen Konsequenzen von *Phubbing* über eine theoretische Herleitung (Nazir und Pişkin 2016). Nach einer Analyse von Studien, die einzelne Aspekte dieser Konsequenzen beschreiben, wird in diesem Artikel ein eigenes übergeordnetes Fazit gezogen. So stellen Nazir und Pişkin heraus, dass die Unterbrechung einer Unterhaltung durch ein Smartphone den Flow eines Gesprächs störe und dem Gesprächspartner das Gefühl der Zurückgewiesenheit vermittle (vgl. Turkle 2011 zitiert in Nazir und Pişkin 2016, S. 39). Als möglicher Grund für das Gefühl der Zurückgewiesenheit, so Nazir und Pişkin, entwickelten Katz und Aakhus (2002) den Aspekt der *abwesenden Präsens*, d. h. ein Gesprächspartner sei zwar physisch anwesend, mit seinen Gedanken aber woanders. Auch verärgere das Starren auf das Smartphone während eines Gesprächs das Gegenüber (Nazir und Pişkin 2016, S. 42). Zudem wird angeführt, dass Unmittelbarkeitshinweise im Sinne von nonverbaler Kommunikation wie Augenkontakt während eines Gesprächs in einer Phubbing-Situation nicht stattfindet, was vom Gegenüber als unhöflich und desinteressiert empfunden wird (vgl. Rothwell 2010 zitiert in Nazir und Pişkin 2016, S. 41). Die angeführten Konsequenzen fassen Nazir und Pişkin mit dem Verweis auf einen negativen Effekt auf die Verbundenheit oder Zugehörigkeit (affiliation) der Gesprächspartner zusammen (Nazir und Pişkin 2016, S. 44).

Chotpitayasunondh und Douglas leiten in ihrer Studie *How phubbing becomes the norm: The antecedents and consequences of snubbing via smartphone* her, wie sich diese, im Grunde unsoziale Handlung im Alltag durchsetzen und zur Norm werden konnte (Chotpitayasunondh und Douglas 2016). Abhängigkeit vom Internet, die Angst, etwas zu verpassen, und Selbstkontrolle determinieren nach dieser Studie den Grad der Abhängigkeit vom Smartphone. Je abhängiger eine Person von ihrem Smartphone ist, desto öfter ist sie geneigt, ihr Gegenüber innerhalb sozialer Interaktionen zugunsten einer kurzzeitigen Konzentration auf das Smartphone zu ignorieren, also zu *phubben* (vgl. Karadağ et al. 2015 zitiert in Chotpitayasunondh und Douglas 2016, S. 10). Dieses Verhalten, so Chotpitayasunondh und Douglas, sei in Alltagssituationen bereits allgegenwärtig. Zur Norm wird ein Phänomen, indem Personen beobachtetes und persönliches Verhalten abgleichen (Chotpitayasunondh und Douglas 2016, S. 15). Die Frequenz, in der eine Person zwischen der Anwendung einer Handlung und der beobachteten Handlung bei anderen umschaltet, bestimmt den Grad an gefühlter sozialer Akzeptanz dieser Handlung (Chotpitayasunondh und Douglas 2016, S. 16). Befindet sich eine Person oft in einer Situation, in der sie eine Ablenkung vom sozialen Kontext durch ein Smartphone von ihrem Gegenüber erfährt und selbst oft innerhalb sozialer Kontexte durch das eigene Smartphone abgelenkt ist, tendiert diese Person dazu, diese Handlung als Norm, also als normal anzusehen, was im Falle vom *Phubbing* gegeben ist. Das Phänomen *Phubbing* etabliert sich somit als Norm (Chotpitayasunondh und Douglas 2016, S. 15; vgl. auch Opp 1983, S. 208).

2.4 Theoretische Zugänge zu Musikfestivals

Die Kapazität zur Verarbeitung von externen Reizen und Informationen im Gehirn ist begrenzt. In diesem Punkt sind sich Wissenschaftler weitgehend einig (Baddeley 2002, S. 89 ff.; Engle und Kane 2004, S. 145; Spitzer 2017, S. 587; Unsworth und Spillers 2010, S. 392; Ward et al. 2017, S. 141). Das menschliche Arbeitsgedächtnis befasst sich mit der Verarbeitung von Kognitionen. Hier werden Kognitionen, welche für eine bestimmte Aufgabe relevant sind, selektiert, gesammelt und verarbeitet, bevor sie ggf. in das Langzeitgedächtnis übertragen werden (Ward et al. 2017, S. 141). Eng damit verbunden ist die Funktion der fluiden Intelligenz, über welche umfassende Probleme im Gehirn verarbeitet und gelöst werden (Ward et al. 2017, S. 141). Beide Funktionen haben ein begrenztes Kontingent an Speicher- und Verarbeitungskapazität (Ward et al. 2017, S. 141). Es können also nicht unendlich viele Reize auf einmal verarbeitet werden. Es bedarf einer Filterfunktion im Gehirn, über welche wichtige von unwichtigen Reizen unterschieden und Ablenkung ausgeblendet werden (Unsworth und Spillers 2010, S. 393). Diese Funktion wird exekutive oder selektive Aufmerksamkeit genannt (Unsworth und Spillers 2010, S. 393) und ist unter anderem dafür verantwortlich, dass die Kapazitäten des Arbeitsgedächtnisses und der fluiden Intelligenz möglichst umfangreich ausgenutzt werden (Unsworth und Spillers 2010, S. 392). Wird innerhalb dieses Verarbeitungsprozesses einer bestimmten Aufgabe ein gewisser Grad an Aufmerksamkeit geschenkt, so bleibt weniger Aufmerksamkeitskapazität für die anderen Aufgaben oder anders ausgedrückt: *occupying cognitive resources reduces available cognitive capacity* (Ward et al. 2017, S. 141).

Eine von Adrian F. Ward et al. (2017) veröffentlichte Studie belegt, dass mittlerweile bereits die bloße Anwesenheit von Smartphones die limitierte Kapazität kognitiver Ressourcen belegt und damit die Kontrolle über die Steuerung der Aufmerksamkeit in einer Unterhaltung untergräbt (Ward et al. 2017, S. 140). So wird einem Smartphone bereits der Status einer hohen Priorität zugesprochen (vgl. Roye et al. 2007 zitiert in Ward et al. 2017, S. 142). Stimuli mit hoher Priorität sind beispielsweise der Ruf des eigenen Namens oder das Schreien des eigenen Kindes (bei Eltern), welche automatisch eine Anziehungskraft der Aufmerksamkeit besitzen. Diese Stimuli besetzten per se einen Teil der Aufmerksamkeitskapazität des Gehirns, auch wenn gar keine Signale aussendet werden, und untergraben so die Kontrolle über die Lenkung der Aufmerksamkeit auf ein Gespräch oder den sozialen Kontext, in dem sich der Rezipient befindet (Ward et al. 2017, S. 142). Es reicht also nicht, ein Smartphone ausgeschaltet in die Hosentasche zu stecken, um dieser Ablenkung zu entfliehen. Ward et al. empfiehlt, das Smartphone während persönlicher Gespräche komplett aus dem Raum, d. h. aus dem Bewusstsein zu verbannen, um wieder die volle Kontrolle über die eigene Aufmerksamkeit zu erreichen (Ward et al. 2017, S. 149). Es wird vermutet, dass die Smartphone-Nutzung während eines Musikfestivals aufgrund fehlender Strom- und Netzkapazitäten stark eingeschränkt ist und so der Aspekt *Fragmentierung des Alltags* erkennbar und ggf. kritisch reflektiert wird.

Soziale Beschleunigung nach Hartmut Rosa

Aufgrund der zur Beantwortung der Forschungsfrage wertvollen Details der Auswirkung sozialer Beschleunigung nach Hartmut Rosa soll auch an dieser Stelle ein ausführlicher Exkurs die Hintergründe und Herleitung später zu treffender Aussagen vorbereiten.

Hartmut Rosa widmet sich in seiner Habilitationsschrift der sozialen Beschleunigung in postmodernen Gesellschaften. Als Ausgangshypothese zu dieser Arbeit formuliert Rosa die Vermutung, dass Modernisierung nicht nur ein vielschichtiger Prozess in der Zeit ist, sondern zuerst und vor allem auch eine strukturell und kulturell höchst bedeutsame Transformation der Temporalstrukturen und -horizonte selbst bezeichnet und dass die Veränderungsrichtung dabei am angemessensten mit dem Begriff der sozialen Beschleunigung zu fassen ist (Rosa 2016, S. 24). Rosa nähert sich dieser Vermutung, indem er aktuelle gesellschaftliche Entwicklungen wie unter anderem die immer eklatanter wahrgenommene Zeitnot der Gesellschaftsmitglieder mit der Entwicklung des Modernisierungsprozesses im Übergang von der *klassischen* Moderne zu einer Spät-, Post- oder *Zweiten* Moderne (Rosa 2016, S. 24) in Verbindung bringt. Diese Verbindung erklärt er über die Analyse einzelner Dimensionen dieses Prozesses gesellschaftstheoretisch und arbeitet politische und ethische Konsequenzen für die Gesellschaft und deren Mitglieder heraus (Rosa 2016, S. 24). Die Konsequenzen sieht er in gegenwärtigen Veränderungen in den sozialen Praktiken und Institutionen sowie in den individuellen Selbstverständnissen in westlichen Gesellschaften und sucht diese über die Analyse der Temporalstrukturen zu ergründen (Rosa 2016, S. 24). Soziale Beschleunigung definiert Rosa, unter Bezugnahme auf Theorien von unter anderem Niklas Luhmann und Isaac Newton als Mengenzunahme pro Zeiteinheit (Rosa 2016, S. 115), wobei er den Faktor Menge für diese Definition weitreichend öffnet. Neben greifbarem Output wie produzierten Gütern, zurückgelegten Wegstrecken oder kommunizierten Zeichen lässt er auch *Mengen* wie den Intimpartner- oder Arbeitsstellenwechsel pro Jahr bzw. die Handlungsepisoden pro Zeiteinheit für diese Definition gelten (Rosa 2016, S. 115). Obwohl nahezu alle Bereiche des sozialen Lebens durch Beschleunigung eher Zeitgewinne verbuchen sollten, entwickelt sich der gesellschaftliche Umgang mit der Ressource Zeit in eben die entgegengesetzte Richtung. In modernen Gesellschaften herrscht zunehmend Zeitknappheit (Rosa 2016, S. 117), was

2.4 Theoretische Zugänge zu Musikfestivals

sich gesellschaftlich in den Phänomenen Stress, Hektik und Zeitnot auswirkt und über kurz oder lang zu einer Entfremdung der Individuen führen kann (Rosa 2013). Dieses Paradoxon erklärt sich Rosa über die betriebswirtschaftliche Relation zwischen Beschleunigungs- und Wachstumsraten. Demnach setzen höhere Beschleunigungs- als Wachstumsraten Zeitressourcen frei, ein ausgeglichenes Verhältnis ändere nichts an den benötigten Zeitressourcen, höhere Wachstums- als Beschleunigungsraten jedoch verursachten Zeitnot (Rosa 2016, S. 119). Als veranschaulichendes Beispiel für diese Relation wählt Rosa die Einführung der technischen Möglichkeit, über E-Mails kommunizieren zu können. So beschleunige das Verfassen und das Versenden von E-Mails im Gegensatz zur Verfassung und Versendung eines Briefs den Prozess der Kommunikation (der Einfachheit halber angenommen) um 100 % (Beschleunigungsrate). Das bedeute, dass das Verfassen und Schreiben einer E-Mail im Gegensatz zu einem Brief nur noch die Hälfte der Zeit in Anspruch nähmen. Es würden somit Zeitressourcen freigesetzt, wenn die Anzahl an Kommunikationseinheiten, also die Wachstumsrate (Anzahl an Briefen bzw. E-Mails pro Zeiteinheit) gleich bleibe. Schreibe man aufgrund der technischen Beschleunigung nun aber zwei statt einer E-Mail pro Zeiteinheit, so werden die freiwerdenden Zeitressourcen direkt wieder in die Kommunikation gesteckt. Wachstumsrate und Beschleunigungsrate wären nun mit jeweils 100 % identisch und das benötigte Zeitkontingent bliebe gleich. Würden nun animiert durch die technische Erneuerung, nicht nur eine, sondern zwei E-Mails mehr geschrieben, so übersteige die Wachstums- die Beschleunigungsrate und es würden zusätzliche Zeitressourcen für den Kommunikationsprozess benötigt (Rosa 2016, S. 116 f.). Die Folge ist Zeitnot.

Um die soziale Beschleunigung in ihrem vollen Umfang begreifen und die internen Mechanismen innerhalb dieses Phänomens herausstellen zu können, weist Rosa der sozialen Beschleunigung drei Dimensionen zu, welche zwar untereinander kategorial abgrenzbar seien, sich jedoch gegenseitig über komplexe Mechanismen beeinflussen (Rosa 2016, S. 124). Diese Dimensionen sind die technische Beschleunigung, die Beschleunigung des sozialen Wandels und die Beschleunigung des Lebenstempos (Rosa 2016, S. 124), welche sich über einen Akzelerationszirkel gegenseitig beeinflussen (Rosa 2016, S. 251).

Die erste Dimension, die technische Beschleunigung, ist die am einfachsten mess- und nachweisbare Dimension. Diese Dimension bezieht sich vorwiegend auf die Beschleunigung von Produktion, Kommunikation und Transport durch technische Innovationen (Rosa 2016, S. 161) und determiniert die Wahrnehmung von Zeit und Raum an sich. Jedem der drei Aspekte können schwerwiegende gesellschaftliche Auswirkungen zugeschrieben werden. Durch die Beschleunigung des Transports, so Rosa, entwickle sich eine *ortlose* oder *zentrumsvariable*

Form abstrakter Raumbetrachtung. Diese Entwicklung zeichnet Rosa, beginnend mit der Einführung von Landkarten über die Etablierung von Eisenbahnnetzen und später der Autos und Flugzeuge nach. Über die Generierung neuen Wissens über immer größeren Raum (eigene Umgebung, Erde, Weltall) und die Schaffung neuer Möglichkeiten zur immer schnelleren und problemloseren Überwindung dessen *schrumpft* der Raum in der Wahrnehmung und der Relevanz (Rosa 2016, S. 162 f.). Raum kann so als beherrschbar und überwindbar konzeptualisiert werden (Rosa 2016, S. 162). Durch die ungeheure Beschleunigung der Produktion von Gütern, so Rosa, werde das Verhältnis von Individuen zu Dingen grundlegend transformiert (Rosa 2016, S. 173). Sie trage dazu bei, dass Dinge in rasanter Geschwindigkeit veralten (Bsp. Computer) und in immer kürzeren Frequenzen erneuert würden, was eine Tendenz zur Wegwerfgesellschaft begünstige (Rosa 2016, S. 173). Diese Tendenz bringe mit sich, dass es zunehmend schwerer, wenn nicht unmöglich wird, sich an Dinge langjährig zu binden (sie sich also anzuverwandeln) oder gar mit ihnen zu verwachsen, worin er schwerwiegende Folgen für die Identitätsbildung der Gesellschaftsmitglieder vermutet (Rosa 2016, S. 173). Rosa sieht hierin einen Triumphzug des ökonomischen Imperativs der kapitalistischen Wirtschaftsordnung, nämlich eines immer kürzer werdenden Produktlebenszyklus und dadurch einer steigenden Umschlagsgeschwindigkeit des Kapitals (Rosa 2016, S. 172). In der Beschleunigung von Kommunikation durch bspw. E-Mail-Systeme verzeichnet Rosa eine zwischenmenschliche Transformation. In einer schier unendlichen Verfügbarkeit von Daten zu jeder Zeit sieht Rosa die Gefahr, dass die Verfestigung von zwischenmenschlichen Beziehungen zunehmend erschwert wird (Rosa 2016, S. 167).

Die Identifikation mit Räumen, mit festen Kommunikationspartnern und Bezugsgruppen und mit Dingen nimmt einen zeitlich begrenzten und kontingenten Charakter an – das Subjekt wird gezwungen, sich von ihnen so weit zu distanzieren oder zu emanzipieren, dass es einen (freiwilligen oder erzwungenen) Wandel ohne Selbstverlust überstehen kann (Rosa 2016, S. 173 f.).

Die hier genannten gesellschaftlichen Auswirkungen seien, so Rosa, keine direkte logische Folge der technischen Beschleunigung. Diese stelle lediglich die materiale Basis und eine Ermöglichungsbedingung der oben angeführten Prozesse dar, welche von den Charakteristika der folgenden beiden Dimensionen begleitet werde (Rosa 2016, S. 174).

Die zweite Dimension der sozialen Beschleunigung, die Beschleunigung des sozialen Wandels, definiert Rosa unter Bezugnahme des von Hermann Lübbe hergeleiteten Phänomens der Gegenwartsschrumpfung (Rosa 2016, S. 131) als Steigerung der Verfallsraten von handlungsorientierenden Erfahrungen und

2.4 Theoretische Zugänge zu Musikfestivals

Erwartungen und als Verkürzung der für die jeweiligen Funktions-, Wert- und Handlungssphären als Gegenwart zu bestimmenden Zeiträume (Rosa 2016, S. 133). Die Zeitspanne also, in der Erfahrungs- und Erwartungshorizonte übereinstimmen, werden zunehmend kleiner. Auf Grundsätze, welche in der klassischen Moderne über Generationen hinweg ihre Gültigkeit behielten und so als stabile Basis für handlungsorientierte Erfahrung und Erwartungshorizonte dienten, unterliegen in der Postmoderne in zunehmend kleineren Abständen eine Neuorientierung und -bewertung, sodass man sich nicht mehr auf das verlassen kann, was gerade noch galt (Rosa 2016, S. 131 f.). Als Basisinnovationen, anhand derer ein sozialer Wandel festgemacht werden kann, identifiziert Rosa für die westlichen Gesellschaften die grundlegenden Prozesse der Produktion und der Reproduktion, welche sich über die Aspekte Arbeit und Familie untersuchen lassen (Rosa 2016, S. 178). Für beide Aspekte sieht Rosa mit Blick auf die Gegenwartsschrumpfung gravierende Auswirkungen veränderter Temporalstrukturen. Rosa leitet für beide Aspekte eine Schrumpfung des Erfahrungs- und Erwartungshorizonts her, welche auf einer sich stetig wandelnden Sozialstruktur begründet ist. So dienen wechselnde Lebenspartner oder anderweitige Veränderungen der familiären Struktur in postmodernen Gesellschaften als Indikator für einen Wandel der sozialen Struktur (Rosa 2016, S. 180). Dass dieser Wandel sich fortwährend beschleunigt, macht Rosa an steigenden Scheidungs- oder Wiederverheiratungsraten sowie Haushaltsneuorganisationen oder -auflösungen fest (Rosa 2016, S. 180). Der Entschluss, eine Familie zu gründen, ist keine wie noch in der klassischen Moderne verankerte Lebensentscheidung mehr, sondern lässt in der Postmoderne eine jederzeitige Umorganisation zu (Rosa 2016, S. 180). Das gleiche Phänomen beobachtet Rosa auch im Sektor Arbeit postmoderner Gesellschaften. Auch hier unterliegt die Entscheidung für eine berufliche Ausrichtung keiner lebenslang stabilen Struktur von Erfahrungen und Erwartungen, sondern der stets präsenten Möglichkeit oder ggf. Notwendigkeit einer fundamentalen Umorientierung. Für Rosa sind Indikatoren dafür die Entlassungsraten oder der Wandel in der Struktur von Arbeitsverträgen hin zu immer flexibleren Arbeitsverhältnissen (Rosa 2016, S. 183). Es gibt also keine stabile Zeitspanne mehr, in welcher Erfahrungs- und Erwartungshorizonte zusammenfallen, vielmehr können die Grundsätze, auf denen Erfahrungen und Erwartungen aufgebaut sind, jederzeit einer Umorientierung unterliegen und von jetzt auf gleich ihre Gültigkeit verlieren (Gegenwartsschrumpfung) (Rosa 2016, S. 132). Diesen Umstand nennt Rosa auch Verflüssigung der sozialen Strukturen (Rosa 2016, S. 354). Postmoderne Gesellschaften kennzeichnet damit ein hohes Maß an Umorientierungsbedarf in Bezug auf die soziale Struktur, was gesellschaftliche Unsicherheiten und eine Dynamik mit sich bringt, die mit Bezug zu Theorien Luhmanns als Temporalisierung der

Komplexität identifiziert wird (Rosa 2016, S. 191). Gesellschaftsmitglieder neigen somit dazu, sich stets alle Möglichkeiten offenzuhalten, was einen Balanceakt immer komplexer werdender Möglichkeitsoptionen mit sich bringt (Rosa 2016, S. 191). Postmoderne Gesellschaften, so Rosa, sind durch das Strukturprinzip der funktionalen Differenzierung geprägt (Rosa 2016, S. 27). Demnach sind die einzelnen Bereiche der Sozialsphäre wie Arbeit, Familie und Bereiche der Freizeit voneinander getrennt und folgen eigenen Dynamiken. Es ist den Individuen überlassen, alle Bereiche in ein harmonisches Gesamtgefüge zu bringen (Rosa 2016, S. 33). Werden die Schnittstellen nun von den Individuen mit der Intention zusammengefügt, sich in allen Bereichen alle Möglichkeiten offenhalten zu wollen/müssen, so ist hierin ein Motor für die Beschleunigung des sozialen Wandels zu sehen (Rosa 2016, S. 308).

Mit der oben erwähnten Temporalisierung der Komplexität ist bereits ein bedeutender Berührungspunkt zu einer anderen Dimension der sozialen Beschleunigung angesprochen, nämlich der Beschleunigung des Lebenstempos. Um innerhalb dieses Exkurses auf die in diesem Kapitel angesprochene Fragestellung, nämlich der möglichen temporären Entschleunigung der Festivalbesucher, zurückzukommen, soll die im Folgenden vorgestellte Dimension eine besondere Rolle spielen. Innerhalb dieser Dimension nämlich ist, wie später gezeigt werden soll, der Bruch des Akzelerationszirkels innerhalb einer Festivalsituation verortet.

Die Beschleunigung des Lebendtempos wird von Rosa in zwei Dimensionen, nämlich eine objektive und eine subjektive Dimension, unterteilt. Innerhalb der objektiven Dimension verweist Rosa auf Zeitbudgetstudien, welche belegen, dass innerhalb eines bestimmten Zeitkontingents ein immer höheres Maß an Handlungsepisoden stattfindet (Rosa 2016, S. 135). Sich alle Optionen in den einzelnen Bereichen der Sozialsphäre offenhalten zu wollen, dafür zwar über die technischen Möglichkeiten, aber nicht genügend Zeit zu verfügen, mündet bei den Individuen in Empfindungen der Zeitnot (Rosa 2016, S. 136) und stellt somit die subjektive Dimension dar. Rosa greift in diesem Zusammenhang das Strukturprinzip der funktionalen Differenzierung auf und stellt unter Bezugnahme auf Luhmann die einzelnen Bereiche der Sozialsphäre als Subsysteme dar. Die einzelnen Subsysteme, so die weitere Herleitung, sind aufgrund ihres autopoietischen Charakters daran interessiert, die eigenen Interaktionszusammenhänge und Reihenfolgen im eigenen Tempo zu erledigen (Rosa 2016, S. 299). Aufgrund der steigenden Komplexität an den Schnittstellen dieser Systeme aber steigen die Anforderungen innerhalb der einzelnen Systeme (Rosa 2016, S. 296 f.). Diese geben sich dann nicht mehr mit dem ihnen zugebilligten Zeitkontingent zufrieden, sondern greifen nach externen Zeitkontingenten, um die anfallenden Aufgaben

2.4 Theoretische Zugänge zu Musikfestivals

erledigen zu können (Rosa 2016, S. 299, nach Luhmann 1980, S. 225). Sie werden *gierig* (Rosa 2016, S. 301). Luhmann, so die weiteren Ausführungen Rosas, leitet in diesem Zusammenhang einen fundamentalen Handlungszwang ab:

> *Das Zeitproblem wird aus dem Bereich des Erlebens in den Bereich des Handelns hinübergespielt, und die Zeit bedrängt den Menschen dann nicht mehr nur von außen, sondern von innen. Sie zwingt ihn aktiv zu sein* (Luhmann 1980, S. 297 f. zitiert in Rosa 2016, S. 299 f.).

So lässt beispielsweise das Subsystem Arbeit dem Arbeitnehmer oft auch nach Feierabend keine Ruhe, sondern greift auf ihm eigentlich nicht zustehende Zeitressourcen (Feierabend) zurück, um Aufgaben abzuschließen. Der oben hergeleitete Handlungszwang treibt den Arbeitnehmer dazu, seine E-Mails noch am Abend oder morgens beim Frühstück zu checken, und zweigt damit diese Zeit von einem anderen Subsystem, beispielsweise der Familie, der Freunde oder der Freizeitaktivität, ab. Dieses Subsystem seinerseits sucht sich Mittel und Wege, die verlorene Zeit an anderer Stelle einzufordern. Neben der Arbeit und der Familie können derartige Subsysteme auch Institutionen und Organisationen wie Kirche, Vereine oder Facebook-Accounts sein. Auch Rosa kommt an dieser Stelle als Folge des Handlungszwangs auf eine Fragmentierung des Alltags bzw. der spätmodernen Zeitpraxis zu sprechen, in welcher Handlungsepisoden nicht mehr unweigerlich den für sie vorgesehenen Zeitfenstern zugeteilt werden, sondern mal schnell nebenbei erledigt werden und damit eine Tendenz zum Multitasking um sich greift (Rosa 2016, S. 308). Der oben genannte Arbeitnehmer befindet sich nach Luhmann in einem Magnetfeld sozialer Anforderungen (Rosa 2016, S. 304), welches nach allen Seiten zerrt und aufgrund der steigenden Komplexität nie befriedigt werden kann. Als Folge des hier skizzierten Beschleunigungsprozesses des Lebenstempos sieht Rosa die Empfindungen von Zeitdruck und des stressförmigen Beschleunigungszwangs sowie der Angst, nicht mehr mitzukommen (Rosa 2016, S. 136).

Wie bereits gezeigt wurde, stehen alle drei Dimensionen der sozialen Beschleunigung in einem sich gegenseitig steigerndem Verhältnis zueinander (Rosa 2016, S. 243 ff.). Die soziale Beschleunigung, so Rosa, wird in der Moderne zu einem sich selbst antreibenden Prozess (Rosa 2016, S. 251).

So bewirkt die technische Beschleunigung über die Beschleunigung von Transport, Kommunikation und Produktion eine Transformation sozialer Praktiken und Beziehungen, welche ihrerseits die Beschleunigung des sozialen Wandels antreibt (der mit 2 bezeichnete Pfeil in Abb. 2.3). Im Zuge der Beschleunigung des sozialen Wandels manifestiert sich das Phänomen der Gegenwartsschrumpfung, was, wie oben gezeigt, Auswirkungen auf die Organisation

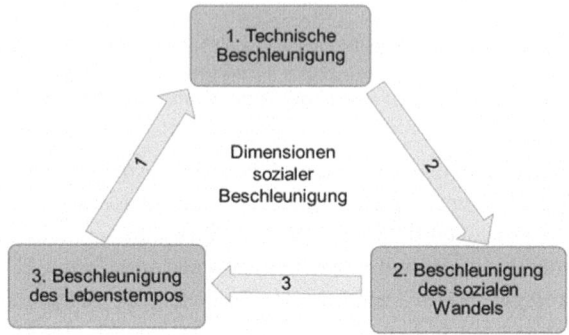

Abb. 2.3 Der Akzelerationszirkel. (Quelle: Rosa 2016, S. 251)

des Lebenstempos hat (der mit *2* bezeichnete Pfeil in Abb. 2.3). Im Rahmen der Beschleunigungen des Lebenstempos wird nach immer schnelleren technischen Lösungen gesucht, um dieser Beschleunigung standzuhalten, was durch den mit *1* gekennzeichneten Pfeil in Abb. 2.3 dargestellt ist (Rosa 2016, S. 252). Der Akzelerationszirkel ist somit ein sich selbst antreibender Motor, über welchen die Beschleunigungsraten der einzelnen Dimensionen der sozialen Beschleunigung sich gegenseitig antreiben werden. Rosa schließt aus, dass die mit der Ziffer 2 und 3 gekennzeichneten Prozesse innerhalb dieses Zirkels im Wirkungsbereich von Individuen liegt (Rosa 2016, S. 252). Diese sind nach Rosa unintendierte und unvermeidliche Nebenfolgen der technischen Beschleunigung und bieten keinen Raum für intentionale Mechanismen (Rosa 2016, S. 252). Will ein Individuum eine Unterbrechung dieser Beschleunigungsmaschinerie erreichen, so bleibt einzig die Möglichkeit, den mit *1* gekennzeichneten Prozess zu verhindern. Dazu ist es nötig, sich von zeitsparender Technik zu distanzieren und den *gierigen* Systemen über diese Distanz die Zugriffsmöglichkeit auf das eigene Zeitkonto zu entziehen und so den Zirkel zu unterbrechen. Das Ziel der individuellen Entschleunigung kann aber, so Rosa, nicht erreicht werden, indem sich einzelne Individuen für eine solche Verweigerung entscheiden. Ein Alleingang birgt die Gefahr, dass sich das Individuum über kurz oder lang abgehängt fühlen würde. Eine sinnvolle Unterbrechung dieses Akzelerationszirkels sei nur möglich, wenn dieser Weg kollektiv beschritten und politisch oder institutionell gesteuert würde (Rosa 2016, S. 254).

2.4 Theoretische Zugänge zu Musikfestivals

Betrachtet man nun die Besucherstruktur von Musikfestivals, so lassen sich interessante Anhaltspunkte dafür finden, dass in einer Festivalsituation das Potenzial vermutet werden kann, die Reflexivität von Festivalbesuchern im Sinne der sozialökologischen Transformation zu steigern. Zunächst einmal stellt sich die Frage, ob die Gruppe der Musikfestivalbesucher generell derart homogen ist, dass sie durch einheitliche Charakteristika bestimmt werden kann. Sicher werden sich Besucher von Klassik-, Jazz- oder Folk-Festivals in der Demografie sowie in sozialen Charakteristika voneinander so stark unterscheiden, sodass eine gemeinsame Charakterisierung nicht möglich scheint. Mit Blick auf die Definition der in dieser Arbeit betrachteten, mehrtägigen populärkulturellen Musikfestivals aber bilden sich Charakteristika heraus, welche die Besuchergruppe weitestgehend charakterisieren und wichtige Aspekte zur Klärung der Forschungsfrage beitragen. So sind Besucher von mehrtägigen populärkulturellen Musikfestivals vorwiegend junge Gesellschaftsmitglieder (vgl. Auswertung Frage 9 in Anhang B.b), deren psychosoziales Stadium im Bereich der Adoleszenz anzuordnen ist (vgl. Erikson 1950; Loevinger 1976). Sie erleben die Festivalsituation innerhalb ihrer Peer Groups als positiven Ausnahmezustand (vgl. TS Mo3), welchem ein gewisses Maß an lebensveränderndem Potenzial zugesprochen wird (vgl. TS So1, Z. 59–62). Zusätzlich hegen Festivalbesucher ein Interesse an Musik und gesellschaftlichen Konstruktionen (vgl. Auswertung Frage 7 in Anhang B.a – *Hurricane/Southside*). Gesellschaftlich sind die Festivalbesucher geprägt von einer zunehmenden Möglichkeitserweiterung und einer damit einhergehenden Individualisierung. Auch Aspekte wie die Fragmentierung des Alltags und Theorien zur sozialen Beschleunigung sollen die gesellschaftliche Umgebung der Besucher umschreiben, welche in Kontrast zur Festivalsituation besonders plakativ werden und so ggf. Gegenstand kritischer Reflexionen werden.

Adoleszenz

Da Festivals vorwiegend ein junges Publikum zwischen 18 und 25 Jahren ansprechen (vgl. Auswertung Frage 9 in Anhang B.b), ist davon auszugehen, dass sich der Großteil der Festivalbesucher in der Phase der Adoleszenz befindet. In dieser Phase sind Denk- und Verhaltensmuster noch nicht vollends gefestigt und können ggf. noch durch Erfahrungen und Ereignisse (wie beispielsweise die Integration in eine Festivalgemeinschaft in Verbindung mit anhaltendem Kulturkonsum) beeinflusst werden (Gebhardt et al. 2000, S. 82).

Mit einfachen Worten gesagt bedeutet dies, dass in der Erziehung von jungen Menschen das als gut erachtet wird, was gut ist für den Fortbestand der gesellschaftlichen Verhältnisse und somit der bestehenden Ordnung dient. Dies alles wird hinter einer Ideologie verschleiert, die kritische Jugendliche durchschauen oder die ihnen zumindest Konfliktstoff liefert. Sie erfahren den Widerspruch zwischen dem, was die Gesellschaft ist, und dem, was sie zu sein vorgibt, da sie sich noch nicht angepasst haben und noch eigene Ideale und eigene Perspektiven haben (Mönks und Knoers 1996, S. 217).

Erikson bezeichnet diese Phase bei Jugendlichen mit dem Begriff der Identitätskrise (Erikson 1968, S. 17), um deren Zustand der Orientierungssuche zu beschreiben. In der Adoleszenz entdecken sich Jugendliche als eigenständige Wesen (Mietzel 2002, S. 390) und werden sich ihrer Wirkung nach außen, also auf andere, bewusst (Erikson 1950, S. 228; Loevinger 1976, S. 21). So wird versucht, sich in einem immer komplexer erscheinenden Umfeld einzuordnen und sich in diesem zu positionieren (Loevinger 1976, S. 21). Die eigene Positionierung wird hier über die Reflexion der eigenen Gedanken vorangetrieben, über welche interne Charakteristika wie Glaube, Werte und psychologische Eigenschaften überbetont werden und so eine Basis für eine Selbstdefinition bilden (Gillibrand et al. 2011, S. 578).

Innerhalb der psychosozialen Entwicklung im menschlichen Lebenszyklus stellt unter anderem Erikson ein Stufenmodell auf, über welches diese Entwicklung in acht Stadien unterteilt und anhand von Polaritäten erklärt wird (Erikson 1950, S. 219–243). Hier wird das Stadium, welches die Adoleszenz beschreibt, gekennzeichnet durch die Polaritäten Identität und Identitätsdiffusion:

The growing and developing youths, faced with this physiological revolution within them, are now primarily concerned with what they appear to be in the eyes of others as compared with what they feel they are, and with the question of how to connect the roles and skills cultivated earlier with the occupational prototypes of the day (Erikson 1950, S. 227).

Jane Loevinger entwickelt unter anderem die Ansätze von Erikson innerhalb ihrer Ausführungen zur Ich-Entwicklung weiter und teilt die psychischen Stadien und Übergänge, die eine Person auf ihrem Lebensweg durchläuft, und somit die Veränderungen der Charakterstrukturen (Loevinger 1976, S. 4) in ein eigenes Stufenmodell ein. Dem Übergang, welcher der Adoleszenz zugeordnet werden kann (Loevinger 1976, S. 78), werden hier vorwiegend zwei bedeutende Entwicklungen zugeschrieben: zum einen die Erkenntnis und der Ausbau eines Selbstbewusstseins, innerhalb dessen sozial verankerte Werte und Normen erstmals infrage gestellt werden. Zum anderen schreibt sie dem Übergang ein Zulassen von Komplexität in Form von Anerkennung und Abwägung

2.4 Theoretische Zugänge zu Musikfestivals

multipler Möglichkeiten zu (Loevinger 1976, S. 18). Da sich Loevinger, was die einzelnen Stadien und Übergänge angeht, nicht auf fixe Altersstrukturen festlegen möchte und auch einzelnen Aspekten der Stadien und Übergänge unterschiedliche Zeitverläufe zubilligt (Loevinger 1976, S. 13 ff.), kann nicht angenommen werden, dass für die Festivalbesucher ein klar abzugrenzender psychischer Zustand vorausgesetzt werden kann. Man darf jedoch annehmen, dass sich ein Großteil der Besucher in diesem von Loevinger erarbeiteten Kontinuum befinden und dass gerade die oben beschriebenen Entwicklungsphasen innerhalb der Festivalsituation wichtige Aspekte darstellen.

Peer Groups

Besucher erfahren Musikfestivals häufig innerhalb ihrer Freundeskreise. Für die jeweiligen Freunde bzw. Bezugspersonen sind Musikfestivals eine erstrebenswerte und akzeptierte Umgebung, für welche sogar die Eintrittsbarriere des meist teuren Kartenerwerbs in Kauf genommen wird. Besucher und ihre jeweiligen Freundeskreise sollten also intrinsisch motiviert sein, sich mit den Begebenheiten einer Festivalsituation auseinanderzusetzen. Meinungen und Verhaltensweisen von Freunden sind für Jugendliche zentral, wenn es um Orientierungshilfen in der Suche nach der eigenen Identität geht (Bukowski et al. 2011, S. 572; Gebhardt et al. 2000, S. 130; Gillibrand et al. 2011, S. 333; Mietzel 2002, S. 362 f.). Heranwachsende verbringen mehr Zeit mit ihren Freunden als mit anderen sozialen Bezugspersonen (Gillibrand et al. 2011, S. 333). Neben der Familie, über welche vorwiegend Themen wie Ausbildung, Betreuung und Finanzen verhandelt werden, sind es in dieser Entwicklungsphase die Freundeskreise, über welche die Einbettung in den sozialen Kontext stattfindet (Gillibrand et al. 2011, S. 333; Mietzel 2002, S. 361). Mietzel sieht einen Grund dafür in dem Umstand, dass sich Heranwachsende in einer konfigurativen Kultur zurechtfinden müssen, in welcher die Gesellschaft durch einen steten, immer schneller werdenden und häufig intragenerationalen Wandel gekennzeichnet ist und die Erfahrungen der Erwachsenen somit schnell als veraltet und nicht mehr referenzfähig gelten (Mietzel 2002, S. 362). Über den Vergleich mit Gleichaltrigen entwickeln Jugendliche ihre Identität. Peer Groups begleiten das sich Loslösen vom Elternhaus und dienen so als Referenzpunkt in einer Phase, in welcher *die Lebensstandards der Erwachsenenwelt sowie die elterliche Autorität in Frage* gestellt wird (Mietzel 2002, S. 362). Gleichzeitig beeinflussen Gleichaltrige in der Phase der Adoleszenz die Ausbildung der prosozialen Motivation. Nach der von Mietzel zur Hilfe genommenen Definition von Helmuth Fend in seiner Arbeit *Entwicklungspsychologie im Jugendalter* umfasst die prosoziale Motivation *die moralische Steuerung des Handelns, die Bereitschaft und Fähigkeit zu hilfreichem Handeln, zum Einsatz für andere [...], für die Übernahme von Verantwortung (Fend 2000 zitiert in Mietzel 2002, S. 363).* Die kollektive positive Erfahrung einer gesellschaftlichen Struktur innerhalb des eigenen Freundeskreises ist demnach in der Lage, sowohl auf die Identität als auch auf die Reflexivität eines Jugendlichen eine nachhaltige Wirkung zu haben.

2.4.4 Transformativer Charakter von Musikfestivals

Auch die oben beschriebene Vorstellung der Gruppe von Festivalbesuchern und deren gesellschaftlicher Prägung verspricht ein hohes Potenzial dafür, dass sich innerhalb einer Festivalsituation Neuem geöffnet wird und man sich mit alternativen Lebensmodellen und Visionen ggf. nachhaltig auseinandersetzt. Geht man nun davon aus, dass die Festivalbesucher im Entwicklungsstadium der Adoleszenz und innerhalb des Freundeskreises im Rahmen einer Festivalsituation gemeinsam eine temporäre Gemeinschaft konstruieren, in der Rahmenbedingungen gelten, welche unterschiedlich von denen im Alltag sind und hinsichtlich transformativer Momente Geltung besitzen, scheint die Vorstellung begründet, dass Festivalsituationen einen fruchtbaren Nährboden für die im Rahmen der sozialökologischen Transformation postulierten Aspekte sind. Nun sollen die Anhaltspunkte für den transformativen Charakter von Musikfestivals vorgestellt werden.

Peter S. Adler beschreibt in seinem Artikel *The Transitional Experience: An Alternative View of Culture Shock* ein Modell, welches den Zusammenhang zwischen einem Übergangserlebnis im Sinne eines Kulturschocks und der Selbsterfahrung der Passanten erklären soll (P. Adler 1975). Ein Kulturschock stellt den Umgang mit einem wechselnden kulturellen Referenzrahmen dar und wird hier verstanden als

> *a set of emotional reactions to the loss of perceptual reinforcements from one's own culture, to new cultural stimuli which have little or no meaning, and to the misunderstanding of new and diverse experiences* (P. Adler 1975, S. 13).

Ein Kulturschock, so Adler, sei auch in der eigenen Kultur möglich. So kann sich der kulturelle Referenzrahmen auch im Falle einer Scheidung, eines beruflichen Stellungswechsels oder der Entlassung aus einem Gefängnis in der eigenen Kultur als Übergangserlebnis manifestieren (P. Adler 1975, S. 13). In Festivalsituationen bilden sich temporäre Gemeinschaften, welche innerhalb eines vom Alltag unterschiedlichen Referenzrahmens entstehen und agieren, weswegen auch eine

2.4 Theoretische Zugänge zu Musikfestivals

Festivalsituation als Kulturschock im Sinne Adlers gedeutet werden kann. Neben den bisher dominierenden negativen Attributen Frustration und Angst konzentriert sich Adler in seinem Modell auf die positiven Auswirkungen eines Kulturschocks. Innerhalb eines Kulturschocks, so Adler, nimmt die Selbstwahrnehmung von Individuen einen ungleich höheren Stellenwert ein als im Alltag. Über die Auseinandersetzung mit sich selbst sei ein hervorstechendes Phänomen erkennbar, nämlich, dass Individuen sich der eigenen Abhängigkeit struktureller Begebenheiten im Alltag bewusst werden und diese für sich zu benennen lernen (P. Adler 1975, S. 22). Diesen Auswirkungen allerdings billigt Adler bis dato keine Allgemeingültigkeit zu. Ihm gehe es vorerst lediglich darum, diese Wirkungsweisen zu benennen und zu erklären. Empirisch unterlegt er seine Ausarbeitungen nicht (P. Adler 1975, S. 20). Versteht man Musikfestivals nun aufgrund des oben beschriebenen Wechsels des Referenzrahmens als einen Kulturschock, so lassen die Ausarbeitungen Adlers aber an dieser Stelle die Interpretation der empirisch als festivalspezifisch identifizierten Aspekte zu. Adler beschreibt über fünf Stadien einen Weg, über welchen Individuen sich selbst und andere innerhalb dieses wechselnden Referenzrahmens anders wahrnehmen und erleben und so zu umfangreichen Selbsterfahrungen gelangen (P. Adler 1975, S. 14–20). So nimmt ein Individuum in der ersten Phase des Kulturschocks Kontakt mit der neuen Kultur auf und wird sich zunächst auf die Gemeinsamkeiten beider Referenzrahmen konzentrieren. Diese Phase ist geprägt von Aufregung und Euphorie. Es folgt die Phase des Zerfalls, in welcher Differenzen beider Kulturen in den Vordergrund treten und sich das Individuum ausgegrenzt fühlen lassen. In der Reintegrationsphase setzt sich das Individuum vor dem Hintergrund der alten Kultur mit der neuen Kultur kritisch auseinander, woraus eine Phase der Autonomie hervorgeht. Das Individuum legt für sich die Bezogenheit auf den bisherigen Referenzrahmen ab und öffnet sich für das Neue. Autonomie bezieht es aus der erlebten Fähigkeit, auch ohne den Bezug auf den bisherigen Referenzrahmen in einer neuen Kultur überleben zu können. Die finale Phase beschreibt Adler mit dem Begriff der Unabhängigkeit, in welcher Individuen die Beeinflussung der eigenen Person durch kulturelle Referenzrahmen derart gewahr wird, dass sie sich von ihnen distanzieren können. Sie sind nun in der Lage, Differenzen und Gemeinsamkeiten unterschiedlicher Kulturen bewerten und deren Einfluss für sich abschätzen zu können (P. Adler 1975, S. 20). Auch in dieser Theorie wird Potenzial zur Erklärung von kritischen Reflexionen in einer Festivalsituation vermutet.

Der Flucht oder Verweigerung von gesellschaftlichen Zielsetzungen und Handlungsvorstellungen werden vorwiegend negative Motivationen wie das Vergessen und Entfliehen vor eigenen Problemen und unbefriedigenden Lebensumständen, passive Entspannung und das Ablenken von unliebsamen Regeln und Normen der Realität unterstellt (vgl. Evans 2001; Henning und Vorderer 2001, S. 117). So führt Eskapismus – hier im Rahmen von Fernsehkonsum und Online-Spielen diskutiert – oft zu Entwicklungsproblemen oder zu Suchtverhalten (Yee 2006). Auch eine Gefährdung zu übermäßigem Drogenkonsum wird mit eskapistischen Episoden in Verbindung gebracht. Im Rahmen der Untersuchungen von *Events – Soziologie des Außergewöhnlichen* sehen Hitzler et al. eskapistische Episoden eng verbunden mit der Phase der Adoleszenz. So wird durch sie die Orientierungskrise Heranwachsender im Rahmen der Adoleszenz zugleich zum Ausdruck gebracht und versucht, diese Krise zu überwinden. Dies sei einer der Hauptgründe für die Teilnahme an Events. Hitzler et al. nennen diese Phase auch *episodale Negation der Alltagsexistenz* (Gebhardt et al. 2000, S. 82).

[Als] Eskapismus, Realitätsflucht oder Wirklichkeitsflucht bezeichnet man die Tendenz mancher Menschen, aus oder vor der realen Welt zu flüchten. Eskapismus ist somit eine Vermeidungshandlung, wobei bewusst oder unbewusst gesellschaftliche Zielsetzungen und Handlungsvorstellungen verweigert werden [...] (Stangl 2020).

Packer und Ballantyne gehen davon aus, dass das Abstandnehmen vom Alltag eine bedeutende Motivation für den Besuch eines Musikfestivals darstellt. Dem Umgang mit dem neuen sozialen Kontext schreiben sie zu, dass das Selbstverständnis und die Selbstakzeptanz der Besucher reflektiert und ggf. um bewertet wird (Packer und Ballantyne 2011, S. 172).

Dass eskapistischen Episoden eine derartige Wirkung durchaus zugesprochen werden kann, fasst Olkina Oxana Igorevna in ihrem Aufsatz *Escapism: current studies and research prospects in contemporary psychology* zusammen (Igorevna 2015). Hier werden Ansätze von Wissenschaftlern vorgestellt, welche eskapistische Episoden als duales Modell verstehen, in welchem Eskapismus sowohl positive (wenn auch zumeist untergeordnet) als auch die oben beschriebenen negativen Wirkungen zugesprochen werden können (Igorevna 2015). Neben der Unterteilung von negativem und positivem Eskapismus durch Hagström und Kaldo (Hagström und Kaldo 2014 zitiert in Igroevna (2015), S. 103) und Ausführungen zu produktivem Eskapismus (Evans 2001 zitiert in Igorevna 2015, S. 103 f.) wird auf das empirisch hergeleitete *Dualistic Model of Passion* von Frode Stenseng eingegangen (Stenseng 2009 zitiert in Igorevna 2015, S. 104). In Stensengs Ausführungen wird Eskapismus als zweidimensionales Modell gedacht. Aus dem Eskapismuskonzept von Baumeister (1990) extrahiert Stenseng eine für eskapistische Episoden essenzielle Bedingung, nämlich die absolute Konzentration auf eine Handlung *(cognitiv narrowing/action attention)* (Stenseng 2009, S. 22). Eskapistische Episoden manifestieren sich so in einer Aufmerksamkeitsverschiebung weg von den alltäglichen Lebensbereichen hin zu der aktuell

2.4 Theoretische Zugänge zu Musikfestivals

ausgeführten Tätigkeit bzw. Situation. Stenseng unterscheidet zwischen eskapistischen Episoden als Selbstverdrängung und als Selbsterweiterung. Eskapismus als Selbstverdrängung erklärt die Dimension, in welcher Individuen ihrem Alltag und den darin enthaltenen negativen Emotionen sowie einer negativen Selbsteinschätzung entfliehen, was aus einer Unzufriedenheit mit den Lebensumständen herrührt (Stenseng 2009, S. 25).

Selbsterweiterung hingegen zielt auf das Erleben positiver Erfahrungen im Sinne eines optimalen Erlebnisses, welches von Csikszentmihalyi als Flow-Zustand bezeichnet wird (vgl. M. Csíkszentmihályi 2014), und die eigene Mitwirkung an alternativen Aktivitäten ab (Stenseng 2009, S. 23). Beiden Dimensionen werden unterschiedliche Bestimmungsfaktoren und unterschiedliche Auswirkungen zugeordnet. Der Selbstverdrängung werden hier Aspekte wie Krankheit und geringe psychologische Anpassung zugeschrieben. Selbsterweiterung dagegen korreliert mit flexiblem Engagement in Aktivitäten und positiven gefühlsbezogenen Erlebnissen (Stenseng, S. 4). A. Kardopoltseva, so Igorevnas Überblick weiter, konzentriert sich in ihrer Studie *Escapism as a complex psychological phenomenon in a life of person and society* auf die von Stenseng hergeleitete positive Seite, die Selbsterweiterung, des Eskapismus und deutet diese als eine Form von Selbstverwirklichung (Kardapoltseva 2012 zitiert in Igorevna 2015, S. 104). Das bewusste und kontrollierte Abstandnehmen von der Realität sei eine essenzielle Voraussetzung für kreative Aktivitäten, so referiert Igorevna über A. Kardopoltsevas Studie. So ergebe Kardopoltsevas Studie, *that systematic self-reflection based on distancing oneself from the situation and an ability to look at oneself objectively, from aside, are the key predictors of positive escapism* (Igorevna 2015, S. 104).

Andy Bennett stellt in seinem Buch *The Festivalization of Culture* heraus, dass eine Festivalsituation zum Spiel mit der eigenen Identität einlädt (Bennett et al. 2014), was Auswirkungen auf die soziokulturelle Identität der Besucher haben kann (Bennett und Woodward 2014, S. 11).

> *This, as Dowd, Liddle and Nelson (2004: p149) observe, 'Drawn together from geographically dispersed locations and away from the expectations of everyday life, fans and performers can immerse themselves in a particular culture and experiment with different identities'* (Bennett und Woodward 2014, S. 11).

So bieten Festivals einen nach Victor Turner definierten liminalen Rahmen, welcher Besuchern die Möglichkeit gibt, individuellen und kollektiven Erlebnissen innerhalb unregulierter Denk- und Verhaltensnormen zu begegnen. Zudem entdecken die Besucher im Rahmen eines multisensualen Ereignisses (vgl. Abschn. 2.4.2) neue soziale und kulturelle Verschiedenheiten (Bennett und Woodward 2014, S. 11). Vereinzelte Aspekte der soziokulturellen Identität werden von den Besuchern in einer Festivalsituation für andere sichtbar aufbereitet, dargestellt und gefeiert. Das macht die Begegnung mit einzelnen kulturellen Phänomenen, mit welchen sich unreguliert – im Sinne von Kapitel Festivalgemeinschaft andere Werte und Normen – auseinandergesetzt wird, zu einem kollektiven Erlebnis und die Festivalsituation so zu einem kritischen Punkt in der Aufbereitung der eigenen Identität (Bennett und Woodward 2014, S. 12 f.; Packer und Ballantyne 2011, S. 6). Über dieses Spiel mit der eigenen Identität wird Festivals ein großer potenzieller Einfluss auf Verhaltensmuster im Alltag im Zusammenhang mit Lifestyle-Konzepten eingeräumt (Bennett und Woodward 2014, S. 14). Da dieses Spiel neben einem Perspektivwechsel auch ein gewisses Maß an Selbstbeobachtung und -kritik voraussetzt, ist zu vermuten, dass mit dem Einfluss eines Musikfestivals auf die Verhaltensmuster auch kritische Reflexionen einhergehen.

Kollektive Emotionen

Auch kollektive Emotionen tragen zur Intensivierung des Erlebnisses Musikfestival bei. So trägt das Teilen von Emotionen dazu bei, dass die Emotionen der einzelnen Akteure intensiviert werden. Torsten Schlesinger hat kollektive Emotionen innerhalb von sportbezogenen Marketing-Events untersucht (Schlesinger 2009). Schlesinger leitet über den Aufbau emotionaler Kommunikationsprozesse und damit über die Entwicklung einer von den Gruppenmitgliedern ähnlich gefühlten Wirklichkeit die Entstehung kollektiver Emotionen ab und positioniert diese Ergebnisse innerhalb der wirtschaftswissenschaftlichen Event-Marketing-Forschung. Die Betrachtung von Emotionen wird in dieser Studie neben der verhaltenswissenschaftlichen Perspektive, welche sich bis dato auf Prozesse innerhalb eines Individuums richtet, um den sozialen also intra-individuellen Kontext erweitert, indem Schlesinger Emotionen *dem gastgebenden Sozialsystem kommunikativ zurechnet* (Schlesinger 2009, S. 152). Innerhalb eines Events (hier der *Red Bull District Ride 2006*), so Schlesinger, aggregieren sich Gemeinschaften (Schlesinger 2009, S. 149), deren Mitglieder sich emotionalen Zuständen hingeben, welche von allen Mitgliedern geteilt werden (Schlesinger 2009, S. 150). Innerhalb dieser emotionellen Gemeinschaft konstituiert sich eine soziale Wirklichkeit, die gefühlt von allen gleich wahrgenommen wird. Emotionen als psychische Prozesse sind zunächst einmal für Außenstehende nicht beobachtbar. Eine Kommunikation dieser Prozesse bedarf also einer gelernten kodierten Ausdrucksform, welche von den Gruppenmitgliedern verstanden und gedeutet werden kann (Schlesinger 2009, S. 152). Demnach können Emotionen immer dann als kollektiv bezeichnet werden, *wenn sie einer erheblichen Zahl von Personen innerhalb einer gegebenen Gruppe, Organisation oder Gesellschaft gemeinsam sind*

2.4 Theoretische Zugänge zu Musikfestivals

und durch ähnlich gelagerte Verhaltensweisen und Ausdrucksformen sichtbar werden (Schlesinger 2009, S. 151). Prozesse der Konstruktion sozialer Wirklichkeit, welche für gewöhnlich auf individueller Ebene stattfinden, werden über den Ausdruck und die dadurch entstehende Kommunikationsmöglichkeit von Emotionen geteilt und so vergemeinschaftlicht, wodurch das Event als soziales System *nach innen an Stabilität* gewinnt *und nach außen eindeutig als Sinnbezirk abgegrenzt werden* kann (Schlesinger 2009, S. 155). Diesem Austausch von empfangenen und ausgesandten Emotionen wird eine Multiplikatorrolle zugeschrieben. Emotionen steigern sich über dieses Wechselspiel bis hin zu ekstatischen Zuständen, über welche die oben angeführten Zustände auf einem Festival erklärt werden können.

Auch Bernard Rimé hat untersucht, welche Wirkung der soziale Austausch von Emotionen *als Schnittstelle zwischen individuellen und kollektiven Prozessen in der Konstruktion emotionaler Klimata* hat (Rimé 2007). Rimé geht davon aus, dass auf *private emotionale Ereignisse* generell eine Phase des sozialen Teilens dieser Emotionen folgt (Rimé 2007, S. 308). Das emotionale Klima ergibt sich hier aus den Einschätzungen der Individuen über das Gefühl der Mehrheit der anderen sich in der gegenwärtigen Situation befindende Personen (Rimé 2007, S. 307), also über die Gefühlsansteckung. Das emotionale Klima kann somit als objektiv in dem Sinne gewertet werden, als dass es auch abseits des persönlichen Gefühls des Individuums Bestand hat (Rimé 2007, S. 307 f.). Rimé schreibt dem sozialen Austausch von Emotionen zwei zentrale Konsequenzen zu. Erstens reaktivieren geteilte Emotionen emotionale Erregung sowohl beim Sender (Agent) als auch beim Empfänger (Target), zweitens stärken sie soziale Bindungen (vgl. auch Schlesinger).

It is predicted that emotion sharing would impact (1) on emotional climate in general: (2) on group cohesion and solidarity, with positive consequences for emotional climate: and (3) on collective memory, with potential consequences for emotional climate in the long run (Rimé 2007, S. 307).

Neben der Intensivierung des Erlebnisses lässt sich über kollektive Emotionen eine positive, gelöste und freundliche Stimmung auf Musikfestivals herleiten, was im Rahmen der von Rosa geforderten Voraussetzungen für das Auftreten von Resonanzerfahrungen eine solide Grundlage bildet.

Betrachtet man Musikfestivals einmal aus dieser Perspektive, so drängt sich der Verdacht auf, dass es innerhalb der Festivalsituation Faktoren gibt, welche die Denk- und Verhaltensmuster der Besucher beeinflussen oder sogar ändern und ggf. in eine nachhaltigere Richtung im Sinne der sozialökologischen Transformation lenken können.

Forschungsdesign 3

3.1 Methodik

Zwar gibt es theoretische Überlegungen zu einzelnen Konzepten, welche mit dem zu erforschenden Phänomen in Zusammenhang gebracht werden, eine empirische Arbeit oder eine konkrete Theorie zum Untersuchungskontext ist der Autorin dieser Studie jedoch nicht bekannt. Die anvisierte Studie hat also einen weitestgehend ergebnisoffenen Ausgang, da kein eindeutiges Ziel vordefiniert ist und keine bereits vorhandene Theorie zum Vergleich existiert. Die Erforschung der Reflexivität von Festivalbesuchern aus dem Blickwinkel der Lebenswelt heraus erfordert die Annäherung an diese Lebenswelt mittels einer fokussierten Untersuchung der Situation und den Relationen zwischen den Besuchern und der Situation und zwischen den Besuchern selbst. Hierzu müssen sowohl einzelne Aspekte, welche die situationsspezifischen Charakteristika im Kontext beschreiben, herausgefiltert als auch in Beziehung zueinander und zu den Besuchern gebracht werden. Eine umfassende Analyse der Lebenswelt soll an dieser Stelle aber nicht Ziel der Arbeit sein, vielmehr sollen Konzepte erarbeitet werden, über welche die Mechanismen zur Beeinflussung von Denk- und Verhaltensmustern erklärt und in einen theoretischen Zusammenhang gebracht werden können.

Um sich den Ergebnissen so offen wie möglich zu nähern, wird sich in der hier vorzustellenden Studie einerseits einer Forschungsstrategie bedient, welche unterschiedliche Datenerhebungsmethoden zulässt und miteinander verbindet (Triangulation), zum anderen wendet die Autorin der Studie bei der Erhebung und Auswertung der Daten die *Constant Comparative Method* an.

Zwar sind sowohl die Triangulation als auch die *Constant Comparative Method* Bestandteile des Forschungsstils *Grounded Theory* und stellen sicher, dass auf diese Weise theoretische Zusammenhänge empirisch aufgedeckt werden, eine umfassende Umsetzung aller Phasen der *Grounded Theory* allerdings wird in dieser Studie nicht angestrebt. Wenn auch die *Grounded Theory* das Potenzial zur Entwicklung umfassender und konsistenter Theorien bereitstellt (Böhm 2007, S. 476), so soll an dieser Stelle festgehalten werden, dass in der anvisierten Studie kein Anspruch auf Generalisierbarkeit der Ergebnisse besteht (Polit und Beck 2010). Hier sollen vielmehr die Relationen von situationsbedingten Faktoren zu solchen Konzepten aufgedeckt und erklärt werden, welche sich im Laufe der Untersuchung als festivalspezifisch und relevant zur Klärung der Forschungsfrage herauskristallisiert haben (Polit und Beck 2010, S. 1452). Bei dem Forschungsdesign dieser Studie handelt es sich daher um eine triangulative Studie mit explorativem Vorgehen, die keinen Anspruch auf eine gegenstandsbegründtete Theoriebildung erhebt.

Die *Constant Comparative Method* besteht darin, das Generieren, Codieren und die Analyse der erhobenen Daten nicht zeitlich aufeinanderfolgend, sondern in einem ständigen Abgleich der Schritte zu realisieren (Glaser und Strauss 1998, S. 101 f.; Kolb 2012, S. 83). Dieser ständige Abgleich ermöglicht es den Forschenden, einzelne Konzepte, Ideen und deren Relationen zueinander fortwährend auf deren Relevanz zu prüfen und dadurch neue, im Untersuchungsverlauf gewonnene Erkenntnisse in die Entwicklung der Ergebnisse einfließen zu lassen (Glaser und Strauss 1998, S. 101 f.). So können theoretische Zusammenhänge materialgeleitet entwickelt werden, da sich die Forschenden fortwährend der Vielfalt der erhobenen Daten stellen und diese in Relation bringen müssen (Glaser und Strauss 1998, S. 113; vgl. O'Reilly et al. 2012, S. 250 f.). Eng verbunden mit der *Constant Comparative Method* ist der Schritt des theoretischen Samplings, in welchem die zu untersuchenden Ausschnitte oder Bereiche der Studie einer ständigen Überprüfung unterliegen (Glaser und Strauss 1998, S. 45). So wird im Vorfeld aufgrund theoretischer Überlegungen ein grober Untersuchungsrahmen abgesteckt, welcher erst im Laufe der Untersuchungen auf die relevanten Konzepte zuläuft (Glaser und Strauss 1998, S. 45). Zur Auswahl der zu erforschenden Einzelbereiche wird den Forschenden theoretische Sensitivität abverlangt, durch welche die Relevanz einzelner Bereiche erkannt und dem Kernkonzept durch Abwägung von Bedeutungen zugeordnet werden (Glaser und Strauss 1998, S. 45; O'Reilly et al. 2012, S. 252 f.). Erst wenn alle relevanten Einzelbereiche zur Erklärung des Kernkonzepts ausfindig gemacht und die in diesem Kontext erhobenen Daten in einer Studie ausgeschöpft sind, können die theoretischen Zusammenhänge auf Grundlage einer theoretischen Sättigung gebildet werden (Goulding 2002 zitiert in O'Reilly et al. 2012, S. 254; Locke 2001, S. 53).

Ein weiteres Charakteristikum dieser Studie ist Strategie der Triangulation, also der Einbeziehung mehrerer Methoden zur Generierung von Daten und Informationen. So können beispielsweise Beobachtungen, semistrukturierte Interviews, Ergebnisse aus standardisierten Fragebögen oder Daten aus Sekundärquellen zur Datenerhebung herangezogen werden (Locke und Golden-Biddle 2005, S. 113). Das Einbeziehen quantitativer Daten aus standardisierten Umfragen als begleitende Maßnahme ermöglicht die gegenseitige Überprüfung der aus qualitativen und quantitativen Komponenten der Studie gewonnenen Ergebnisse (Glaser und Strauss S. 17 f., S. 185–220; Strauss und Corbin 1994, S. 274).

In many instances, both forms of data are necessary – not quantitative used to test qualitative, but both used as supplements, as mutual verification and, most important for us, as different forms of data on the same subject, which, when compared, will each generate theory (see Chapter III) (Strauss und Corbin 1994, S. 17 f.).

Diese Vielfalt an auf unterschiedlichen Wegen erhobenen Daten trägt dazu bei, dass die daraus entwickelten Zusammenhänge einen hohen Validitätsgehalt aufweisen (Flick 2007, S. 318).

Aufgrund der fortwährenden Anpassung des Untersuchungsdesigns und der dadurch fehlenden Standardisierbarkeit des Forschungsverlaufs ist eine Wiederholung der Studie mit identischen Ergebnissen nicht möglich (vgl. hierzu Kirchner 2011, S. 192). Die anvisierte Studie soll somit eher als Grundlage für ein bisher noch weitestgehend unerforschtes Phänomen dienen und ggf. zu weiteren Studien in diesem Bereich motivieren.

3.2 Beschreibung der Festivals als Fallstudien

Die in dieser Arbeit erhobenen Daten stammen vorwiegend aus einer Studie, welche die Autorin 2017 auf dem *Hurricane*-Festival durchgeführt hat. Das *Hurricane*-Festival ist eines der größten kommerziellen und unpolitischen Musikfestivals in Deutschland und hat keine tief greifende nachhaltige Ausrichtung. So kann das Festival als kleinster gemeinsamer Nenner im Sinne der Diversität von Musikfestivals gelten. Veranstaltet wird das *Hurricane*-Festival von der FKP Scorpio Konzertproduktionen GmbH (im Folgenden: FKP Scorpio). Unterstützt werden die Untersuchungsergebnisse durch Studien auf weiteren von FKP Scorpio veranstalteten Musikfestivals unterschiedlicher Genres.

3.2.1 FKP Scorpio Konzertproduktionen GmbH

Die FKP Scorpio Konzertproduktionen GmbH (im Folgenden FKP Scorpio genannt) wurde 1990 von Folkert Koopmans gegründet und ist mittlerweile mit 23 internationalen Festivals der größte Festivalveranstalter Europas. Zum Kerngeschäft des Unternehmens gehören neben den Festivals Tourneen, örtliche Veranstaltungen, Arena-Opern, Shows und das Gourmettheater Palazzo (vgl. FKP, o. D. a). Angefangen mit dem deutschen Festival und Flaggschiff des Unternehmens (Semmerling und Kroning 2016b, S. 131), dem *Hurricane*-Festival, im Jahr 1997 etablierte sich in den nächsten Jahren ein vorwiegend deutsches Festivalrepertoire an Open-Air-Festivals (*Hurricane* (D), *Southside* (D), *M'era Luna* (D), *Highfield* (D), *Elbjazz* (D), *Deichbrand* (D), *Hamburger Kultursommer, Chiemsee Summer* (D), *Geenfield* (CH)) (vgl. FKP, o. D. a), welches ab 2011 in Richtung Skandinavien, Niederlande und später auch Österreich um diverse weitere Open-Air-Festivals erweitert wurde (unter anderem *Best Kept Secret* (NL), *Indian Summer* (NL), *Provinssi* (FI), *Side Ways* (FI), *Wiesen Festival* (AT), *Air+Style* (AT)) (vgl. FKP, o. D. a). Seit 2011 gibt es für die einzelnen Festivals das deutsche Festivalrepertoire einen Leitfaden *Grün Rockt* für nachhaltige Bestrebungen des Veranstalters (vgl. FKP, o. D. b). In diesem werden erstmals Projekte und auf den Festivals eingebundene Initiativen mit einem nachhaltigen Schwerpunkt vorgestellt und in Form eines nachhaltigen Leitfadens kommuniziert. Zusätzlich werden eigene Projekte entwickelt, welche das Thema *Nachhaltigkeit auf den Festivals* fördern und Möglichkeiten zur Umsetzung nachhaltigen Verhaltens während der Festivals bereitgestellt. Zu den nachhaltigen Projekten gehören unter anderem das *Grüner-Wohnen*-Konzept, kostenlose Anreisemöglichkeiten mit der Bahn, die Festival-App, das Food-Konzept, das Recycling-Projekt etc. Neben den nachhaltigen Projekten, welche vom Veranstalter ausgehen, wird die Festivalplattform nachhaltigen Initiativen wie Viva con Agua, Goldeimer, Hanseatic Help, Die Tafel, Food-Sharing oder NAJU zur Verfügung gestellt, welche sich mit Informationsständen und eigenen Aktionen wie Pfandbecher-, Essens- oder Zeltspenden und interaktiven Projekten auf den Festivals präsentieren. Innerhalb dieses Leitfadens werden Besucher zu einem nachhaltigen Miteinander auf den Festivals augerufen und Infrastrukturen für eigeninitiiertes Mitwirken der Besucher bereitgestellt (beispielsweise Recyclingstationen, Food-Sharing-Pagoden, Sammelstellen für Essens- und Zeltspenden) (vgl. FKP, o. D. b). Eine umfassende Philosophie, mit der nachhaltige Überzeugungen des Veranstalters kommuniziert und begründet würden, gibt es für die FKP-Festivals jedoch bisher nicht.

Die Autorin dieser Arbeit war langjährig bei der Firma FKP Scorpio angestellt. Im Rahmen dieser Mitarbeit war sie an der Organisation nationaler und

3.2 Beschreibung der Festivals als Fallstudien   111

internationaler Musikfestivals umfänglich beteiligt und hat sich insbesondere um die Implementierung eines Nachhaltigkeitskonzepts für das deutsche Festivalrepertoire der Firma gekümmert. An dieser Stelle soll kurz auf eine mögliche, aus der Anstellung bei der Firma FKP Scorpio resultierende, Befangenheit der Autorin eingegangen werden. Insbesondere soll besprochen werden, dass die Autorin dem Veranstalter verbunden und ggf. nicht daran interessiert sein könnte, ihn oder die Verbindung von Musikfestivals und Nachhaltigkeit bloßzustellen oder ein etwaiges kommerzielles Interesse verfolgt. Zunächst sei gesagt, dass die vorliegende Studie ausschließlich auf die Eigeninitiative der Autorin zurückzuführen ist. Vonseiten der Firma FKP Scorpio besteht keinerlei Initiative, die diese Studie forciert hätte. Da für diese Studie ein Nachhaltigkeitsansatz vorausgesetzt wird, in welchem – wie im Abschn. 4.1 beschrieben wird – der Implementierung des auf Informationen und Interaktionen beruhenden Nachhaltigkeitskonzepts eine nicht umfänglich überzeugende Wirkung zugestanden werden muss, ist anzunehmen, dass die Autorin die vorliegende Studie nicht angestrengt hat, um ihre vorherige Tätigkeit zu rechtfertigen. Die vorliegende Studie fokussiert einen vom Veranstalter nicht forcierten und von diesem kaum regulierbaren Bereiche der Musikfestivals, nämlich die Eigendynamik des Publikums. Es besteht also nicht die Möglichkeit, aus den Erkenntnissen dieser Studie und deren Umsetzungsmöglichkeiten direkte wirtschaftliche oder kommerzielle Interessen sowohl für den Veranstalter als auch für die Autorin abzuleiten. Vielmehr besteht die Motivation dieser Studie darin, neue Aspekte in dem Verhältnis von Musikfestivals zur Nachhaltigkeit zu beleuchten, um die Diskussion auf Fachkonferenzen zu diesem Thema fundiert zu erweitern. Des Weiteren eröffnet die Beziehung zu der Firma FKP Scorpio der Autorin die Möglichkeit, umfangreiches Datenmaterial zu generieren und fundiertes Wissen über die Produktion eines Musikfestivals einfließen zu lassen.

3.2.2 Das *Hurricane*-Festival

Das *Hurricane*-Festival ist ein Open-Air-Festival des Genres *Alternative, Rock, Pop und Electro* und findet seit 1997 auf dem Eichenring in Scheeßel statt, welcher außerhalb der Festivalsaison als Sandrennbahn für Motorradrennen genutzt wird. Das Festival geht über fünf Tage (ein Anreisetag, drei Showtage (Tage, an denen das Festivalgelände geöffnet ist), ein Abreisetag), was ein typischer zeitlicher Aufbau für Open-Air-Musikfestivals ist. Für das Festival werden ca. 200 Hektar angrenzende Felder und Wiesen gepachtet, welche noch bis kurz zuvor für Viehzucht und Getreideanbau genutzt werden, um die Camping- und Parkflächen für die Besucher bereitzustellen. Diese werden mit ca. 35 km Zaun von dem Außengelände abgetrennt (Semmerling und Kroning 2016b, S. 131) und bilden so einen zur Außenwelt abgegrenzten Bereich, welcher über den Verlauf des Festivals von den Besuchern nur vereinzelt verlassen wird. Das *Hurricane*-Festival hat eine Kapazität von 78.000 Besuchern pro Jahr. Die Festivalbesucher zelten auf dem Campinggelände und sind so fünf Tage am Stück dem Kulturkonsum ausgesetzt und müssen sich mit ihren improvisierten Haushalten und anderen Besuchern arrangieren, was für die Erforschung der Eigendynamik innerhalb der Festivalgemeinschaft wichtig ist. Für das Festival wird auf einer grünen Wiese die Infrastruktur einer Kleinstadt aufgebaut (Semmerling und Kroning 2016b, S. 131). So hat die Infrastruktur für Strom- und Wasserversorgung sowie Müll- und Abwasserentsorgung trotz eines hohen Professionalitätsgrades in der Produktion einen improvisierten Charakter. Das *Hurricane* ist wie alle FKP-Festivals ein rein kommerzielles und unpolitisches Festival. Sponsoren wie Beck's, H&M, Ikea und Penny sind mit großen Modulen auf dem Festival- und dem Campinggelände vertreten und werden vom Veranstalter in der Kommunikation ihrer Werbebotschaften unterstützt (vgl. FKP, o. D. d). Neben Festivals wie beispielsweise der *Fusion,* welche mit 80.000 Besuchern eine ähnliche Größe wie das *Hurricane*-Festival erreicht, allerdings aus einer nachhaltigen und gesellschaftskritischen Philosophie heraus entstanden ist (vgl. Kulturkosmos Müritz e. V., o. D. b) und diese für die Entwicklung der Festivals grundlegend ist, liegen dem *Hurricane* keine derartigen Philosophien zugrunde. Der Motivationsgrund für das *Hurricane* ist laut Geschäftsführer Folkert Koopmans schlichtweg, den Festivalbesuchern das beste Wochenende des Jahres zu bieten (Semmerling und Kroning 2016a). Es kann also davon ausgegangen werden, dass das *Hurricane* nicht bereits gesellschaftskritisch, politisch oder in Bezug auf Nachhaltigkeit voreingestellte Besucher anzieht und so eine Besucherstruktur bereitstellt, welche für die Untersuchungen zur Veränderung von Denk- und Verhaltensmustern im Sinne der sozialökologischen Transformation weitestgehend neutral ist. Bei Stuttgart findet seit 1999 zeitgleich zum *Hurricane*-Festival das Zwillingsfestival *Southside* statt (FKP, o. D. g). Mit einem identischen Bühnenprogramm in anderer Reihenfolge und gleichen Produktionsvorgaben nur ca. 600 km entfernt bietet sich das Zwillingsfestival *Southside* zur Validierung der Ergebnisse der auf dem *Hurricane* geplanten Umfrage an. Da das *Southside*-Festival auf einem Flughafengelände stattfindet und somit auf dem Infield (vom Campingplatz getrenntes Festivalgelände, auf dem die Bühnen stehen) und der Zuwegung die Landebahn als teilweise befestigter Untergrund genutzt werden kann, unterscheidet sich

3.2 Beschreibung der Festivals als Fallstudien

die Infrastruktur geringfügig von der des *Hurricane*. Das *Hurricane/Southside*-Publikum ist relativ jung (61 %/67 % der Besucher sind zwischen 18 und 25 Jahre alt), gut ausgebildet (86 %/81 % der Besucher haben die Allgemeine oder Fachhochschulreife oder streben diese an (vgl. Auswertung Frage 9, 10 in Anhang B.b – *Hurricane/Southside*) und besucht das Festival wegen der Bands und Künstler (82 %/77 %) und um mit Freunden gemeinsam etwas zu unternehmen (63 %/61 %) (vgl. Auswertung Frage 1 in Anhang B.b. – *Hurricane/Southside*). Das *Hurricane/Southside* Festival hat eine Kapazität von 78.000/60.000 Besuchern und ist damit neben dem *Rock am Ring* mit seinem Zwillingsfestival *Rock im Park* eines der größten deutschen Musikfestivals und bietet so eine gute Grundlage für umfassende Recherchen.

Weitere Studien, in welchen die Auswertungsergebnisse der auf dem *Hurricane*-Festival erhobenen Daten verifizieren oder ggf. falsifizieren werden sollten, wurden auf den Festivals *M'era Luna, Highfield, Chiemsee Rocks* und *A Summer's Tale* durchgeführt.

3.2.3 Das *M'era Luna*-Festival

In Hildesheim findet jährlich Anfang August ein international etabliertes Gothic-Festival mit einer Kapazität von 25.000 Besuchern statt, auf dem sich die *schwarze Szene* trifft: das *M'era Luna*. Über vier Tage (davon zwei Showtage) werden auf zwei Bühnen und diversen Nebenschauplätzen Bands, Lesungen, ein Mittelaltermarkt, eine Geisterbahn, Workshops, Vorträge, Modenschauen und Weiteres präsentiert (FKP, o. D. f). Aufgebaut wird das Festival jährlich mitten in Hildesheim auf einem Flugplatz mit betonierter Landebahn und Flugzeughangar, die unter anderem als Bühne für Bands, Lesungen und die Modenschau genutzt werden, was die Infrastruktur des Festivals nicht ganz so improvisiert erscheinen lässt wie beim *Hurricane*. Nichtsdestotrotz zelten auch die Besucher vom *M'era Luna*-Festival vorwiegend auf Campingplätzen in eigenen Zelten oder Wohnwagen. Auch das *M'era Luna*-Festival ist kommerziell und unpolitisch. Das Publikum ist tendenziell älter als das der anderen Open-Air-Festivals (66 % der Besucher sind relativ gleichverteilt zwischen 26 und 44 Jahren) und ebenfalls gut ausgebildet (85 % der Besucher haben die Allgemeine oder Fachhochschulreife oder streben diese an). Auffällig in der Besucherstruktur des *M'era Luna*-Festival ist, dass es ein stabiles Stammpublikum hat (35 % der Besucher geben an, das Festival bereits häufiger als fünfmal besucht zu haben). Nur 49 % der Besucher geben an, wegen der Bands und der Künstler zum Festival zu fahren. Dieses Ergebnis ist darauf zurückzuführen, dass das *M'era Luna* trotz eines starken

Fokus auf das Musikprogramm eher ein Lifestyle- als ein Musikfestival ist (vgl. Auswertung Frage 1 in Anhang B.b – *M'era Luna*).

3.2.4 Das *Highfield*-Festival

Das Indierock-Festival *Highfield* mit zwei Bühnen findet ebenfalls jährlich im August am Störmthaler See in Groß-Pösna, ca. 20 km von Leipzig entfernt, statt (FKP, o. D. c) und hat eine Kapazität von 35.000 Besuchern. Das Festivalgelände liegt auf einer Halbinsel ohne vorgegebene Infrastruktur. Auch das *Highfield*-Festival geht wie das *Hurricane*-Festival über fünf Tage, wovon drei Showtage sind. Die Besucher vom *Highfield*-Festivals sind relativ jung (79 % der Besucher sind jünger als 29 Jahre, davon sind 54 % zwischen 18 und 25 Jahren alt). Auch das *Highfield*-Publikum ist gut ausgebildet (80 % der Besucher haben die Allgemeine oder Fachhochschulreife oder streben diese an) und zum ersten oder zweiten Mal beim *Highfield* Festival (69 %). Auch zu diesem Festival kommen die Besucher vorwiegend wegen der Bands (80 %) und um mit Freunden gemeinsam etwas zu unternehmen (64 %) (vgl. Auswertung Frage 1, 2 in Anhang B.b – *Highfield*). Aufgrund der musikalischen Ausrichtung und des Aufbaus des Festivals ist das *Highfield* dasjenige der hier vorgestellten Festivals, welches dem *Hurricane/Southside* am ähnlichsten ist, was auch in der Auswertung der Fragebögen deutlich wird. So geben 15 % der *Hurricane*-Besucher an, dass sie auch zum *Highfield* fahren (vgl. Auswertung Frage 12 in Anhang B.b – *Hurricane*). 26 % der *Highfield*-Besucher geben an, dass sie auch zum *Hurricane* fahren (vgl. Auswertung Frage 12 in Anhang B.b – *Highfield*).

3.2.5 Der *Chiemsee Summer*

Der *Chiemsee Summer* ist ein Festival mit einer Kapazität von 35.000 Besuchern, welches jährlich in Übersee im Chiemgau stattfindet und seine Ursprünge in dem Reggae-Festival *Chiemsee Reggae Summer* hat (CRP, o. D). Zwischenzeitlich hat sich der Schwerpunkt des Genres weg vom Reggae und hin zu Indierock, Hip-Hop und Elektro verlagert. Seit 2018 pausiert die Veranstaltung. Das Festival erstreckt sich über sechs Tage (davon vier Showtage). Die Bands werden hier auf zwei Bühnen auf dem Infield präsentiert und innerhalb einer Partymeile auf dem Campingplatz spielen diverse DJs auf den sogenannten Open Decks, welche jeweils mit Tanzflächen ausgestattet sind. Das Festivalgelände ist wie beim

3.2 Beschreibung der Festivals als Fallstudien

Hurricane auf einer grünen Wiese mit keinerlei vorgegebener Infrastruktur angesiedelt. Zwei Drittel der Besucher des *Chiemsee Summers* sind unter 25 Jahren alt und streben neben der Allgemeinen Hochschulreife die Mittlere Reife an. Über 50 % der Besucher geben an, zum ersten Mal beim *Chiemsee Summer* zu sein. Dass das Festival sich noch keinen festen Besucherstamm aufgebaut hat, mag an den programmatischen Wandlungen liegen, die das Festival in seiner Entwicklung vollzogen hat. Neben den Bands und dem gemeinsamen Wochenende mit Freunden hat der Motivationsgrund Party und Feiern hier einen hohen Stellenwert im Vergleich zu den anderen Festivals (vgl. Auswertung Frage 1 Anhang B.b – *Chiemsee Summer*). 2017 wurde das Festival bereits am Freitag, den 18. 08. 2017 (also am dritten Showtag), aufgrund eines heftigen Sturms mit ca. 50 verletzten Besuchern abgebrochen, was die Umfrageergebnisse ggf. leicht verfälschen könnte.

3.2.6 Das *A Summer's Tale*

Mit einem Gründungsjahr von 2015 ist das *A Summer's Tale* (im Folgenden: *AST*) das jüngste der deutschen FKP-Open-Air-Festivals und ist im Gegensatz zu den anderen im Rahmen einer nachhaltigen Grundausrichtung entwickelt worden (FKP, o. D. h). Das Festival fasst eine Kapazität von 12.000 Besuchern und ist trotz der vier Bühnen, auf denen neben Konzerten auch Lesungen, Tanzworkshops, Poetry-Slams und Theaterstücke stattfinden, eher ein Lifestyle-Festival als ein Musikfestival. Eigentlicher Schwerpunkt dieses Festivals ist das aktive Einbeziehen des Publikums durch das umfangreiche Workshopangebot, welches unter anderem Yoga, Holzarbeiten, Cocktailzubereitung, Schauspielunterricht etc. beinhaltet. Im Wissenszelt und im Tales Café finden vorzugsweise Vorträge zu gesellschaftskritischen und nachhaltigen Themen statt. Das Festival wird in dem *Eventpark Luhmühlen* in der Lüneburger Heide veranstaltet und ist somit mit einer umfangreichen Infrastruktur ausgestattet (Eventpark Luhmühlen 2019). Wie zu erwarten, ist die Besucherstruktur aufgrund der nachhaltigen Ausrichtung des Festivals unterschiedlich zu den anderen hier untersuchten Open-Air-Festivals. 76 % der Besucher des *AST* sind über 35 Jahre alt, durchgehend gut ausgebildet und bereits in festen Arbeitsverhältnissen. Neben den Bands interessieren die Besucher von dem *AST* auch das Gesamtkonzept des Festivals, das Thema Nachhaltigkeit und die Location, die programmatisch (angebotene Rad- und Kanutouren, Nachtwanderungen, Heidewanderungen) eng mit der Umgebung der Lüneburger Heide verbunden ist (vgl. Auswertung Frage 1 in Anhang B.b – A Summer's Tale). Die nachhaltige Grundausrichtung des Festivals und der auffällige Unterschied in der Besucherstruktur, welche ein nachhaltiges Lifestyle-Festival anzieht, macht eine vergleichende Auswertung der Umfragen nahezu unmöglich, liefert aber interessante Erklärungsansätze für die Eigendynamiken der Musikfestivals. Auch auf dem *AST* zelten die Festivalbesucher auf den um das Festivalgelände angesiedelten Campingplätzen. Im Gegensatz zu den anderen FKP-Open-Air-Festivals findet das Programm hier allerdings vorwiegend tagsüber statt, womit – wie sich gezeigt hat – die Eigendynamik, die sich auf den anderen Festivals aufgrund der langen Leerlaufzeiten, bevor das Bühnenprogramm anfängt, entwickelt, nahezu entfällt.

3.3 Operationalisierung

3.3.1 Qualitative Untersuchung auf dem *Hurricane*-Festival

Datenerhebung

Zunächst soll ein Überblick über den Aufbau der dieser Arbeit zugrundeliegenden Studie gegeben werden. Hier wird insbesondere durch die interaktiv-zyklische Prozessfähigkeit verdeutlicht, wie sich dem zu untersuchenden Phänomen, nämlich der Reflexivität der Festivalbesucher während des Festivals, empirisch genähert wird. Nach einer umfassenden Literaturrecherche werden erste Pretests mit qualitativem Charakter durchgeführt (Green Operation Group Workshop/*Rock am Ring*), um einer Ausrichtung der empirischen Studie und deren potenzieller Umsetzung näher zu kommen. Auf dem *Hurricane*-Festival wird dann eine umfassende qualitative Feldforschung betrieben, welche von einer quantitativen Befragung sowohl der Besucher des *Southside*- als auch des *Hurricane*-Festivals begleitet wird. Die Auswertung der Datenerhebung auf dem *Hurricane/Southside* fließt dann in die quantitative Befragung der Besucher auf den Festivals *M'era Luna, Highfield, Chiemsee Summer* und *AST* ein, sodass hier einzelne hervorstechende Aspekte genauer untersucht werden können (vgl. Abb. 3.1).

Pretest 1 : Workshop *Green Operation Group*

Im Rahmen des *Green Operation Group*-Workshops (im Folgenden GO Group genannt) zum Thema *Audience Psychology* 2016 in Köln leitet die Autorin der Studie an zwei aufeinanderfolgenden Tagen jeweils zweistündige Gruppendiskussionen (Green Operation Group Europe 2019 – Audience Psychology). Innerhalb dieser werden die Umgebung der Forschungsfrage und einzelne Konzepte zu

3.3 Operationalisierung

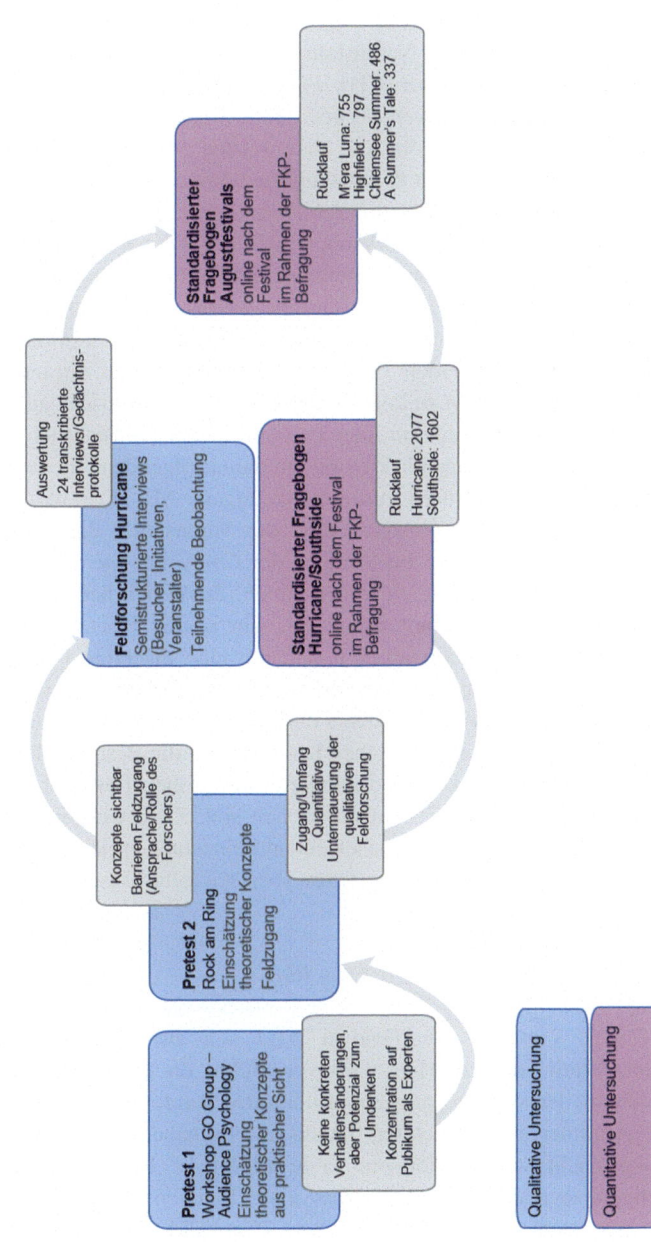

Abb. 3.1 Aufbau der empirischen Studie. (Quelle: Eigene Darstellung)

deren Klärung, welche bis dato nur sehr vage umrissen werden konnten, diskutiert. An dem Workshop nehmen Veranstalter internationaler Festivals wie *Roskilde* (DK), *Wacken* (D), *St. Gallen* (CH), *Pinkpop* (UK) etc., Vertreter von Initiativen wie *A Greener Festival, Green Events, Green Music Initiative* und Studenten der Fresenius Universität in Köln teil. Hier werden erste Einschätzungen zum Untersuchungsgegenstand und zu den diskutierten Konzepten vonseiten der Veranstalter abgefragt und im Anschluss eine Ausrichtung zur anstehenden Studie erarbeitet. Am ersten Tag werden die Workshopteilnehmer in zwei Gruppen eingeteilt. Die erste umfasst für nachhaltige Themen verantwortliche Mitarbeiter der jeweiligen Veranstaltungen, in einer zweiten Gruppe werden am Workshop teilnehmende Studenten und Vertreter der auf den Festivals eingebundenen Initiativen separiert. Mit beiden Gruppen werden Fragen zur Motivation und Verantwortung der Veranstalter, *grüne Themen* zu kommunizieren, sowie zu Einschätzungen zum Potenzial einer Einstellungsänderung der Festivalbesucher hinsichtlich grüner Themen diskutiert. In der Gruppendiskussion am darauffolgenden Tag werden die Ergebnisse mit allen Teilnehmern zusammengetragen. Als Fazit wird aus diesen Diskussionen der Konsens gezogen, dass die Veranstalter der für alle Unternehmen gültigen Verantwortung im Rahmen der *Corporate Social Responsibility* (vgl. BMAS, o. D.) Rechnung zu tragen haben. Zusätzlich haben sie die Möglichkeit, viele junge Leute in einer speziellen, sehr positiv besetzten Situation mit nachhaltigen Themen zu erreichen und damit eine mächtige Plattform in Bezug auf nachhaltige Bildung. Die Verantwortung, diese Plattform auch für nachhaltige Themen zu nutzen, wird kontrovers diskutiert. Über den Einfluss, den Musikfestivals über die einzelnen theoretischen Konzepte auf die Besucher haben, gibt es nur Mutmaßungen, da es keine belastbaren empirischen Daten über die Wirkung der einzelnen Faktoren in Festivalsituationen gibt. Zwar wird einzelnen Konzepten Potenzial zugesprochen und dieses anhand einzelner Projekterfahrungen begründet, zur Klärung der Forschungsfrage aber seien die Besucher selbst umfassend zu befragen.

Pretest 2 : *Rock am Ring*

Ein Besuch auf dem *Rock am Ring*-Festival 2017 soll als weiterer Pretest für die anstehende Studie dienen. Hier wird vorgefühlt, ob die theoretischen Konzepte, die sich in der vorangegangenen Literaturrecherche und Diskussionen als für die Argumentation fruchtbar herausgestellt haben, in einer Festivalsituation ausgemacht werden können. Erste Eindrücke bei einem Gang über die Campingplätze machen deutlich, dass klare Indizien für unterschiedliche Konzepte, wie Liminalität (Predigt), Flow (Catwalk), Entschleunigung

3.3 Operationalisierung

(Kaffeeschlange/Bänderstation/Busfahrt), kollektiver Aktivismus (Liegestützwettbewerbe/Aufspringen) etc. innerhalb einer Festivalsituation beobachtet werden können (vgl. Reisebericht *Rock am Ring*). Des Weiteren werden erste Anhaltspunkte für einen sinnigen Feldzugang gesucht. Hier gestalten sich die ersten Eindrücke weniger zugänglich. Auffällig ist eine starke Konzentration der Aufmerksamkeit seitens der Festivalbesucher auf alles, was auf dem Campingplatz und den Wegen zu den Zelten passiert. Es stellt sich als nahezu unmöglich heraus, mit einer Kamera oder auch nur einem Handy das Treiben oder einzelne Szenen auf den Campingplätzen unauffällig und damit unverfälscht zu dokumentieren. Für den Interviewer muss also ein Auftritt gefunden werden, in welchem offensiv mit den Dokumentationsmedien umgegangen werden kann, ohne dass es die Befragten abschreckt oder zeitraubende Diskussionen forciert. Ein weiteres Problem entpuppt sich in der Ansprache und Befragung der Besucher zu Interviews. Zwar wirken alle Festivalbesucher sehr entspannt und kommunikativ. Einen Zugang zu ernsthaften und tief greifenden fokussierten Gesprächen mit den Besuchern scheint nur über Umwege möglich. Diese können bereits bekannte Personen, Gesprächseinstiege mit ausreichend interessanter Fragestellung für den Befragten oder zufälliger Natur sein. So muss in Vorbereitung der qualitativen Untersuchung auf dem *Hurricane*-Festival vorwiegend an zwei Punkten gearbeitet werden: einerseits an dem Auftreten des Interviewers, welches offensiv, klar und teilnehmend sein muss und andererseits an den Leitfäden für die semistrukturierten Interviews, über welche Besuchern ein interessanter Gesprächseinstieg geboten wird und über Umwege sowie ohne direkte Verweise auf die eigentliche Fragestellung zu Überlegungen und Diskussionen zu den zu erforschenden Rahmenbedingungen angeregt werden.

Feldforschung *Hurricane*

Möchte man Phänomene im Rahmen der Verstehenden Soziologie erforschen, so bieten offene oder semistrukturierte Interviews wichtige Chancen für die empirische Erhebung. Besonderheiten offener oder semistrukturierter Interviews gegenüber standardisierter Befragung in der qualitativen Sozialforschung bestehen darin, dass hier *Situationsdeutungen oder Handlungsmotive in offener Form* erfragt werden können, *Alltagstheorien und Selbstinterpretationen differenziert und offen* erhoben werden können und die *Möglichkeit der diskursiven Verständigung über Interpretationen besteht* (Hopf 2007, S. 350). Auch werden semistrukturierte Interviews als höchst effiziente Methode gesehen, gerade Phänomene mit einem episodischen und eher seltenen Charakter zu erforschen, da mit dieser Methode diese inhaltliche Vielfalt erreicht werden kann (Eisenhardt und Graebner 2007,

S. 28). Da das zu erforschende Phänomen sowohl im Bereich der Verstehenden Soziologie einzuordnen als auch episodisch (jährlich wiederkehrend) und selten (nur fünf Tage im Jahr) ist, sollen semistrukturierte Interviews in der hier anvisierten Studie als primäre Datenquelle dienen.

Das größte Problem bei der Datenerhebung durch semistrukturierte Interviews ist die Befangenheit des Interviewers. So kann der Interviewer geneigt sein, dem Befragten gerade die Informationen zu entlocken, welche durch spätere Interpretation zu dem entsprechenden Forschungsergebnis passen (Eisenhardt und Graebner 2007, S. 28). Um diese Befangenheit zu reduzieren, müssen möglichst viele unterschiedliche Probanden aus verschiedenartigen Bereichen oder hierarchischen Ebenen befragt werden, welche über ein großes Wissen über das zu erforschende Phänomen verfügen (Eisenhardt und Graebner 2007, S. 28). Über eine umfangreiche Literaturrecherche und die Erarbeitung von Expertenmeinungen zu den theoretisch hergeleiteten Konzepten im Rahmen des *GO Group*-Workshops fließen mit unterschiedlichen Veranstaltern internationaler Open-Air-Musikfestivals diese hierarchischen Ebenen zwar nicht im Rahmen semistrukturierter Interviews, aber dennoch fundiert in die Ausrichtung der Auswertungen der empirischen Ergebnisse mit ein. Auch die breite Aufstellung des Datenmaterials reduziert das Problem der Befangenheit. Zur Untermauerung der durch die semistrukturierten Interviews ausgewerteten Ergebnisse dienen quantitative Daten aus standardisierten Online-Fragebögen, auf welche eine etwaige Befangenheit der Forscherin keinerlei Wirkung hat.

Die problemzentrierten Interviews werden persönlich in der natürlichen Umgebung mit vorwiegend mehreren Personen in einer dem Umfeld angepassten Sprache geführt. Problemzentriert sind die Interviews in der Hinsicht, dass hier ein Mittel aus induktiver und deduktiver Methode angewendet wird (Halbmayer und Salat 2011). Zwar gibt es einen Leitfaden und vorgegebene Themen, zu denen die Befragten interviewt werden, jedoch wird auch auf Abweichungen von den vorgegebenen Themen durch die BesucherInnen eingegangen. In weiteren Interviews wird das Thema, zu dem abgewichen wurde, angesprochen, um zu überprüfen, ob dieses eine noch nicht einkalkulierte Relevanz in dem Untersuchungszusammenhang haben könnte. Es werden auch Gruppendiskussionen unter den Besuchern über offene Fragen forciert und vom Interviewer moderiert. Durch das Zulassen unterschiedlicher Methoden während der Interviews wird sichergestellt, dass so viele Informationen wie möglich zu dem Untersuchungsgegenstand gesammelt werden und das Spektrum des Untersuchungsgegenstands umfangreich beleuchtet wird. Durch spätere Auswertungen werden diese Daten dann wieder auf die zur Beantwortung der Forschungsfrage relevanten Konzepte reduziert (Böhm 2007, S. 476).

3.3 Operationalisierung

Datenaufnahme/Speicherung

Um dem Interviewer ein offensives, klares und teilnehmendes Auftreten zu verleihen, stellt sich dieser mit einem konkreten, aber inhaltsoffenen Forschungsprojekt vor: *Ich mache eine Studie über Festivalbesucher, darf ich euch dazu ein paar Fragen stellen*, welches nicht auf das konkrete Thema *Nachhaltigkeit/Reflexivität* hindeutet. Es wird davon ausgegangen, dass die Nennung konkreter Themen, wie z. B. die Untersuchung von Nachhaltigkeit auf Musikfestivals oder der Reflexivität von Festivalbesuchern, die Befragten ggf. abschrecken bzw. deren Antworten bereits im Vorfeld in eine eingeschränkte Richtung lenken würde. Diese Anrede suggeriert, dass die Befragten selbst unverhofft die Experten auf dem Forschungsgebiet sind, was von diesen auch selbstbewusst und positiv aufgenommen wird. Da Menschen gerne über sich selbst reden (Langenbach 2012, vgl. auch GPHurr, Z. 438–444), ist dies ein ausreichend interessanter Aufhänger für die Besucher, sodass in die Gespräche problemlos eingestiegen werden kann.

Nach dem Kriterium größtmöglicher Heterogenität werden Besuchergruppen auf unterschiedlichen Campingplätzen (Green-Camp, normaler Campingplatz, Party-Camp) ausgewählt und direkt mit der Bitte um ein Interview angesprochen, was positiv und offen aufgenommen wird. Die Gesprächseinstiege werden mit den Erfahrungen der vorangegangenen Interviews immer wieder neu angepasst.

Aufgrund des offenen Ausgangs der Forschung und der innerhalb einer Festivalsituation sehr abstrakt und komplex wirkenden Forschungsfrage besteht ein weiterer wichtiger Schritt darin, die zu ermittelnden Forschungsbereiche in vermittelbare Teilbereiche zu unterteilen.

Zu diesem Zweck werden fünf Gesprächsleitfäden erarbeitet, welche den Besuchern in unterschiedlichen Situationen Informationen zu verschiedenen Aspekten der Festivalsituation entlocken sollen (vgl. Anhang A):

a) Anfahrt mit der Bahn: Befragung im Metronom zwischen Hamburg und Bremen am Anreisetag zum Thema Vorbereitung, Präferenzen beim Packen und Erwartungen an das *Hurricane*
b) Einlass: Befragung von Besuchern in der Warteschlange vor den Einlässen zu den Themen Geduld und Erwartungen
c) Ankommen: Befragung der Besucher während der Suche nach einem Zeltplatz und während des Aufbaus der Zelte zu den Themen Präferenzen und Kriterien
d) Erster Abend: Befragung der Besucher zum ersten Eindruck von dem Festival und nach deren Erwartungen

e) intersubjektive Faktoren: Befragung der Besucher verteilt über das ganze Wochenende zu den Themen Relevanzverschiebungen, eigener Verantwortung, Selbsterfahrungen, Bewertung von Festivals als Kommunikationsplattform etc.
f) Perspektivwechsel: Befragung der Besucher über das ganze Wochenende zu einem möglichen Perspektivwechsel und Selbsterfahrungen.

Diese Gesprächsleitfäden dienen dem Gesprächseinstieg und werden im Laufe der Befragungen und der Bewertung der Ergebnisse vorangegangener Befragungen auf dem Festival selbst immer wieder konkreter eingegrenzt. Durch das fortwährende Abgleichen von Befragungsergebnissen mit deren Relevanz für die Forschungsfrage und das stete Anpassen von Fragen, durch welche relevante Informationen von den Befragten preisgegeben werden, soll sichergestellt werden, dass umfangreiche Informationen zu dem zu erforschenden Untersuchungsgegenstand gesammelt werden (O'Reilly et al. 2012, S. 250). Im Laufe der Befragungen wird deutlich, dass die Fragen *Warum fährst du zum Hurricane?* und *Hältst du das Festival für einen Ausnahmezustand und wenn ja, warum?* zu den fruchtbarsten Gesprächseinstiegen gehören, da sie die Besucher zu ausgiebigen Diskussionen animieren, die im Gesprächsverlauf über kleinere Nachfragen unvoreingenommen die Besonderheiten und Erfahrungen der Besucher in einer Festivalsituation umfassend herausstellen. Auch die Möglichkeit zur Erfragung potenzieller Einflüsse der genannten Aspekte auf den Alltag besteht über diesen Gesprächseinstieg. Neben den Interviews mit den Besuchern werden auch Vertreter der auf dem Festival präsenten nachhaltigen Initiativen zu deren Eindruck von den Festivalbesuchern und dem Festival selbst als Kommunikationsplattform befragt.

Die geführten Interviews werden nach vorherigem Einverständnis aller Interviewpartner mit einem in der Mitte der Gesprächsgruppen platzierten Diktiergerät aufgezeichnet, um ein zeitaufwendiges und ggf. ablenkendes Mitschreiben der Gesprächsverläufe zu umgehen. In regelmäßigen Abständen werden bereits während des Festivals die Aufzeichnungen auf einem Laptop gesichert, anonymisiert benannt und sortiert, um eine spätere Zuordnung der Interviewpartner zu den entsprechenden Interviews sicherzustellen. Im Laufe des Tages eingesprochene Memos werden abends in einem Gedächtnisprotokoll zusammengefasst, um die Eindrücke des Tages möglichst detailliert und unverfälscht zu dokumentieren. Das regelmäßige Abgleichen von gesammelten Daten, einer groben Einordnung der Gespräche in den Forschungskontext und eine vorläufige Analyse der Interviews kann als stete Kontrolle der Gültigkeit zu erwartenden Ergebnisse gesehen werden (Glaser und Strauss 1967, S. 113; Kolb 2012, S. 83). 24 ausgewählte Interviews und Interviewteile werden später transkribiert.

3.3 Operationalisierung

Auswertung und Codierungssystem

Die transkribierten Interviews werden in das Datenanalysetool ATLAS.ti eingepflegt und nach dem System des theoretischen Codierens ausgewertet. Das theoretische Codieren ist ein prozessuales Vorgehen, welches durch Kategorisieren und Gruppieren Gesprächsabschnitte mit ähnlichen Merkmalen und Ausprägungen ausfindig macht (Böhm 2007, S. 483; O'Reilly et al. 2012, S. 251). Innerhalb dieses Prozesses werden drei Typen des Codierens angewandt, welche unterschiedliche Phasen des Prozesses beschreiben: offenes, axiales und selektives Codieren (Böhm 2007, S. 477). Zunächst werden zur Beantwortung der Forschungsfrage relevante Gesprächsabschnitte (Quotations) in den Transkripten ausfindig gemacht und markiert. Die einzelnen Quotations werden dann offen codiert. Offen ist eine Codierungsmethode, wenn keine vorgegebenen Codes verwendet werden, sondern die Benennung aus dem Kontext der Gesprächsabschnitte erfolgt (Böhm 2007, S. 477; O'Reilly et al. 2012, S. 251). Diese offenen Codes werden im weiteren Vorgehen bereits theoretisch entwickelten oder aus den Daten neu herauskristallinisierten Konzepten zugeordnet. Um möglichst eindeutige Zuordnungen von Gesprächsteilen zu den einzelnen Konzepten erreichen zu können, müssen die Konzepte bestmöglich voneinander abgegrenzt werden und sollten sich inhaltlich nicht überschneiden (Locke 2001, S. 24; O'Reilly et al. 2012, S. 254). Den einzelnen Konzepten werden im weiteren Verlauf Eigenschaften wie Merkmale und Ausprägungen zugeordnet (Böhm 2007, S. 478). Diese Codierungsmethode nennt sich axiales Codieren und bezeichnet die Phase im Anschluss an das offene Codieren (Böhm 2007, S. 478). Über das axiale Codieren werden die Konzepte derart definiert, dass die Ausprägung von Kategorien, oder wenn sich die Eigenschaften der Konzepte auf einem Kontinuum anordnen lassen, Dimensionen deutlich wird (Böhm 2007, S. 476). Um die einzelnen Kategorien oder Dimensionen nun in einem semantischen Netzwerk zusammenzufassen, werden diese im weiteren Codierungsprozess in Beziehung zueinander gesetzt und ein Netzwerk erstellt (Böhm 2007, S. 479). Konzepte und Dimensionen, welche nicht zur Erklärung des zu erforschenden Kernkonzepts beitragen, werden in der Phase des selektiven Codierens aus dem Forschungskontext ausgegrenzt (Böhm 2007, S. 482). Die unterschiedlichen Phasen des Codierens gelten nicht als abgeschlossen und als unweigerlich aufeinanderfolgend, sondern können sich beliebig oft wiederholen, um den Erkenntnisgewinn aus späteren Auswertungsschritten bestmöglich in die Gesamtauswertung einfließen zu lassen (Böhm 2007, S. 477). Über dieses Verfahren werden Konzepte herausgearbeitet, welche den Gruppen der intersubjektiven und subjektiven Faktoren zugewiesen werden.

Beobachtung

Neben den semistrukturierten Interviews wird unterstützend eine teilnehmende Beobachtung durchgeführt. Das prozessuale Vorgehen, in dem fortwährend die Relevanz einzelner Beobachtungen für die Beantwortung der Forschungsfrage und der Fokus weiterer Beobachtungen abgeglichen wird, findet auch in dieser Datenerhebung Anwendung. So werden Beobachtungen von Auffälligkeiten zu dem Verhalten der Besucher auf den Campingplätzen sowie Abweichungen der Themen in den Interviews kontinuierlich in einzelnen Memos festgehalten. Um die einzelnen Aspekte zu ordnen und deren Relevanz zu prüfen, werden diese in regelmäßigen Abständen strukturiert und im Gedächtnisprotokoll in Bezug zur Forschungsfrage gestellt. Die aus diesen Strukturierungen hervorgehenden Aspekte geben dann wiederum Anstoß für neue Tendenzen oder Schwerpunkte für die darauffolgenden Beobachtungen und Befragungen. Die Beobachtung ermöglicht es, die Präsenz und die Sichtbarkeit einzelner ggf. unerwarteter und neuer Aspekte innerhalb einer Festivalsituation zu überprüfen. So können beispielsweise das Verhalten in Warteschlangen, Gruppen von sich die Zeit vertreibenden Festivalbesuchern auf den Zuwegungen der Campingplätze und einzelne Aktionen der Besucher bereits im Laufe der Datenerhebung dem Konzept der Entschleunigung zugerechnet und weiterführend hinterfragt werden (vgl. TS Sa WS). Dokumentiert werden die Beobachtungen in Form von Gedächtnisprotokollen und Fotos.

Validität

Die Validität der erhobenen Daten stützt sich auf eine breite, heterogene Probandenauswahl, in welcher Besucher unterschiedlicher Camps, Vertreter von nachhaltigen Initiativen und die für Nachhaltigkeitskonzepte verantwortlichen Vertreterinnen des Veranstalters innerhalb einer Festivalsituation befragt werden. Über diese Heterogenität werden unterschiedliche Perspektiven beleuchtet und eine umfangreiche Analyse möglich.

Der fortwährende Abgleich der Relevanz einzelner Aspekte und Konzepte zur Beantwortung der Forschungsfrage im Laufe der gesamten Untersuchung verringert die Möglichkeit, sich aufgrund im Vorfeld festgelegter Konzepte und Konstruktionen in theoretische Argumentationen zu verrennen, die in der Praxis wenig Relevanz besitzen. So besitzt beispielsweise die im Vorfeld theoretisch ausgearbeitete Verbreitung nachhaltiger Botschaften innerhalb einer Festivalsituation wenig Relevanz. Die Kommunikation unter den Festivalbesuchern andererseits

3.3 Operationalisierung

hatte in den Interviews einen ungeahnt hohen Stellenwert, was sich erst im Laufe der Befragungen herausgestellt hat.

Auch die in den beiden Pretests gewonnenen Erkenntnisse tragen dazu bei, dass die im Vorfeld vorbereiteten Konzepte praxisnah und relevant sind und Phänomene, welche die Konzepte innerhalb einer Festivalsituation sichtbar machen, tatsächlich in der Praxis beobachtet werden können. Auch tragen sie dazu bei, dass die Befragungen beim *Hurricane* ohne unnötige Verzögerungen aufgrund fehleingeschätzter Feldeinstiege durchgeführt werden können.

Zusätzlich werden die in der qualitativen Studie untersuchten Aspekte und Konzepte durch eine quantitative Studie untermauert, welche im Folgenden vorgestellt wird und zu einer Erweiterung der Datenbasis, auf derer die Ergebnisse aufbauen, dient.

Probleme/Kritik

Kritisch zu betrachten ist diese Untersuchung in unterschiedlichen Punkten. So konnten Teile der Befragungen nicht wie geplant durchgeführt werden, da ein Unwetter zu Beginn des Festivals den Zugverkehr für mehrere Stunden lahmlegte und den Einlass zum Festival verzögerte (vgl. GPHurr, Z.69–73), weswegen die Interviews an den Einlässen entfallen mussten und so einkalkulierte Informationen zu Erwartungen und Zeitwahrnehmung der Besucher entfallen. Diese Informationen können aber in kurzen Interviews mit Wartenden in der Schlange vor dem Festivalsupermarkt nachgeholt werden, was für die Einschätzung des Konzepts Entschleunigung sehr wichtig ist.

Des Weiteren ist die teilnehmende Beobachtung eingeschränkt dadurch, dass der Interviewer nicht alle Nächte auf dem Festivalgelände verweilt. Es wird nur eine Nacht auf dem Gelände verbracht, die aber den Eindruck bestärkt, dass die relevanten Konzepte eher tagsüber auf den Campingplätzen sichtbar werden, da hier die Besucher sich selbst überlassen sind und aktiv werden. Sobald die Konzerte beginnen, nimmt die Qualität der Interviews ab und das Verhalten der Besucher wird passiver.

Die Besucher werden innerhalb dieser Studie nur in einer Festivalsituation ohne zeitlichen Abstand zu dieser befragt, was eine einseitige und ggf. verklärte Sicht auf die Situation bedeuten kann. Zudem sind viele der Interviewten zum Zeitpunkt der Interviews mehr oder weniger stark alkoholisiert, was die Auskünfte und Ansichten ggf. verfälscht. Dem steht entgegen, dass einzelne Aspekte zu den in der qualitativen Untersuchung bearbeiteten Konzepte sowohl vom *Hurricane-* als auch vom *Southside*-Publikum innerhalb einer quantitativen

Online-Befragung nach dem Festival bewertet werden und auch in diesen Auswertungen klare Übereinstimmungen zu den in der qualitativen Untersuchung getroffenen Aussagen zu erkennen sind.

Auch dem Kritikpunkt, dass die bisher gewonnenen Untersuchungsergebnisse ausschließlich auf subjektiven Interpretationen fußen, kann die obige Methode entgegenwirken. Die in der quantitativen Studie gewonnenen Auswertungen sind durch eine breite Datenbasis begründet und beschreiben ein identisches Stimmungsbild wie die Ergebnisse der qualitativen Untersuchung.

Aufgrund der immerwährenden Angleichung der Ergebnisse und der im Laufe der Studie variierenden Gesprächsleitfäden ist eine Wiederholung der Studie mit identischen Ergebnissen nahezu unmöglich. Das Datenmaterial der qualitativen Untersuchung stammt aus Interviews, welche in individuellen Situationen und mit anonymisierten Festivalbesuchern gewonnen wird, und ist somit nicht objektiv überprüfbar. Allerdings können die in der qualitativen Studie getroffenen Aussagen zu einzelnen Faktoren über die Daten aus den standardisierten, quantitativen Fragebögen mit hohen Rücklaufquoten verglichen und ggf. bestätigt werden. Der Abgleich der Ergebnisse der standardisierten, quantitativen Fragebögen für unterschiedliche Festivals ergibt eine konsistente Einschätzung der Besucher zu den relevanten Aspekten, was eine Verifizierung oder ggf. eine Relativierung der in der qualitativen Studie getroffenen Aussagen ermöglicht.

3.3.2 Quantitative Untersuchung

Seitens des Veranstalters FKP Scorpio wird jährlich zu allen von der Firma veranstalteten Festivals eine Besucherbefragung durchgeführt, in welcher die Meinungen und Einschätzungen der Besucher zu unterschiedlichen Bereichen und Aspekten des Festivals abgefragt werden. Unter anderem werden hier Informationen zu der allgemeinen Einschätzung des Festivals, dem Programms, der Bewertung von auf dem Festival kommunizierten nachhaltigen Themen, Sicherheitsaspekten oder zu auf dem Festival eingeführten Neuerungen generiert. Auch beinhalten die Daten Informationen über das Medienverhalten der Besucher, biometrische Daten (Alter, Geschlecht, Bildungsstand etc.) und das Konsumverhalten in Bezug auf Musik und Festivals. Der Autorin wird 2017 die Möglichkeit gegeben, in dieser Online-Umfrage einen Fragenblock von neun uneingeschränkt selbst formulierten Fragen zu integrieren. Dieser Fragenblock setzt sich von der restlichen Befragung mit dem Vermerk *Der folgende Frageblock dient einer Doktorarbeit zum Thema Festivalkultur – nur, damit Du Dich nicht über manche vielleicht ungewohnten Fragen wunderst* ab. Die der Autorin zur Verfügung gestellten

3.3 Operationalisierung

Daten beinhalten neben der Beantwortung der selbst formulierten Fragen auch die Informationen zu allen seitens FKP Scorpio abgefragten Bereiche, sodass ein umfassendes Datenmaterial zu den Hintergründen und Profilen der Probanden ausgewertet werden kann. Die Besucherbefragung findet online nach Beendigung des jeweiligen Festivals über einen Zeitraum von bis zu vier Wochen nach dem Festival statt. Die Teilnahme an der Befragung wird mit der Verlosung von 2 × 20 Kombitickets unter allen Probanden für das jeweilige Festival in der darauffolgenden Festivalsaison belohnt. Erreichbar ist die Online-Umfrage über die jeweiligen offiziellen Homepages der Festivals im Untermenüpunkt *Interaktives* sowie über in Ankündigungen und Newsletter verschickten Links (FKP 2017).

Da zu Beginn der Befragungen noch nicht bekannt ist, in welche Richtung sich die Reflexivität der Besucher richtet und ob die Reflexivität über ein oder mehrere bereits etablierte oder neue Modelle abgebildet werden kann, sind die Fragen in der Online-Umfrage breit gefächert angelegt und bilden somit ausdrücklich keinen Test für ein bestimmtes Konzept ab. Mit den Fragen wird vielmehr versucht, alle Bereiche der Reflexivität von Festivalbesuchern in den Interviews anzusprechen, um zu sehen, auf welche Bereiche und auf welche Themen sich die Probanden im Laufe der Interviews konzentrieren. So werden auch nicht auf allen Festivals die gleichen Fragen gestellt. In den Fragebögen der Augustfestivals ist lediglich ein Fragenblock, in welchem direkt die Wirkung von Musikfestivals auf den Alltag der Festivalbesucher abgefragt wird, er ist mit der Befragung auf dem *Hurricane/Southside*-Fragen identisch. Alle anderen Fragen haben sich aus der Feldstudie auf dem *Hurricane* entwickelt. Da bereits zu Beginn der Befragung vermutet wird, dass das *A Summers Tale*-Publikum einen gänzlich anderen Umgang mit dem Konzept Nachhaltigkeit pflegt, unterscheiden sich auch hier die Fragen (bis auf den in allen Fragebögen gleich formulierten Fragenblock vgl. Frage 5 in Anhang B.a – *Hurricane/Southside,* Frage 7 in Anhang B.a. – *Highfield/M'era Luna/Chiemsee Summer*) zu allen anderen Festivals. In der Formulierung der Fragen für das *A Summers Tale* ist der Fokus daraufgelegt worden, dass der Nachhaltigkeitsansatz auf dem *A Summers A Tale* sich in Gänze von dem des *Hurricane* unterscheidet, was im Laufe der Auswertungen eine weniger bedeutsame Rolle einnimmt. Aus diesem Grund sind nicht alle Faktoren mit Daten von allen untersuchten Festivals belegt, sondern jeweils mit denen, in deren Fragebögen dieser Fokus integriert ist.

Teil 1 : Standardisierter Fragebogen *Hurricane/Southside*

Für das *Hurricane/Southside*-Festival werden die von der Autorin der Studie verfassten Fragen 14 Tage vor den Festivals eingereicht, mit welchen Informationen zu den nach der Literaturrecherche und den beiden Pretests als relevant befundenen Themenbereichen abgefragt werden. Die Ergebnisse der Feldstudie können in die quantitative *Hurricane/Southside*-Befragung aus Zeitgründen nicht integriert werden. Neben Fragen zu Motivationsgründen für den Festivalbesuch, das Verhalten der Peer Groups auf dem Festival, mitgemachten Aktionen, bleibenden Eindrücken des diesjährigen und früheren Festivals oder der allgemeinen Akzeptanz von auf den Festivals kommunizierten nachhaltigen Themen auf dem Festival kann hier auch der Einfluss von Musikfestivals auf den Alltag der Besucher direkt abgefragt werden (vgl. Auswertung Frage 5 in Anhang B.a – *Hurricane/Southside*).

Die einzelnen Fragen sind mit mehreren Antwortoptionen im Multiple-Choice-Verfahren mit Mehrfachauswahl in Form von Check-Boxen zu bewertenden Statements über das semantische Differenzial oder offenen, mit selbst zu formulierender Antwortmöglichkeit versehen (vgl. Anhang B.a).

Die Daten werden nach Beendigung der Befragung über die von der Firma FKP Scorpio zur Durchführung und Auswertung der Umfrage eingekauften Software der Firma surveygizmo (SurveyGizmo 2019) in Form von Rapporten aufbereitet. Alle Datensätze werden zusätzlich in das SPSS-System exportiert und bereinigt. Im SPSS-System werden die Rapporte des Softwaretools der Firma SurveyGizmo überprüft und die Daten weiteren Auswertungen unterzogen. Nach Löschung der Testdatensätze müssen für das *Hurricane*-Festival weitere 941 Datensätze im Vorfeld ausgeschlossen werden, da die Befragung im Verlauf abgebrochen wird. Nach dieser ersten Bereinigung bleibt ein Kontingent von 2189 komplett ausgefüllten Datensätzen bestehen. Von den 2189 Datensätzen werden weitere 113 Datensätze ausgeschlossen, da die Befragten angeben, das Festival nicht selbst besucht, sondern per Facebook oder Social-Media-Kanäle verfolgt zu haben. Es bleiben 2076 komplette Datensätze zur Auswertung der vorliegenden Studie von Besuchern, die angeben, das Festival vor Ort erlebt zu haben. Das *Southside*-Festival hat nach Ausschluss der Testdatensätze eine Rücklaufquote von 2542 Datensätzen, von denen 1732 Datensätze komplett ausgefüllt und 810 abgebrochen wurden. Von den 1732 komplett ausgefüllten werden auch hier 133 Datensätze von der Auswertung ausgeschlossen, da die Befragten nicht vor Ort waren, sondern das Festival über soziale Medien, über das Fernsehen oder den Live-Stream mitverfolgt haben. Zur Auswertung der Befragung beim *Southside*-Festival bleiben somit 1599 Datensätze.

3.3 Operationalisierung

Für alle Fragen werden Häufigkeitstabellen erstellt. In Einzelfällen werden Kreuztabellen mit Chi-Quadrattests durchgeführt, über welche Zusammenhänge einzelner Aussagen aufgedeckt werden. Die Fragen sind nicht darauf angelegt, ein umfangreiches Profil der Festivalbesucher in Bezug auf die einzelnen Konzepte zu erstellen, sondern dienen der Untermauerung einzelner, für die Studie wichtiger Aussagen und der Verifikation des in der qualitativen Studie gewonnen Stimmungsbilds.

Die hohen Rücklaufquoten der Befragung deuten darauf hin, dass die Grundgesamtheit der Festivalbesucher durch diese Untersuchung gut abgebildet wird. Die Repräsentativität der Grundgesamtheit wird allerdings dadurch beeinträchtigt, dass als Motivation zur Teilnahme an der Befragung 20 × 2 Festivaltickets für das darauffolgende Festival gewonnen werden können, weswegen vorwiegend dem Festival gegenüber positiv eingestellte Festivalbesucher an der Befragung teilgenommen haben. Allerdings ist diese Befragung auch ein wirkungsvolles Instrument, um seine Meinung zu äußern und dem Veranstalter ein individuelles Feedback mitzuteilen, was auch eine Motivation unzufriedener Festivalbesucher sein kann, an der Studie teilzunehmen. Auch werden durch die Form der Online-Befragung eher Besucher angesprochen, die sich proaktiv an der Umfrage beteiligen, also ein intrinsisches Interesse an der Äußerung der eigenen Meinung dem Veranstalter gegenüber haben. Zusätzlich muss der Onlinezugang zu der Studie gewährleistet sein, was allerdings für das *Hurricane* bei 99 % (vgl. Auswertung Frage 3 in Anhang B.b – *Hurricane*) der Festivalbesucher gegeben ist.

Interessant ist, dass das in der Auswertung der quantitativen Umfrage gezeichnete Stimmungsbild mit dem übereinstimmt, was aus der qualitativen Umfrage gewonnen wird, und so ein Beleg für die Allgemeingültigkeit für die Besucher des *Hurricane*-Festivals zu vermuten ist. Zusätzlich gleichen sich die Stimmungsbilder der quantitativen Umfrage beim *Hurricane* und beim *Southside* flächendeckend, was ein weiteres Indiz für die Verifikation des Stimmungsbildes ist (vgl. Auswertung Fragen 1–9 in Anhang B.a – *Hurricane/Southside*).

Teil 2 : Standardisierter Fragebogen Augustfestivals

Für die Vorbereitung der Online-Umfrage der späteren, im August 2017 durchgeführten, Festivals *M'era Luna, Highfield, Chiemsee Summer* und *AST* dienen bereits die Auswertungen der sowohl qualitativen als auch quantitativen Untersuchung auf dem *Hurricane/Southside* als Grundlage. Einzelne Aussagen und Vermutungen können in diesen Umfragen vertieft und empirisch untersucht werden. So werden direkte Fragen zur Bewertung der eigenen Smartphone-Nutzung,

Verschiebungen von Hemmschwellen in unterschiedlichen Bereichen, zur Zeitwahrnehmung oder der Kommunikation mit anderen Besuchern während des Festivals und die Chancen auf die Auswirkung dieser konkreten Aspekte auf den Alltag abgefragt. Bei den Vorbereitungen des Fragebogens für das *AST* wurden die Fragen umfassend umgestaltet. Der unterschiedliche Charakter des Festivals zu den anderen aufgeführten Musikfestivals und der fehlende Fokus auf die Eigendynamik innerhalb des Festivalpublikums ließ darauf schließen, dass aussagekräftigere Informationen zu den wahrgenommenen Unterschieden der jeweiligen Festivals durch eine komplette Umgestaltung des Fragebogens zu gewinnen sind. Die direkte Frage nach den allgemeinen Auswirkungen eines Musikfestivals auf den Alltag ist unverändert in den Umfragen der späteren Festivals enthalten, um einen Anhaltspunkt dafür zu bekommen, ob durch die neu hinzugekommenen Fragen gewonnenen Erkenntnisse ggf. auch auf das *Hurricane* transferiert werden können.

Für die einzelnen Festivals wird nach Ausgrenzung der Testbefragungen, abgebrochener Datensätze und nicht vor Ort gewesener Befragten ein Rücklauf von 731 für das *M'era Luna*, 754 für das *Highfield*, 443 für das *Chiemsee Summer* und 337 komplett ausgefüllter Fragebögen für das *AST* verzeichnet.

Stellt man die Ergebnisse der quantitativen Befragungen für alle Festivals nebeneinander, fällt auf, dass vorwiegend das *AST*-, aber auch das *M'era Luna*-Festival in auffälliger Weise von den anderen Festivals abweichen. Erklärt werden diese Abweichungen über den unterschiedlichen Charakter der Veranstaltungen und die daraus resultierende Besucherstruktur. Auf Musikfestivals wird der Musik, mit der sich die Besucher identifizieren, zwar eine hohe Relevanz zugedacht und diese ist auch auf den Campingplätzen erfahrbar. Dieser Schwerpunkt jedoch lässt den Besuchern Zeit und Muße, sich parallel zu der Musik mit noch anderen Aspekten des Festivals wie beispielsweise der gesellschaftlichen Komponente ausgiebig zu widmen. Während das *Hurricane-*, *Southside-*, *Highfield-* und das *Chiemsee Summer*-Festival Musikfestivals sind, die vorwiegend junges Publikum anziehen und denen von den Besuchern ein starker Fokus auf gesellschaftliche Aspekte bescheinigt wird, stehen beim *M'era Luna* und beim *AST* andere Aspekte im Vordergrund. Hier geht es um die Präsentation eines Lifestyles und das Interesse für Nachhaltigkeit, was ein tendenziell älteres Publikum anzuziehen scheint. Untersuchungsergebnisse einzelner Aspekte, die auf die Eigendynamiken auf den Campingplätzen verweisen, machen deutlich, dass diese auf den Musikfestivals ungleich ausgeprägter zu sein scheinen als auf den Lifestyle-Festivals.

So ist das Publikum des *M'era Luna* und des *AST*, verglichen mit den Besuchern anderer Musikfestivals, zufriedener mit dem eigenen Alltag und spricht

3.3 Operationalisierung

dem Musikfestival weniger Veränderungspotenzial in den Bereichen Einstellung zu Umweltthemen und zu gesellschaftlich/sozialen Themen zu. Auch wird sowohl vom *M'era Luna-* als auch vom *AST-* Publikum in geringerem Maße Selbstverständliches infrage gestellt, was ggf. auf die Altersstruktur der Besucher (vgl. Abschn. 3.2) und die Ausrichtung des Festivals als Lifestyle-Festival zurückzuführen ist (vgl. Abschn. 3.2). Beim Publikum des *Highfield*-Festivals und des *Chiemsee Summers* ist eine ähnliche Einschätzung der Einflüsse eines Musikfestivals auf den Alltag der Besucher wie beim *Hurricane* zu verzeichnen. Die einzige auffällige Abweichung ist bei beiden Festivals in der Einschätzung des Veränderungspotenzials zur Einstellung gegenüber Umweltthemen zu erkennen (vgl. Abschn. 3.2).

Forschungsresultate: Potenziale einer reflexiven Nachhaltigkeitskultur 4

Um die Untersuchung in eine Struktur zu bringen, werden in einem ersten Schritt die Faktoren, denen ein Potenzial im Zusammenhang mit der reflexiven Auseinandersetzung seitens der Besucher mit gesellschaftlichen Begebenheiten zugeschrieben wird, in die Kategorien intersubjektiven und subjektiven eingeteilt. Als intersubjektiv werden Faktoren dann eingestuft, wenn sie innerhalb einer Festivalsituation von außen auf ein Individuum einwirken und Impulse für eine Reflexion gesellschaftlicher Begebenheiten bezogen auf nachhaltige Themen geben. Hier soll noch einmal unterschieden werden, welche Intention den intersubjektiven Faktoren zugrunde liegt. Es gibt Faktoren, denen die Intention, Besucher aktiv zu einem nachhaltigen Verhalten zu animieren oder das Bewusstsein in eine nachhaltige Richtung zu lenken, unterstellt werden können. So können beispielsweise Unternehmungen der Veranstalter, die ihre Besucher zu nachhaltigem Verhalten bewegen sollen, oder Projekte von nachhaltigen Initiativen auf den Festivals als aktiv gewertet werden. Weitere Faktoren, die in diesem Zusammenhang beleuchtet werden, entstehen eher aus anderen Intentionen heraus und zielen nicht auf ein nachhaltiges Verhalten der Festivalbesucher ab, spielen aber für die Erklärung oben genannter Rahmenbedingungen ebenso eine Rolle und sollen hier als passiv eingeordnet werden. Dazu zählt beispielsweise, dass Besucher während eines Aufenthalts auf dem Festival innerhalb einer improvisierten Infrastruktur beispielsweise dem Wetter, also der Natur, nahezu schutzlos ausgesetzt sind und sich dazu verhalten müssen oder sich mit Eigenheiten anderer Festivalbesucher, der Festivalgemeinschaft auseinandersetzen müssen. Auch nehmen Festivalbesucher in einer Festivalsituation Abstand vom Alltag, welcher hier über drei Dimensionen (räumlich, inhaltlich, zeitlich) erklärt werden soll. Es soll gezeigt werden, dass die intersubjektiven Faktoren intensive Impulse für eine Reflexion gesellschaftlicher Begebenheiten bieten und Rahmenbedingungen für die Besucher bieten, die eine grundlegende Öffnung und das sich Lösen vom vorherrschenden Werte- und Normensystems forcieren. Subjektive Faktoren dagegen sollen Aufschluss über das geben, was sich während des Festivals im Inneren eines Besuchers abspielt und einen etwaigen Perspektivwechsel der Besucher erklären. Über den Faktor *Sich mit sich selbst beschäftigen* soll beispielsweise gezeigt werden, wie sich Besucher in einer Festivalsituation zu ihrem im Alltag eingenommenen sozialen Status verhalten. Schilderungen von Festivalbesuchern, welche auf eine Fokussierung der Aufmerksamkeit auf die gegenwärtige Situation oder eine als festivalspezifisch empfundene Selbstwirksamkeitserfahrung hinweisen, werden innerhalb der Diskussion um die Faktoren *Entschleunigung* und *Sich anders erfahren* analysiert. Diese Aspekte zusammengefasst lassen auf eine grundlegende Öffnung des Subjekts schließen. Abschließend soll der ungewöhnlich emotionalen Aufladung der Besucher in einer Festivalsituation Rechnung getragen werden.

Atmosphäre, Stimmung und Emotionen sind drei Konzepte, die im allgemeinen Sprachgebrauch nur schwer voneinander zu unterscheiden sind und doch gänzlich unterschiedliche Assoziationen hervorrufen. Thomas Bulka widmet sich in seinem Buch *Stimmung, Emotion und Atmosphäre* der Abgrenzung dieser drei Begriffe untereinander, stellt sie in Beziehung zueinander und erklärt darüber im Rahmen einer phänomenologischen Untersuchung die Struktur menschlicher Affektivität (Bulka 2015).

Emotionen sind demnach affektive Phänomene, welchen vorwiegend ein bedeutungsstiftender Charakter zugesprochen wird (Bulka, 2015, S. 44 und S. 329). Es handelt sich hier also um Gefühlsregungen, welche bestimmte situative Begebenheiten zu beurteilen vermögen. So ist für das Individuum von hoher Bedeutung, was in ihm intensive Emotionen hervorruft. Emotionen spricht Bulka einen intensiven qualitätsstiftenden und eher kurzfristigen Charakter zu.

Im Gegensatz dazu gelten Stimmungen hier als lang andauernde und weniger affektiv wirkende Gefühlsregungen. Sie beschreiben *Phänomene eigenen Rechts, die nicht als bloß subjektive Dispositionen das persönliche Befinden beeinflussen, sondern die im weitestmöglichen Sinne die Art und Weise der menschlichen Interaktion mit der Welt präformieren* (Bulka 2015, S. 329 f.). Stimmungen sind subjektive Gefühlsregungen, welche vom Individuum ausgehen (Bulka 2015, S. 333).

Die Atmosphäre hingegen beschreibt Bulka als ein situationsspezifisches Phänomen. So spiegelt sich in ihr die *situative Ganzheit* einer Situation wider, welche Einfluss auf das individuelle Empfinden hat, von diesem aber nicht konstituiert wird (Bulka 2015, S. 329).

Die Atmosphäre, so sei an dieser Stelle festgehalten, soll in der vorliegenden Untersuchung über die intersubjektiven Faktoren, also die externen situationsspezifischen Faktoren erklärt werden. Die Stimmung hingegen soll über die subjektiven Faktoren erklärt werden, welche Rückschlüsse auf die subjektiven Dispositionen der Besucher in einer Festivalsituation ziehen lassen. In der Zusammenführung beider Perspektiven der Festivalsituation soll dann auf die jeweiligen Wechselwirkungen der beiden Konzepte eingegangen werden. Verstärkt wird das Zusammenspiel aller herausgearbeiteten Faktoren über eine starke Emotionalität, welche innerhalb einer Festivalsituation herrscht. Euphorisiert wirkende Schilderungen der Besucher zur Atmosphäre und zur Stimmung werden über die ungewöhnlich hohe Emotionalität und deren kollektiven Charakter diskutiert und erklärt. Studienergebnisse von Rimé (2007), Rimé und Páez (2014) und Schlesinger (2009) zu kollektiven oder geteilten Emotionen belegen, dass diese dazu beitragen, den Gruppenzusammenhalt und die Solidarität unter denjenigen zu stärken, die ihre Emotionen teilen. Mit diesem Hintergrund sollen Auffälligkeiten in Schilderungen der befragten Festivalbesucher zum Zusammengehörigkeitsgefühl und einer gesteigerten Hilfsbereitschaft innerhalb der Festivalsituation erklärt werden.

Die Abb. 4.1 stellt die Reinschrift des in Abschn. 3.3.1 skizzierten semantischen Netzwerks dar und beinhaltet die aus der theoretischen Codierung der semistrukturierten Interviews hervorgehenden Faktoren sowie deren Positionierung innerhalb der Argumentation dieser Arbeit (vgl. Abschn. 3.3.1).

Im Rahmen der hier hergeleiteten Festivalsituation werden Phänomene augenscheinlich, an denen ein temporärer Normenwandel mit Bezug zur Reflexion gesellschaftlicher Begebenheiten nachgewiesen werden kann. Erklärt und hergeleitet werden die hier zu untersuchenden Phänomene über Ausführungen zum Flow-Zustand nach M. Csíkszentmihályi (2014), zum Schwellenzustand, den Turner Liminalität nennt, und das Konzept der Resonanz nach Rosa (2017). Diese Phänomene bieten Raum für die Diskussion einer nachhallenden Wirkung auf Denk- und Verhaltensmuster der Festivalbesucher. Über Resonanzerfahrungen kann auf eine Stärkung des Resonanzvertrauens seitens der Festivalbesucher geschlossen werden. Im Rahmen des Flow-Zustands soll die Wirkung der intrinsischen Motivation als Diskussionsgrundlage dienen und Liminalität wird im Rahmen der Interaktionen innerhalb einer noch einzuführenden Anti-Struktur beleuchtet.

Ein durch die Rahmenbedingungen einer Festivalsituation begünstigter oder sogar hervorgerufener temporärer Normenwandel findet also nicht nur in einer Phase intensiver Reflexion gesellschaftlicher Begebenheiten, sondern zusätzlich kollektiv, d. h. für andere sichtbar und mit anderen teilbar, statt. Diese

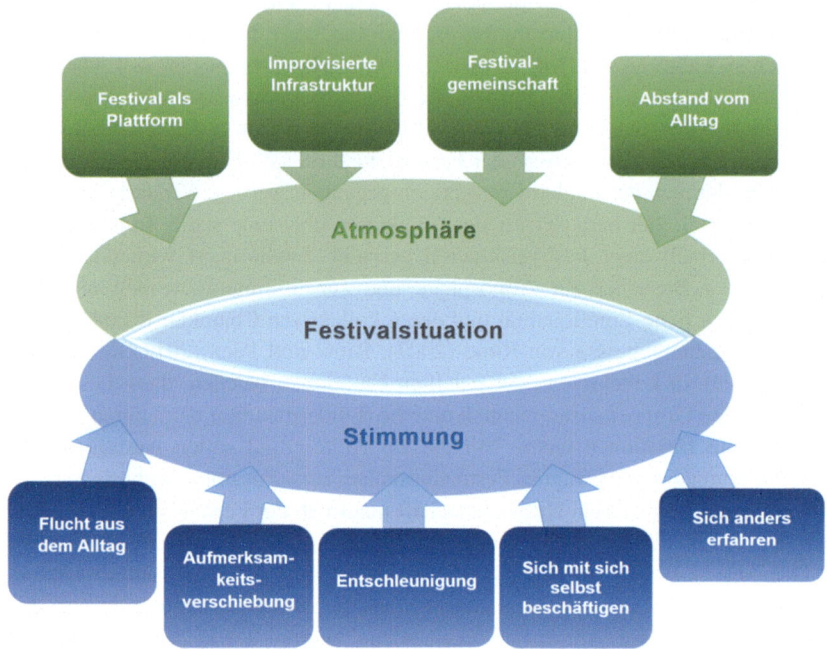

Abb. 4.1 Rahmenbedingungen einer Festivalsituation. (Quelle: eigene Darstellung)

Begebenheit soll im Folgenden hergeleitet und nachgewiesen werden und stellt die Festivalsituation zur Klärung des Verhältnisses von Populärkultur zur sozialökologischen Transformation als fruchtbaren Nährboden und somit als Beschleunigungsmoment heraus.

4.1 Festivals als Plattform

Musikfestivals bieten eine begehrte Kommunikationsplattform, über welche Informationen und Leitbilder an vorwiegend junge Gesellschaftsmitglieder in einem von diesen akzeptierten Kontext herangetragen werden können. Zur Kommunikation von Werbung, Verbraucherinformationen und Sicherheitsaspekten steht den Veranstaltern eine Infrastruktur zur Verfügung, mit welcher potenzielle Kunden und Käufer der Festivaltickets erreicht werden können. Neben der eigenen Homepage, Apps, Plakaten und Anzeigen werden in diesem Rahmen soziale

Medien wie Facebook, Instagram oder Twitter genutzt, um Besucher im Vorfeld über das Festival zu informieren. Vor Ort werden neben den digitalen Medien Informationen über Durchsagen, Videoscreens, Infostände, Banner oder ggf. den festivaleigenen Radiosender verbreitet. Diese bestehende Infrastruktur wird neben der Verbreitung von Verbraucherinformationen und Sicherheitsaspekten auch zur Kommunikation von nachhaltigen Themen genutzt (Baer 2017). Festivalbesucher werden also direkt oder indirekt mit nachhaltigen Themen auf einem Festival konfrontiert. Verhaltensregeln und Appelle der Veranstalter, welche Besucher zu nachhaltigem Verhalten während des Festivals animieren sollen, werden beispielsweise beim *Hurricane*-Festival in Form von Leitfäden kommuniziert und ggf. eine entsprechende Infrastruktur zur Umsetzung zur Verfügung gestellt (vgl. FKP o. D. b).

4.1.1 Motivation der Veranstalter

Die Motivation der Veranstalter, ihr Publikum zu nachhaltigem Verhalten während eines Festivals zu bewegen, beruht auf unterschiedlichen Beweggründen. Zum einen kann ihnen – wie oben erläutert – unterstellt werden, dass sie im Zuge ihrer Philosophie eigene Standards und Visionen diesbezüglich einbringen und diese für ihr jeweiliges Festival geltend machen (vgl. Abschn. 2.4.1). Neben diesem nur schwer eingrenzbaren Motivationsgrund lassen sich jedoch weitere im Rahmen des kleinsten gemeinsamen Nenners ggf. besser nachvollziehbare Gründe anführen, welche Veranstalter hier aktiv werden lassen. Veranstalter kreieren mit dem Festival eine temporäre Gemeinschaft (vgl. Kirchner 2011), deren Umgebung während des Festivalbesuchs das Festivalgelände selbst ist. Ein Veranstalter wird nicht zuletzt aus Kostengründen daran interessiert sein, dass die Festivalbesucher z. B. das Campinggelände sauber halten (Reinigungskosten), so wenig Wasser und Strom wie möglich verbrauchen (Kosten für Transport und Infrastruktur der Ressourcen) und einen respektvollen Umgang miteinander pflegen (Kosten für Sicherheitskräfte) (vgl. Baer 2017). Aus dieser Überlegung ist also ein Eigeninteresse der Veranstalter an nachhaltigem Verhalten der Besucher während des Festivals abzuleiten. Einen weiteren Motivationsgrund stellt der Druck der externen Personen oder Verbände dar, welche daran interessiert sind, dass das Festival einen kleinstmöglichen ökologischen Fußabdruck hinterlässt (vgl. Baer 2017). So werden unter anderem Anliegen wie Lärmbegrenzungen, eine zeitnahe Müllbeseitigung oder Schutz des Waldes vor Wildpinklern von Anwohnern, Jägern, Landwirten und Gemeinden im Rahmen von Ordnungsbescheiden festgehalten und dem Festival damit vonseiten der Politik Auflagen zur Durchführung des Festivals gemacht. Auch der gesellschaftliche Druck über die Presse oder Umweltverbände veranlasst Veranstalter dazu, Initiativen zu ergreifen, über welche die Belastung der Umwelt durch CO^2 oder Müll minimiert wird.

4.1.2 Grüne Themen auf Musikfestivals

In den letzten zehn Jahren hat sich in der Live-Musik-Branche ein Netzwerk von Veranstaltern und Initiativen etabliert, welches sich ausschließlich dem Thema *Nachhaltigkeit in der Durchführung von Live-Events* widmet und international operiert. Zu diesem Netzwerk gehören Initiativen wie die *Green Operation Group Europe*, welche Workshops und Awards für nachhaltige Lösungen in der Live-Musikbranche organisieren (Green Operation Group Europe 2019) oder die *Green Music Initiative*, welche sich als European Think-Do-Tank für die Musikindustrie verstehen (Green Music Initiative o. D.). Diese Initiativen haben sich zum Ziel gesetzt, das Thema Nachhaltigkeit in der Live-Musikbranche voranzutreiben und eine Plattform zur Vernetzung von Veranstaltern, Initiativen und Anbietern von nachhaltigen Lösungen für die Musikbranche anzubieten. Das Interesse, die eigenen Festivalbesucher zu nachhaltigem Verhalten während des Festivals zu bewegen, wird von Veranstaltern während eines Festivals aktiv verfolgt. Festivalbesuchern werden über Leitfäden nachhaltige Verhaltensregeln nahegelegt. Anregungen zur Müllreduzierung auf den Festivals, CO^2-freundlicher Anreise oder einem respektvollen Umgang mit Nachbarn auf dem Campingplatz gehören auf nahezu allen Festivals in Deutschland mittlerweile zum Standard (beispielsweise: FKP o. D. b – *Grün Rockt*). Die Umsetzung dieser Anregungen wird durch die Bereitstellung einer entsprechenden Infrastruktur unterstützt. So bietet beispielsweise das *Hurricane*-Festival im Rahmen seines Leitfadens *Grün Rockt* mit dem Verweis auf eine CO^2-freundliche Anreise eine kostenlose Anreise für Festivalticketinhaber mit dem Zug. Zum Umgang mit Müll auf dem Festival wird auf die vom Veranstalter bereitgestellte Müllabfuhr, Müllsammelstellen und das Müllpfandsystem verwiesen. Es wird darüber informiert, dass im Rahmen eines Recyclingkonzepts der auf dem Festival anfallende Müll vor Ort vorgetrennt und im Nachhinein in Mülltrennungsanlagen recycelt wird. Zusätzlich soll das auf dem Festival etablierte Pfandbechersystem zur Müllvermeidung beitragen. Unter dem Menüpunkt *Miteinander* wird an ein respektvolles Zusammensein auf dem Festival appelliert, welches durch Projekte wie *Wo geht's nach Panama* unterstützt wird (vgl. FKP o. D. b). Inhalte dieses Leitfadens werden über die

4.1 Festivals als Plattform

Homepage, Social-Media-Kanäle und eine App im Vorfeld an die Besucher kommuniziert. Vor Ort werden die Botschaften über Durchsagen auf den Bühnen, das Festivalradio, Banner, Hinweisschilder und das Personal stetig an die Besucher herangetragen und ihnen ins Gedächtnis geholt.

Die Ergebnisse der qualitativen Umfrage zeigen, dass die Festivalbesucher über die *grünen Aktionen* des Veranstalters und die entsprechende Infrastruktur informiert sind. Auf die Nachfrage, ob es vom Veranstalter vorgegebene Verhaltensempfehlungen in Sachen Nachhaltigkeit gibt, kommen die Befragten schnell auf das Schlagwort *Grün Rockt* und können auch einzelne der Aktionen dieses Projekts aufzählen. Allerdings wird diesen Verhaltensempfehlungen im Festivalalltag keine allzu große Bedeutung beigemessen. Zwar wird generell unterstellt, dass auch die anderen Festivalbesucher diese Vorgaben kennen, eine konkret sichtbare Umsetzung ließe sich aber im Festivalalltag nicht ausmachen, da hier der freizügige Umgang mit Müll oder Essensresten überwiege. Auf die Frage, welche vom Veranstalter kommunizierten Aspekte in Sachen Nachhaltigkeit bei den Besuchern ankommen, bestätigt Festivalbesucherin Lisa (FB_L) unterstützt durch Festivalbesucherin Isabell (FB_I) diesen Eindruck:

> *FB_L: Ja, jetzt gerade dieses Jahr, das mit dem Grün Rockt ist ja viel größer, dass die ja auch diese Aktion machen, dass du grüne Punkte sammeln kannst und dann was gewinnen kannst. Also es ist trotzdem eine riesige Müllhalde hier am Ende, aber für ein Festival, glaube ich, geben die sich schon sehr Mühe, dass das ein bisschen nachhaltiger wird. Dass du deine Zelte abgeben kannst, wenn du die nicht mehr brauchst, dein Essen, was du nicht mehr brauchst, den Müllpfand.*
> *FB_I: Die versuchen es wenigstens, ne?*
> *FB_L: Genau. Ich weiß nicht, ob es so viel bringt. Weil so ein Festival ist halt/ (...) Da wird so viel Müll produziert, weiß ich nicht, ob das was bringt. Aber die versuchen ja schon da entgegenzuwirken, die geben sich da schon Mühe (TS Mo1, Z. 68–77).*

Trotz der fehlenden Sichtbarkeit konkreter Ergebnisse in der Umsetzung der Verhaltensempfehlungen kann an dieser Stelle ein deutlicher Impuls zur Auseinandersetzung mit den kommunizierten Themen festgehalten werden.

Neben den Hinweisen auf selbst initiierte *grüne Aktionen* verweist der Veranstalter innerhalb des *Grün Rockt*-Leitfadens auf die Nachhaltigkeitsziele der Vereinten Nationen, Aktivitäten und Spielregeln der Naturschutzjugend (NAJU) und stellt nachhaltige Projekte von NGOs vor. Auch den vom Veranstalter eingeladenen NGOs werden diverse Kommunikationskanäle zur Verfügung gestellt. Deren Botschaften gehen häufig über das Eigeninteresse der Veranstalter hinaus, indem sie gesellschaftliche Missstände aufzeigen und Besucher auf nachhaltige Themen ansprechen, welche auch außerhalb des Festivalalltags relevant sind. Um an dieser Stelle nicht in Themenfelder abzuschweifen, welche nicht unmittelbar dieser Untersuchung zuträglich sind, soll hier nicht ausführlich auf jegliche auf dem *Hurricane*-Festival kommunizierten *grünen Aspekte* eingegangen werden. Vielmehr soll anhand dreier Initiativen erläutert werden, wie diese zu einer gesellschaftlichen Reflexion der Besucher beitragen. Den drei Initiativen ist gemein, dass sie neben der Kommunikation ihrer Botschaft auch eine Infrastruktur auf dem Festival zur Verfügung stellen, die es Besuchern ermöglicht, aktiv an den Projekten teilzunehmen (FKP, o. D.b). Besucher werden hier mit Themen wie Wasserknappheit und Hygiene (*WASH-Projekt* Viva con Agua), Umgang mit überschüssigen Nahrungsmitteln (Food-Sharing) und Behausungen in Form von Zelten für Obdachlose und Flüchtlinge (Hanseatic Help) konfrontiert. Im Untersuchungsjahr 2017 sind auf dem *Hurricane*-Festival unter anderem die Initiativen Viva con Agua mit der Pfandbecherspende, Food-Sharing mit einer Tauschpagode und Hanseatic Help mit einer Annahmestelle für Zeltspenden vertreten.

Aus den im Jahre 2017 auf dem *Hurricane*-Festival geführten Interviews mit Vertretern dieser Organisationen geht hervor, dass die Motivation der NGOs, auf dem *Hurricane*-Festival präsent zu sein, sehr homogen ist. Vertreten sind diese auf dem Festival in erster Linie, um mit ihren Botschaften junges Publikum zu erreichen. Sie zielen darauf ab, den Besuchern nachhaltige Themen ohne erhobenen Zeigefinger und mit Spaß nahezubringen (vgl. TS So FS, TS So VcA, TS Mo HaHe).

Die Initiativen erreichen laut Einschätzung ihrer Helfer vor Ort (Food Sharing Helfer (FS_H), Hanseatic Help Helferin Klara (HaHe_K), Viva con Agua Helfer (VcA_H)) auf Festivals Personen, die mit diesen Konzepten bisher noch nicht in Berührung gekommen sind, und können vereinzelt neue Mitstreiter akquirieren.

FS_H: Also, es sind ganz viele Leute, die hier zum ersten Mal überhaupt mit Food-Sharing in Kontakt kommen und wirklich denken: „Was soll das? Also, warum gibt's hier Essen umsonst und warum wird hier Essen rausgegeben und angenommen, also, was für einen Sinn hat das?". Das ist (.) eigentlich (.) der größte Vorrang an diesem Festival, dass wir wirklich Leute treffen, die das noch gar nicht kennen und da ein bisschen sensibilisiert werden und damit in Kontakt kommen (TS So FS, Z. 4–9).

Sie geben an, dass sie die Festivalbesucher in einer Situation ansprechen, in der sie offener sind als im Alltag.

FS_H: Eigentlich super, weil das/ (.) Alle sind total locker. Alle sind total offen. Man kann mit irgendwelchen dummen Sprüchen, sag ich jetzt mal, die Leute irgendwie catchen und ins Zelt locken und, ähm, gerade auch, wenn man sagt: „Kostenlos Essen" und „Essen umsonst" ist direkt jeder getriggert und sagt: „Ja cool ey, auf jeden Fall,

4.1 Festivals als Plattform

bin ich dabei!". Und (.) ja, es sorgt dafür, dass jeder damit etwas Positives verbindet und das ist perfekt (TS So FS, Z. 11–15).

HaHe_K: Und die Leute sind halt auch sehr offen dafür so, alles entspannt, junge Leute (TS Mo HaHe, Z. 12).

VcA_H: ..., dass man hier halt ein Publikum hat, das einem viel, viel wohlgesonnener ist, sag ich mal. Also, dass viel, viel interessierter ist, als wenn man jetzt (..) zufällig irgendwelche Leute in der Fußgängerzone anspricht. Also, wir wenden uns ja an ein junges Publikum und an junge Menschen und so weiter und deswegen ist das hier viel besser, als wenn wir alle Leute in der Fußgängerzone ansprechen (TS So VcA, Z. 25–29).

Auch wird angegeben, dass Besucher aus der Situation heraus ohne viel Aufwand aktiv werden und sich freiwillig beteiligen können.

VcA_H: Sehr, sehr positiv. Es ist wirklich/ (.) Also, sie kommen freiwillig zu unserem Stand und wir müssen denen nicht auf die Nerven gehen. Das ist ja auch unser Ansatz, dass wir denen halt nicht auf die Nerven gehen. Aber wir stehen hier mit unseren Tonnen und wedeln die Fahne und die kommen zu uns. Oder so wie das dahinten gerade gemacht wird, dass die halt ein bisschen gute Laune machen. (.) Also wirklich sehr, sehr positiv (TS So VcA Z. 2–6).

FS_H: Also ich glaube, dass diese Freiheit, die wir hier den Leuten bieten, sich zu nehmen, was sie möchten, zu geben, was sie möchten, aber nichts nehmen zu müssen und auch nichts geben zu müssen. Also die absolute Freiheit, dass das hier so ein Anreiz ist, ne? Denn ich glaube, wenn du viel Freiheit gibst, dann wird auch so ein Stück weit Verantwortung übernommen. Wenn kein Spielraum da ist für Menschen, was sie tun könnten, dann tun sie es auch nicht. Warum sollte ich dann auch? Aber wenn wir sagen, „gut, wir bieten dir das an und du kannst es machen wie du möchtest und du hast zumindest die Chance es zu tun", dann wird das auch positiv angenommen, ne? Also so ganz ohne Zwang, nä (TS Fr FS, Z. 84–92).

Trotz der durchweg positiven Schilderungen der Organisationsmitglieder der Initiativen soll kurz auf die Relation der vor Ort auszumachenden Beteiligung der Besucher an den einzelnen Projekten zu der Gesamtbesucherzahl des 2017 ausverkauften *Hurricane*-Festivals mit 78.000 Besuchern eingegangen werden. Organisationen wie das Food-Sharing oder Hanseatic Help, welche nach eigenen Angaben mit Blick auf die Größe des Festivals über eine eingeschränkte Logistik verfügen, verbuchen das Festival und die Besucherbeteiligung als Erfolg. Bittet man die Vertreter, die Zahlen von über das Festival neu gewonnenen Kontakten oder eingesammelten Zelten, Bechern oder Konservendosen in Relation zu der Gesamtbesucherzahl zu setzen, so wird in den Interviews schnell deutlich, dass an diesem Ergebnis nur ein relativ kleiner Teil der Festivalbesucher beigetragen haben kann (TS So FS, Z. 28–30). Eine flächendeckende Mitarbeit oder Anteilnahme an diesen Aktionen seitens des Festivalpublikums soll an dieser Stelle in keiner Weise nahegelegt werden.

Zudem überschattet der Verdacht des Greenwashing die Kommunikation nachhaltiger Themen auf dem *Hurricane*–Festival, da es auch hier lediglich einen Leitfaden zur Kommunikation grüner Themen gibt, nicht aber eine den Veranstalter verpflichtende Strategie. Diesem Verdacht kann aus Platzgründen in dieser Arbeit nicht nachgegangen werden. Festzuhalten sei an dieser Stelle jedoch, dass aufgrund der Kommunikation grüner Themen auf dem *Hurricane*-Festival, zwar nicht die Umsetzung von Handlungsempfehlungen erfolgen, sehr wohl werden über diese Kommunikation die Besucher aber mit gesellschaftlichen Begebenheiten konfrontiert und zur Reflexion angeregt. Es soll an dieser Stelle ein deutlicher Impuls zur Auseinandersetzung mit den kommunizierten Themen festgehalten werden, was im Rahmen der vorliegenden Arbeit einen wichtigen Impuls darstellt.

4.1.3 Festivals als Plattform in den Daten der Online-Umfrage

In der alljährlichen Online-Umfrage von FKP Scorpio wird im Nachhinein abgefragt, wie die einzelnen Projekte und Botschaften von den Besuchern angenommen werden.

Lediglich 9 % der Befragten geben im Untersuchungsjahr 2017 an, keine der vom Veranstalter initiierten *grünen Aktionen* genutzt zu haben (vgl. Tab. 4.1). Mit 63 % gibt die Mehrheit der Befragten an, sich an der Müllrückgabe an den Recyclingstationen beteiligt zu haben, und ca. ein Viertel der Besucher benutzte die

Tab. 4.1 Besucherbeteiligung an grünen Aktionen Hurricane 2017. (Quelle: eigene Auswertung Frage 7 in Anhang B.b)

Welche „grünen Aktionen" hast Du im Zusammenhang mit dem Hurricane Festival genutzt?		
Antwortoption	Prozent	Total
Anreise per metronom (im Ticketpreis enthalten)	20%	412
Foodsharing-Aktion	15%	306
Grüner Wohnen-Zeltplatz	17%	355
Müllinseln	36%	751
Müllrückgabe bei den Recyclingstationen	63%	1312
Müllrückgabe bei der Müllabfuhr	26%	539
Viva Con Agua-Becherpfand	27%	556
Hurricane für Viva Con Agua	9%	183
Taschen-Gewinnspiel	1%	24
Hanseatic Help (Zelt-und-Schlafsack-Spendensammlung für Bedürftige)	5%	110
nichts von alledem	9%	197

4.1 Festivals als Plattform

Müllinseln oder gab den Müll bei der Müllabfuhr ab. Das Angebot der kostenlosen Anreise mit dem Metronom nahmen laut Umfrage knapp 20 % der Befragten in Anspruch. Die Beteiligung an den auf dem Festival vertretenen Initiativen allerdings fällt deutlich geringer aus. So geben lediglich 5 % der Befragten an, sich bei Hanseatic Help beteiligt zu haben, und 15 % haben beim Food-Sharing mitgemacht. Eine Ausnahme stellt, mit einer relativ hohen Beteiligung von 27 %, die Initiative Becherpfand von Viva con Agua dar.

Hier fällt auf, dass die Angebote der Veranstalter im Rahmen der ohnehin zu stellenden Infrastruktur sehr hoch frequentiert werden. So beteiligen sich Besucher ggf. aufgrund des Müllpfands oder der ohnehin anstehenden Müllentsorgung am Recyclingprojekt oder verlegen die unvermeidliche Anreise vom Auto auf den Zug, da im Festivalticket ein kostenloses Metronom-Ticket enthalten ist. Ungleich weniger Beachtung finden die Angebote, die die Eigeninitiative der Besucher erfordern, wie die Beteiligung an auf dem Festival präsenten Initiativen mit Ausnahme von Viva con Agua.

Laut Veranstalterangaben zu den *Grün Rockt*-Ergebnissen *Hurricane* 2017 (vgl. Tab. A in Anhang B.b) wurden über das Food-Sharing ca. 4,5 t Lebensmittel *gerettet,* via Hanseatic Help 600 Schlafsäcke, Isomatten und Zelte und über die Pfandbecherspende von Viva con Agua ca. 140.000 € gesammelt. Für sich genommen stellen diese Zahlen imposante Mengen dar. Setzt man sie in Relation zu der Gesamtbesucherzahl vom *Hurricane* 2017, so kann auch an dieser Stelle festgehalten werden, dass es durchaus eine rege Beteiligung an den *grünen Aktionen* des Festivals gibt, eine flächendeckende und eigeninitiative Beteiligung allerdings kann durch diese Daten nicht bestätigt werden. Allerdings zeigt der sehr geringe Anteil der Besucher, die sich an keiner der *grünen Aktionen* beteiligt haben, dass *grüne Themen* auf dem *Hurricane* 2017 nahezu flächendeckend wahrgenommen werden und Besucher auf die ein oder andere Weise mit diesen konfrontiert sind.

Die hier angeführten Aspekte, welche vom Veranstalter oder den Initiativen auf den Festivals aktiv an die Besucher kommuniziert werden, zielen darauf ab, dass sich Besucher während des Festivalaufenthalts mit nachhaltigen Themen im Rahmen des gesellschaftlichen Miteinanders auseinandersetzen. Die in dieser Arbeit unter dem Faktor *Festivals als Plattform* zusammengefassten Aspekte können also als konkrete Impulse zur Reflexion gesellschaftlichen Umgangs seitens der Festivalbesucher mit nachhaltigen Themen gewertet werden. Ihnen kann eine allgemeine Akzeptanz bei den Festivalbesuchern in der quantitativen Umfrage nachgewiesen werden. So geben 68 % der in der quantitativen Studie befragten Personen an, dass sie die Kommunikation grüner Themen auf einem *Hurricane*-Festival wichtig finden, *weil sie einfach dazugehören* (vgl. Auswertung Frage

6 in Anhang B.a – *Hurricane/Southside*). Einer konkreten Umsetzung dieser Handlungsoptionen wird auf dem *Hurricane*-Festival allerdings keine allzu große Bedeutung beigemessen. Zwar geben die Besucher an von den einzelnen Maßnahmen zu wissen, jedoch lassen die Kommentare der in der qualitativen Studie Befragten eher auf eine oberflächliche Verarbeitung der Themen schließen.

Neben den aktiven intersubjektiven Faktoren gibt es auch Faktoren, wie die improvisierte Infrastruktur oder die Integration in eine Festivalgemeinschaft, denen keine direkte Intention vorangestellt ist, welche Besucher zu umweltbewusstem Verhalten animieren soll. Doch auch diesen Faktoren kann ein Impuls zur Reflexion gesellschaftlicher Begebenheiten unterstellt werden, welcher einen Einfluss auf Verhaltens- und Denkmuster der Besucher im obigen Sinne nach sich zieht. Im Folgenden sollen diese Faktoren vorgestellt und erklärt werden.

4.2 Improvisierte Infrastruktur

Musikfestivals finden zumeist auf einer *grünen Wiese* mit unzureichender oder gar nicht vorhandener Infrastruktur statt. So müssen Systeme wie Energieversorgung, Wasserversorgung, Abwasser- oder Müllentsorgung im Falle des *Hurricane*-Festivals im Umfang einer Kleinstadt mit bis zu 80.000 Einwohnern für meist wenige Tage aus dem Boden gestampft werden (Baer 2017; Semmerling und Kroning 2016b S. 131). Der daraus resultierende, trotz mittlerweile hohem Professionalisierungsgrad in der Produktion, improvisierte Charakter eines Musikfestivals lässt Auswüchse der kapitalistischen Lebensweise besonders plakativ werden. Müllberge, Wassertanks und Stromgeneratoren sind nicht wie im Alltag nahezu unsichtbare Begleiterscheinungen, sondern allgegenwärtig (vgl. hierzu O'Rourke et al. 2011, S. 345).

4.2.1 Umgang mit Müll

Der an Musikfestivals wohl augenscheinlichste Aspekt ist in diesem Zusammenhang das Aufkommen riesiger Müllberge (Baer 2017). Bei Festivals wie dem *Hurricane*, dem *Wacken Open Air* und *Rock am Ring* fallen Müllmengen von jeweils ca. 600 t an, welche sowohl während des Festivals, größtenteils aber nach dem Festival zu entsorgen sind (vgl. Schmidt 2019). Die Entsorgung derartiger Müllmengen und die Handhabung eines nicht ausreichend der Müllentsorgung aufgeschlossenen und sich in einem Ausnahmezustand befindlichen Festivalpublikums stellt selbst professionelle Entsorgungsfirmen vor eine große

4.2 Improvisierte Infrastruktur

Herausforderung (Spiegel Online 2014). Die Mithilfe der einzelnen Festivalbesucher an der Müllentsorgung bedarf einer engmaschigen und personalintensiven Logistik, über welche den Besuchern die Möglichkeit gegeben werden muss, ihren eigenen Müll schnell und wie im Alltag gelernt bequem entsorgen zu können (Baer 2017). Eine Müllabfuhr beispielsweise, welche den Müll direkt bei den Camps abholt, wird auf diversen Festivals bereits praktiziert (Spiegel Online 2014). Diese kann aufgrund nicht befestigter Wege auf den Zeltplätzen zumeist nur mit schwerem Gerät (meist Treckern) bewerkstelligt werden und erreicht bei Weitem nicht alle Camps. Oftmals sind nur die Rettungsgassen befahrbar, was insbesondere den Besuchern im Zentrum der Zeltplätze auch bei hohem Organisationsgrad lange Wege zur Müllentsorgung beschert und für diese somit eine Hürde bezüglich ihrer Möglichkeiten zur Mithilfe darstellt.

Neben organisatorischen Gründen spielen aber auch individuelle Faktoren im Hinblick auf Probleme bei der Müllbeseitigung eine zentrale Rolle. Obwohl sich beispielsweise Festivalbesucher Jürgen (FB_J) über die ökologischen Auswirkungen seines Handelns im Klaren ist, räumt er im Gespräch mit einem anderen Festivalbesucher ein, dass ihn im Endeffekt die Bequemlichkeit davon abhält, den Müll zu entsorgen:

FB_C: Ich find das auch echt so krass, wie ekelhaft das auch echt so ist mit dem ganzen Müll.
FB_J: Ja, ökologisch ist das hier mal eine Katastrophe, also, sondergleichen!
[...]
FB_J: Weißt du, was das Problem ist? Wir sind hierher gelaufen vom Parkplatz. Unser Parkplatz ist ziemlich weit weg und wir haben den ganzen Scheiß hierhergeschleppt. Und zurück hoffen wir, wir müssen nur einmal gehen und nicht drei oder viel Mal. Weil, man geht/Also, wir sind gestern/Wie lange waren wir unterwegs? Eineinhalb Stunden Hin- und Rückweg mit Sackkarre mit Bier beladen und so was. Da muss ich auch persönlich dann sagen, klar. Klaue sie, man, recycle oder macht was auch immer, um den Dosenpfand und so wieder wegzubringen. Aber, wenn ich mir jetzt hier überlege, ich würde noch mal zurückgehen zum Auto und das nur beladen mit Müllsäcken und das am besten noch zweimal, dann wäre ich ja drei bis vier Stunden unterwegs, nur beladen mit Müll.
I: Ja, aber du gehst ja nicht zum Auto, sondern hier sind doch/
FB_C: Aber, da steht man ja auch manchmal stundenlang (TS Sa8, Z. 261–278).

Neben dem Aspekt der Bequemlichkeit spielt für die Besucher in einer Festivalsituation des Weiteren eine Rolle, dass sie sich in dieser Zeit in einem Ausnahmezustand befinden (diese Annahme wird in Abschn. 5 genauer beschrieben), in dem der Aspekt Müll von den Einzelnen anders bewertet wird als im Alltag. So gibt zum Beispiel Festivalbesucher Bertram (FB_B) an, dass er sich im Alltag als *naturverbunden* einstuft, auf einem Festival jedoch das Thema

Müllentsorgung umfassend in der Verantwortung der Veranstalter sieht. Auch beschreibt Festivalbesucher Bertram (FB_B) eine Beziehung zum eigenen Müll, die eine plakative und willkommene Bestätigung dieses Ausnahmezustands zu sein scheint:

> *FB_H: Also, ich könnte kein Green Camping. Du darfst deinen Scheiß nicht irgendwo hinschmeißen/*
> *FB_B: Im Endeffekt/Also, klar ist es hier müllig // und dreckig. //*
> *FB_H: // Hier ist quasi/ // Hier ist ja immer eine Party, ob wir jetzt hier zu fünft sind und noch Musik hören oder/*
> *FB_B: Das ruhige Gewissen ist ja auch da. Erstens zahlst du ja schon mal einen Zehner dafür, dass hier alles wieder sauber gemacht wird (Zustimmung) und es wird ja auch alles wieder sauber. Es ist ja nicht so, wie wenn ich meine Kippenschachtel irgendwo in den Wald schmeiße. Da sind wir/ (...) Da bin ich auch komplett dagegen. Aber, es wird ja wieder sauber gemacht. Hier werden Leute dafür bezahlt, dass hier am Montag oder am Dienstag alles wieder blitzblank gemacht wird. Ja, das ist auch in Ordnung, also.*
> *FB_K: Ich hätte wirklich auch keine Lust, mich in diese gesittete // Reihe reinzusetzen. //*
> *I: // Das macht ihr sonst // auch nicht so?*
> *FB_B: Ach (empört) // auf keinen Fall! //*
> *FB_H: // Also im normalen Leben schmeißen wir // nicht einfach die // Bierdosen irgendwohin. //*
> *FB_B: // Ach, also, wir kommen aus Mecklenburg-Vorpommern. // Wir sind schon ziemlich naturverbunden. Wir wohnen in einem Dorf, in einem kleinen Dorf (.). Also, wir sind schon naturverbunden, das ist jetzt nicht so, dass/*
> *I: Also ihr nutzt das hier aus, dass man das einfach mal nicht machen muss?*
> *FB_B: Genau (TS Sa5, Z. 49–69).*

Zu entschärfen versuchen Veranstalter die Kritik zur Müllproblematik beispielsweise durch die Einrichtung von Green Camps (FKP, o. D.b; vgl. MLK o. D.). Hierbei handelt es sich um Flächen, für die vom Veranstalter Grundsätze wie Sauberkeit, definierte Ruhezeiten und ein rücksichtsvolles Miteinander vorgeschrieben werden. Diese Grundsätze werden dann von den Besuchern selbstverwaltet eingehalten. Der Zugang zu diesen Flächen ist meist kostenlos, bedarf aber einer Anmeldung im Voraus, damit entsprechende Flächengrößen geplant werden können. So versuchen Besucher von Green Camps offensichtlich, die oben erwähnten Auswüchse der kapitalistischen Lebensweise zu minimieren, wohingegen Vertreter der Party-Camps sich mit eben diesen Auswüchsen brüsten. Eine Auseinandersetzung mit diesen unterschiedlichen auf den Festivals zu beobachtenden Besucherphilosophien kann anhand einer mal offenen, mal unterschwelligen Abneigung festgemacht werden. Die Einführung der Green Camps beispielsweise auf den FKP-Festivals entfachte interessante Gegeninitiativen.

4.2 Improvisierte Infrastruktur

Besucher der *normalen* Campingflächen organisierten kleine Demonstrationen, es wurden Bananen und Schilder mit der Aufschrift *bitte nicht füttern* an die Zäune der Green Camps gehängt und vereinzelt Müll über die Zäune in die Green Camps geworfen (vgl. Braun 2011). Mit diesen Reaktionen als auch über Diskurse in den Internetforen der Festivals brachten Besucher ihren Unmut darüber zum Ausdruck, dass die eingeführten Grundsätze (Sauberkeit, Ruhe usw.), welche auf den Green Camps hervorgehoben werden, nichts auf einem Festival verloren hätten. Befürchtet wurde der Einzug von *Spießigkeit* auf den Campingplätzen. Diese sei mit dem Rock'n'Roll-Gedanken, der auf den Campingplätzen von Festivals herrsche, inkompatibel. Entsprechend setzten sich Besucher vereinzelt gegen die Verordnungen zur Wehr (vgl. Braun 2011). Derartige Auseinandersetzungen unter den Besuchern von Musikfestivals zeigen, dass sich Besucher während eines Festivals gesellschaftliche Begebenheiten wie beispielsweise *Spießigkeit* reflektieren und sich damit aktiv auseinandersetzen.

Insgesamt gehen die Besucher mit dem Müllaufkommen während des Festivals erstaunlich tolerant um. Zum einen ist ihnen klar, dass sie den Müll selbst produziert haben und sie im Endeffekt zu bequem sind, sich des Mülls über die langen Entsorgungswege zu entledigen (vgl. TS Sa8). Zum anderen wird erstaunlich viel Verständnis dafür aufgebracht, dass von dem Veranstalter keine flächendeckende und komfortable Lösung für das Müllproblem während des Festivals präsentiert werden kann. Es herrscht vornehmlich Einigkeit darüber, dass man während des Festivals seine Hemmschwellen in Sachen Hygiene den Umständen anpassen muss und das Müllproblem im Nachhinein vom Veranstalter zu lösen ist (vgl. TS Sa5). Nichtsdestotrotz beschäftigt das Ausmaß an Müllbergen auf den Campingplätzen fast alle Befragten.

Weniger tolerant gehen verständlicherweise die Anwohner und Gemeinden mit der Müllproblematik um. Diese stellen über Ordnungsbescheide, in welchen den Veranstaltern zur Produktion der Festivals Auflagen unter anderem zur Müllentsorgung gemacht werden, ihre Anforderungen an den Veranstalter.

4.2.2 Sanitärbereich und hygienische Hemmschwellen

Auch die Bestückung der Campingflächen mit sanitären Anlagen stellt die Besucher und die Veranstalter vor Herausforderungen. Weit verbreitet auf den Campingflächen von Musikfestivals sind aus logistischen, aber auch aus Kostengründen chemische Mobiltoiletten. Zwar stellen Musikfestivals zunehmend Sanitär-Camps mit wassergespülten Toilettenwagen oder Komposttoiletten zur Verfügung, flächendeckend aber wird auf die chemische Lösung nicht verzichtet

(Semmerling und Kroning 2016b, S. 131). Die Benutzung von Mobiltoiletten auf den Campingflächen von Musikfestivals wird von den Besuchern als Herausforderung an ihre hygienischen Toleranzgrenzen wahrgenommen. Sind diese Hemmschwellen zu Beginn der Festivals alltagsbedingt noch relativ hoch gesteckt, so werden in diversen Interviews die sanitären Anlagen als Hauptgrund für eine Herabsetzung der eigenen Hemmschwellen in Sachen Hygiene genannt.

Was des Weiteren zur Herabsetzung der hygienischen Hemmschwellen beiträgt, sind die Zustände der Duschgelegenheiten. Hier bilden sich oft lange Schlangen vor den Duschcontainern, die aufgrund der hohen Frequentierung einem geringeren Hygienestandard entsprechen, als Besucher es in Alltagssituationen gewohnt sind. Das Duschen in Gemeinschaftsduschen, welche auf Festivals angeboten werden, ist ein weiterer Punkt, den Festivalbesucher im Rahmen der Herabsetzung von Hemmschwellen ansprechen. Hier wird unter anderem angeführt, dass die Anonymität unter Festivalbesuchern zusammen mit einer alkoholbedingten Herabsetzung der eigenen Hemmschwellen zur Überwindung gelernter sittlicher Standards beiträgt (TS So4 Z. 334–344).

4.2.3 Das individuell Nötigste

Obwohl auf Musikfestivals wie dem *Hurricane* mittlerweile ein umfangreiches Angebot an Essens- und Getränkeständen sowie ein speziell für das Festival aufgebauter Supermarkt etabliert sind, muss davon ausgegangen werden, dass die Besucher nicht auf die im Alltag gewohnte Produktpalette zurückgreifen können. So entsteht der Eindruck, dass auf einem Musikfestival nur das Nötigste zur Verfügung steht. Auf Musikfestivals sind neben der Infrastruktur auch die Haushalte der Besucher improvisiert. Hier dienen Zelte als Behausungen, Pavillons als Gemeinschaftsräume und Gaskocher als Küchen. Auf Musikfestivals sind Besucher mit Haushalten konfrontiert, welche wiederum aus logistischen Gründen nur mit dem Nötigsten ausgestattet sind. Da auch für die Besucher eine lange Anreise und ein langer Weg auf dem Campinggelände selbst bis zum eigenen Platz eine logistische Herausforderung darstellen, wird nur mitgenommen, was notwendig ist. Ein Besucher ist also dazu angehalten, sich vor einem Festivalbesuch darüber Gedanken zu machen, was genau für ihn das Nötigste ist und worauf er für den Aufenthalt auf einem Festival verzichten kann. So nannten Besucher, gefragt nach Sachen, die man dabeihat, obwohl man jetzt schon weiß, dass man sie nicht wirklich brauchen wird, zumeist Hygieneartikel. Eine Sache, die aus Platzgründen zu Hause bleiben muss, obwohl sie eigentlich zum Nötigsten gehört, ist das eigene Bett oder Kopfkissen. Die Frage, welche Dinge man neben dem Nötigsten, also als Luxusgut, dabeihat, wird unterschiedlich beantwortet. Häufig werden seitens der Befragten eine Powerbank oder Musikanlagen als Luxusgut genannt, weil sie darauf auf dem Festival auf keinen Fall verzichten wollen. Andere haben Körperfarben dabei, da sie sich auf dem Festival gerne bemalen und ausleben wollen (TS Do1, Z. 11–25).

In Vorbereitung auf Musikfestivals ist es also unerlässlich, eine Gewichtung von Alltagsgegenständen vorzunehmen. Festivalbesucher Ansgar (FB_A) geht diese Gewichtung für sein Gepäck beispielsweise sehr bewusst durch und nimmt den damit einhergehenden Denkanstoß aktiv an:

> *FB_A: Doch, ein stückweit ja. Das fängt für mich schon beim Packen an, weil das da schon losgeht, weil wir immer mit dem Zug anreisen. Dann versucht man das so auf das Wesentliche zu beschränken und dann geht das schon los mit „Was brauchst du jetzt wirklich und auf was kannst du die fünf Tage verzichten" [...] Das ist eine Sache, da mach ich mir eigentlich immer gerne Gedanken. Und das dann immer so weit zu reduzieren, dass du sagst, gut, das muss jetzt (TS Sa1, Z. 243–249).*

Jeder Besucher muss für sich selbst definieren, was ihm wichtig genug ist, sodass man es als Ballast neben einem Zelt, einem Schlafsack und der Verpflegung auf ein Festival mitschleppt. Ein bedeutender Punkt in diesem Zusammenhang stellt auch die Planung der eigenen Verpflegung auf einem Festival dar. Viele Besucher entscheiden sich dazu, sich auf einem Festival mit selbst mitgebrachten Lebensmitteln zu verpflegen und auch einen entsprechenden Vorrat an alkoholischen Getränken als Grundstock mitzunehmen, obwohl auf den meisten Festivals Essens- und Getränkestände oder sogar Supermärkte bereitgestellt werden (vgl. TS SO FS). Der Umgang mit einem Überschuss oder Mangel an mitgebrachten Waren und Artikeln lädt zu einer weiteren Reflexion gesellschaftlicher Begebenheiten und der Etablierung einer eigenen Umverteilungslogik unter den Festivalbesuchern ein (vgl. Abschn. 4.3.3).

4.2.4 Schutzlos dem Wetter ausgeliefert

Der improvisierten Infrastruktur ist auch geschuldet, dass Besucher von Open-Air-Festivals der Natur direkt ausgesetzt sind. Wetterlaunen wie Sturm, Unwetter und Hitze bekommen im Zelt auf dem Campingplatz einen viel höheren Stellenwert als im Alltag, dessen Infrastruktur einen in der Regel vor eben diesen Umwelteinflüssen schützt (vgl. Snell 2005, S. 10 ff., vgl. auch GPHurr, Z. 383–392).

Viele Besucher, die zum ersten Mal auf ein Festival fahren, unterschätzen das Wetter, da sie es in einer derart unmittelbaren Weise zuvor noch nicht erlebt haben. Im Alltag schützen Dächer über dem Kopf vor Regen und Sturm, vor Hitze schützen kühle Räume oder der Schatten von Bäumen. Diese Selbstverständlichkeiten auf dem Festival nicht mehr vorzufinden, erfahren viele Besucher als Ausnahmezustand oder sogar (im Falle des Sturms beim *Hurricane* 2016) als Krisensituation. Veranstalter weisen in ihren Vorbereitungsinformationen häufig explizit auf die Wichtigkeit von Kopfbedeckungen, Sonnencreme und Gummistiefeln hin (FKP o. D. d). Auch auf Veranstalterseite kann das Wetter im Extremfall zu ernst zu nehmenden Problemen führen. So müssen immer wieder Festivals aufgrund der Wetterverhältnisse abgebrochen, evakuiert oder sogar abgesagt werden (bspw. *Hurricane/Southside* 2016).

4.2.5 Kommunikation ohne Netz

Der flächendeckende Ausbau eines Mobilfunknetzes auf dem Campinggelände ist technisch noch nicht möglich bzw. nicht bezahlbar. Es werden auf großen Festivals wie beispielsweise dem *Hurricane*-Festival zusätzliche Mobilfunkmasten errichtet, über welche das Mobilfunknetz während des Festivals erweitert werden soll (vgl. It-Zoom 2017). Da diverse Festivals, unter anderem auch das *Hurricane*, mittlerweile eigene Apps zur Informationsvermittlung von Programmänderungen oder Unwetterwarnungen während des Festivals eingerichtet haben, liegen Maßnahmen zum Ausbau des Mobilfunknetzes auch im Interesse des Veranstalters. Mit den Massen an Festivalbesuchern jedoch ist auch so eine zusätzliche Einrichtung schnell überlastet (vgl. Porwol 2016, GPHurr, Z. 325–330, TS Sa5, Z. 26–28). Veranstalterinformationen werden nach wie vor über Festivalradios oder Videoleinwände neben den Bühnen kommuniziert (vgl. Auswertung Frage 4, 5 in Anhang B.b – *Hurricane*). Da zusätzlich aus oben genannten Gründen eine flächendeckende Stromversorgung für Besucher von Musikfestivals nicht möglich ist, sind Besucher dazu gezwungen, die private Kommunikation mit dem Handy oder mit dem Smartphone während des Festivalaufenthaltes drastisch einzuschränken, bzw. müssen komplett darauf verzichten. Mittlerweile gibt es technische Hilfsmittel wie Powerbanks, mit denen die Festivalbesucher die Funktionsdauer ihrer Smartphones auch auf Festivals verlängern können. Auch Veranstalter bieten vereinzelt Möglichkeiten wie Handyaufladestationen oder mobile Lösungen (FKP o. D. i) an, um die Nutzungsdauer von Handys und Smartphones zu verlängern. Für eine dauerhafte Nutzung, wie sie im

Alltag möglich ist (Markowetz 2015, S. 12), reichen aber auch diese Möglichkeiten bei Weitem nicht aus. Insofern herrscht auf dem Campinggelände während eines Festivals eine ungewohnte Atmosphäre, die im Folgenden kurz skizziert und auf die später noch genauer eingegangen werden soll.

Jugendliche Besucher sitzen in den einzelnen Camps in Gruppen zusammen, unterhalten sich, *chillen* und geben sich Aktionen auf den Wegen des Campingplatzes hin (vgl. GPHurr, Z. 181–186). Kaum einer hält ein Smartphone in der Hand oder ist durch dieses abgelenkt. Es herrscht eine ungewohnte Art von Aufmerksamkeit. Vorbeigehende Besucher werden beäugt, angesprochen oder zu Aktionen oder Spielen animiert. Ein unbeachtetes Flanieren oder Beobachten ist nahezu unmöglich (vgl. Abschn. 3.3.1, GPHurr, Z. 186–197). Ein weiterer Aspekt in diesem Zusammenhang besteht in der Schwierigkeit, Szenerien, die sich auf dem Campingplatz abspielen, zu dokumentieren. Mit einer Kamera oder einem Smartphone eine Szenerie wie ein Flunkyballspiel (festivalinternes Gesellschaftsspiel, bei dem zwei gegenüberstehende Mannschaften versuchen, eine zwischen ihnen positionierte Flasche abzuwerfen) oder eine Gesprächsrunde zu filmen, ist nicht unbemerkt möglich. Jegliche Art von Dokumentationsversuchen zieht Aufmerksamkeit auf sich, die weder ablehnend noch einladend ist, eher wirkt sie neugierig und herausfordernd. Jeglicher Ansatz zur Dokumentation von Beobachtungen wird direkt mit Kommentaren belegt und ist somit Reaktionen ausgesetzt, die den eigentlichen Charakter der Szenerie verfälschen. Die Dokumentation einer unbeteiligten Beobachtung einzelner Szenerien ist somit nur über Gedächtnisprotokolle möglich (vgl. Abschn. 3.3).

4.2.6 Ordnungshüter

Auch im Bereich der Organisation von Ordnungskräften ist die improvisierte Infrastruktur auf Musikfestivals ein markantes Merkmal. Auf den Campingplätzen der Musikfestivals sind Besucher größtenteils sich selbst überlassen. Polizei, Ordnungspersonal oder freiwillige Helfer sind von Festival zu Festival unterschiedlich präsent. Gemein ist den Festivals jedoch eine Atmosphäre fehlender Ordnungshüter, was den anarchischen Charakter, den Campingplätze auf Musikfestivals häufig ausmacht, deutlich werden lässt. Besucher fühlen sich beispielsweise bei dem Konsum von illegalen Drogen auf den Campingplätzen relativ sicher und beschreiben die Grenzen des Legitimen in einer Festivalsituation als offener. So geht Festivalbesucher Jürgen (FB_J) davon aus, dass illegale Drogen auf dem Campingplatz des *Hurricane* flächendeckend konsumiert werden:

FB_J: Mal ganz ehrlich, wenn die [Polizei] hier undercover sind, dann müssen die den ganzen Platz festnehmen (Zustimmung). Da wird nur noch nach Kategorien eingeteilt: besonders schwer (TS Sa8, Z. 122–123).

Aber nicht nur die institutionellen Ordnungshüter wie Polizisten, Ordner oder freiwillige Helfer scheinen auf einem Festival weniger intensiv wahrgenommen zu werden als im Alltag, sondern auch *gesellschaftliche oder moralische Ordnungshüter*. In Festivalsituationen gibt es keine *Mutti* im Sinne von einer moralischen Instanz, die einem sagt, was richtig oder falsch ist. Anne beispielsweise erzählt, dass sie nicht mit ihrer Schwester zusammen auf Festivals fahren darf, denn, *wenn ich mitkomme, sagt sie: Das ist das einzige Wochenende im Jahr, wo ich mich richtig frei fühle und du bist dann wie eine Mutter ... (TS Fr2, Z. 17–18)*. Hier werden Grenzen neu ausgetestet und Erfahrungen mit Situationen gemacht, die im Alltag ggf. als verwerflich oder übergriffig interpretiert würden, in einer Festivalsituation aber über die Reaktion von den Beteiligten neu ausgehandelt werden. Festivalbesucher Andreas (FB_A) stellt in einem Gespräch mit der Interviewerin Ina Kahle (I) heraus, dass übergriffige Situationen, die im Alltag zu Aggressionen führen würden, in Festivalsituationen anders aufgenommen werden, da auf einem Festival die anderen Besucher *genauso ausflippen:*

I: Und was macht ein Festival zum positiven Ausnahmezustand?
FB_A: Ja, dass du hier so viele verballerte Leute hast, mit denen du auch so Spaß haben kannst [Zustimmung]. Die genauso ausflippen, geil. Wenn wir jetzt zum Beispiel irgendwo in die Stadt feiern gehen/So, wir kommen aus Flensburg, wenn du da feiern gehst, da haste immer irgendwelche Idioten, die dich anlabern. Musste immer irgendwie Schiss haben, dass du vermöbelt wirst (TS Mo3, Z. 28–33).

4.2.7 Improvisierte Infrastruktur in den Daten der Online-Umfrage

Die Ergebnisse der Online-Umfrage erweitern auch einzelne Punkte der, bisher aus den qualitativen Daten abgeleiteten, Darstellung der improvisierten Infrastruktur. So konnten im Rahmen einer offenen Antwortoption Kommentare zur Beantwortung der Frage *Welche Eindrücke sind Dir von früheren Festivals im Gedächtnis geblieben?* selbst formuliert werden. Die Frage ist offengehalten und gibt keinerlei thematische Richtung zur Beantwortung vor (vgl. Frage 9 in Anhang B – *Hurricane/Southside*). Aus diesen Kommentaren können vielerorts bleibende Eindrücke zu den auf dem Festival präsenten Müllbergen festgemacht

4.2 Improvisierte Infrastruktur

werden. Mit Kommentaren wie *Die ganzen Müllmaßen, die auf dem Boden liegen. Es tut echt weh, das zu sehen, Schreckliche Müllberge, junge Menschen ohne Rücksicht, denen ihr Einfluss egal ist, andererseits ein tolles Miteinander beim Güner Wohnen.* Oder *Wie viel Müll die Leute produzieren und einfach liegen lassen.* machen viele Besucher deutlich, dass sie sich nachhaltig mit den Müllbergen auf den Festivals beschäftigt haben. Weitere Kommentare bestätigen die Verarbeitung des Eindrucks, dass man auf Musikfestivals dem Wetter schutzlos ausgeliefert ist. So bestätigt jeder fünfte Kommentar die Einsicht, wie dominant Natureinflüsse auf einem Festival (meist Sturm) sind (vgl. Auswertung Frage 9 in Anhang B – *Hurricane/Southside*).

Viele dieser Kommentare beinhalten bereits die Reflexion, dass einem in dieser Situation erst bewusst wird, wie sehr die Infrastruktur des Alltags vor diesen Ereignissen schützt. An dieser Stelle sollen zwei Kommentare zur Veranschaulichung genügen:

> *Die Selbstverständlichkeit, dass wir zu Hause jederzeit mit Strom, Wasser und Nahrung und sanitären Anlagen sind. Auf dem „Deichbrand" 2016 sind die Wasseranlagen für einen Tag ausgefallen bei über 30° und wir dachten, wir sterben alle. Auf dem „Hurricane 2017" wurden die Dixis nie abgepumpt und somit nicht mehr betretbar und das Wetter hat unserem undichten Zelt sehr zu schaffen gemacht. Leider gibt es Millionen von Menschen auf der Welt, die diese Probleme zu ihren kleinsten Problemen des Alltags zählen und nach diesen Wochenenden wird einem das erst richtig bewusst. Wie abhängig man von dem Wetter ist und wie man im normalen Alltag alles als selbstverständlich ansieht.*

Auf die Frage, welche bleibenden Eindrücke nach dem diesjährigen Festival hängen geblieben sind, bestätigten 47 % der Befragten die Antwortoption, *wie krass die Natur einen im Griff hat (Sturm, Hitze)* (vgl. Tab. 4.2).

Mit den Ergebnissen der Studie beim *Hurricane*-Festival konnte dieser Punkt in der quantitativen Befragung auf den nachfolgenden Festivals weiter beleuchtet werden. Gefragt wurden die Besucher nach der Bewertung, wie sehr ihnen während des Festivals unterschiedliche Aspekte (hier: wie sehr man der Natur ausgesetzt ist) aufgefallen sind und wie sie die Chancen einschätzen, dass die Eindrücke der einzelnen Aspekte im Alltag nachhallen – hier im Sinne von: Sinn für die Natur bewahren (vgl. Tab. 4.3).

So geben für das *Highfield*- und das *Chiemsee Summer*-Festival weit über die Hälfte der Besucher an, positiv oder sogar sehr positiv erfahren zu haben, wie sehr man auf einem Festival der Natur (Wetter) ausgesetzt ist. Beim *M'era Luna* sind die Besucher aus eingangs erläuterten Gründen ein bisschen verhaltener in dieser Beurteilung. Auch die Frage nach den Chancen, dass der Sinn für die Natur bewahrt wird, ergab bei allen drei Festivals überraschend optimistische

Tab. 4.2 Kategorisierung bleibender Eindruck Hurricane. (Quelle: eigene Auswertung Frage 8 in Anhang B.a – Hurricane/Southside)

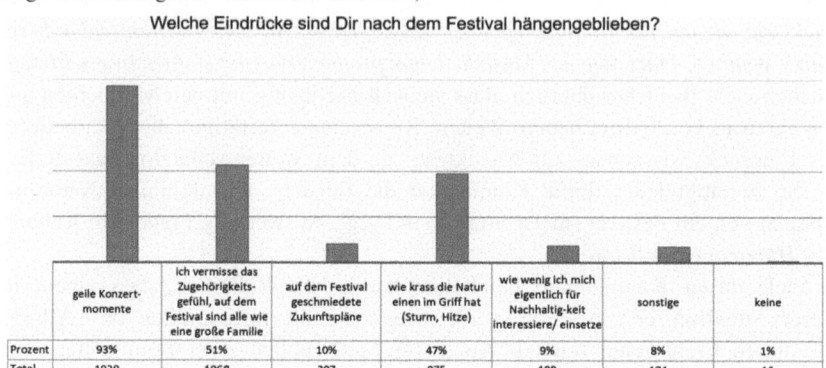

Tab. 4.3 Besucherbewertung Abhängigkeit vom Wetter – Augustfestivals. (Quelle: eigene Auswertung Frage 3 in Anhang B.a – Highfield/ M'era Luna/ Chiemsee Summer)

Wie sehr ist Dir während des Festivals aufgefallen, …					
Antwortoption: … wie sehr Du auf Festivals der Natur (Wetter) ausgesetzt bist?					
	sehr positiv	positiv	nicht aufgefallen	negativ	sehr negativ
M'era Luna	8%	25%	10%	40%	18%
Highfield	15%	43%	9%	28%	4%
Chiemsee Summer	22%	41%	7%	22%	8%
Wie stehen die Chancen, dass die Eindrücke aus der vorigen Frage in Deinem Alltag nachhallen?					
Antwortoption: Sinn für die Natur bewahren.					
	sehr gut	gut	mittel	schlecht	sehr schlecht
M'era Luna	19%	38%	32%	6%	5%
Highfield	19%	46%	29%	5%	2%
Chiemsee Summer	23%	43%	31%	2%	1%

Einschätzungen. So gaben für alle drei Festivals um die 60 % der Befragten an, dass die Chancen, den Sinn für die Natur zu bewahren, bei ihnen *gut* oder sogar *sehr gut* stünden (vgl. Tab. 4.3).

Auch der auf dem *Hurricane* ausgemachte Umgang mit den Sanitäranlagen konnte in der Umfrage auf den nachfolgenden Festivals genauer beleuchtet werden. Auf die Frage, ob sich die Hemmschwellen in Sachen Hygiene (Duschen) während oder auch langfristig nach dem Festival noch verschieben, sprachen

Tab. 4.4 Besucherbewertung Hemmschwellen: Hygiene (Duschen) – Augustfestivals. (Quelle: eigene Auswertung Frage 9 in Anhang B.a – Highfield/M'era Luna/Chiemsee Summer)

Verschieben sich deine Hemmschwellen während oder auch langfristig nach dem Festival noch in Sachen:			
Antwortoption: Hygiene (Duschen)?			
	Keine Verschiebung	Kurzfristige Verschiebung auf dem Festival	Langfristige Verschiebung auch noch nach dem Festival
Highfield	46%	53%	1%
M'era Luna	56%	44%	0%
Chiemsee Summer	51%	47%	2%

sich jeweils knapp die Hälfte der Besucher für keine Verschiebung der Hemmschwellen aus, die andere Hälfte bescheinigt eine kurzfristige Verschiebung der Hemmschwellen während des Festivals. Eine langfristige Verschiebung der Hemmschwellen wird von fast allen Befragten ausgeschlossen (vgl. Tab. 4.4).

Es bleibt bei einem mehrtägigen Aufenthalt in dieser Festivalkleinstadt also nicht aus, dass sich Besucher bewusst oder unbewusst mit Themen wie Müllaufkommen, Energieversorgung und dem eigenen Konsumverhalten in ihren ebenfalls improvisierten Haushalten (Camps) und dem Wetter in ungewohnter Form auseinandersetzen und so Eigenheiten der eigenen Gesellschaft reflektieren.

Auch für diesen Faktor kann also ein Impuls zur Reflexion gesellschaftlicher Begebenheiten festgehalten werden. Festivalbesucher setzen sich mit alltäglichen Selbstverständlichkeiten auseinander und müssen sich diesen gegenüber innerhalb einer Festivalsituation neu positionieren.

4.3 Festivalgemeinschaft

Ein Musikfestival wird wie oben bereits ausgeführt (vgl. Abschn. 2.4.1) nicht passiv konsumiert, sondern seitens der Besucher aktiv gestaltet, was sowohl ein hohes Potenzial an Eigendynamik innerhalb der Gruppe der Festivalbesucher als auch intensive Reflexionen gesellschaftlicher Begebenheiten vermuten lassen. Das in diesem Zusammenhang wohl bedeutendste Produkt dieser kollektiven Gestaltungsmaßnahmen ist die Herausbildung einer Festivalgemeinschaft (vgl. Kirchner 2011). So müssen sich Festivalbesucher während eines Festivalaufenthalts in eine Umgebung einfinden, die unterschiedlich von ihrer Umgebung im Alltag ist. Temporäre Haushalte wie Zelte oder Wohnwagen werden auf Campingplätzen in neuen Nachbarschaften mit improvisierten Infrastrukturen installiert und Gemeinschaftsräume wie Pavillons, Bereiche neben den Zelten oder auf den Zuwegungen eingenommen.

Wie eingangs erwähnt, besteht innerhalb der Festivallandschaft eine große Diversität, was die Festivalphilosophien angeht. So nutzen Festivalveranstalter eben diesen Aspekt der Integration in eine Festivalgemeinschaft, um etwa über die Kommunikation von nachhaltigen Themen ein bestimmtes Publikum anzusprechen oder das eigene Festival zu positionieren und wirken so aktiv auf die Zusammensetzung der Festivalgemeinschaft ein. Um hier wieder auf den kleinsten gemeinsamen Nenner zu kommen, sollen derartige Positionierungen innerhalb der Festivalphilosophie so neutral wie möglich gehalten werden, weswegen sich ein kommerzielles und unpolitisches Festival als Forschungsfeld anbietet. Der Fokus liegt an dieser Stelle auf der Eigendynamik, welche allein von den Festivalbesuchern während des Festivals selbst ausgeht. Auch innerhalb dieser Eigendynamik ist eine Heterogenität unter den Festivalbesuchern auszumachen (vgl. Auseinandersetzung Green-Camps und Party-Camps in Abschn. 4.2.1). Auch macht die Gegenüberstellung der Ergebnisse unterschiedlicher Festivals innerhalb der quantitativen Studie deutlich, dass diese Eigendynamik auf den Musikfestivals *(Hurricane, Southside, Highfield, Chiemsee Summer)* einen höheren Stellenwert zu haben scheint als auf den Lifestyle-Festivals *(M'era Luna, AST)* (vgl. Abschn. 3.2). Im Folgenden soll nun analysiert werden, wie das Produkt dieser Eigendynamik im Vergleich zu der von Kirchner auf dem *Fusion*-Festival identifizierten Festivalgemeinschaft auf dem *Hurricane*-Festival beschaffen ist und umschrieben werden kann.

4.3.1 Andere Werte und Normen

Besucher integrieren sich im Laufe eines Festivalaufenthalts in eine temporäre Gemeinschaft und verhalten sich zu Werten und Normen, welche dieser Gemeinschaft eigen, von denen im Alltag aber unterschiedlich sind (Kirchner 2011, S. 129). Beispielsweise werden nach Kirchner Normen wie Ordnung, Sauberkeit und Reglementierung in einer Festivalsituation außer Kraft gesetzt (Kirchner 2011, S. 84). Im Zusammenhang mit der Außerkraftsetzung alltäglicher Werte und Normen in einer Festivalsituation hat Kirchner den Unterschied der physischen Existenzbewältigung zwischen Alltag und Festival tabellarisch herausgearbeitet und Normen des Alltags denen einer Festivalsituation gegenübergestellt (vgl. Abb. 4.2).

4.3 Festivalgemeinschaft

Psychische Existenzbewältigung im Festivalleben (Kirchner (2011))			
Alltag	Nicht-Alltag Festivalleben		
	Allgemein	Konkrete Beispiele	
Leistungsdruck	Unproduktives Handeln	Stundenlanges Tanzen	
		Stundenlanges Ausruhen	
		Rausch	
	Verweigerung jeglicher Verpflichtungen	Keine Verabredungen mit Freunden	
		Keine ernsthaften Gespräche	
		Kein Austausch von Kontaktdaten	
Rationalität	Irrationalität	Spontanes, emotionsgeleitetes Handeln	
		Unordnung/Schmutz	
Entkörperlichung	Übersteigerte Korporalität	Körper als Ausdrucksmedium mittels Maske	
		Körper spüren im Tanz und Rausch	
Entfremdung	Intim-familiärer Umgang	Mesalliance	
		Kontaktfreudigkeit	

Abb. 4.2 Psychische Existenzbewältigung im Festivalleben. (Quelle: Kirchner 2011, S. 85)

Abb. 4.3 Foto Gummistiefel im Schlamm. (Foto: eigene Abbildung)

Zwar ist dem *Fusion*-Festival in diesem Rahmen ein sehr eigener Charakter zuzuschreiben, da es sich um ein aus einer sehr strikten Veranstalterphilosophie erwachsenes Festival handelt (vgl. Abschn. 2.4.1), jedoch zeichnen sich auch auf dem *Hurricane* klare Evidenzen dieser Aspekte ab. Der Aspekt der im Sinne der Alltagsdefinition unproduktiven Handlungen drückt sich beim *Hurricane* tagsüber weniger in stundenlangem Tanzen als in kollektivem Aktionismus aus und manifestiert sich hier in Gemeinschaftsspielen wie Flunkyball, Slow-Motion-Zones (vgl. Abb. 4.4) oder Miss-Popkorn-Wahlen (vgl. GPHurr, Z. 198–201) oder in Einzelaktionen wie dem stundenlangen Angeln an einer Matschpfütze, welche als privater Angelteich gekennzeichnet ist (vgl. Abb. 4.7), dem steten *Wischen* des Festivalbodens oder dem Anglerspiel (GPHurr, Z. 183–197) aus. Auch kann den aus dem unproduktiven Handeln resultierenden Aktionen ein hohes Maß an Kreativität zugeschrieben werden (vgl. Abb. 4.3 und 4.5). Während sich nach Kirchner die Besucher vom *Fusion*-Festival den synthetischen Drogen hingeben und sich so die *unproduktiven* Handlungen in stundenlangem Tanzen manifestieren (Kirchner 2011, S. 85), fokussieren sich die Besucher des *Hurricane*-Festivals eher auf exzessives Konsumieren alkoholischer Getränke, weswegen auch das exzessive Tanzen eher in ein exzessives Feiern umzudeuten wäre. Auch den Aktionen, welche für das *Hurricane*-Festival auffällig sind, kann – wie später noch genauer beleuchtet wird – kein ergebnisorientiertes oder produktives Handeln unterstellt werden (vgl. Abschn. 5.2.2). Im Rahmen der Ineffizienz kann die Verschiebung der Hemmschwellen von *Hurricane*-Besuchern in Sachen Schmutz und Unordnung an unterschiedlichen Stellen der qualitativen Studie und den konkretisierenden quantitativen Studien auf nachfolgenden Festivals nachgewiesen werden (vgl. auch Abschn. 4.2.1 und 4.2.2).

Abb. 4.4 Foto Zeitlupe. (Foto: eigene Abbildung)

Abb. 4.5 Foto Baum in Lebensgefahr. (Quelle: FKP, o. D. e. Foto: Tabea Debora Pringal)

Auch das spontane, emotionsgeleitete Handeln in Form von spontanen Umarmungen unter Fremden, Jubel oder verbal lautstark mitgeteilten Gefühlsausbrüchen kann dem *Hurricane*-Publikum zugeschrieben werden (vgl. Kirchner 2011, S. 85). Übersteigerte Korporalität findet auf dem *Hurricane* in geringerer Deutlichkeit statt. Zwar können Schlammbäder, Nacktheit und Körperbemalungen beobachtet werden, dies ist als Festivalsituation beschreibendes Phänomen aber zu schwach ausgeprägt. Ein Hang zur Maskierung der Besucher lässt sich allerdings sehr klar auch beim *Hurricane* nachweisen (vgl. Abschn. 5.4). Auch der intim-familiäre Umgang in Form von Kontaktfreudigkeit (vgl. auch Abschn. 4.3.5) und Mesalliance (vgl. Abschn. 4.3.2) ist ein für die *Hurricane*-Situation beschreibendes Phänomen, welchem sich das folgende Kapitel ausführlicher widmet. Alle von Kirchner angeführten Werte und Normen, welche innerhalb einer Festivalsituation außer Kraft gesetzt oder transformiert werden, können also auch für die *Hurricane*-Situation bestätigt werden.

Mit dem Ablegen der Alltagsnormen geben sich die Besucher also der Eigendynamik einer Festivalgemeinschaft hin. Neben den hier von Kirchner gegeneinandergestellten Aspekten einer Festivalgemeinschaft gibt es weitere Aspekte, welche auf die Außerkraftsetzung von im Alltag verankerten Normen schließen lassen. Diese sollen im Folgenden erläutert werden.

4.3.2 Alle sind gleich

Auch die hierarchischen Strukturen des Alltags (Beruf, Bildung, sozialer Stand etc.) werden in einer Festivalsituation abgelegt, womit sich in einer Festivalsituation eine Gleichstellung der Festivalbesucher untereinander andeutet. Aus den geführten Interviews geht hervor, dass es auf dem *Hurricane* nicht darauf ankommt, wo jemand herkommt oder was man im *normalen Leben* macht. So stoßen hier unterschiedlichste Personengruppen auf einem neutralen Terrain aufeinander, ohne sich und ihre Position im Alltag erklären zu müssen. Alles ist durcheinander, alle sind Freunde (TS Sa8, Z. 36 und 109, vgl. auch GPHurr, Z. 371–379). Es wird allen Festivalbesuchern das gleiche Ziel unterstellt, nämlich eine schöne Zeit zu haben, weswegen auch niemand daran interessiert sei, Stress zu provozieren (TS Mo3, Z. 43–44, vgl. auch GPHurr, Z. 309–314, 496–498). Bands anzusehen und *richtig auszuflippen* (TS Mo3, Z. 3–9) wird weiterhin als gemeinsames Ziel genannt, womit laut Festivalbesucherin Lisa (FB_L) auf einem Festival alle im gleichen Boot sitzen und einen *riesen Wust Gemeinschaft* bilden:

> *FB_L: Ja, du hast halt hier die ganzen gemeinsamen Sachen, ne? Du hast halt gemeinsam, dass du die ganzen Bands anguckst, dass du vielleicht Katastrophen hast oder dein Zelt zum Beispiel einstürzt oder sonst was für Sachen. Weil, irgendwie sind hier alle im selben Boot und deswegen ist das so wie ein riesen Wust Gemeinschaft. Auch, wenn halt natürlich einige andere Geschmäcker haben oder andere Sachen hier machen, aber, ja (TS Mo1, Z. 46–50).*

Festivalbesucher werden an anderer Stelle generell als *cool* beschrieben, im Sinne von: Es sind *keine prüden Persönlichkeiten* (TS Sa3, Z. 87–95). Der Aspekt der Gleichstellung regt dazu an, offener auf andere zuzugehen, nach Hilfe zu fragen und Hilfe anzubieten, was im Vergleich zu Alltagssituationen als eine Besonderheit auf Festivals heraussticht (TS Do1, Z. 169–221).

Die Gleichstellung der Festivalbesucher sowie das daraus resultierende Zugehörigkeitsgefühl wird im Abschn. 5.4 sowie 5.6 genauer analysiert. Zur Beschreibung der Festivalgemeinschaft als intersubjektiver Faktor soll an dieser Stelle der kurze Verweis auf diesen Aspekt genügen.

4.3.3 Tauschen und Teilen

Das Gemeinschaftsgefühl spiegelt sich auch in einem anderen Aspekt wider, nämlich dem des Tauschens und Teilens, welcher auf Festivals einen besonderen Stellenwert einzunehmen scheint (vgl. auch Picard 2016, S. 610).

Bei nahezu jedem spontanen Interview wird einem zu Gesprächsbeginn angeboten, was die Gruppe gerade konsumiert (meist ein Bier). Auch wenn Fremde in die Interviewgruppen stolpern und nach Bier, Zigaretten oder Würstchen fragen, so bekommen sie diese mit einer Selbstverständlichkeit, die erst als abwegig wahrgenommen wird, wenn diese Gastfreundschaft mit einer Alltagssituation in Verbindung gebracht wird (vgl. TS Sa8, Z. 30–45). Auf einem Festival stehen nur im Vorfeld sorgfältig ausgewählte Artikel zur Verfügung (vgl. Abschn. 4.2.3), mit denen ein kompletter Haushalt für ein Wochenende aufgebaut und bedient werden muss. Die physischen Bedürfnisse stimmen während eines Festivals nicht immer mit denen in einer Alltagssituation überein. Hygieneartikel wie Duschgel und Shampoo werden im Vorfeld häufig überbewertet, da man in einer Alltagssituation packt, in der man weitaus höhere Hygienestandards setzt als letztendlich in einer Festivalsituation (TS Sa1, Z. 255–260). Artikeln wie Plastiktüten oder Gummistiefeln jedoch werden zu wenig Bedeutung beigemessen, da man sich im Alltag nicht in eine Situation hineinversetzen kann, in der permanenter Nieselregen auszuhalten ist (TS Do1, Z. 52–61). So kommt es in der Planung ggf. zu Fehleinschätzungen, was während eines Festivals oft zu einem Mangel oder einem Überschuss an verschiedenen Stellen führt. Wer sich mit dem mitgebrachten Essens- oder Getränkekontingent sicher fühlt, gibt freizügig davon ab, da es auf dem Festival an Kühlmöglichkeiten fehlt und Lebensmittel schneller verderben als gewohnt. Fleisch, Käse und Milch beispielsweise verderben so relativ schnell und werden dann als Überfluss wahrgenommen.

Da auch fast jeder Besucher auf einem Festival einem Mangel ausgesetzt ist, wird aus Überschüssen schnell eine Tauschwährung. Auch unvorhersehbare Situationen wie Unwetter oder Hitze schüren den Aspekt des Tauschens und Teilens. So gibt es in den Interviews diverse Schilderungen zu Situationen, in denen beispielsweise Zelte überschwemmt wurden und die daraufhin obdachlose Besucher von Nachbarn oder anderen Besuchern aufgenommen wurden. Dass auf Festivals getauscht, geteilt und sich gegenseitig geholfen wird, macht einen großen Teil des Zusammengehörigkeitsgefühls aus (vgl. TS Fr2, Z. 164–169).

Aufgrund der improvisierten Infrastruktur sind Besucher gezwungen, unbefriedigende Situationen selbst oder in Gemeinschaftsarbeit zu beheben. So obliegt es den Besuchern, Missstände auf den Campingplätzen zu benennen, Erste Hilfe zu improvisieren und beim Veranstalter anzuzeigen. Eigendynamiken, die sich aus diesen Situationen ergeben, beruhen meist auf einem hohen Grad an intrinsischer Motivation, welche ein gewisses Maß an Mitbestimmung und Eigeninitiative fordert. Auffällig bei einem Gang über das Festivalgelände sind auch kreative Auswüchse, die dieser Eigendynamik zu entspringen scheinen. Wege werden besetzt, für eigene Spiele genutzt und für selbstverwaltete Zonen (bspw. Slow-Motion-Zones) erklärt. Müll wird von Besuchern für den Bau von Skulpturen (vgl. Abb. 4.6) oder Schriftzüge an Bauzäunen verwendet und ganze Nachbarschaften werden mit den Beats der eigenen Musik beschallt und so eigene Dancefloors forciert.

Abb. 4.6 Foto Doseneinhorn. (Foto: eigene Abbildung)

4.3.4 Aktivitäten: Rollenspiel, Verkleidung etc.

Stöbert man in den Bildergalerien zu den einzelnen Musikfestivals, so häufen sich Bilder von verkleideten oder angemalten Festivalbesuchern, welche nicht selten das Schlüpfen in eine andere Rolle suggerieren (vgl. FKP o. D. d). So sind auf Musikfestivals zunehmend Ganzkörper-Tierkostüme im Publikum zu finden oder in Mülltüten eingehüllte Ritter, die Dosenhunde hinter sich herziehen. Festivalbesucher nehmen Kostüme oder Körpermalfarben mit zu einem Festival, da sie hier das Potenzial vermuten, sich auf dem Festival *richtig ausleben* zu können und Dinge auszuprobieren, die im Alltag keinen Platz haben (TS Do1, Z. 23–25). Das sich Einlassen auf eine Gemeinschaft, in welcher andere Werte und Normen als im Alltag herrschen, regt dazu an, sich auszuprobieren und persönliche Grenzen auszutesten (TS Do1, Z. 31–39). Auf Lifestyle-Festivals wie beispielsweise dem *M'era Luna* in Hildesheim sind Verkleidungen fester Bestandteil des Konzepts. In den Medien werden Festivals wie dieses sogar als großer Kostüm- und Maskenball beschrieben (vgl. NDR, o. D.). Neben Verkleidungen sind aber auch Rollenspiele beliebte Begleiterscheinungen auf den Campingplätzen. So übernehmen an den Wegen positionierte Besucher in Klappstühlen mit Megafonen schnell die Funktion eines ungefragten Kommentators oder einer vermeintlich sicherheitstechnischen Wegführung oder -sperrung. Während der Anreise mit dem Zug gefragt danach, was sie sich auf dem *Hurricane* 2017 vorgenommen haben, gab eine Gruppe 16-Jähriger an, sie wolle auf dem *Hurricane*-Festival eine Slow-Motion-Zone einrichten, da sie das bereits auf vorherigen Festivals gesehen haben und nun nachahmen möchten (TS Do5, Z. 5–17). Animiert durch Aktionen, die diese Gruppe auf früheren Festivals beobachtet hat, werden also ernsthafte Pläne für eigene Aktionen im Voraus geschmiedet. Und tatsächlich ist es auf einem Festival nahezu unmöglich, einen Gang über das Campinggelände zu machen, ohne in derartige Slow-Motion-Zones, Dance-Zones oder Limbo-Stangen als Wegabsperrung zu geraten (vgl. GPHurr, Z. 198–201). Diese selbst initiierten Mitmachaktionen binden potenziell alle vorbeigehenden Festivalbesucher ein und kreieren ein Miteinander, welches im Alltag unter anderem als übergriffig bezeichnet werden würde, auf einem Musikfestival aber gewollt ist und sogar zur Nachahmung und Steigerung motiviert (vgl. GPHurr, Z. 57–61). Der Festivalalltag ist durch gemeinschaftliche Mitmachaktionen geprägt. Auch zeichnen sich diese Aktionen durch einen hohen Grad an Kreativität aus. Auf den Campingplätzen werden von den Besuchern Akzente gesetzt, die fast schon an Aktionen von Streetartkünstlern erinnern (vgl. Abb. 4.3 und 4.5):

Am augenscheinlichsten allerdings wird das Rollenspiel vor der Bühne, wo die Festivalbesucher kollektiv zu dem Publikum der Bands werden und sich so einem mit klarem Regelwerk ausgestaltetem Spiel hingeben (Gebhardt et al. 2000, S. 309 ff.; Schlesinger 2009, S. 169).

Aktiv darf und soll der Zuschauer allerdings insoweit werden, als er seinem Erleben des Geschehens handelnd Ausdruck verleiht. Durch Klatschen, Raunen, Pfeifen, Brüllen, Singen… und durch kommentierendes Reden mit anderen Zuschauern (Gebhardt et al. 2000, S. 309).

Auch findet man auf den Festivals aufwendig inszenierte Feiern, welche aufgrund der Festivalsituation in ungewohnten Rahmen stattfinden. Eine Gruppe, die im Zug auf der Anreise zum *Hurricane* 2017 interviewt wird und auffallend viel Gepäck dabeihatte, gibt an, auf dem Festival Halbweihnachten feiern zu wollen. Neben Lametta, Christbaumschmuck und winterlichen Getränken hat diese Gruppe auch einen Weihnachtsbaum dabei, was aufgrund der bereits diskutierten logistischen Herausforderung einen hohen Grad an intrinsischer Motivation voraussetzt, diese Feierlichkeiten auf dem *Hurricane* durchführen zu wollen (T S Do4).

4.3.5 Kommunikation

Wie oben erläutert, findet aufgrund der fehlenden Stromquellen und des unzureichend ausgebauten Mobilfunknetzes auf dem Festivalgelände die Benutzung von Smartphones nicht in gewohnter Form statt (vgl. Auswertung Frage 3.a in Anhang B.a – *Highfield/M'era Luna/Chiemsee Summer*). Die daraus resultierende analoge Kommunikation ist eine der deutlichsten Erkenntnisse aus den Umfragen. So wird bei den Interviews (beispielsweise von Festivalbesucher Andy (FB_A)) oft erwähnt, dass auf Festivals jeder grüßt, was sehr positiv aufgefasst wird, da es im Alltag nahezu ausgelöscht ist und dort als unangenehm empfunden wird (vgl. auch GPHurr, Z. 282–286).

FB_A: Meiner Meinung nach, ein wichtiger Punkt/Ein wichtiger Punkt ist immer Konversation im Alltag. Leck mich am Arsch/Wenn die Leute sich morgens noch nicht mal grüßen, ey. Wir komm aus einer Kleinstadt, da sagt man halt moin (..). Gibt es nicht mehr! Ich bin/wohn mittlerweile in Bremen, die Leute gucken dich Scheiße an. Die sind Kacke. Und wenn du dann den ersten Schritt machst und sagst selbst moin, dann gucken die so verdutzt und sagen so selbst auf einmal „Ach ja, guten Tag" (TS Sa3, Z. 132–137).

Diese Art der Kommunikation führt laut Festivalbesucherin Lisa (FB_L) dazu, dass auf Festivals offener, freundlicher und aktiver auf andere zugegangen wird.

4.3 Festivalgemeinschaft

> *FB_L: Ich habe immer so ein bisschen das Gefühl, dass ich kurz nach dem Festival immer noch ein bisschen offener und freundlicher zu anderen Menschen bin als normalerweise.*
> *FB_I: Stimmt!*
> *FB_L: Weil, hier auf dem Festival ist man halt mit allen zusammen und alle sind nett zueinander und quatschen miteinander und so was. So was mache ich eigentlich normalerweise nicht (TS Mo1, Z. 34–38).*

Es werden gute Erfahrungen damit gemacht, zwanglos mit anderen Besuchern ins Gespräch zu kommen (vgl. auch GPHurr, Z. 371–379). In weiterführenden Diskussionen unter den Probanden wird oft hinterfragt, warum dieser Aspekt im Alltag so anders erfahren wird und warum man sich selbst in Alltagssituationen wieder den gewohnten Zwängen unterwirft. So reflektiert Festivalbesucher Jürgen in einem Interview, dass er das unbeschwerte auf andere Zugehen auf einem Festival sehr genießt, weil das im Alltag gar nicht möglich sei (T S Sa8, Z. 30–35) Auch Martin (T S Sa8, Z. 86–91), Klaus (T S Sa5, Z. 29–35) und Anni (T S So1, Z. 52–54) betonen das zwanglose Miteinander in einer Festivalsituation, weil auf einem Festival einfach alle entspannter seien und man selbst sich auch zwischenmenschlicher Zwänge entledige.

Besucher genießen die situationsbedingte Pause von der digitalen Kommunikation und führen sich die Zwänge, denen sie innerhalb der alltäglichen Kommunikation unterliegen, vor Augen. Festivalbesucherin Claudia (FB_C) reflektiert diesen Gedanken bereits kritisch und stellt sich selbst die Frage, warum man im Alltag nicht auch so einfach auf die Leute zugeht:

> *FB_C: Wenn du so denkst: „Beim Festival klappt das so gut, wieso klappt das denn normalerweise nicht so." Weil, es sind alle irgendwie so gleich, also manche mehr, manche weniger, aber warum nicht offen auf Menschen einfach zugehen und einfach mal öfter so Leute auf der Straße irgendwie so anzuquatschen, nach Hilfe zu bitten oder so was. Das habe ich schon gemerkt, dass ich da schon so 'n Stückweit was mitgenommen hab (TS Do1, Z. 250–254).*

So sehen sich viele im Alltag einem Kommunikationszwang in sozialen Netzwerken gegenüber, den man aus Angst, etwas nicht mitzubekommen, bedient (vgl. T S Fr2, Z. 171 ff.).

Ein weiterer Aspekt ist das Dokumentieren von Fehltritten, was aufgrund fehlender Benutzung von Smartphones auf dem Festivalgelände nicht stattfinde (T S Sa5, Z. 36–40). Im Alltag werden Fehltritte wie übermäßiger Alkoholkonsum und dessen Folgen sofort mit Fotos und Videos dokumentiert und für immer festgehalten. Auch die fehlende Dokumentation von Fehltritten begünstigt eine später noch genauer zu beschreibende Anonymisierung.

4.3.6 Alkohol

Der übermäßige Konsum von Alkohol und anderer Drogen ist ein weiterer Aspekt, der zur Beschreibung der Festivalgemeinschaft genannt werden muss (vgl. Bengry-Howell und Griffin 2012; Dilkes-Frayne 2016; Lajos und Zoltán 2014; Lim et al. 2010). Die Tendenz, sich bezüglich des Konsums von Drogen auszutesten und gehen zu lassen, sehen Packer und Ballantyne in der offenen Atmosphäre und der hohen Aufmerksamkeit der Festivalbesucher auf die Festivalsituation begründet (Packer und Ballantyne 2011, S. 70). Welche Drogen vorwiegend auf welchen Festivals konsumiert werden, ist von unterschiedlichen Faktoren wie dem Musikgenre oder der Alters- und Sozialstruktur der Besucher abhängig (vgl. Lim et al. 2008, S. 440; Mulder et al. 2010, S. 389). Während Besucher von Electro-, Dance- und House-Festivals eher synthetische Drogen konsumieren, fällt bei Besuchern von Rock- und Popfestivals eher der übermäßige Alkohol- und Cannabiskonsum auf (vgl. Lim et al. 2008, S. 440; Mulder et al. 2010, S. 389). Tatsächlich ist das wohl häufigste Frühstück auf dem *Hurricane* 2017 ein Bier oder ein Schnaps und viele Besucher erleben während eines Festivalbesuchs keine irgendwie geartete Ausnüchterungsphase (vgl. T S Sa3, Z. 171–173; T S Sa8, Z. 185). Das, gepaart mit einem ungewöhnlich hohen Schlafentzug aufgrund des Lärms und des Wetters (Hitze/Lichtverhältnisse im Zelt) führt zu teilweise desolaten Zuständen der Festivalbesucher (vgl. auch GPHurr). Über den Alkoholkonsum versuchen sich Festivalbesucher nach eigener Aussage, aus dem Alltag zu beamen und leben so ein Sich-gehen-Lassen über einen mehrtägigen Zeitraum aus, den sie sich zwar herbeisehnen, in ihrem Alltag aber so nicht unterzubringen wünschen (T S Sa8, Z. 240–244; T S Mo3, Z. 19–20). Anders als im Alltag jedoch wird hier dem Alkohol eine entspannende und eine schlichtende Wirkung zugeschrieben. Als ein Grund, aus welchem auf Festivals Aktionen durchgeführt werden, die im Alltag als übergriffig bezeichnet würden, sehen viele den übermäßigen Alkoholkonsum, der beschwichtigend auf etwaige Konfliktsituationen wirke. Alkoholkonsum aber sei, so ergibt sich aus weiteren Nachfragen, in Alltagssituationen ausschlaggebend für Aggressionen und Reizbarkeit und darüber das Unterlassen eben dieser Aktionen, die auf Festivals von den anderen Besuchern gefeiert werden (T S Sa3, T S Sa5). Dass der Drogenrausch in unterschiedlichen Umgebungen, wie hier im festiven Rahmen im Gegensatz zum Alltag, unterschiedliche Wirkungen haben kann, beschreibt Svenja Korte in ihrer Arbeit zu *Rauschkonstruktionen – Eine qualitative Interviewstudie zur Konstruktion von Drogenrauschwirklichkeit* (Korte 2007, S. 13).

So kann dem Konsum von Alkohol auf der einen Seite Kontrollverlust, andererseits aber auch eine kompensatorische und selbstheilende Wirkung zugesprochen werden (Korte 2007, S. 174 ff.).

4.3.7 Die Festivalgemeinschaft in den Daten der Online-Umfrage

Das Thema Tauschen und Teilen wird auch in der auf dem *Hurricane* durchgeführten Online-Umfrage aktiv von den Besuchern angesprochen. So lassen die selbst formulierten Kommentare im Rahmen der offenen Antwortoption seitens der Besucher zur Beantwortung der Frage *Welche Eindrücke sind Dir von früheren Festivals im Gedächtnis geblieben?* darauf schließen, dass dieses Thema einen hohen Stellenwert in der Umschreibung des Miteinanders auf Musikfestivals einnimmt. Statements wie beispielsweise : *Auf Festivals bekommt man überall wie selbstverständlich Essen und Getränke geschenkt, sonst auf der Straße aber nicht.* Oder *Bei einem Festival sind einfach alle gut drauf und ich habe noch nie Stress erlebt, alles wird geteilt und keiner denkt egoistisch, so müsste es immer sein. Einfach nur geil!* bestätigen, dass dieser Aspekt auch im Nachhinein noch von Besuchern reflektiert wird und in Erinnerung bleibt.

Auch die Ergebnisse zu dem Gleichheitsgefühl, welches in der qualitativen Studie herausgestellt wird, und zum ungezwungeneren Umgang untereinander konnten in den Online-Umfragen auf den Augustfestivals weiter hinterfragt werden.

So stimmen weit über 40 % aller Befragten auf allen drei dem *Hurricane/Southside* nachfolgenden Festivals dem Kommentar zu, dass die Festivalsituation ein Ausnahmezustand sei, weil *irgendwie alle gleich sind* (vgl. Tab. 4.5).

Tab. 4.5 Zustimmung Musikfestivals als Ausnahmezustand (5) – Augustfestivals. (Quelle: eigene Auswertung Frage 2 in Anhang B.a – Highfield/M'era Luna/Chiemsee Summer)

Hältst Du die Festivalsituation für einen Ausnahmezustand?			
Antwortoption	Highfield	M'era Luna	Chiemsee Summer
Ja, weil irgendwie alle gleich sind.	45%	46%	45%

Die Ergebnisse der Umfragen aus den Augustfestivals zeigen, dass sich für ca. ein Drittel bis die Hälfte der Besucher von Musikfestivals die Hemmschwellen, auf Leute zuzugehen, verschieben (vgl. Tab. 4.6).

Mit den Ergebnissen vom *Hurricane* konnte auch der Punkt eines ungezwungeneren Miteinanders auf den dem *Hurricane/Southside* nachfolgenden Festivals abgefragt werden. So stimmen mindestens 68 % der Befragten sowohl beim *Highfield* als auch beim *Chiemsee Summer* dem Statement zu, dass die Festivalsituation ein Ausnahmezustand sei, *weil die Leute ganz andern miteinander umgehen als sonst*. Beim *M'era Luna* stimmten diesem Statement 59 % zu (vgl. Tab. 4.7).

Da der folgende Aspekt im Rahmen der Diskussion um andere Werte und Normen über die qualitative Auswertung nicht beleuchtet wurde, soll nun kurz auf einen Punkt eingegangen werden, der für die Diskussion um eine Übertragung der Erfahrungen auf einem Musikfestival in den Alltag eine wichtige Rolle spielt. Eine in diesem Zusammenhang entscheidende Erkenntnis aus Kirchners Untersuchungen besteht darin, dass die Besucher des *Fusion*-Festivals mit ihrem Alltag zufrieden sind und diesem nur temporär zu entfliehen suchen. Dem steht die in

Tab. 4.6 Besucherbewertung Hemmschwellen: Auf Leute zugehen – Augustfestivals. (Quelle: eigene Auswertung Frage 9 in Anhang B.a – Highfield/M'era Luna/Chiemsee Summer)

Verschieben sich Deine Hemmschwellen während oder auch langfristig nach dem Festival noch in Sachen: Antwortoption: auf Leute zugehen?			
	Keine Verschiebung	Kurzfristige Verschiebung auf dem Festival	Langfristige Verschiebung auch noch nach dem Festival
Highfield	48%	39%	13%
M'era Luna	64%	28%	8%
Chiemsee Summer	42%	37%	21%

Tab. 4.7 Zustimmung Musikfestivals als Ausnahmezustand (6) – Augustfestivals. (Quelle: eigene Auswertung Frage 2 in Anhang B.a – Highfield/M'era Luna/Chiemsee Summer)

Hältst Du die Festivalsituation für einen Ausnahmezustand?			
Antwortoption	Highfield	M'era Luna	Chiemsee Summer
Ja, weil die Leute ganz anders miteinander umgehen als sonst.	68%	59%	68%

4.3 Festivalgemeinschaft

der vorliegenden Arbeit sehr heterogen beantwortete Frage zur Zufriedenheit mit der Alltagssituation entgegen (vgl. Tab. 4.8).

Für das *Hurricane* gibt lediglich ein Drittel der Besucher an, mit ihrem Alltag so zufrieden zu sein, dass das Festival daran nichts zu ändern braucht (vgl. hierzu auch Abschn. 5.1). Kirchner folgert aus der in ihrer Studie überwiegend bestätigten Alltagszufriedenheit der *Fusion*-Besucher, dass der Festivalbesuch keine konkrete Auswirkung auf den Alltag der Besucher hat (Kirchner 2011, S. 95). Diese Schlussfolgerung Kirchners kann auf die hier vorliegende Studie jedoch nicht ohne Weiteres übertragen werden. Auf die Möglichkeit, dass ihre Folgerung nur auf das Publikum von Elektrofestivals bezogen werden kann, wird bereits von Kirchner selbst hingewiesen. Sie vermutet, dass Anhängern unterschiedlicher Musikstile (hier Techno und Rock) unterschiedliche Handhabungen mit der Alltagszufriedenheit und den Umgang mit Utopien zugesprochen werden kann (Kirchner 2011, S. 152).

Rockmusik – als Ausdruck der sozialen Praxis von Rockfan s –, so Kirchner, kritisiere explizite gesellschaftliche Aspekte, strebe aber eine Utopie an, die nicht umfassend in der Realität umgesetzt werden kann (Kirchner 2011, S. 152). Somit bleibt bis auf Weiteres offen, ob auf einem Rock- oder Popfestival gelebte Ansätze für einzelne gesellschaftliche Aspekte mit in den Alltag genommen und dieser durch einen Besuch auf dem Festival transformiert werden kann. Auch wäre die Folgerung Kirchners ggf. zusätzlich für das Techno-Genre noch einmal empirisch zu überprüfen.

Festivalbesucher fühlen sich also einer temporären Gemeinschaft zugehörig, in welcher andere Werte und Normen als im Alltag herrschen. Innerhalb

Tab. 4.8 Besucherbewertung Alltagszufriedenheit – alle Festivals. (Quelle: eigene Auswertung Frage 5 in Anhang B.a. – Hurricane/Southside, Frage 7 in Anhang B. a – Highfield/M'era Luna/Chiemsee Summer)

Wie bewertest Du den Einfluss von Musikfestivals auf Deinen Alltag?			
Antwortoption: Musikfestivals brauchen nichts zu ändern, weil ich mit mir und meinem Alltag zufrieden bin.			
	Stimme voll zu	Keine Meinung	Stimme überhaupt nicht zu
Hurricane	39%	45%	16%
Southside	38%	46%	15%
Highfield	43%	43%	14%
Chiemsee Summer	38%	50%	12%
M'era Luna	48%	40%	13%
A Summer's Tale	48%	34%	19%

dieser Gemeinschaft sind sie am Aufbau gesellschaftlicher Strukturen beteiligt und müssen sich zu neuen Wertvorstellungen positionieren. Auch dieser Umstand birgt diverse Impulse zur Reflexion gesellschaftlicher Begebenheiten. Sollte sich die These bewahrheiten, dass sich während eines Musikfestivals eine resonante Grundstimmung aufbaut, verspricht gerade die Kombination aus dem Aufbau einer Gemeinschaft aus eben dieser Grundstimmung interessante Einblicke in etwaige Unterschiede von Denk- und Verhaltensmustern der Gesellschaftsmitglieder.

4.4 Abstand vom Alltag

Eine Festivalsituation zeichnet sich für die Besucher durch ein Abstandnehmen vom Alltag aus. Woran also lässt sich der Abstand zum Alltag in einer Festivalsituation festmachen? Dem Abstand vom Alltag innerhalb einer Festivalsituation können drei Dimensionen zugewiesen werden: eine räumliche, eine inhaltliche und eine zeitliche Dimension.

4.4.1 Hinter dem Zaun

Die räumliche Abgrenzung zum Alltag ist sehr plakativ zunächst durch die Abgrenzung des Festivalgeländes gegeben. Das Festivalgelände ist ein abgetrennter geografischer Raum, welcher nur mit einer gültigen Zugangsberechtigung, dem Festivalticket, betreten werden kann und das Festival und damit die Festivalbesucher vom Rest der Welt trennt. Die Grenzen zu diesem Raum werden meist durch Zäune gesichert und an den Einlässen durch Ordnungspersonal kontrolliert. Das Festivalgelände wird also zu einem geografisch abgetrennten Raum, zu dem nur Zugang hat, wer sich für einen Festivalbesuch entschieden und dafür eine entsprechende Zugangsberechtigung verschafft hat. Zu der räumlichen Trennung vom Alltag kann weiterhin die Reise zu dem Festivalgelände gezählt werden. Festivalbesucher nehmen häufig eine weite Anreise mit dem Auto oder dem Zug von ihrem Heimatort zum Festival auf sich und werden sich so des geografischen Abstands zum Alltag bewusst. Schon beim Packen für das Festival findet über die oben erläuterte Bewertung von Alltagsgegenständen und die Planung der improvisierten Haushalte während des Festivals die Vorbereitung einer geografischen Trennung vom Alltag statt. Mitgenommen wird nur das Nötigste, auf alles andere wird aufgrund der geografischen Unverfügbarkeit bewusst für die Zeit des Festivals verzichtet. Für die auf der Zuganreise befragten Festivalbesucher fängt das

Festival schon mit der Anreise an, da sich nach und nach die Züge mit Festivalbesuchern füllen, welche durch Campingequipment, Rucksäcke und nicht selten auch mit Brandings der jeweiligen Festivals gekennzeichnet sind (T S Do1, Z. 184–192).

4.4.2 Der Alltag bleibt draußen

Inhaltlich ist der Abstand zum Alltag durch eine aktive Ausgrenzung von Alltagsproblemen und Verpflichtungen einerseits und durch eine überspitzte Darstellung bis hin zur Deformation von gesellschaftlichen Normen des Alltags andererseits gekennzeichnet. In einer Festivalsituation werden Alltagsprobleme aktiv ausgegrenzt, d. h. Festivalbesucher vermeiden aktiv und bewusst, über die im Alltag konkret anstehenden Verpflichtungen oder Probleme wie Prüfungsleistungen, gesellschaftliche Verpflichtungen oder familiäre Probleme nachzudenken oder diese mit den Freunden während des Festivals zu besprechen. Als Konsens kann hier festgehalten werden, dass Besucher zu einem Festival fahren, um Spaß zu haben und nicht, um sich Sorgen zu machen (vgl. T S Sa5, T S Fr2, Z. 144–146, T S So4, Z. 194–197). Festivalbesucher Paul (FB_P) beispielsweise vermeidet es aktiv, auf dem Festival über seine anstehende Masterarbeit nachzudenken, und geht Gesprächen mit Freunden zu seiner Arbeit aus dem Weg:

FB_P: Na ja, ich weiß nicht, wie es euch geht, aber immer, wenn ich hier bin, will ich das, was zu Hause ist, vergessen. Falls ich jetzt/ (..) Also ich stehe kurz vor meiner Masterarbeit oder so und ich benutze das hier, um nicht drüber nachzudenken. Also, das ist mir halt tatsächlich sehr wichtig, nicht über das nachzudenken, was zu Hause dann noch mal wieder wartet. Also ich will mir halt auch die Leichtigkeit mitnehmen, die Bands mitnehmen und das Ganze ein bisschen fühlen, was hier passiert (TS Sa1, Z. 140–145).

Zu der aktiven Ausgrenzung der Prüfungsleistung trägt bei, dass diese Verpflichtung auch räumlich ausgegrenzt wird, da die Infrastruktur (Laptop, Arbeitsunterlagen und Schreibtisch) zur Anfertigung der Arbeit zu Hause, also außerhalb des Verfügungsbereichs bleibt und somit gar nicht erst die Möglichkeit besteht, an der Erstellung der Arbeit weiterzuarbeiten.

FB_P: Ja, hier hast du gar nicht die Möglichkeit, ja. Ich wollte meinen Schreibtisch nicht mitnehmen oder meinen Laptop. Ich habe hier nicht mal die Möglichkeit, das [Fertigstellung der Masterarbeit] zu machen (TS Sa1, Z. 185–186).

Lars erklärt sich die ausgelassene Stimmung auf dem Festival über das aktive und bewusste Ausblenden von Alltagspflichten : *Zu Hause habe ich einen Putzplan von meiner WG. Zu Hause habe ich alles Mögliche an Verpflichtungen. Hier hat man ULTIMATIV KEINE Verpflichtungen [...] (TS So4, Z. 210–213)*. Aber tendenziell, so Lars weiter, *macht man (..) außerhalb von diesem ganzen Schmock hier, also im richtigen Leben, macht man sehr, sehr viel einfach nur deshalb (.), weil man sich in der Zukunft etwas davon erhofft oder weil man in der Vergangenheit gelernt hat, dass man das halt so macht (TS So4, Z. 242–245)*. Innerhalb einer Festivalsituation nehmen die Besucher demnach keine Verpflichtungen war, da keine Ansprüche an die Zukunft gestellt und gelernte Regelwerke aus dem Alltag über Bord geworfen werden. Nach Lars lässt sich die Festivalsituation als anspruchsfreier Raum interpretieren.

Festivalbesucherin Anne (FB_A) grenzt aktiv familiäre Konflikte aus:

> *FB_A: Eigentlich kann ich mir hier zu sein einfach wirklich nicht erlauben und seit gestern, seitdem ich hier bin, habe ich so gute Laune, dass mir das alles egal ist (..). Was weiß ich, was da passiert zu Hause (TS Fr2, Z. 144–146).*

Für Anne stellt eine Festivalsituation also eine Flucht aus dem Alltag dar (vgl. hierzu Abschn. 5.1). Auch Festivalbesucherin Claudia (FB_C) sieht in der Festivalsituation eine Flucht aus dem Alltag:

> *FB_C: Aber es kommt auch immer voll darauf an/ (...) Also bei mir persönlich ist das so/ (.) Was man mitnimmt, vom Festival, ist/So, je nach deiner persönlichen Gefühlslage und in welcher Lebenslage du dich da befindest/Was du davon mitnimmst. Also manchmal ist es halt so, dass es guttut, Abstand zu gewinnen und dich mit Leuten zu umgeben, die du vorher noch nie gesehen hast und wirklich so aus deinem Alltag wirklich mal so zu flüchten, sag ich mal (TS Do1, Z. 256–261).*

Kalle formuliert diesen Umstand im Rahmen eines Interviews allgemeiner. Gefragt danach, aus welchem Grund er die Festivalsituation so besonders *gechillt* erfährt, gibt Kalle an, dass die *Zwänge von der Gesellschaft*, welche im Alltag auf die Menschen wirken, auf einem Festival ausgesetzt sind. Weiter erklärt sich Kalle diese entspannte Atmosphäre wie folgt : *Sie* [die Festivalbesucher] *lassen einfach mal vom normalen Leben los und lassen die Sorgen vom normalen Leben los (TS So1, Z. 84–85)*. Auch an Kalles Schilderungen lässt sich also eine aktive Ausgrenzung von Alltagssorgen der Festivalbesucher festmachen.

4.4.3 Alles hat ein Ende

Der im Rahmen eines Festivals gewonnene Abstand vom Alltag hat aber auch eine zeitliche Dimension. So währt ein Festival nicht ewig, sondern nur einige (im Falle des *Hurricane* fünf) Tage. Zwar beginnt ein Festival wie oben erwähnt schon mit der Planung und der Anreise und zieht noch nachhallende Erinnerungen und einen regen Austausch von Festivalbesuchern innerhalb ihrer Freundeskreise (T S Do1, Z. 208–221) oder über die jeweiligen Foren der Festivals nach sich, der Abstand vom Alltag jedoch vollzieht sich vorwiegend innerhalb des Live-Events. Das heißt innerhalb des Agierens in einer Festivalgemeinschaft, in welcher andere Werte und Normen als im Alltag herrschen und der Abstand vom Alltag in der oben erläuterten Form zelebriert wird. Beschrieben wird der Umstand, dass während eines Festivals Abstand zum Alltag genommen wird, in den auf dem *Hurricane* geführten Interviews häufig mit dem Ausdruck *Urlaub für die Seele* oder *Urlaub fürs Gehirn,* als Anspielung auf den gleichnamigen Song der Musikgruppe K.I.Z. (vgl. T S So4, Z. 265, T S Sa8, Z. 5–10). Diese Formulierung impliziert, so auch weitere Ausführungen in den Interviews, dass die im sozialen Gefüge des Alltags verankerten Denk- und Verhaltensmuster lediglich für eine Auszeit abgelegt und nach Rückkehr in den Alltag wieder aufgenommen werden. Anzunehmen ist also, dass es den Festivalbesuchern lediglich darum geht, ein paar Tage in eine Parallelwelt abzutauchen, sich in dieser zu *verstecken* und keinerlei Verbindung zum Alltag und gesellschaftlichen Begebenheiten aufzubauen (vgl. hierzu Abschn. 5.1.1). Es wäre demnach naiv zu folgern, dass in jedem Fall eine temporäre Lösung vom Werte- und Normensystem des Alltags durch einen Festivalbesuch eine grundlegende und umfassende Neuorientierung im Alltag nach sich zieht. Festivalbesucher Jürgen (FB_J) schildert plakativ, dass ein Musikfestival für ihn kein Dauerzustand sein kann, da er die zwischenmenschlichen Beziehungen auf Dauer nicht ertragen könnte:

> *FB_J: Also, mich würde es auf jeden Fall ankotzen, wenn das hier länger als eine Woche gehen würde. Dann würdet ihr mir auch alle voll auf den Sack gehen. Aber eine Woche kann man das gut ertragen (TS Sa8, Z. 240–242).*

4.4.4 Nachwirkungen

Für diverse Aspekte, welche oberflächlich betrachtet von den Befragten erst mal nicht mit einer grundlegenden Änderung des Alltags in Zusammenhang gebracht werden, bestätigen dieselben Befragten aber im weiteren Gesprächsverlauf an unterschiedlichen Stellen eine verändernde Wirkung auf Denk- und Verhaltensmuster. So wird beispielsweise eine nachhaltige Änderung im Umgang mit anderen (vgl. T S Mo3; T S Mo1; T S Sa8; T S Sa3), des eigenen Kommunikationsverhaltens (vgl. T S Mo1; T S Sa5; T S Sa1; T S Sa3; T S Sa8) oder des eigenen Verhaltens in Stresssituationen (vgl. T S Mo3, Z. 47–73) oft erst auf Nachfrage oder in nachfolgenden Diskussionen untereinander bestätigt und mit der Festivalsituation in Zusammenhang gebracht (vgl. hierzu Picard 2016, S. 6 07).

Da die oben genannten Aspekte im Rahmen einer verändernden Wirkung auf den Alltag schwer greifbar sind und die Verbindung zu einer Festivalsituation ggf. abstrakt erscheint, kristallisieren sie sich in den Interviews erst über Umwege und nicht über direkte Nachfrage heraus. Wie diese Transformation im Einzelnen verstanden werden kann und welche Auswirkungen auf den Alltag im Sinne der sozialökologischen Transformation aus ihr gezogen werden können oder müssen, soll die Analyse der subjektiven Faktoren erklären.

Auch die überspitzte Darstellung von Alltagsnormen in Festivalsituationen, in welchen diese bis hin zur Deformation persifliert werden, geben Aufschluss darüber, dass ein Abstand zum Alltag und dessen Werte- und Normensystem im Festivalalltag verankert ist. So machen Aufsteller mit der Aufschrift *Frisch gewischt!* auf einem schlammigen Festivalboden (vgl. Abb. 4.8) oder Besuchergruppen, die mit Staubwedeln über den Campingplatz patrouillieren, auf ggf. nicht adäquate Reinlichkeitsvorstellungen aufmerksam. Festivalbesucher, die mit einer Angel in der Hand auf Klappstühlen an einer Matschpfütze sitzen, neben der ein selbst gemalter Pappaufsteller mit Aufschrift *privater Angelteich* steht, und auf einen vermeintlichen Fang warten (vgl. Abb. 4.7), weisen ggf. auf eine übertriebene Abgrenzungs- und Besitzhaltung hin. Auch Staketenzäune als Ausdruck von Spießigkeit, welche die eigentlich nicht vorhandenen *Gärten* der Festivalbesucher auf den Campingplätzen säumen (vgl. Abb. 4.9), können als Persiflage verstanden werden. Diese Beispiele für überspitzte Darstellungen gesellschaftlicher Alltagsnormen setzen einen Abstand zum Alltag und einen damit einhergehenden Perspektivwechsel voraus, da sie ohne diesen Abstand jegliche Wirkung verlieren würden. Denn nur mit diesem Abstand vom Alltag können die Darstellungen gedeutet und als Kritik an den Begebenheiten der Gesellschaft verstanden werden. Das Abstandnehmen vom Alltag ist hier ein zentraler Aspekt der Festivalsituation, da über diesen eine grundlegende Öffnung der Besucher und darin die notwendige Bedingung für einen Wertewandel vermutet wird.

4.4 Abstand vom Alltag

Abb. 4.7 Foto Privater Angelteich. (Quelle: FKP o. D. e. Foto: Malte Schmidt)

Abb. 4.8 Foto Frisch gewischt. (Quelle: Weser Kurier 2016)

Abb. 4.9 Foto Staketenzaun. (Foto: eigene Abbildung)

4.4.5 Der Abstand vom Alltag in den Daten der Online-Umfrage

Auch der Abstand vom Alltag spiegelt sich deutlich in den Angaben der in der Online-Umfrage auf dem *Hurricane* generierten Ergebnisse wider.

So geben 49 % der *Hurricane*-Besucher an, dass sie zum Festival fahren, um mal auf andere Gedanken zu kommen und Abstand vom Alltag zu nehmen. 35 % der Festivalbesucher gehen noch einen Schritt weiter und geben an, dass sie zum Festival fahren, um in eine Parallelwelt abzutauchen, in der nur noch das Festival zählt (vgl. Auswertung Frage 1 in Anhang B .a – *Hurricane/Southside*).

Die Auswertung der Fragebögen nachfolgender Festivals, in denen dieser Sachverhalt explizit nachgefragt werden konnte, ergeben, dass eine überwiegende Mehrheit der Befragten die Festivalsituation für einen Ausnahmezustand hält, weil unter anderem alle Alltagsprobleme draußen bleiben (vgl. Tab. 4.9).

Es kann also davon ausgegangen werden, dass die in den qualitativen Interviews vom *Hurricane*-Festival hergeleiteten Annahmen zur Ausgrenzung von Alltagsproblemen flächendeckende Relevanz haben.

Auch der aus der qualitativen Studie hervorgehende Aspekt, dass Themen und Probleme, die im Alltag mit Freunden diskutiert werden, draußen bleiben, kann in den quantitativen Daten wiedergefunden werden. 40 % der Befragten geben in

Tab. 4.9 Zustimmung Musikfestivals als Ausnahmezustand (2) – Augustfestivals (Quelle: eigene Auswertung Frage 2 in Anhang B.a – Highfield/M'era Luna/Chiemsee Summer)

Hältst Du die Festivalsituation für einen Ausnahmezustand?			
Antwortoption	Highfield	M'era Luna	Chiemsee Summer
Ja, weil alle Alltagsprobleme draußen bleiben.	58%	55%	56%

der Online-Umfrage vom *Hurricane* an, dass sie innerhalb des Freundeskreises auf Festivals andere Themen diskutieren als im Alltag, und 52 % der Befragten geben an, dass sich die Freunde auf dem Festival anders benehmen als im Alltag (vgl. Auswertung Frage 2 in Anhang B.a – *Hurricane/Southside*).

In Festivalsituationen wird Abstand zum Alltag und dem dort vorherrschenden Werte- und Normensystem genommen. Der Konsens zum Abstandnehmen vom Alltag unter den Festivalbesuchern kann an oben dargestellten Aspekten festgemacht werden. So sind der oben erläuterte Abbau von Hemmschwellen in Sachen Hygiene, Alkoholkonsum, der Umgang mit anderen sowie das Ausgrenzen von hierarchischen Strukturen Indizien dafür, dass von einem vorherrschenden Werte- und Normensystem Abstand genommen und sich einem neuen Referenzrahmen hingegeben wird.

4.5 Die Festivalatmosphäre aus Sicht der sozialökologischen Transformation

Über die aktiv vom Veranstalter kommunizierten Verhaltenshinweise, die improvisierte Infrastruktur, die Eigenschaften der Festivalgemeinschaft und nicht zuletzt durch den Abstand vom Alltag bildet sich auf den Musikfestivals eine eigene, festivalspezifische Atmosphäre. Dieser lassen sich unterschiedliche Aspekte zuordnen, welche einerseits die Reflexion gesellschaftlicher Begebenheiten in obiger Richtung begünstigen und andererseits Rahmenbedingungen für ein Loslösen vom vorherrschenden Werte- und Normensystem und damit für die Öffnung der Besucher für einen temporären Normenwandel bereitstellen. Im Folgenden sollen nun Aussagen zur Beschreibung der Atmosphäre zusammengefasst werden, welche in einer Festivalsituation herrscht. Generell wird diese Atmosphäre von fast allen Befragten, ob qualitativ oder quantitativ, als gelöst und entspannt beschrieben.

In erster Linie trägt das Fehlen von Verpflichtungen dazu bei, dass die Atmosphäre auf einem Festival als entspannter gegenüber dem Alltag wahrgenommen wird. Alltagsprobleme werden zu Hause gelassen und werden aus der Kommunikation und dem Festivalwochenende verbannt (vgl. T S Sa3, Z. 53–58; T S So4, Z. 211–213; T S Sa5). Als vorwiegend ausgeklammerte Alltagsprobleme werden in den Interviews Prüfungsdruck in Schule oder Studium angeführt (vgl. T S Sa1, Z. 140–145). Es wird darauf geachtet, dass man sich nicht zu viel Programm vornimmt und die Möglichkeit besteht, sich voll und ganz der Situation hinzugeben und sich treiben lassen kann (vgl. T S So4, Z. 216–22; T S Do1, Z. 31–39). Auch die fehlende Verpflichtung, wie im Alltag kommunizieren zu *müssen,* wird in diesem Zusammenhang als sehr entlastend wahrgenommen. Wegen der kaum vorhandenen Möglichkeiten zur Online-Kommunikation entfällt ein ständiges Aufrufen von Chats oder Mails und der Drang oder der Druck sich seinerseits mitteilen zu müssen und damit ein immer wieder rausgerissen Werden aus der Situation (vgl. T S Sa3, Z. 53–58; vgl. auch GPHurr, Z. 315–317). Das sich Freimachen von dieser Verpflichtung scheint auf den Festivals einen hohen Stellenwert einzunehmen, da dieser Punkt in fast allen Interviews seitens der Interviewteilnehmer angesprochen wird (vgl. hierzu Abschn. 5.1). Auch das Abbauen von Hemmschwellen in Sachen Hygiene in Festivalsituationen kann an dieser Stelle als Teil der entspannten Atmosphäre gewertet werden. Festivalbesucher machen sich aus unterschiedlichen Gründen frei von Konventionen, geben sich der Festivalsituation voll und ganz hin und lassen sich gehen bzw. treiben (vgl. T S Do1). Auch wird eine hohe Hilfsbereitschaft der Festivalgemeinde von den Besuchern wahrgenommen (vgl. Abschn. 5.5.2).

Da allen Festivalbesuchern nur das individuell Nötigste zur Verfügung steht und auf jedwede Luxusgüter im Sinne von Positionsgütern für das Festivalwochenende verzichtet wird, findet, wie später noch ausführlich dargestellt wird, unter den Besuchern eine Gleichstellung statt (vgl. Abschn. 5.4.1). Dies trägt zu einer situationsbedingten Gelassenheit im Umgang mit Dingen und anderen bei. In einer Festivalsituation wird getauscht und geteilt, was da ist, und erfragt, was man selbst vergessen, jemand anders aber eingepackt hat. Die improvisierte Infrastruktur, im Besonderen der Natur schutzlos ausgesetzt zu sein, bringt im Gegensatz zum Alltag vermehrt Situationen hervor, in denen man auf die Hilfe der anderen angewiesen oder mit der Hilfsbedürftigkeit anderer direkt konfrontiert ist. In Kombination mit der entspannten Atmosphäre, in welcher aufgrund weiterer Aspekte der improvisierten Infrastruktur die Selbsthilfe oder das Konzept *Do it yourself* einen hohen Stellenwert besitzt, wird in solchen Situationen, ungleich häufiger Hilfsbereitschaft unter Beweis gestellt als im Alltag. Diese Hilfsbereitschaft wird aufgrund der emotionalen Aufladung innerhalb der Festivalsituation

4.5 Die Festivalatmosphäre aus Sicht der sozialökologischen Transformation

und des ggf. ungewohnten Gefühls der Hilfebedürftigkeit besonders stark bewertet und wird von den Festivalbesuchern als festivalspezifisch wahrgenommen (T S Sa5, Z. 41–44, vgl. Abschn. 5.5.2).

Größtenteils genießen die Besucher die Auszeit vom ständigen Kommunizieren und erreichbar Sein und empfinden sowohl das gesellschaftliche als auch das eigene Kommunikationsverhalten im Alltag als eigentlich absurd. Trotz dieser deutlichen Verbalisierung und der deutlichen Distanzierung von diesem Verhalten in den Interviews prognostizieren jedoch die meisten Befragten sich selbst baldige Rückfälligkeit in das antrainierte Verhalten (T S Sa5; T S Sa3, Z. 75–77; T S Sa1, Z. 199–201). Zu der entspannten Atmosphäre trägt weiterhin bei, dass Festivalbesucher die Präsenz von Ordnungshütern nicht wie im Alltag bewerten. Auf einem Festival fühlen sich die Besucher freier und ungezwungener als in Alltagssituationen, nicht zuletzt, weil es ihnen hier möglich ist, Konventionen ungestraft oder sogar unkommentiert über den Haufen zu werfen und sich einfach auf das zu konzentrieren, wonach ihnen tatsächlich ist, ohne sich darüber Gedanken machen zu müssen, was die anderen von ihnen denken (vgl. T S Do1, Z. 31–39, Z. 240–246). Da auf Festivals mit oben erläuterter Einschränkung nur das Nötigste verfügbar ist, werden auch Begehren unverfügbaren Dingen gegenüber weitestgehend ausgeblendet. Auch dieser Aspekt trägt zu einer entspannten Atmosphäre bei. Es besteht nicht wie im Alltag der Zwang, sich unter nahezu unbeschränkten Möglichkeiten positionieren und entscheiden zu müssen. Was auf dem Festival angeboten wird, ist aufgrund der improvisierten Infrastruktur zwar im Rahmen der Möglichkeiten der Veranstalter so weit wie möglich ausgebaut, jedoch verglichen mit dem Alltagsangebot erheblich eingeschränkt. Will man es mit Rosas Worten ausdrücken, so unterliegen Festivalbesucher einer eingeschränkten Weltreichweite, was in dieser selbst gewählten und temporären Situation zu erheblicher Entspannung führt. Es ist keinesfalls ungewöhnlich, dass sich Festivalbesucher in ca. 300 m langen Schlangen anstellen, um in den Festivalsupermarkt zu gelangen und sich dort eine Palette Bier oder ein paar Gummistiefel zu kaufen, ohne auch nur einen Gedanken daran zu verschwenden, dass ihnen diese Situation im Alltag niemals widerfahren würde (T S Sa WS).

Über die Verhaltenshinweise, welche vom Veranstalter oder den jeweiligen Initiativen ausgehen, werden aktive und in eine nachhaltige Richtung ausgelegte Impulse zur Reflexion gesellschaftlicher Begebenheiten zur Verfügung gestellt und von den Besuchern vorerst zumindest peripher verarbeitet. Zusätzlich bringt das Agieren innerhalb der improvisierten Infrastruktur und der Festivalgemeinschaft diverse Konflikte hervor, die eine Auseinandersetzung mit gesellschaftlichen Begebenheiten unumgänglich machen.

Neben diversen Reflexionsimpulsen muss die Festivalatmosphäre als entspannt bzw. gelöst beschrieben werden. Über die Betrachtung der intersubjektiven Faktoren kann also das aktive Ausgrenzen von Stress, Sorgen (Angst), Anforderungen an die eigene Person und von einem im Alltag allgegenwärtigen Wettkampfgedanken empirisch bestätigt werden. Im Folgenden soll nun über die Analyse der subjektiven Faktoren beleuchtet werden, wie sich die Abwesenheit dieser Faktoren auf interne Prozesse auswirkt. Zu vermuten ist an dieser Stelle, dass die Gelöstheit der Besucher ein Loslösen vom vorherrschenden Wertesystem andeutet. Ein derartiges Sich-Lösen vom Alltag könnte die Grundlage für einen gesellschaftlichen Perspektivwechsel und eine darüber initiierte kritische Reflexion alteingesessenen Normen sowie eine Positionierung gegenüber neu erlebten Wertevorstellungen bedeuten.

Forschungsresultate: Auswirkung der Rahmenbedingungen auf Musikfestivals

5

Nach der Darstellung der intersubjektiven Faktoren und deren Zusammenwirken sollen im Folgenden die subjektiven Faktoren besprochen werden. Die Aspekte und Konzepte also, über welche erklärt wird, was sich während einer Festivalsituation im Inneren eines Subjekts abspielt. Vorweg soll festgehalten werden, dass es keineswegs das Ziel dieses Kapitels ist, jegliche Aspekte interner Prozesse von Festivalbesuchern während einer Festivalsituation zu analysieren. Es besteht also kein Anspruch auf Vollständigkeit bezüglich interner Prozesse. Vielmehr sollen hier diejenigen festivalspezifischen Aspekte hergeleitet und erklärt werden, welche mit einem Sich-Lösen vom vorherrschenden Werte- und Normensystem und einer Öffnung des Subjekts in obigem Sinne in Zusammenhang gebracht werden können.

5.1 Die Flucht aus dem Alltag

Der Abstand zum Alltag ist in der Darstellung der intersubjektiven Faktoren bereits vorbereitet worden (vgl. Abschn. 4.4). Wie die Festivalbesucher mit diesem Abstand umgehen und auf welche Weise sie diesen Abstand ausleben, soll in diesem Kapitel diskutiert werden.

5.1.1 Eskapismus

Eskapistischen Episoden werden von unterschiedlichen Wissenschaftlern unterstellt, dass sie keine konkreten Änderungen im Alltag nach sich ziehen. Sie dienen dem Abbau von Spannungen, welche sich durch Alltagszwänge ergeben. Auch wirken sie wie ein Ventil, über welches *mal richtig Dampf abgelassen* werden und etwaige Spannungen gelöst werden können, um dann erholt und gestärkt wieder in diese Strukturen des Alltags zurückzukehren (vgl. Abschn. 2.4.4). Diese Annahme wird durch das auch in den geführten Interviews häufig erwähnte Schlagwort *Urlaub fürs Gehirn* angedeutet. Festivalbesucher berufen sich hier auf die zeitliche Dimension des Abstands vom Alltag und geben an, im Alltag keine konkreten nachhaltigen Änderungen aus dem Festival zu integrieren. In Bezug auf die hier untersuchten Wirkungen von Musikfestivals, nämlich die Wirkung auf die Denk- und Verhaltensmuster der Besucher, wurde allerdings in den meisten Interviews auf Nachfrage bestätigt, dass man sich sehr wohl nach dem Festival anderen Menschen gegenüber freundlicher verhalte, generell offener und entspannter und Stresssituationen gegenüber resistenter sei (vgl. TS Mo3, Z. 67–71; TS Sa8, Z. 28–29, GPHurr, Z. 441–447). Derartige Veränderungen werden von den Interviewten auf den ersten Blick nicht mit durch das Festival initiierten konkreten nachhaltigen Änderungen des Alltags in Verbindung gebracht. In Nachgesprächen jedoch wird der Festivalsituation selbst dann doch eine transformierende Wirkung in diese Richtungen bescheinigt (TS So1, Z. 59–62; TS Mo3, Z. 48–74; TS Mo1, Z. 34–35).

Während der Festivalbesuch für Festivalbesucherin Anne (FB_A) (vgl. Abschn. 4.4) beispielsweise eine Flucht aus dem Alltag bedeutet:

> *FB_A: Also, aber was ich finde, (.) ist, dass man (..) man vergisst es alles auf jeden Fall. Aber ich bin auch hier an so einem Punkt, wo ich mich echt immer frage: „Ist es das überhaupt wert, diesen ganzen Stress zu Hause (…) zu machen, weil, das ist eigentlich so was Schönes hier!*
> *FB_O: Echt?*
> *FB_A: Ja, doch, das frage ich mich immer. (…) Weil ich überlege, wenn ich jetzt wieder zurückkomme, was ich da für ein Leben führe, wie ich da (…) lebe. Das ist so viel Stress und so/ (…) Und eigentlich ist das hier viel lebenswerter (TS Fr2 Z. 156–163).*

bescheinigt Festivalbesucher Andreas (FB_A) dem Abstand vom Alltag in einer Festivalsituation eine positive transformative Wirkung:

> *I: Und seid ihr hier anders, also nehmt ihr euch hier auch anders wahr, auf so einem Festival?*
> *FB_A: Ja, wir kommen hier hin und/*
> *FB_J: Ja, total, (…) totale Verwandlung!*
> *FB_A: Ja.*
> *FB_J: Absolut.*
> *I: Verwandelt ihr euch gleich, wenn ihr nach Hause fahrt und geduscht habt und macht, was ihr normalerweise auch so macht, verwandelt ihr euch dann wieder komplett zurück oder bleibt ein bisschen hängen?*
> *FB_J: Nein, da bleibt ein bisschen hängen.*

> FB_A: *So letztes Jahr, doch/*
> FB_J: *Das bleibt tatsächlich ein bisschen hängen. Letztes Jahr waren wir auch hier und das hat uns/ (.) Das merken wir immer, da reden wir auch immer drüber. (...) Das hat uns wirklich nachhaltig verändert (TS Mo3 Z. 47–60).*

Auch werden in den Interviews der qualitativen Studie Überlegungen mit dem Abstand vom Alltag in Verbindung gebracht, die alltägliche Begebenheiten umfänglich hinterfragen. So kommt beispielsweise der Festivalbesucher Lars zu dem Schluss, dass *der durchschnittliche Mensch* Verpflichtungen nur wahrnimmt, *weil er sich in der Zukunft was davon erhofft* (TS So4, Z. 210–213). Lars kommt also zu dem Punkt, Selbstverständliches in einer Festivalsituation infrage zu stellen.

5.1.2 Eskapismus in den Daten der Online-Umfrage

Eskapismus, so wurde im Rahmen der Theorie von Pine und Gilmore (1998) eingangs dargestellt, wird der Grundbereich eines Events zugeordnet, der am intensivsten wahrgenommen wird und dem Besucher eine aktive Rolle zugesteht (vgl. Abschn. 2.4.1). Der aktivere Umgang mit dem Erlebnis Musikfestival kann auch beim *Hurricane*-Publikum nachgewiesen werden, indem man die Befragten in die Segmente Eskapisten und Nicht-Eskapisten unterteilt. Unter dem Segment Eskapisten sind die Datensätze derjenigen Befragten zusammengefasst, die angeben, zum Festival zu fahren, um in eine Parallelwelt einzutauchen, in der nur noch das Festival zählt. Nicht-Eskapisten im Gegenzug sind Befragte, die nicht angeben, zum Festival zu fahren, um in eine Parallelwelt einzutauchen, in der nur noch das Festival zählt (vgl. Frage 1 in Anhang B.a – *Hurricane/Southside*).

Die Gegenüberstellung dieser Segmente in der Beantwortung der Frage zur Interaktion auf dem Festival stellt eine Tendenz zur aktiveren Teilnahme des Segments der Eskapisten heraus (vgl. Tab. 5.1).

So geben 59 % der Eskapisten an, dass sie auf dem Festival an Aktionen teilgenommen haben, welche durch andere Besucher initiiert wurden, wohingegen diese Aktionen nur 47 % der Nicht-Eskapisten angeben, mitgemacht zu haben. Haben an Rollenspielen 18 % der Eskapisten teilgenommen, so sind es bei den Nicht-Eskapisten lediglich 7 %, die angeben, Rollenspiele mitgemacht zu haben. Andersherum geben 23 % der Eskapisten an, keine Aktionen mitgemacht zu haben, wohingegen der Anteil, der angibt, an keinen Aktionen teilgenommen zu haben, bei den Nicht-Eskapisten mit 35 % ungleich höher ist.

Auch das von Festivalbesucher Lars angestellte Infragestellen von Selbstverständlichem veranschaulicht die Gegenüberstellung der Segmente Eskapisten

Tab. 5.1 Eskapisten versus Nicht-Eskapisten: Interaktion. (Quelle: eigene Auswertung Frage 4 in Anhang B.a – Hurricane/Southside)

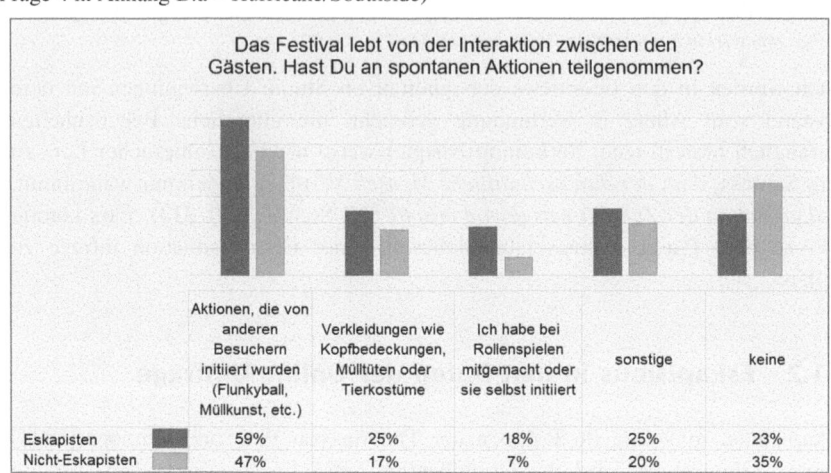

versus Nicht-Eskapisten in der Frage, ob auf einem Musikfestival Selbstverständliches infrage gestellt wird (vgl. Tab. 5.2).

So ist der Anteil an Eskapisten, der der Aussage zustimmt, dass auf einem Festival Selbstverständliches infrage gestellt wird mit 41 % fast anderthalbmal höher als der Anteil der Nicht-Eskapisten mit 30 %. Eskapisten sind demnach ungleich eher geneigt, in einer Festivalsituation Selbstverständliches infrage zu stellen als das Segment Nicht-Eskapisten.

Tab. 5.2 Eskapisten versus Nicht-Eskapisten: Selbstverständliches infrage stellen. (Quelle: eigene Auswertung Frage 5 in Anhang B.a – Hurricane/Southside)

	Wie bewertest Du den Einfluss von Musikfestivals auf Deinen Alltag?			
	Antwortoption: Auf Musikfestivals stellt man Selbstverständliches infrage.			
	Stimme voll zu	Keine Meinung	Stimme überhaupt nicht zu	Gesamt
Eskapisten	303	214	215	732
	41%	29%	29%	
Nicht-Eskapisten	400	447	497	1344
	30%	33%	37%	
Gesamt	703	661	712	2076

Tab. 5.3 Eskapisten versus Nicht-Eskapisten: Veränderungseinschätzung. (Quelle: eigene Auswertung)

	Wie bewertest Du den Einfluss von Musikfestivals auf Deinen Alltag? Antwortoption: Musikfestivals sind lebensverändernde Ereignisse.			
	Stimme voll zu	Keine Meinung	Stimme überhaupt nicht zu	Gesamt
Eskapisten	561	114	57	732
	77%	16%	8%	
Nicht-Eskapisten	766	382	196	1344
	57%	28%	15%	
Gesamt	1327	496	253	2076

Auch kann im Rahmen dieser Unterteilung der Befragten beim *Hurricane* in oben vorgestellte Segmente dargestellt werden, dass Eskapisten eher angeben, dass ein Musikfestival ein lebensveränderndes Ereignis für sie darstellt, als Nicht-Eskapisten. So geben 77 % der im Segment Eskapisten zusammengefassten Befragten an, ein Musikfestival als lebensveränderndes Ereignis zu bewerten. Das Segment der Nicht-Eskapisten dagegen stimmt diesem Kommentar mit 57 % mit deutlich weniger Prozentpunkten zu (vgl. Tab. 5.3).

Da die Aussage von Festivalbesucherin Anne impliziert, dass der Festivalbesuch für sie eine Flucht aus dem Alltag ist und ihr auf einem Festival alles *lebenswerter* erscheint, soll an dieser Stelle die Auswertung der quantitativen Daten zur Alltagszufriedenheit der Besucher noch einmal aufgegriffen werden (vgl. Tab. 4.8). So geben über alle Festivals gerade mal ein Sechstel der Befragten an, mit ihrem Alltag so zufrieden zu sein, dass das Festival nichts zu ändern braucht.

Die Übersicht der Ergebnisse aller zur Untersuchung herangezogenen Festivals zeigt, dass nur ein sehr geringer Teil der Besucher mit ihrem Alltag nicht zufrieden ist, und suggeriert damit, dass eine Flucht aus dem Alltag nicht die vorrangige Motivation für einen Festivalbesuch sein kann.

5.2 Das ultimative *Hier und Jetzt*

FB_K: Nur du fragst dich, ob das hier die Zukunft ist. Meine Antwort: Das hier ist das ULTIMATIVE HIER UND JETZT. Weil, du kommst hier drei oder vier Tage her, um dich nicht um die Vergangenheit zu scheren. Du scherst dich nicht um die Zukunft. Du bist wirklich mal vier Tage nur im Hier und Jetzt und alles andere ist dir egal/ (TS So4, Z. 194–197).

Der Festivalbesucher Karl (FB_K) beschreibt die Festivalsituation, indem er darauf hinweist, dass er sich innerhalb einer Festivalsituation voll und ganz in der gegenwärtigen Situation befindet. Diese Schilderung, welche Karl innerhalb einer Diskussion zu der Besonderheit einer Festivalsituation gegenüber einer Alltagssituation einwirft, ist sehr euphorisch und wirkt auf den ersten Blick überspitzt, jedoch lässt auch die Auswertung weiterer Interviews auf eine Konzentration der Aufmerksamkeit von Festivalbesuchern auf die gegenwärtige Situation schließen. Die gegenwärtige Situation ist hier die Festivalsituation, in welcher sich die Besucher während eines Festivals physisch befinden.

Neben dem Ausblenden von Alltagsproblemen sorgt vorwiegend die Unverfügbarkeit von Online-Kommunikation für das Ausbleiben von Ablenkungen von der gegenwärtigen Situation. Die im Kapitel improvisierte Infrastruktur ausgemachte Unverfügbarkeit von Online-Kommunikationen legt nahe, dass Aufmerksamkeitsunterbrechungen durch Smartphone-Nutzungen in einer Festivalsituation minimiert bzw. ausgeschaltet sind. Dies ermöglicht Festivalbesuchern – oder zwingt sie dazu –, ihre Aufmerksamkeit auf die gegenwärtige Situation zu bündeln.

5.2.1 Umgang mit Smartphones auf dem Festival

Die Unverfügbarkeit von Online-Kommunikation wird von den meisten Befragten in den qualitativen Interviews als erstaunlich positiv beschrieben. Würde man generell eher davon ausgehen, dass es Jugendliche nervt oder zumindest stört, das Smartphone nicht wie gewohnt nutzen zu können, so lässt sich den Schilderungen der Interviewten entnehmen, dass es eine befreiende Wirkung zu haben scheint, nicht online kommunizieren zu können. Festivalbesucher Bertram (FB_B) beispielsweise findet es *sauangenehm*, das Handy mal fünf Tage auszuschalten:

> *FB_B: Also ich finde sauangenehm, das Handy auszuhaben. Wirklich fünf Tage nichts mitzubekommen. Also ich habe es zwischendurch ab und zu mal an oder so was dann, nä. Aber ich find es so geil. Jawoll, du hast kein Internet hier drinnen, weil einfach zu viele Leute da sind. Einfach fünf Tage kein Facebook, keine Zeitung, kein gar nichts. [...] Aber ich find's auch mal ganz angenehm/Das habe ich ja letztes Jahr genauso gemacht. Donnerstag angekommen, Handy ausgemacht, in den Rucksack gesteckt und am Montag wieder angemacht. Weil, ich habe hier eh kein Internet, und/ (TS Sa5, Z. 1–7).*

5.2 Das ultimative *Hier und Jetzt*

Festivalbesucher Hannes (FB_H) gibt in diesem Kontext an, sich noch nie so frei gefühlt zu haben:

> *FB_H: Ich habe leider schon viel zu viele Handys verloren oder geklaut gekriegt, so/Ist ja alles egal. Und dann hatte ich halt zwei bis drei Tage gar kein Handy, ähm. Ich habe mich noch nie so frei gefühlt. Allein schon bei der Arbeit (TS Sa5, Z. 14–16).*

Und Festivalbesucherin Johanna (FB_J) reflektiert, dass sie ihr Handyverhalten im Alltag sogar *tierisch ankotzt:*

> *FB_J: Ich find's halt genau gerade ganz schön, dass man nicht permanent kommuniziert. Aber es ist halt, weil mich das tierisch ankotzt zu Hause, dass man permanent (.), also ich benutz meinen Handyton auch nicht mehr. (TS Sa1, Z.224-226)*

Aus diesem Grund ist davon auszugehen, dass die oben erläuterten alltagsbestimmenden negativen Wirkungen der Smartphone-Nutzung in einer Festivalsituation (vgl. Abschn. 2.4.3) weitestgehend entfallen, da die Smartphones aus dem Bewusstsein verbannt sind. Auch Festivalbesucher Alex (FB_A) fällt die Abwesenheit von Online-Kommunikation in Festivalsituationen auf. Alex bringt diesen Aspekt direkt mit einer geselligeren und aufmerksameren Atmosphäre in Verbindung:

> *FB_A: Auf jeden Fall, halt, dass/ (.) Mega wichtig/ (.) Kein Witz/ (.) Also, mir persönlich, (.) ähm, Zusammensein, ohne jetzt so in Anführungsstrichen am Handy daddeln oder was auch immer. Schön schnacken und Bier saufen, richtig geil, ist voll mein Thema. Weil, ist wirklich so, du kennst das auch, du gehst irgendwohin – feiern oder nur in eine Kneipe, was trinken – und die Leute daddeln mit ihrem Handy rum. Du kommst ja gar nicht mehr in eine Konversation. Und das finde ich hier megawichtig (TS Sa3, Z. 53–58).*

Besuchern fällt während des Festivals positiv auf, dass die ständigen Unterbrechungen durch Smartphones von einem selbst, aber auch von anderen entfallen. Festivalbesucherin Johanna beispielsweise leitet aus der fehlenden Verfügbarkeit von Online-Kommunikation ab, dass man ohne diese einfach mal wieder *normal* sein kann. Auch Anne gibt sich in einer Diskussion mit Ben während eines Interviews davon überzeugt, dass die fehlende Möglichkeit, Online-Plattformen mit Informationen füttern zu können, in einer Festivalsituation befreiend sei und ihr das in einer Festivalsituation bewusst werde (vgl. TS Fr2, Z. 172 ff.).

Die Aufmerksamkeitsverschiebung auf die gegenwärtige Situation manifestiert sich in verschiedenen Aspekten. Zum einen ist ein kollektiver Aktionismus zu beobachten. Besucher beschäftigen sich auf den Campingplätzen mit improvisierten Gemeinschaftsspielen (Flunkyball), selbstverwalteten Zonen (Slow-Motion oder Laufsteg, Performances (Angler)), unterhalten sich in ihren Camps oder sitzen an den Wegen und kommentieren die Vorbeigehenden (vgl. GPHurr). Zum anderen ist auch der geselligere Umgang mit anderen (vgl. Abschn. 4.3.5) und das geduldige Anstellen in Warteschlangen dieser Aufmerksamkeitsverschiebung zuzuschreiben (vgl. Abschn. 4.3).

5.2.2 Der Flow-Zustand in Festivalsituationen

Die ungeteilte Aufmerksamkeit auf die gegenwärtige Situation ist ein maßgebliches Charakteristikum der eingangs vorgestellten Flow-Zustands (vgl. Abschn. 2.4.2). Dieser Flow-Zustand kann an einzelnen Aktivitäten der Besucher auf einem Musikfestival ausgemacht werden. Festzumachen ist das Auftreten des Flow-Zustands an diversen Einzel- oder Gemeinschaftsaktionen von Festivalbesuchern auf den Campingplätzen. Ein Angler beispielsweise, der über Stunden in einem Campingstuhl am Wegesrand sitzt und mit einem zur Schlaufe geknoteten Faden in absoluter Konzentration darauf wartet, dass Passanten direkt in diese Schlaufe treten und so von ihm gefangen werden können, weist keinerlei Interesse an dem Fang an sich auf, sondern ausschließlich an dem Prozess des Angelns (vgl. GPHurr, Z. 183–192), den er auch mit absoluter Ernsthaftigkeit anderen Festivalbesuchern gegenüber vertritt. An den überall auf den Campingwegen eingerichteten selbstverwalteten Zonen (Slow-Motion-, Dance-, Limbo-Zonen) bilden sich Reihen an Jurymitgliedern in Campingstühlen, von denen keiner das Geschehen zu dokumentieren gedenkt. Passanten, die kein Interesse an der Aktion zeigen, können unkommentiert vorbeigehen. Jeder, der mitmacht, wird unverhältnismäßig mit Applaus, Jubel und professionell anmutenden Kommentaren der Jury, ggf. auch mit auf Pappkartons aufgemalten Bewertungen, welche für Außenstehende keinerlei Skalierung erkennen lassen, bedacht. Im Hintergrund von Besuchervideos mit einem Wischmob im Schlamm, offensichtlich langwierig, feudelnden Festivalbesuchern sollte auch unterstellt werden, dass es bei dieser Aktion nicht um das Säubern des Campingplatzes, sondern um die Handlung des Wischens an sich geht.

5.2.3 Aufmerksamkeitsverschiebung in den Daten der Online-Umfrage

Mit den Ergebnissen aus den qualitativen Umfragen beim *Hurricane* konnte der Umgang mit dem Smartphone für die Augustfestivals in den Umfragen genauer beleuchtet werden.

Gefragt nach der Bewertung, wie sehr ihnen während des Festivals unterschiedliche Aspekte (hier: *dass Du Dein Smartphone nicht wie gewohnt nutzen konntest*) aufgefallen sind und wie sie die Chancen einschätzen, dass die Eindrücke der einzelnen Aspekte im Alltag nachhallen (hier im Sinne von: *Smartphone bewusster nutzen*), bewerten die Befragten die Unverfügbarkeit der Online-Kommunikation überwiegend positiv (vgl. Tab. 5.4).

So geben beim *Highfield* und beim *Chiemsee Summer* weit über die Hälfte der Befragten an, dass ihnen während des Festivals positiv oder sehr positiv aufgefallen sei, dass sie ihr Smartphone nicht wie gewohnt nutzen konnten. Lediglich 15 % *(Highfield)* bzw. 3 % *(Chiemsee Summer)* geben an, dass ihnen dieser Aspekt negativ oder sehr negativ aufgefallen sei. Auch schätzen ca. ein Drittel der Befragten die Chancen gut oder sehr gut ein, dass sie ihr Smartphone aufgrund der auf dem Festival gemachten Eindrücke künftig bewusster nutzen werden. Beim *M'era Luna* fällt das Ergebnis aus oben erläuterten Gründen in dieser Frage verhaltener aus.

Auch die Gegenüberstellung von Zustimmungen der Befragten auf den nachfolgenden Festivals zu dem Statement *Ich halte die Festivalsituation für einen Ausnahmezustand, weil auf Festivals nur das Hier und Jetzt zählt, alles andere ist*

Tab. 5.4 Besuchereinschätzung Smartphone-Nutzung. (Quelle: eigene Auswertung Frage 3 in Anhang B.a – Highfield/M'era Luna/Chiemsee Summer)

	Wie sehr ist Dir während des Festivals aufgefallen, …				
	Antwortoption: … dass Du Dein Smartphone nicht wie gewohnt nutzen konntest?				
	sehr positiv	positiv	nicht aufgefallen	negativ	sehr negativ
M'era Luna	12%	20%	47%	17%	4%
Highfield	25%	33%	27%	13%	2%
Chiemsee Summer	30%	31%	36%	3%	0%
Wie stehen die Chancen, dass die Eindrücke aus der vorigen Frage in Deinem Alltag nachhallen?					
	Antwortoption: Smartphone bewusster nutzen.				
	sehr gut	gut	mittel	schlecht	sehr schlecht
M'era Luna	5%	21%	47%	17%	10%
Highfield	7%	28%	43%	16%	5%
Chiemsee Summer	10%	30%	45%	12%	4%

Tab. 5.5 Zustimmung Musikfestivals als Ausnahmezustand (4) – Augustfestivals. (Quelle: eigene Auswertung Frage 2 in Anhang B.a – Highfield/M'era Luna/Chiemsee Summer)

Hältst Du die Festivalsituation für einen Ausnahmezustand?			
Antwortoption	Highfield	M'era Luna	Chiemsee Summer
Ja, weil auf Festivals nur das Hier und Jetzt zählt, alles andere ist egal.	63%	51%	70%

egal spricht dafür, dass die Aufmerksamkeitsverschiebung auf das *Hier und Jetzt* ein flächendeckendes Phänomen auf Musikfestivals ist (vgl. Tab. 5.5).

Bei allen nachfolgenden Festivals stimmen mehr als die Hälfte der Befragten diesem Statement zu. Beim *Chiemsee Summer* sind es sogar 70 %.

Durch das Ausblenden von Alltagsproblemen und die Unverfügbarkeit von Online-Kommunikation verschiebt sich die ungeteilte Aufmerksamkeit der Festivalbesucher auf das *ultimative Hier und Jetzt,* also die Festivalsituation. Diese Aufmerksamkeitsverschiebung wird in Festivalsituationen als festivalspezifisch und als besonders empfunden. Einen längeren zusammenhängenden Zeitraum ohne die Aufmerksamkeit fragmentierende Störfaktoren zu verweilen, empfinden Festivalbesucher als kennzeichnend für die Ausnahmesituation Musikfestival und bewerten diesen Umstand größtenteils positiv.

5.3 Entschleunigung

5.3.1 Zeit für das Wesentliche

Eng mit der Smartphone-Nutzung verbunden ist der Aspekt, dass auf das sonst jederzeit zur Verfügung stehende Überangebot an Produkten und Möglichkeiten, welches man aus dem Alltag kennt, in einer Festivalsituation nicht zugegriffen werden kann. Dadurch werden beispielsweise Kaufentscheidungen und die Recherchen zu den passenden Produkten auf das Wesentliche reduziert. Zum einen wird nur eingekauft, was wirklich nötig ist, zum anderen muss man sich nicht zu allen möglichen angebotenen Produkten positionieren, sondern gibt sich mit dem zufrieden, was da ist. Auf großen kommerziellen Festivals wie dem *Hurricane* wird durch Essensstände und Festivalsupermärkte bereits eine umfangreiche Produktpalette angeboten, jedoch ist selbst diese nicht mit dem vergleichbar, was die Festivalbesucher aus ihrem Alltag kennen. Festivalbesucherin Sandra beispielsweise steht mit ihrer Freundin Laura in einer ca. 400 m

5.3 Entschleunigung

langen Schlange an, die in den Festivalsupermarkt führt. Beide gehen davon aus, dass sie noch ca. eine Stunde werden warten müssen, um in den Supermarkt zu gelangen. Sandra braucht Gummistiefel und sieht den Festivalsupermarkt als einzige Möglichkeit an, auf dem Festival an diese zu kommen. Ist die Entscheidung, Gummistiefel kaufen zu wollen, erst mal getroffen, so weisen auf dem *Hurricane* alle Möglichkeiten auf den Festivalsupermarkt. Es entfällt eine wie im Alltag oft anstehende Recherche über das Design, die Qualität, den Preis und den Anbieter von Gummistiefeln. Sandra und Laura stellen sich also in der Schlange an und bescheinigen am Ende dieser Schlange stehend eine entspannte Stimmung, die sie darin begründet sehen, dass *man jetzt ja auch nicht irgendwo hinmuss, weil die Acts, die wir sehen wollen, kommen halt so 16/17 Uhr und es regnet ja auch gerade mal nicht, da ist man schon gut gelaunt* (vgl. TS Sa WS, Z. 69–71). Spricht man mit anderen Besuchern in dieser Warteschlange, wird schnell klar, dass es ihnen genauso geht. Es werden bestimmte Produkte (neben Gummistiefeln auch Essen, vorwiegend aber Alkohol) benötigt, man hat keine andere Möglichkeit als den Festivalsupermarkt, daher stellt man sich mit Freunden in die Schlange und legt nicht nur eine immense Geduld an den Tag, sondern *genießt* das Anstehen mit den anderen Festivalbesuchern teilweise sogar (vgl. TS Sa WS). Niemanden scheint das lange Anstehen etwas auszumachen, da sie *eh nirgendwo anders sein müssen* und genauso gut hier stehen können, als *beim Zelt zu chillen* (vgl. TS Sa WS, Z. 25–28). Die Frage, ob sie sich im Alltag vorstellen könnten, ebenso entspannt an einer Supermarktschlange anzustehen, wird von den befragten Besuchern zum Teil als absurd empfunden und vehement verneint. Auch in den Warteschlangen für Duschen oder wassergespülte Toiletten konnte eine ähnliche Gelassenheit beobachtet werden (vgl. GPHurr, Z. 128–129).

Manuel, der bisher noch auf keinem Festival war und während der Anreise im Zug interviewt wird, kommentiert die ihm bereits anvisierten Wartezeiten mit dem Satz: *Man sollte chillen statt warten* (vgl. GPHurr, Z. 86).

In einer Festivalsituation nehmen sich die Besucher mit einem auffälligen Maß an Geduld Zeit für notwendige Banalitäten, für die sie im Alltag nicht bereit sind, auch nur annähernd so viel Zeit zu verwenden, ohne diesen Umstand infrage zu stellen. Festivalbesucher Andy (FB_A) beispielsweise hält ein umsichtiges und geduldiges Miteinander auf einem Musikfestival für *Standard* und stellt gleichzeitig den Kontrast zu einem Alltag heraus, in dem dieses Verhalten absurd erscheint.

FB_A: So, die können das nicht von sich aus, ein bisschen sympathisch sein. Oder mal einen vorlassen oder so, weil ich tausend Artikel hab und der hinter mir drei. Einen vorlassen? Die gucken dich in Bremen an, als wärst du ein Astronaut, weil die das nicht mehr kennen, und das wäre hier ja Standard, nä (TS Sa3, Z. 137–140).

Auch ist, wie oben beschrieben, die Infrastruktur zur Bewältigung der Alltagsprobleme in einer Festivalsituation unverfügbar. Prüfungsleistungen und Konflikte mit Familienangehörigen werden hier aktiv ausgegrenzt (vgl. TS Sa1, TS Fr2) und die Auseinandersetzung mit diesen *auf Eis gelegt*. Ein in allen geführten Interviews festzustellender Konsens liegt darin, dass die Besucher nicht zum Festival fahren, um sich Sorgen zu machen, sondern um Spaß zu haben (vgl. TS Sa5). Dieser Spaß findet ausschließlich in der Gegenwart statt (vgl. Abschn. 5.2).

5.3.2 Entschleunigung in den Daten der Online-Umfrage

Die Erfahrung, einfach mal geduldig zu sein, wird in einer Festivalsituation sehr positiv bewertet. Mit den Erkenntnissen vom *Hurricane* konnte dieser Punkt in der zweiten quantitativen Fragerunde auf den Augustfestivals genauer untersucht werden. Die Befragung zur Bewertung der auf dem Festival gemachten Eindrücke (hier: *wie geduldig man auf Festivals ist*) und den Auswirkungen dieser Eindrücke auf den Alltag (hier: *geduldiger sein*) fallen wiederum erstaunlich positiv aus (vgl. Tab. 5.6).

So geben auf allen dem *Hurricane*-Festival nachfolgenden Festivals mindestens 60 % der Befragten an, dass ihnen positiv oder sehr positiv aufgefallen sei, *wie geduldig man auf einem Festival ist*. Weiter bestätigen mindestens 40 % der

Tab. 5.6 Besuchereinschätzung Geduld – Augustfestivals. (Quelle: eigene Auswertung Frage 3 in Anhang B.a – Highfield/M'era Luna/Chiemsee Summer)

	Wie sehr ist Dir während des Festivals aufgefallen, …				
	Antwortoption: … wie geduldig man auf Festivals ist?				
	sehr positiv	positiv	nicht aufgefallen	negativ	sehr negativ
M'era Luna	15%	48%	31%	6%	1%
Highfield	14%	46%	30%	9%	1%
Chiemsee Summer	20%	44%	28%	7%	1%
Wie stehen die Chancen, dass die Eindrücke aus der vorigen Frage in Deinem Alltag nachhallen?					
Antwortoption: Geduldiger sein.					
	sehr gut	gut	mittel	schlecht	sehr schlecht
M'era Luna	10%	32%	44%	9%	5%
Highfield	9%	33%	42%	13%	3%
Chiemsee Summer	10%	38%	44%	7%	3%

Befragten, dass die Chancen dafür, dass sie künftig auch im Alltag geduldiger sein werden, gut oder sehr gut stehen.

5.4 Sich mit sich selbst beschäftigen – Identität

Ausgehend davon, dass sich ein Großteil der Festivalbesucher in der Phase der Adoleszenz und damit der Identitätsbildung befindet (vgl. Abschn. 2.4.3), bietet die Festivalsituation eine fruchtbare Plattform dafür, sich auszuprobieren und mit neuen Lebensentwürfen auseinanderzusetzen.

Um diese sehr vage gehaltene Aussage inhaltlich zu analysieren, sollen im Folgenden Aspekte, welche in der vorliegenden Studie als festivalspezifische Phänomene im Rahmen der Identitätsbildung identifiziert werden, zur Erklärung herangezogen werden. Die Festivalbesucherinnen Wiebke (FB_W) und Claudia (FB_C) bescheinigen der Festivalsituation in diesem Zusammenhang einen gewissen Grad an Freiheit:

FB_W: Weil das so/. Ich weiß nicht. Festival ist auch so ein Ausdruck von Freiheit irgendwie (unv.). Ich weiß nicht, wie ich das beschreiben kann.
FB_C: Ja, keine Ahnung. Da hat man die Möglichkeit, sich so ein bisschen auszuleben, weil sonst im Alltag ist das nicht mehr so. Ich glaube, ich würde mich nicht einfach so im Alltag so anmalen.
FB_W: Machen wir auch, aber/
FB_C: Machen wir auch schon, ja, stimmt.
FB_W: Aber schon mehr auf Festivals und so was, weil wir da einfach/
FB_C: Da fällt es halt auch nicht so auf (TS Do1, Z. 21–29, vgl. auch Z. 45–46; 262–263).

Wie die Beschäftigung mit sich selbst im Rahmen einer Festivalsituation beschrieben und erklärt werden kann, wird anhand zweier sich als festivalspezifisch herausgestellter Aspekte hergeleitet. Hierbei handelt es sich um den Konsens über folgende Aussagen: *Alle sind gleich* und *Jeder kann sein, wie er wirklich sein will*. Diese Aspekte lassen umfangreiche Rückschlüsse auf die Inhalte der Aussagen *Auf Musikfestivals bin ich ganz anders als im Alltag*, und *Ich habe auf dem Festival eine Seite an mir kennengelernt, die ich vorher gar nicht kannte*, zu (vgl. Frage 5 in Anhang B.a – *Hurricane/Southside*, Frage 7 in Anhang B.a – *Highfield/M'era Luna/Chiemsee Summer*).

5.4.1 Anonymität und sozialer Status

Auf einem Festival sind alle gleich, so lautet ein Zwischenfazit in der Diskussion der intersubjektiven Faktoren (vgl. hierzu auch Picard 2016, S. 604 f., vgl. auch Abschn. 4.3.2). In Kennenlern- und Kommunikationsprozessen auf dem Campingplatz geht es nicht um das, was eine Person im alltäglichen Leben ausmacht, sondern um das, was sie auf dem Festival ist. So wird bei Begegnungen innerhalb einer Festivalsituation bewusst oder unbewusst vermieden, nach dem sozialen Status, dem Beruf, dem Bildungsgrad, dem Alter oder familiären Verhältnissen zu fragen (vgl. TS Sa8). Festivalbesucher entkoppeln sich über das Ausgrenzen alltäglicher Strukturen von ihrem sozialen Status im Alltag und sind in erster Linie Festivalbesucher im Sinne von Teil der Festivalgemeinschaft, die auf dem Festival sind, um Spaß zu haben, und nicht die Subjekte, die sie im Alltag sind.

Aus der qualitativen Studie geht hervor, dass eben die Faktoren, welche unter anderen Hollinghead zur Bestimmung des sozialen Status heranzieht (vgl. Abschn. 2.4.2), in einer Festivalsituation von den Besuchern umfassend ausgeblendet werden und somit für die Festivalgemeinschaft ein Referenzrahmen zur Bestimmung des sozialen Status herrscht, welcher sich grundlegend von dem des Alltags unterscheidet (vgl. Abschn. 4.3.1 und 4.4). Dieser ist in hohem Maße unstrukturiert und wird von Situation zu Situation neu ausgehandelt. Neben dem Ausblenden dieser Faktoren und damit einem Abstandnehmen von den Auswirkungen der dynamischen Stabilisierung lädt die gefühlte Abwesenheit sowohl institutioneller als auch moralischer Ordnungshüter zu einem *sich ausprobieren* und *Grenzen neu austesten* ein. Wiebke beispielsweise gibt an, sich auf einem Festival *irgendwie komplett neu erfinden und komplett anders* sein zu können, *wenn man will* (TS Do1, Z. 262–263). Annika schildert diesen Umstand ein wenig konkreter, indem das Ablegen ihres im Alltag präsenten Perfektionismus damit begründet, dass hier (in der Festivalsituation) *keiner so genau drauf achtet:*

> FB_A: *Ich bin zum Beispiel zu Hause auch total perfektionistisch und dann war ich jetzt hier zum zweiten Mal und dann bin ich eigentlich viel entspannter, so. Hier achtet da eigentlich keiner drauf so* (TS Sa8, Z. 60–62).

Kontext dieser Bemerkung ist eine Diskussion der interviewten Gruppe von Festivalbesuchern, in welcher die offene Stimmung der Festivalsituation herausgestellt wird. Innerhalb dieser Diskussion wird darauf hingewiesen, dass es nur in einer Festivalsituation möglich sei, wildfremde Personen anzusprechen und mit ihnen entspannt ein Bier zu trinken, weil allen ein wohlwollender und freundlicher Umgang unterstellt wird (TS Sa8, Z. 30–36, 43–45). Auch der Aspekt des Tauschens und Teilens wird besprochen. Festivalbesucher Jürgen (FB_J) macht

5.4 Sich mit sich selbst beschäftigen – Identität

deutlich, dass eine Festivalsituation für ihn ein Ausnahmezustand ist und er sich nach diesem Ausnahmezustand wieder nach einem geregelten Alltag sehnt:

> *FB_J: [...] Es ist halt fünf Tage oder vier Tage geregelter Ausnahmezustand. Danach ist es mehr oder weniger wieder normal, so.*
> *I: Aber von wem geregelt?*
> *FB_J: Gesetzen, der Welt, Gewohnheit, weiß ich nicht. Ich würde es ja persönlich auch nicht wollen, wenn ich mir jetzt mal meinen Garten angucke (Lachen) und nebenan kotzt jemand in den Garten und wirft mir noch drei Dosenbier rüber. Da hätte ich jetzt auch kein Bock drauf! [...] Und ähm nach vier Tagen oder fünf Tagen Festival bin ich danach auch gut im Arsch. Das liegt am Saufen, am wenig Schlafen und am viel Musik Hören. [...] Und das kann man nicht länger durchhalten, zumindest nicht viel länger (TS Sa8, Z. 174–188).*

Auch die Konzentration auf das *Hier und Jetzt*, in welchem sowohl die Vergangenheit als auch die Zukunft ausgeblendet werden, ermöglicht es, Grenzen auszutesten, da keine langfristigen Folgen bedacht werden (vgl. Abschn. 5.2). Alex beschreibt mit seinen Ausführungen den Aspekt, der weiter oben mit dem Stichwort *Urlaub fürs Gehirn* bezeichnet wird, und stellt heraus, dass Einigkeit unter den Besuchern über den Wechsel des Referenzrahmens herrscht. Dieser aber nach Beendigung des Festivals wieder gegen den des Alltags eingetauscht wird und somit temporär ist.

> *FB_A: Ja, die Leute sollen sich halt entfalten, über ein paar Tage glücklich sein, Mucke hören, Spaß haben.*
> *I: Und in welche Richtung meinst du entfalten?*
> *FB_A: Ja, genau das, was die halt im Alltag nicht können, nä, wenn sie es möchten. Zum Beispiel beruflich eingebunden sind und mit einem Hemd durch die Gegend laufen, beispielhaft. Dass die dann, äh, das machen können, was sie wollen. Ob nackt rumlaufen, sich betrinken/*
> *I: Aber dann ist das hier eher so eine Karnevalsnummer, dieses einmal kurz durchdrehen und dann kommt eigentlich, ja, Aschermittwoch und dann/*
> *FB_A: Ja, ist so, ist so, ist so, ist wirklich so! Du merkst es immer donnerstags im ehemaligen Titty-Twister-Zelt. Legende, da haben die Leute schon immer so Bock! Da haben die Leute schon so Bock und drehen so richtig frei und du merkst „O. K., die Leute haben richtig Bock auf, ähm, exzessives kurzweiliges Feiern, so aufn Punkt boom", und dann merkst du ja, dann ist die Luft raus, weil du alles gegeben hast und dann musste nach Hause (TS Sa3, Z. 103–116).*

5.4.2 Authentizität – das wirklich Urtümliche im Menschen

> *FB_L: // Wir reden da jedes Mal drüber //, das Festival kehrt das wirklich, wirklich Urtümliche im Menschen wieder raus. (.) Es geht nur noch ums Überleben. [...] Überleben, alles andere ist egal (TS So4, Z. 16–19).*

Der zweite hier zu diskutierende festivalspezifische Aspekt soll über Ausführungen zum Konzept der Authentizität hergeleitet werden. Festivalbesucher Lars (FB_L) bringt diesen Aspekt auf den Punkt, indem er dem Festival das Potenzial zubilligt, *das wirklich, wirklich Urtümliche im Menschen* herauszukehren. Die Interviewpartner geben an verschiedensten Stellen in den Interviews an, dass man auf einem Festival so sein kann, wie man wirklich sein will. So bestätigt Festivalbesucher Martin (FB_M), dass er sich auf einem Festival einfach mal benehmen kann, wie er möchte:

> *FB_M: Ähm, Urlaub für die Seele, ehrlich. Also, einfach mal/ (.) Ich kann mich hier benehmen, wie ich möchte. Ich kann einfach mal aus meinem Alltag raus und hier mal fünf Tage mal einfach mich benehmen, wie ich will und dabei saufen, das ist so mein Grund (TS Sa8, Z. 2–4).*

Festivalbesucher Kalle (FB_K) hält die Anonymität in der Masse für den Grund, dass alle *gechillt drauf sind* und Spaß haben:

> *FB_K: Also, dass alle Leute ausnahmsweise so gechillt drauf sind und, ähm, einfach nur Spaß haben und ihr Leben leben oder (..) so was, würde ich allgemein erst mal für eine Ausnahmesituation halten. Weil, sonst an sich viele Menschen (.) das nicht (..) hinbekommen im Alltag und gerade so ein Festival ist einfach so ein Ort, da kennt man fast niemanden, man kann einfach sein, wie man sein will (TS So1, Z. 31–35).*

Auch Festivalbesucherin Claudia (FB_C) fällt auf, dass sie sich in einer Festivalsituation frei fühlt. Claudia geht allerdings noch einen Schritt weiter und reflektiert, dass sie sich im Alltag nicht so frei fühlt:

> *FB_C: Ja (...), weil irgendwie alle in so einem Ausnahmezustand schweben, habe ich das Gefühl. Weil alle so denken: „Das wird ein witziges Wochenende, hier bin ich frei und hier kann ich irgendwie Gas geben. Hier kann man mal in Anführungsstrichen die Sau rauslassen." Und, ja, man ist mit seinen Freunden da, hat eine schöne Zeit und lebt sich da komplett irgendwie aus. Das hört sich gerade so/ (..). Das ist gerade so krass, wie ich das gerade erzähle, fällt mir zum ersten Mal auf, wie scheiße das eigentlich ist, dass man eigentlich die Zeit nur hat (.) oder sich die Zeit nur nimmt, auf dem Festivalgelände und das nicht so versucht, in seinen Alltag einzuintegrieren, weil das auch ein Stück weit eigentlich zu deiner Persönlichkeit gehört (TS Do, Z. 31–39).*

Die Festivalbesucher bilden eine Gemeinschaft, welche Eigenschaften der von Turner umschriebenen Communitas teilt, und erfahren sich selbst und andere neu (Kirchner 2011, S. 89 ff.). Diese Gemeinschaft findet, wie eingangs vorgestellt, im *Hier und Jetzt* statt, bedarf ungeteilter Aufmerksamkeit und ist in hohem Maße vergänglich (vgl. Abschn. 2.4.2). Neben dem Ablegen alltäglicher Strukturen lässt sich dieses Phänomen also auch durch die Aufmerksamkeitsverschiebung im vorangegangenen Kapitel auf eine Festivalsituation beziehen. Aufgrund seines vergänglichen Charakters kann die Communitas auch in dem Ausdruck *das ultimative Hier und Jetzt* wiedergefunden werden, was im Rahmen der Aufmerksamkeitsverschiebung bereits als festivalspezifischer Aspekt identifiziert wurde.

Der Umgang mit kulturellen Aspekten kommt nach Turner in liminalen Phasen in drei Prozessen zum Tragen: erstens durch die Reduktion von Kultur in überschaubare Komponenten, zweitens durch die Rekombination einzelner Komponenten in fantastische Muster (beispielsweise Löwenkopf auf menschlichen Körpern) und drittens durch die Rekombination der Komponenten in Muster, die für den neuen Status als sinnig erachtet werden (Turner 1964, S. 15). Von Wissenschaftlern wie Andy Bennett, Susan Luckman, Regina Bormann und von Turner selbst werden Festivals bereits als liminale Episoden erkannt. So weisen Festivalbesucher, die stunden- oder tagelang mit einer Angel in der Hand auf Klappstühlen an einer Matschpfütze sitzen, neben der ein selbst gemalter Pappaufsteller mit der Aufschrift *privater Angelteich* steht und auf einen vermeintlichen Fang warten, nach der Argumentation Victor Turners bereits ein fortgeschrittenes Stadium innerhalb der Auseinandersetzung mit der eigenen Kultur in einer liminalen Phase auf (vgl. Abb. 4.7).

So ruft auch das *Hurricane*-Festival mit seinem alltagsfernen Referenzrahmen in den Besuchern Handlungen und Erfahrungen hervor, die sich nach eigenen Angaben bei einem Großteil der Besucher von denen im Alltag unterscheiden.

5.4.3 Sich mit sich selbst beschäftigen in den Daten der Online-Umfrage

Auch die Ergebnisse der quantitativen Studie stützen die Vermutung, dass ein großer Teil der Besucher sich auf Musikfestivals ausprobiert und neue Seiten an sich entdeckt. So bestätigen rund ein Drittel der Besucher von Musikfestivals das Statement *Auf Musikfestivals bin ich ganz anders als im Alltag./Ich habe auf dem Festival eine Seite an mir kennengelernt, die ich vorher gar nicht kannte.* auf die Frage *Wie bewertest Du den Einfluss von Musikfestivals auf Deinen Alltag.*

Tab. 5.7 Zustimmung „sich selbst neu kennenlernen" (Quelle: eigene Auswertung Frage 5 in Anhang B.a – Hurricane/Southside, Frage 7 in Anhang B.a – Highfield/M'era Luna/Chiemsee Summer)

Wie bewertest Du den Einfluss von Musikfestivals auf Deinen Alltag?			
Antwortoption: Auf Musikfestivals bin ich ganz anders als im Alltag. / Ich habe auf dem Festival eine Seite an mir kennengelernt, die ich vorher gar nicht kannte.			
	Stimme voll zu	Keine Meinung	Stimme überhaupt nicht zu
Hurricane	36%	23%	41%
Southside	38%	23%	39%
Highfield	33%	32%	36%
Chiemsee Summer	42%	32%	26%
M'era Luna	24%	31%	45%
A Summer's Tale	13%	17%	70%

Geringer ist dieser Anteil bei den Life-Style-Festivals *M'era Luna* und dem *AST* (vgl. Tab. 5.7).

Auch diverse Kommentare, welche die Befragten in der quantitativen Umfrage im Rahmen der offenen Antwortoption auf die Frage *Welche Eindrücke sind Dir von früheren Festivals im Gedächtnis geblieben?* selbst formuliert haben, deuten darauf hin, dass ein unvoreingenommenes Aufeinanderzugehen für sie die Festivalsituation bestimmt und einen nachhaltigen Eindruck hinterlassen hat. So werden auf die Frage Aussagen wie *Über absolute Gleichheit, egal wie jemand aussieht, welche Sexualität er auslebt oder wie er heißt. Alle sind gleich, jeder hat mit jedem Spaß und keiner wird ausgeschlossen!* Oder *Dass alle so sozial sind, wie sie im echten Leben sein sollten, ohne Wertung auf Leute zugehen, egal, wie diese aussehen, wie alt sie sind etc.* abgegeben. Das soziale Miteinander wird im Rahmen dieser Kommentare vielerorts in ähnlicher Weise kommentiert.

5.5 Sich anders erfahren – Identität

Sich selbst und andere anders oder neu zu erfahren ist ein Phänomen, welches im Rahmen der vorliegenden Studie als festivalspezifisch identifiziert wurde (vgl. Abschn. 5.4.3) und im folgenden Kapitel näher beleuchtet werden soll (vgl. hierzu auch Hewett 2007).

5.5.1 Selbsterfahrungen

Selbsterfahrungen beschreiben einen bewussten Prozess des Sich-selbstverstehen-Lernens (vgl. Beitel et al. 2005, S. 741), also des Wahrnehmens und Reflektierens von Bedürfnissen, Fähigkeiten und Emotionen der eigenen Person (des Selbst) in herausfordernden Situationen. Ihnen wird eine verändernde Wirkung auf Verhaltensmuster zugesprochen. Über Selbsterfahrungen werden eigene Verhaltensmuster bewusst und können geändert oder gar abgelegt werden (vgl. Bohus und Huppertz 2006, S. 271; Duval et al. 2001). Da im Rahmen des Forcierens der sozialökologischen Transformation eben diesen Änderungen eine gesellschaftlich wichtige Rolle zugeschrieben wird (vgl. Abschn. 2.1.1), sollen die auf dem Musikfestival gemachten Selbsterfahrungen im Folgenden genauer beleuchtet werden.

Betrachtet man Musikfestivals als Kulturschocks nach Adler (vgl. Abschn. 2.4.4) und wertet vor diesem Hintergrund die empirischen Ergebnisse der vorliegenden Studie aus, so lassen sich in der qualitativen Untersuchung einzelne Aussagen der Besucher als Umwertung von Bedürfnissen verstehen.

Die Ausführungen Adlers mögen an dieser Stelle ggf. konstruiert und selektiv wirken, da sie sich ausschließlich auf die positiven Erfahrungen innerhalb eines Kulturschocks beziehen und die negativen Wirkungen komplett ausblenden. Trägt man allerdings dem Umstand Rechnung, dass Musikfestivals selbst gewählte und sogar bezahlte Kulturschocks sind, in welchen vorwiegend positive Selbsterfahrungen im Sinne Adlers als festivalspezifisch identifiziert wurden, so macht eine genauere Betrachtung deren Wirkungsweise durchaus Sinn. So sind einzelne Beschreibungen von Selbsterfahrungen der Besucher auf den wechselnden Referenzrahmen Festivalsituation zurückzuführen. Es wird beispielsweise das Fehlen von Luxusartikeln wie mobilen Endgeräten, z. B. Smartphones, Computer, Laptops usw., in einer Festivalsituation paradoxerweise als Luxus umgewertet. So stellt das Fehlen der Infrastruktur zur Bearbeitung von Aufgaben oder zur Online-Kommunikation für Festivalbesucher Ansgar (FB_A) in Festivalsituationen keinen Mangel mehr dar, sondern eine seltene Chance zum *Abschalten*:

> *FB_A: Es ist ja auch einfach räumlich hinter dir, du hast hier null Luxusartikel. Zu Hause hast du auch Arbeit oder so, was immer noch viel präsenter ist [Zustimmung]. Und selbst wenn du halt woanders Urlaub machst, hast du es teilweise noch durch Elektrogeräte oder so was // präsent. Also, wenn ich hier bin, habe ich wirklich nichts. Das ist halt einfach so, dementsprechend kannst // du nur abschalten (TS Sa1, Z. 180–184).*

Gerade auch das Fehlen von Verpflichtungen, welche im Alltag wie oben beschrieben ihren unhinterfragten Platz haben, wird in einer Festivalsituation als befreiend empfunden. So besinnen sich die Befragten in den semistrukturierten Interviews häufig darauf, dass der Luxus, den man im Alltag erfährt, häufig mit Verpflichtungen verbunden ist, welche unfrei machen und die persönliche Entfaltung einengen. Im Rahmen des Verdienstes von Smartphones beispielsweise wird der Zwang zu kommunizieren infrage gestellt (vgl. TS Sa5). Gut positionierte Jobs werden mit einengenden gesellschaftlichen Anforderungen verbunden (vgl. TS Sa3, Z. 106–109). Im Rahmen der Möglichkeitserweiterung durch Kauf- und Erfahrungsangebote wird die im Alltag fehlende Besinnung auf das *Hier und Jetzt* hinterfragt (vgl. TS So4, Z. 210–213) und in der allgegenwärtigen Tendenz der Ressourcenvermehrung wird fehlende Hilfsbereitschaft im Sinne des Tauschens und Teilens moniert (vgl. TS Sa8, Z. 84–88).

Auch eine Übersicht der Ergebnisse zur Bewertung von im Alltag ggf. als störend empfundener Faktoren wie die fehlende Funktion des Smartphones (vgl. Tab. 5.4; Abschn. 4.3.5), das Anstehen in langen Warteschlangen (vgl. Tab. 5.6; Abschn. 5.3.1) und die Abhängigkeit vom Wetter (vgl. Abschn. 4.2.4) macht deutlich, dass hier eine Umdeutung von Bedürfnissen stattfindet.

5.5.2 Selbstwirksamkeitserfahrungen

Während Selbsterfahrungen ausschließlich auf das eigene Selbst gerichtet sind, sollen nun die persönlichen Erfahrungen besprochen werden, welche aus der Interaktion mit anderen resultieren, nämlich die Selbstwirksamkeitserfahrung.

Der unstrukturierte Rahmen von Musikfestivals eröffnet den Besuchern eine Plattform, auf welcher Selbstwirksamkeit neu oder anders und ggf. intensiver erfahren werden kann als im Alltag. Am augenscheinlichsten lässt sich dieses Phänomen beispielsweise an den Ausführungen der Besucher zu dem Miteinander innerhalb einer Festivalsituation festmachen. Besucher fühlen sich, wie bereits dargelegt, in einer Festivalsituation frei und ungezwungen und sind darüber motiviert, auf andere offener und freundlicher zuzugehen. Sie eignen sich also in einer Festivalsituation ein anderes Auftreten als im Alltag an. Die Rückmeldungen, die sie zu ihrem Auftreten innerhalb einer Festivalsituation erhalten, empfinden sie als überraschend positiv.

Festivalbesucherin Wiebke (FB_W) beschreibt einen Mechanismus, über welchen sie ihre Selbstwirksamkeit auf Musikfestivals in einer Alltagssituation abruft, um sich ggf. selbst auferlegte Restriktionen im Alltag bewusst zu machen.

5.5 Sich anders erfahren – Identität

FB_W: Hm nein, tatsächlich nicht, weil das bei mir eher auf so einer mentalen oder auf so einer Gefühlsebene stattfindet. Also ich kann in Situationen das Gefühl, was ich auf dem Festival hatte, wieder abrufen. Das klingt so mechanisch, aber vielleicht beschreibt es das ganz gut. Und dann irgendwie zu sagen: „Ey komm, guck mal. Da, auf dem Festival, da warst du so und so drauf und das lief alles ganz gut und du bist so frei, warum kannst du das hier nicht, das kannst du hier doch auch machen und scheiß drauf, was die anderen denken, ob dich jemand anguckt oder nicht, ist egal. Du kannst auch so frei sein."
[...]
FB_C: Auch offener auf Menschen einfach zuzugehen (TS Do1 Z. 240–248).

Kollektive Aktivitäten und die eigenen Rollen darin stiften ebenso Selbstwirksamkeitserfahrungen. So erfahren Besucher im Rahmen der Gruppenspiele an den Gängen der Campingplätze, dass Aktivitäten, die im Alltag ggf. als übergriffig gelten würden, innerhalb einer Festivalsituation auf Reaktionen stoßen, die nicht wie gewohnt aggressive Abwehr hervorrufen, sondern kreative Interaktion (TS Mo3, Z. 28–32). Initiatoren der Spiele gelingt es mit Leichtigkeit, Mitstreiter zu finden, Akteure überraschen sich mit ihrer Spontanität und werden mit Applaus oder ermutigenden Kommentaren begleitet und Zuschauer erfahren, dass ein aktives Aufeinanderzugehen und ein Über-seinen-Schatten-Springen in einer Festivalsituation ungleich häufiger als im Alltag mit positiven Reaktionen belohnt wird (vgl. GPHurr, Z. 374–379, TS Mo3, Z. 28–32).

Auch dem im Abschn. 5.2 beschriebenen Aspekt der Festivalsituation kann ein gesteigertes Maß an Selbstwirksamkeitserfahrung zugesprochen werden. Durch die Konzentration auf das *Hier und Jetzt* und den ungewohnt freizügigen Umgang mit Zeit werden Selbstwirksamkeitserfahrungen besonders intensiv wahrgenommen. In der quantitativen Umfrage mögen die vorwiegend positiven Schilderungen dem Sachverhalt geschuldet sein, dass die Teilnahme an der Online-Umfrage einen potenziellen Gewinn von zwei Festivaltickets für das Folgefestival versprach und so eher Besucher an der Befragung teilgenommen haben, die dem Festival gegenüber positiv eingestellt sind.

5.5.3 Sich selbst anders erfahren in den Daten der Online-Umfrage

Zwar gibt nur eine verschwindend geringe Anzahl der Befragten an, sich auf dem Festival Gedanken über sich selbst gemacht zu haben (vgl. Tab. 5.8), sich jedoch anders wahrgenommen oder Selbstverständliches infrage gestellt zu haben, scheint in diesem Zusammenhang einen ungleich höheren Konsens zu finden.

Tab. 5.8 Zustimmung „über mich selbst nachgedacht" (Quelle: eigene Auswertung Frage 3 in Anhang B.a – Hurricane/Southside)

Wie hast Du morgens und mittags, bevor das Bühnenprogramm begonnen hat, die Zeit auf dem Campingplatz verbracht?	
Antwortoption: über mich selbst nachgedacht.	
Hurricane	3%
Southside	4%
M'era Luna	6%
Highfield	6%
Chiemsee	4%

So bestätigt nur ein verschwindend geringer Anteil der Befragten auf die Frage *Wie hast Du morgens und mittags, bevor das Bühnenprogramm begonnen hat, die Zeit auf dem Campingplatz verbracht?* die Antwortoption: *über mich selbst nachgedacht.* Dieser Anteil liegt bei allen Festivals nur zwischen 3 % und 6 %.

Dem steht die Auswertung der Frage *Wie bewertest du den Einfluss von Musikfestivals auf Deinen Alltag?* entgegen, auf welche knapp ein Drittel der Besucher von den Musikfestivals der Antwortoption *Auf Musikfestivals stellt man bisher Selbstverständliches infrage* zustimmen. Für die Life-Style-Festivals ist der Anteil der Zustimmenden für diese Antwortoption mit 21 % beim *M'era Luna* und 18 % beim *A Summer's Tale* deutlich geringer (vgl. Tab. 5.9).

Diese Auswertung legt nahe, dass eher gesellschaftliche Selbstverständlichkeiten hinterfragt werden und eher nicht die persönlichen.

Tab. 5.9 Zustimmung „Selbstverständliches infrage stellen" (Quelle: eigene Auswertung Frage 5 in Anhang B.a – Hurricane/Southside, Frage 7 in Anhang B.a – Highfield/M'era Luna/Chiemsee Summer)

Wie bewertest Du den Einfluss von Musikfestivals auf Deinen Alltag?			
Antwortoption: Auf Musikfestivals stellt man bisher Selbstverständliches infrage.			
	Stimme voll zu	Keine Meinung	Stimme überhaupt nicht zu
Hurricane	34%	32%	34%
Southside	34%	32%	34%
Highfield	30%	37%	34%
Chiemsee Summer	32%	44%	24%
Mera Luna	21%	39%	40%
A Summer's Tale	18%	23%	60%

5.5 Sich anders erfahren – Identität

Auch diverse Statements, welche die Befragten in der quantitativen Umfrage im Rahmen einer offenen Antwortoption abgeben, deuten darauf hin, dass eine kritische Reflexion und eine Umdeutung von Bedürfnissen innerhalb der Festivalsituation stattgefunden hat. So wurden unter anderem Kommentare auf die Frage *Welche Eindrücke sind Dir von früheren Festivals im Gedächtnis geblieben?* (vgl. Frage 9 in Anhang B.a – *Hurricane/Southside*) von den Befragten abgegeben, die sich mit unserer *zu hygienisierten Gesellschaft* befassen, *Offenheit über Probleme mit* [sich] *selbst* attestieren oder dem *Freiheitsgefühl und dass man so ursprünglich lebt und alle positiv und ungestresst sind* Rechnung tragen. Weitere Kommentare beziehen sich auf den Abgleich von zur Verfügung stehenden und tatsächlich gebrauchten Gütern in einer Festivalsituation und dem Alltag. Sie lassen ein Unverständnis dazu deutlich werden, dass die – aus einer Festivalsituation gesehen – unverhältnismäßige Bewertung von Gütern den Alltag dominiert.

Die in einer Festivalsituation gemachten Selbsterfahrungen und Selbstwirksamkeitserfahrungen mögen mit obiger Argumentation wichtige Gründe für die Einschätzung des Einflusses eines Musikfestivals auf den Alltag sein. Teilt man beispielsweise in der quantitativen Auswertung die Gruppe der Befragten beim *Hurricane* in drei Segmente auf, welche über die Zustimmung zu dem Kommentar *Musikfestivals sind lebensverändernde Ereignisse* in *stimme voll zu, keine Meinung* und *Stimme überhaupt nicht zu* den jeweiligen Segmenten zugewiesen werden, so zeigt sich, dass jeweils über 40 % derjenigen, die Musikfestivals für ein lebensveränderndes Ereignis halten (Gruppe *Stimme voll zu*) in einer Festivalsituation Selbstverständliches infrage stellen und/oder sich selbst ganz anders erleben als im Alltag (vgl. Tab. 5.10 und 5.11).

Wer in dieser Befragung angibt, dass Musikfestivals lebensverändernde Ereignisse seien, der hat mit hoher Wahrscheinlichkeit intensive Selbsterfahrungen oder aber umfangreiche Selbstwirksamkeitserfahrungen gemacht.

Auch der ungewohnt hohe Grad an Hilfsbereitschaft auf einem Festival erhöht die Selbstwirksamkeitserwartung der Besucher. Festivalbesucher erfahren unvoreingenommene Hilfsbereitschaft, wenn sie diese erfragen, und positive Resonanz, wenn sie anderen helfen. So lassen diverse Kommentare auf die Frage mit offener Antwortoption *Welche Erlebnisse sind Dir von früheren Festivals im Gedächtnis geblieben?* auf eben diese Selbstwirksamkeit und einen nachhaltigen Umgang mit dieser schließen. So wird an vielerlei Stellen berichtet, dass im Zuge des Unwetters 2016 auf dem *Hurricane* fremde Zeltnachbarn spontan Schlafplätze in ihren eigenen Zelten für Personen mit überfluteten Schlafplätzen zur Verfügung gestellt haben, man als einzelner Besucher schnell in Gruppen integriert wird oder jederzeit Hilfe erfährt, wenn man danach fragt (vgl. Frage 9 in Anhang

Tab. 5.10 Kreuztabelle „Selbstverständliches/lebensveränderndes Ereignis" (Quelle: eigene Auswertung Frage 5 in Anhang B.a – Hurricane/Southside, Frage 7 in Anhang B.a – Highfield/M'era Luna/Chiemsee Summer)

		Wie bewertest Du den Einfluss von Musikfestivals auf Deinen Alltag? Auf Musikfestivals stellt man bisher Selbstverständliches infrage.			
		Stimme voll zu	Keine Meinung	Stimme überhaupt nicht zu	Gesamt
Musikfestivals sind lebensverändernde Ereignisse.	Stimme voll zu	533	424	370	1327
		40%	32%	28%	
	Keine Meinung	122	202	172	496
		25%	41%	35%	
	Stimme überhaupt nicht zu	48	35	170	253
		19%	14%	67%	
	Gesamt	703	661	712	2076

Tab. 5.11 Kreuztabelle „Sich neu kennenlernen/lebensveränderndes Ereignis" (Quelle: eigene Auswertung Frage 5 in Anhang B.a – Hurricane/Southside, Frage 7 in Anhang B.a – Highfield/M'era Luna/Chiemsee Summer)

		Wie bewertest Du den Einfluss von Musikfestivals auf Deinen Alltag? Auf Musikfestivals bin ich ganz anders als im Alltag. / Ich habe auf dem Festival eine Seite an mir kennengelernt, die ich vorher gar nicht kannte.			
		Stimme voll zu	Keine Meinung	Stimme überhaupt nicht zu	Gesamt
Musikfestivals sind lebensverändernde Ereignisse.	Stimme voll zu	582	297	448	1327
		44%	22%	34%	
	Keine Meinung	116	152	228	496
		23%	31%	46%	
	Stimme überhaupt nicht zu	49	30	174	253
		19%	12%	69%	
	Gesamt	747	479	850	2076

B.a – *Hurricane/Southside*). Besonders hervorgehoben wird in den Schilderungen der Besucher häufig, dass diese Hilfsbereitschaft auf einem Festival Fremden gegenüber praktiziert wird.

Ein weiterer Aspekt, der in diesen Kommentaren auffällt, ist die vielfache Formulierung eines intensiven Zusammengehörigkeitsgefühls. Die Besucher beschreiben einen *krassen Zusammenhalt unter Fremden,* ein *Gemeinschaftsgefühl mit völlig Fremden und stärkere/andere Beziehungen zu Freunden* und sprechen an unterschiedlichen Stellen sogar von der Festivalgemeinschaft als eine *riesige Familie*. Hier wird die Atmosphäre überwiegend als positiv und euphorisiert beschrieben.

Andererseits, sei an dieser Stelle angemerkt, dass es – wenn auch nur vereinzelt – durchaus auch negative Kommentare gibt bezüglich des gesellschaftlichen Umgangs auf einem Musikfestival gibt. So finden auch Aspekte wie Alkohol- und Drogenmissbrauch und das rücksichtslose Hinterlassen von Müll in den Besucherkommentaren Platz.

Neben den oben herausgestellten positiven Aspekten einer Festivalgemeinschaft finden sich auch hier Aspekte wie sexuelle Übergriffe, Nötigungen, anarchischen Situationen ausgesetzt sein, ausgenutzte Hilflosigkeit aufgrund von übermäßigem Alkoholkonsum, Diebstähle etc., welche in dieser Studie ggf. ausgeblendet scheinen. So gab es beim *Hurricane* 2017 vier Anzeigen wegen sexueller Belästigung, 28 Schlägereien, 96 Drogendelikte und 140 Diebstähle (Anton 2017; vgl. Süthoff 2015). Hochgerechnet auf eine Besucherzahl von 78.000 Jugendlichen sind das aber keine Zahlen, die auf eine höhere Kriminalitätsbereitschaft als im Alltag verweisen würde (Anton 2017; Stone 2009, S. 218; vgl. Süthoff 2015). Da der Fokus der vorliegenden Studie auf solchen Aspekten liegt, welche den Unterschied von einer Festivalsituation zu einer Alltagssituation erklären, in der Untersuchung aber keine evidenten Anhaltspunkte dafür gefunden werden konnten, dass oben genannte negative Aspekte zur Erklärung dieses Unterschieds beitragen, bleiben derartige Aspekte hier unberücksichtigt. Auch in der qualitativen Untersuchung, in welcher die Probanden spontan und so ggf. ohne die in der quantitativen Studie bereits kritisierten Selektionstendenzen ausgesucht wurden, stellt sich die überschwänglich positive Beurteilung der Festivalatmosphäre heraus. Mit Blick auf den relativ teuren Ticketerwerb zur Teilnahme an einer Festivalsituation ist dieses Ergebnis ggf. verständlich.

5.6 Die Festivalstimmung aus Sicht der sozialökologischen Transformation

Überprüft werden soll nun die Vermutung, welche über die Zusammenfassung der intersubjektiven Faktoren und damit im Rahmen der Beschreibung der Atmosphäre auf Musikfestivals aufgestellt wurde. Über die entspannte und gelöste Atmosphäre hat sich angedeutet, dass sich Besucher von dem im Alltag vorherrschenden Wertesystem lösen und ein dadurch initiierter Perspektivwechsel Reflexionen alteingesessener Normen und den Mechanismen dahinter und damit kritische Reflexionen nach sich ziehen. Ein Überblick über die subjektiven Faktoren soll nun klären, ob diese Vermutung in der Empirie bestätigt werden kann.

Die Ausführungen von Besuchern über die auf einem Festival gemachten Selbsterfahrungen deuten darauf hin, dass innerhalb einer Festivalsituation eine Umwertung von Bedürfnissen stattfindet (vgl. Abschn. 5.5.1). Im Rahmen dieser Umwertung werden Aspekte des Alltags von einer neuen Perspektive betrachtet und neu bewertet. Im Alltag eher unhinterfragte Aspekte werden während des Aufenthalts auf einem Musikfestival in einzelne Komponenten zerlegt und Nebenwirkungen, die sich unbemerkt haben einschleichen können, benannt und dazu Stellung bezogen (vgl. Abschn. 5.5.2). Vor dem Hintergrund der Fragestellung sei an dieser Stelle festgehalten, dass es eben die sich unbemerkt einschleichenden Marktmechanismen sind, welche während des Musikfestivals zutage treten und von den Besuchern kritisch bewertet werden.

Selbstwirksamkeitserfahrungen werden in Festivalsituationen anders und intensiver erlebt als im Alltag. Aufgrund der direkten Rückmeldung auf Aktionen oder das eigene Verhalten werden Besucher für die eigene Selbstwirksamkeit sensibilisiert (vgl. Abschn. 5.5.2).

Musikfestivals rufen in den Besuchern ein Gefühl der Authentizität hervor. Festivalbesucher geben an, auf einem Festival so sein zu können, wie sie wirklich sein wollen. Sie tauchen in einer Masse ein und unter, in welcher keiner so genau auf das im Alltag sehr regelbehaftete Verhalten achtet, und geben an, sich in dieser Position frei zu fühlen. Auf dieses Freiheitsgefühl wird unter anderem der Eindruck eines ungezwungenen Miteinanders zurückgeführt (vgl. Abschn. 5.4.2).

Neben diesen Aspekten deutet auch der Wechsel des Referenzrahmens zur Bestimmung des sozialen Status einen temporären Normenwandel an. Ausgegrenzt werden Faktoren, welche im Alltag durch private Ressourcenakkumulation bespielt werden (Berufsstand), angewandt werden Faktoren, die auf einem gesamtgesellschaftlich verträglicheren Wertesystem basieren (Unterhaltung/Hilfsbereitschaft) (vgl. Abschn. 5.4.1).

Über die situationsbedingte Unterbrechung des Akzelerationszirkels nach Rosa wird die Festivalsituation als Entschleunigungsoase identifiziert. In dieser Oase werden Verbindungen zu Alltagsproblemen oder Kommunikationszwängen gekappt und sich notwendigen Banalitäten geduldig hingegeben (vgl. Abschn. 5.3).

Auf Musikfestivals schert man sich nicht um die Zukunft, nicht um die Vergangenheit, sondern gibt sich dem *ultimativen Hier und Jetzt* hin, so die überspitzte Darstellung einer Aufmerksamkeitsverschiebung, welche auf Musikfestivals stattfindet. Aufgrund der Unverfügbarkeit von Online-Kommunikation

5.6 Die Festivalstimmung aus Sicht der sozialökologischen Transformation

und der Ausgrenzung weiterer Störfaktoren wie Alltagsproblemen wird eine Fragmentierung der Aufmerksamkeit, wie sie im Alltag stattfindet, in einer Festivalsituation aufgehoben (vgl. Abschn. 5.2).

Mit einem Festivalaufenthalt nehmen die Besucher Abstand vom Alltag. Alltagssorgen wie Prüfungsstress oder Streit mit Angehörigen werden aktiv ausgegrenzt und sich einer vom Alltag unterschiedlichen Gemeinschaft, der Festivalgemeinschaft, hingegeben. Die Motive für diesen Ausbruch aus dem Alltag variieren unter den Festivalbesuchern. So geben die einen an, dass ein Festival für sie ein temporäres Ventil zur Entlastung vom Alltagsstress darstellt, andere flüchten in diese Parallelwelt, weil ihnen dieser Abstand vom Alltag ein positives Gefühl gibt und sie so neue Eindrücke und Selbsterfahrungen sammeln können (vgl. Abschn. 5.1).

Die Festivalstimmung wird flächendeckend als freundlich und offen beschrieben. Um auch an dieser Stelle dem Vorwurf der selektiven und ergebnisgesteuerten Argumentation vorzugreifen, soll hier noch einmal darauf hingewiesen werden, dass Musikfestivals gewollte und gekaufte *Kulturschocks, Wechsel des Referenzrahmens* oder *eskapistische Episoden* sind. Der in einer Festivalsituation herrschende Konsens ist, dass alle da sind, um Spaß zu haben, und an diesem Vorhaben auch mehr oder weniger erfolgreich aktiv mitwirken. Eine Erklärung für die vorwiegend positive Bewertung aller hier vorgestellter Faktoren soll später über einen sehr dominanten, bisher aber noch nicht beachteten Faktor, nämlich der überhöhten Emotionalität auf einem Musikfestival, erklärt werden (vgl. Abschn. 6.1). Auch dem Gedanken, dass die hier hergeleiteten Ergebnisse ggf. ausschließlich *Hurricane*-spezifisch und nicht verallgemeinert werden können, soll hier vorgegriffen werden. Aufgrund der Ergebnisse der Studie auf dem *Hurricane*-Festival können einzelne der hier zum Tragen kommenden Aspekte auf den folgenden Festivals genauer abgefragt werden. Auf die Frage *Hältst Du die Festivalsituation für einen Ausnahmezustand* sind unterschiedliche Aussagen vorgegeben, welche von den Befragten bestätigt oder nicht bestätigt werden können (vgl. Tab. 5.12).

Phänomenen wie dem Abstand vom Alltag, der Aufmerksamkeitsverschiebung und einem anderen Miteinander als im Alltag wird in diesen Umfragen über Festivals unterschiedlichster Genres ein hoher Stellenwert beigemessen. So bestätigen jeweils weit mehr als die Hälfte der Befragten, die Festivalsituation für einen Ausnahmezustand zu halten, weil alle Alltagsprobleme draußen bleiben. Wiederum jeweils mehr als die Hälfte der Befragten (beim *Highfield* 63 % und beim *Chiemsee Summer* sogar 70 %) bestätigten, dass *auf einem Festival nur das Hier und Jetzt zählt,* und mit 59 % beim *M'era Luna* und jeweils 68 % beim *Highfield* und *Chiemsee Summer* geben ein Großteil der Besucher an, dass *die Leute*

Tab. 5.12 Zustimmung Musikfestivals als Ausnahmezustand (Übersicht). (Quelle: eigene Auswertung Frage 2 in Anhang B.a – Highfield/M'era Luna/Chiemsee Summer)

Hältst Du die Festivalsituation für einen Ausnahmezustand?			
Antwortoption	Highfield	M'era Luna	Chiemsee Summer
Ja, weil ich sonst nicht so viel trinke.	34%	17%	27%
Ja, weil alle Alltagsprobleme draußen bleiben.	58%	55%	56%
Ja, weil ich auf dem Festival anonym bin und machen kann was ich will.	18%	7%	19%
Ja, weil auf Festivals nur das Hier und Jetzt zählt, alles andere ist egal.	63%	51%	70%
Ja, weil irgendwie alle gleich sind.	45%	46%	45%
Ja, weil die Leute ganz anders miteinander umgehen als sonst.	68%	59%	68%
Nein, für mich besteht kaum ein Unterschied zu einem Konzertbesuch.	3%	6%	3%
Nein, aus sonstigen Gründen.	2%	2%	2%

auf den Festivals ganz anders miteinander umgehen als sonst. Auch die Tendenz, dass auf Festivals alle gleich sind, wird über alle drei Festivals von weit mehr als 40 % der Befragten bestätigt. Dies zeigt, dass die in dieser Studie herausgearbeiteten Phänomene keine *Hurricane*-spezifischen Ergebnisse sind, sondern von Besuchern unterschiedlicher Festivals ähnlich bedeutsam bewertet werden und so eine allgemeingültige Interpretation der in Tab. 5.12 dargestellten Tendenzen zulässt.

Interpretation und theoretische Einbettung 6

6.1 Interpretation und Zusammenspiel der einzelnen Faktoren

In der Darstellung der empirischen Ergebnisse wurden bereits vereinzelt Zusammenhänge zwischen den in dieser Studie herausgestellten Faktoren angedeutet. Im Folgenden soll nun über die Interpretation der vorgestellten Daten erklärt werden, wie die einzelnen Faktoren zusammenwirken und auf welche Art und Weise dadurch der habituelle Grundmodus der Besucher während eines Musikfestivals berührt wird.

Eskapismus – ein zweidimensionales Modell

Zunächst soll auf die Motivationsgründe zum Abstandnehmen vom Alltag eingegangen werden. Neben der Flucht vor dem Alltag als Ventil zur Entlastung von Alltagssorgen wird im Abschn. 5.1 ein Phänomen beschrieben, dessen Interpretation und theoretische Aufarbeitung interessante Hinweise zur Wirkung der oben genannten Faktoren auf den habituellen Grundmodus auf Musikfestivals bereitstellt. So geben Besucher von Musikfestivals auf Nachfrage an, dass die Flucht aus dem Alltag für sie die Möglichkeit mit sich bringt, sich selbst und andere anders zu erfahren. Als Nebenprodukt dieser anderen Wahrnehmung werden Aspekte, die im Alltag als selbstverständlich gelten, infrage gestellt. Dass Musikfestivals eine derartige Wirkung zugesprochen werden kann, benennt auch Kirchner mit Bezug auf die Besucher des *Fusion*-Festivals:

> *Im Festivalbesuch als liminale Phase erleben die Fusionisten eine Transformation. Sie trennen sich dafür vom Alltag und begeben sich in die Enklave des Festivalgeländes.*

Alltägliche Normen wie auch die gewohnte (geografische) Umgebung lassen sie hinter sich (Kirchner 2011, S. 129).

Das kontrollierte Abstandnehmen von der Realität und die systematische Selbstreflexion werden in Abschn. 2.4.4 als Schlüsselaspekte des selbsterweiternden Eskapismus herausgestellt und ermöglichen so einen Perspektivwechsel, über welchen gesellschaftliche Begebenheiten kritisch reflektiert werden können. Diese Folgerung soll hier über das zweidimensionale Modell von Eskapismus von Frode Stenseng erklärt werden (vgl. Stenseng 2009). Verstanden als duales Modell, erklärt dieses Konzept die Motivation und den kreativen Akzent im Umgang mit gesellschaftlichen Begebenheiten. Im Rahmen eines dualen Modells von Eskapismus lässt sich erklären, wie eskapistische Episoden – wie beispielsweise ein Musikfestival – unter anderem zu Selbsterweiterung und Selbstverwirklichung führen können. Eskapisten öffnen sich demnach auf eine neugierige und kreative Weise neuen Ideen und Lebensmodellen und beteiligen sich aktiv und spielerisch an deren Umsetzung. Dies geschieht mit einem Abstand zu den im Alltag eingenommenen und festgefahrenen Strukturen, wodurch ein Perspektivwechsel ermöglicht und die Alltagsstrukturen einer objektiven Überprüfung unterzogen werden können (vgl. Abschn. 2.4.2).

Das Abstandnehmen vom Alltag könnte im ersten Augenblick mit einer Reduktion von Komplexität verwechselt werden, da es wie oben beschrieben das Wegfallen von Pflichten und Verhaltensvorschriften des Alltags mit sich bringt (vgl. Abschn. 4.4). Mit dem Ausgrenzen von Alltagsproblemen und Verpflichtungen werden jedoch lediglich Aspekte reduziert, welche aus linearen Denkstrukturen erwachsen sind und wie eingangs erläutert im Alltag so viel Raum einnehmen, dass ein Ausbrechen aus diesen linearen Strukturen keinen Platz mehr hat. Tatsächlich bedeutet das Abstandnehmen vom Alltag aber auch das Sich-Lösen vom Werte- und Normensystem, welches definitionsgemäß das alltägliche Leben bestimmt und regelt (vgl. Abschn. 2.1.3, vgl. auch Abschn. 4.3). Fallen diese Regeln weg oder treten in den Hintergrund, so öffnet sich ein weiter und komplexer Raum, in welchem Umgangsformen, Zielvorstellungen sowie Denk- und Handlungsmuster neu ausgehandelt werden müssen. Aspekte wie beispielsweise Verpflichtungen, welche durch das vorherrschende Werte- und Normensystem, ohne grundlegend hinterfragt zu werden, legitimiert sind, können so in einer Phase des Losgelöstseins von diesem System hinterfragt und ggf. umgewertet werden.

6.1 Interpretation und Zusammenspiel der einzelnen Faktoren

Identität — sich mit sich selbst beschäftigen oder sich anders erfahren

Im Folgenden soll interpretiert werden, wie die Daten zu den Faktoren *sich anders erfahren* und *sich mit sich selbst beschäftigen* in diesem Zusammenhang gedeutet werden können und welche Rückschlüsse sich hieraus für den Grundmodus der Festivalbesucher ergeben.

Gerhard Schulze bringt in seiner Arbeit zur Erlebnisgesellschaft einen Aspekt auf den Punkt, um den es im Folgenden gehen soll. *Wo Erlebnisse zum herrschenden Thema werden*, so Schulze, *beginnt man, sich vor allem mit sich selbst zu beschäftigen* (Schulze 2005, S. 541). Die Beschäftigung mit sich selbst soll an dieser Stelle über die Konzepte Anonymität und Authentizität diskutiert werden.

Anonymität — der soziale Status

Der soziale Status wird, wie oben dargestellt (vgl. Abschn. 2.4.2), an sozialen Dimensionen bemessen, welche über die jeweils vorherrschenden Kriterien in unterschiedlichen Referenzrahmen bewertet werden. Im Folgenden soll nun beleuchtet werden, wie sich die Bewertung des sozialen Status im Rahmen von Festivalsituationen verhält.

Festzuhalten sei an dieser Stelle, dass auch in einer Festivalsituation eine Hierarchie besteht, in welcher ein sozialer Status ausgehandelt wird, da es sich um eine soziale Gruppe handelt. Durch den wechselnden Referenzrahmen allerdings müssen neue relevante Faktoren ausgehandelt werden, zu denen sich die Besucher, wenn auch nur temporär, positionieren müssen. Auch unter Festivalbesuchern ist der Wettbewerbsgedanke verankert. Dieser unterliegt in Festivalsituationen jedoch nicht dem Modus der Angst und der unerbittlichen Konkurrenz, sondern legitimiert sich durch die im neuen Referenzrahmen begründete soziale Dimension. Hier ist hoch angesehen, wer sich möglichst hemmungslos von den sozialen Strukturen des Alltags abzukoppeln und den Grundmodus der Anti-Struktur (vgl. Abschn. 2.4.2) bestmöglich in Szene zu setzen vermag. So sind Wortführer auf den Campingplätzen nicht diejenigen, die sich mit materiellen Ressourcen hervortun, sondern diejenigen, die sich in gemeinschaftlichen Aktivitäten mit den schrägsten Ideen oder dem größten Enthusiasmus präsentieren.

Da der soziale Status durch das Urteil der anderen über die Präsentation eines Individuums bewertet wird, bietet sich in einer Festivalsituation ein facettenreiches Experimentierfeld für die eigene Darstellung und die weiter unten genauer diskutierte Selbstwirksamkeit. Das Spiel mit den Identitäten trägt also zu einem kreativen Umgang mit dem Wechsel des Grundmodus bei, da hier die Möglichkeit, sich zu seinem sozialen Umfeld innerhalb neuer Spielregeln immer wieder neu zu positionieren, zu inszenieren und, wie im späteren Kapitel der Selbstwirksamkeit gezeigt werden soll, die Reaktion des sozialen Umfelds auf die eigenen Inszenierungen zu testen.

Authentizität

Neben der Beleuchtung des sozialen Status auf Musikfestivals gibt es einen zweiten Aspekt, nämlich Authentizität, der hier zur Beschreibung der Selbstwahrnehmung der Festivalbesucher behandelt werden soll. Auf Musikfestivals legen Besucher die zersplitterten Identitäten, die sie im Alltag fremdbestimmt durch ihre unterschiedlichen Rollen einnehmen, ab und geben an, so sein zu können, wie sie wirklich sein wollen. Über die Herleitung des Festivalbesuchs als liminale Phase kann davon ausgegangen werden, dass Besucher sich während eines Festivals als Ganzes, also als authentisch erfahren (vgl. auch Kirchner 2011, S. 136). Festivals können somit als wichtige und positive Erfahrung in Bezug auf die Identitätsfindung der Besucher gedeutet werden. Ohne Zweifel lassen sich in Festivalsituationen in diesem Zusammenhang auch die von den Skeptikern dieses Konzepts angeführten Auswirkungen (Selbstabschottung, Ich-Bezogenheit, Narzissmus) beobachten. Dem steht allerdings die ebenfalls als festivalspezifisch erfahrene Integration in eine Gemeinschaft, welche sich innerhalb einer Anti-Struktur herausbildet, in welcher alle gleich sind und die durch ein starkes Zusammengehörigkeitsgefühl gekennzeichnet ist, entgegen. So lässt sich Authentizität, welche kollektiv erfahren und innerhalb dieser Festivalgemeinschaft ausgelebt wird, eher mit den von Taylor angeführten Auswirkungen in Verbindung bringen. Über die Selbsterfüllung, -verwirklichung und -bestimmung der Festivalbesucher kann somit eine kreative, konstruktive und schöpferische Dimension entstehen, in welcher gesellschaftliche Aspekte kritisch reflektiert werden.

Authentizität setzt nach Hoger eine kritische Auseinandersetzung oder Reflexion mit gesellschaftlichen Begebenheiten voraus. Er unterstellt authentischen Individuen, die fremdbestimmten Anforderungen an die eigene Personen innerhalb der alltäglich eingenommener Rollen klar von den eigenen Zielen und Handlungen trennen und bewerten zu können. Über die Ausführungen Turners zu liminalen Phasen und zur Anti-Struktur (vgl. Abschn. 2.4.2) kann hergeleitet werden, dass Besucher auf Musikfestivals grundlegend für eine kritische Reflexion gesellschaftlicher Begebenheiten offen sind. So lösen sich Passanten beim Eintauchen in eine liminale Phase vom vorherrschenden Wertesystem, zerlegen

6.1 Interpretation und Zusammenspiel der einzelnen Faktoren

kulturelle Aspekte in Teile, spielen mit diesen und fügen sie später wieder zu Gesamtkonstellationen zusammen. Liminalität wird von Turner selbst auch als Phase der Reflexion bezeichnet (Turner 1964, S. 14).

Selbsterfahrungen

Selbsterfahrungen können durch die Abwehr des Negativen oder aber durch das Aneignen des Positiven gemacht werden. Gerhard Schulze stellt im Rahmen seiner Arbeiten zur Erlebnisgesellschaft heraus, dass Selbsterfahrungen, die über die Aneignung des Positiven gemacht werden, weitaus wirkungsvoller sind als dies, die durch die Abwehr des Negativen resultieren (Schulze 2005, S. 544). Weiter können Selbsterfahrungen nach Schulze singulär oder kollektiv sein:

Minimale Form kollektiver Selbsterfahrung ist das Gefühl, dass viele Menschen existieren, die ungefähr so sind wie man selbst, leicht wahrnehmbare Attribute an den anderen – Stil, Lebensalter, Bildungsgrad – fügen sich in der ganzheitlichen Wahrnehmung immer wieder zu ähnlichen Gestalten zusammen. Vornehmlich unter seinesgleichen, lernt man, wer man selber ist (Schulze 2005, S. 414).

Diese Schlussfolgerung lässt sich wohl auch auf eine Festivalsituation übertragen, da hier der oben hergeleitete Konsens besteht, dass auf Musikfestivals alle gleich sind. Die Besucher erfahren innerhalb der Festivalgemeinschaft ein ungewöhnlich hohes Maß an Zusammenhalt und Zugehörigkeit, was die Internalisierung der gemachten Selbsterfahrungen nach Schulze noch weiter unterstützen sollte (vgl. auch O'Rourke et al. 2011, S. 350–351).

Erklärt werden können diese Erfahrungen über die später noch genauer zu analysierende Aufmerksamkeitsverschiebung, die Entschleunigung und den Abstand vom Alltag innerhalb einer improvisierten Infrastruktur, welche ungleich häufiger als im Alltag eine aktive Beteiligung oder Mitgestaltung an gesellschaftlichen Strukturen erfordert. Die Organisation der eigenen Camps und deren Infrastruktur wird unter den Besuchern zu Festivalbeginn ausgehandelt. Konflikte zu Themen wie Müll und sanitären Anlagen werden von ihnen gelöst und der Schutz vor dem Wetter (Sturm oder Hitze) bedarf der aktiven Beteiligung aller. Der Faktor improvisierte Infrastruktur trägt also vorwiegend dazu bei, dass den Besuchern eine aktive Mitgestaltung an der gegenwärtigen Situation obliegt, deren Auswirkungen direkt erfahrbar sind. So wird das Bedürfnis nach Mitbestimmung gesteigert und bestärkt. Dieses Bedürfnis ist der Gesellschaft nach Welzer und Sommer, Rosa oder Ulrich verloren gegangen und muss neu etabliert werden.

Wendet man Adlers Modell zu Übergangserlebnissen (vgl. Abschn. 2.4.4) auf die Festivalsituation an, so lässt sich hier ein weiterer Schlüsselaspekt zur

Öffnung für Neues und für eine kritische Reflexion benennen, nämlich ein grundlegender Perspektivwechsel. Über diesen Perspektivwechsel werden Mechanismen offengelegt, welchen man im Alltag unterliegt. Will man die empirisch herausgestellten Umwertungen, welche die Festivalbesucher während der Interviews vorgenommen haben, nun über Adlers Modell erklären, so wechseln die Festivalbesucher mit Betreten des Festivalgeländes ihren Referenzrahmen. Während zunächst die Gemeinsamkeiten der Referenzrahmen Alltag und Festivalsituation dominieren und über den Aufbau der Camps eine gewisse häusliche Ordnung zu etablieren versucht wird, registrieren die Besucher schnell, dass weder Infrastruktur (beispielsweise Dixitoiletten, Müll) noch der gesellschaftliche Konsens (Grundlagen des sozialen Status) denen im Alltag entspricht. Über eine kritische, meist sehr kreative Auseinandersetzung mit gesellschaftlichen Aspekten (vgl. Abschn. 4.3.4) wird die Reintegrationsphase durchlaufen, aus welcher die Besucher eine gewisse Autonomie ableiten. Die Besucher legen für sich die Bezogenheit auf den bisherigen Referenzrahmen ab und öffnen sich für das Neue, nämlich für den Ausnahmezustand Musikfestival. Sie geraten in Entschleunigung, fokussieren sich auf das *Hier und Jetzt* und legen den Referenzrahmen Alltag ab. Die Festivalbesucher fangen an, in den Interviews die Alltagssituation mit einer gewissen Distanz zu beschreiben. Ausdrücke wie *Das können die meisten Menschen im Alltag einfach nicht* machen deutlich, dass die Gesprächspartner sich zum Zeitpunkt der Interviews von der Alltagsgemeinschaft distanziert haben und sich temporär nicht dazugehörig fühlen. Das gibt ihnen die Möglichkeit, einen Perspektivwechsel zu vollziehen und die eigene Gesellschaft kritisch zu reflektieren. Einzelne Aspekte wie das gesellschaftliche Miteinander, der Umgang mit Smartphones, Konsum oder der Umgang mit Zeit wird aus der Warte des neuen Referenzrahmens Festivalsituation betrachtet und umgewertet.

So kann in diesem Punkt die Forderung Ulrichs nach *einer kritischen Reflexion des „Eigensinns" und der „Binnenmoral" des ökonomischen Rationalismus und seine Hinterfragung aus dem Blickwinkel der Lebenswelt* als zumindest temporär umgesetzt betrachtet werden. Auch die grundlegende Öffnung der Individuen für Neues im Sinne von neuen Lebensentwürfen kann über die Argumentation Adlers hergeleitet und im Rahmen der Festivalstudie empirisch belegt werden.

Über die Diskussion von Selbsterfahrungen im vorangegangenen Abschnitt konnte herausgestellt werden, dass nicht nur gesellschaftliche Begebenheiten, sondern auch deren Voraussetzungen und Mechanismen innerhalb einer Festivalsituation reflektiert werden. Es wird hier ein Abstand zum Alltag kreiert, über welchen sowohl Marktmechanismen als auch deren Wirkung auf die eigene Person aufgedeckt und kritisch reflektiert werden und so eine grundlegende Veränderung im obigen Sinne forciert (vgl. Abschn. 2.4).

6.1 Interpretation und Zusammenspiel der einzelnen Faktoren

Selbstwirksamkeitserfahrungen

Neben den auf Musikfestivals gemachten Selbsterfahrungen, gibt es empirische Belege für das gesteigerte Auftreten von positiven Selbstwirksamkeitserfahrungen in Festivalsituationen (vgl. Abschn. 5.5.2). Positive Selbstwirksamkeitserfahrungen stärken das Vertrauen in die eigene Handlungsfähigkeit und in die eigene Fähigkeit, etwas verändern zu können. Eben diesem Vertrauen kommt in der Idee der sozialökologischen Transformation eine Schlüsselrolle zu, denn nur wer sich zutraut, etwas ändern zu können, wird motiviert sein, neue Lebensmodelle für sich anzunehmen und nach außen zu tragen. Einen von Welzer und Sommer definierten Pfadwechsel oder einen von Rosa propagierten Paradigmenwechsel wird eher derjenige vollziehen, der positive Erfahrungen mit dem Umgang neuer Leitbilder und Denkansätze gemacht hat. Auch können Selbstwirksamkeitserfahrungen an sich bereits als Resonanzerfahrungen gedeutet werden, da sie Ausdruck eines direkten Antwortverhältnisses zwischen Subjekt und Welt sind. Diese Rückmeldungen werden von den Besuchern als festivalspezifisch wahrgenommen und als direkt, multisensual und besonders intensiv beschrieben.

Eskapismus beschreibt innerhalb eines Musikfestivals einen besonders intensiven Bereich, da hier die Besucher voll und ganz in das Erlebnis eintauchen und aktiv an diesem teilnehmen (vgl. Abschn. 2.4.1). Innerhalb dieses Teilbereichs von Erlebnissen konnten unter anderem Wirkungen identifiziert werden, welche auf ein positives und selbsterweiterndes Reflektieren der Besucher schließen lassen. Dass das bewusste und kontrollierte Abstandnehmen von der Realität kreative Aktivitäten fördert, kann innerhalb einer Festivalsituation auch am kollektiven Aktivismus, individuellen Aktivitäten und Rollenspielen auf den Campingplätzen festgemacht werden, denen bereits ein auffällig hohes Maß an Kreativität zugeschrieben wurde (vgl. Abschn. 4.3.4).

Auch in diesem als festivalspezifisch identifizierten Phänomen kann also eine Tendenz zu kritischen Reflexionen gesellschaftlicher Begebenheiten im Sinne der sozialökologischen Transformation festgemacht werden.

Unterbrechung des Akzelerationszirkels oder Entschleunigung

Im Folgenden sollen nun die Faktoren Aufmerksamkeitsverschiebung und Entschleunigung analysiert werden, um aufzuzeigen, wie diese Faktoren sowohl zur Intensivierung der oben beschriebenen Erfahrungen beitragen, als auch ein eigenes Transformationspotenzial in sich tragen.

Soziale Beschleunigung wird in den Ausführungen Rosas als ein Motor für den Grundmodus der dynamische Stabilisierung beschrieben (Rosa 2017, S. 19,

46). Wenngleich auch die bloße Außerkraftsetzung von sozialer Beschleunigung nicht als alleinige Lösung für das Problem der Beziehungen zwischen Mensch und Welt gesehen wird, so stellt sie doch eine grundlegende Bedingung für die eigentliche Lösung, nämlich für die Etablierung resonanter Weltbeziehungen dar (Rosa 2017, S. 56, 513, 693).

Die Festivalsituation geht aus den empirischen Ergebnissen als Entschleunigungsoase hervor.

Es wird innerhalb einer Festivalsituation über einen kollektiven Konsens genau der von Rosa als Sollbruchstelle des Akzelerationszirkels gekennzeichnete Prozess der Beschleunigung des Lebenstempos (vgl. Abschn. 2.4.3) außer Kraft gesetzt und über institutionell geleitete Mechanismen gestützt. Das Ausgrenzen von Alltagsproblemen wie Leistungsdruck in Schule und Arbeit oder familiären Konflikten und das Kappen jeglicher Verbindung zur Konfrontation mit diesen *gierigen Systeme*n lässt innerhalb einer Festivalsituation eine temporäre Entschleunigung der Besucher zu. Der kollektive Konsens über den Ausstieg aus diesem mit *1* in Abb. 2.3 gekennzeichneten Prozess verhindert, dass sich Individuen innerhalb dieses Bruchs irgendwelcher Anschlussmöglichkeiten beraubt sehen.

Das Agieren innerhalb der während eines Festivals aufgebauten Gemeinschaft auf Basis eben dieses Konsenses lässt die Besucher befreit von den Charakteristika einer Alltagssituation über eben diese Charakteristika (Wegwerfgesellschaft, Konsumverhalten, Kommunikationsverhalten, zwischenmenschliche Beziehungen, Steigerungslogik etc.) reflektieren. Nach der Definition von Mezirow findet innerhalb von Festivalsituationen über den Aspekt der Entschleunigung eine kritische Reflexion im Sinne der sozialökologischen Transformation statt. Wie diverse Schilderungen der Besucher belegen, wird diese temporäre Entschleunigung im Sinne Rosas als durchaus positiv und gesellschaftlich gewollt und nötig erfahren.

Eine Festivalsituation lässt sich in diesem Zusammenhang folglich als eine Entschleunigungsoase beschreiben, welche auf dem Weg zu einer gesellschaftlichen Genese von dem Strukturimperativ der Steigerung schützens- und unterstützenswert ist (Rosa 2016, S. 254).

Damit ist eine Hauptforderung Rosas für einen Paradigmenwechsel im Sinne seiner Resonanztheorie in einer Festivalsituation gegeben. In der Beseitigung des Steigerungsimperativs und damit auch einer Unterbrechung der dynamischen Stabilisierung sieht Rosa die Lösung für ein nachhaltiges und resonantes Zusammenleben. Die Antwort auf die Beschleunigung der Gesellschaft, so Rosa weiter, sind aber keinesfalls temporäre Entschleunigungssituationen allein, sondern, wie

6.1 Interpretation und Zusammenspiel der einzelnen Faktoren

er zu Beginn seiner Arbeiten zu seiner Resonanztheorie in Aussicht stellt, Resonanz. Über Resonanzerfahrungen, so Rosa, wird *grundsätzlich der Modus der Zeiterfahrungen berührt und verändert* (Rosa 2017, S. 693).

Resonanz und Beschleunigung stehen schließlich aber auch deshalb in einem antagonistischen oder zumindest spannungsgeladenen Verhältnis, weil Resonanzerfahrungen grundsätzlich den Modus der Zeiterfahrung berühren und verändern. Indem sie, wie ich dargelegt habe, eine temporale Brücke zwischen Vergangenheit und Zukunft stiften und Zeit so vorübergehend ‚aufheben', transzendieren sie zumindest momenthaft die chronologische und lineare Zeiterfahrung und setzen den ressourcenorientierten Zeitumgang außer Kraft (Rosa 2017, S. 693).

Auch an dieser Stelle kann das aktive Ausgrenzen der marktinduzierten Mechanismen (Steigerung und Wettkampf) als Wechsel des Paradigmas im Sinne Rosas und darüber als kritische Reflexionen im Sinne Mezirows gedeutet werden.

Aufmerksamkeitsverschiebung oder das ultimative *Hier und Jetzt*

Die Ausführungen zur Relation von Smartphone-Nutzung und Aufmerksamkeitsunterbrechungen (vgl. Abschn. 5.2.1) soll verdeutlichen, welche Auswirkungen die Verhaltensänderungen durch die Benutzung von Smartphones im Alltag für das Miteinander mit sich bringen. Aus diesen Ausführungen kann dann das Potenzial abgeleitet werden, welches eine Festivalsituation bezüglich der Aufmerksamkeitskonzentration auf die gegenwärtige Situation für die Besucher birgt.

Die im *normalen Leben* dominierende Fragmentierung des Alltags bleibt in einer Festivalsituation aus, was den Besuchern die Möglichkeit gibt, sich voll und ganz der gegenwärtigen Situation und den eigenen Handlungen in dieser Situation hinzugeben. Diese Rahmenbedingungen begünstigen die Fähigkeit der Besucher, sich in Aktivitäten und Handlungen innerhalb der Situation über einen ungewöhnlich langen Zeitraum zu vertiefen und so ihre Effektivität im Sinne Csíkszentmihályis (vgl. Abschn. 2.4.2) zu entfalten.

Die Aufmerksamkeitsverschiebung stellt eine der wichtigsten Grundvoraussetzungen für die Etablierung eines Flow-Zustands (M. Csíkszentmihályi 2014; Markowetz 2015; Stenseng S. 22 f.) sowie der von Resonanzerfahrungen (Rosa 2017, S. 433) dar. So haben Festivalbesucher die entsprechende Muße, um in den Flow-Zustand zu geraten, und geben sich mit einem ungewöhnlich hohen Maß an Zeit den zwischenmenschlichen Interaktionen hin, was wiederum eine resonante Grundstimmung fördert oder sogar bereitstellt.

So können Kommentare wie die von Festivalbesucher Alex (vgl. Abschn. 5.2.1), in welchem aus einer Festivalsituation heraus erläutert wird, dass *Phubbing* in der Kneipe im Alltag völlig normal sei, als einen Wertewandel interpretieren, in dem der im Alltag als Norm anerkannte Aspekt des *Phubbings* innerhalb einer Festivalsituation wieder als unerwünscht und unsozial gilt.

So kann auch die Vermutung, dass ein Perspektivwechsel durch situative Faktoren initiiert wird, über die Argumentation der subjektiven Faktoren bestätigt werden (vgl. auch Packer und Ballantyne 2011, S. 170). Die Festivalstimmung wird demnach deutlich von einem Sich-Lösen vom vorherrschenden Wertesystem dominiert, wodurch Besucher sich für Neues öffnen. Neue Aspekte werden aufgrund direkter Rückmeldungen greifbar und im Zuge steigender Experimentierfreudigkeit seitens der Besucher ausgetestet und erlebbar. Nahezu alle subjektiven Faktoren tragen dazu bei, dass Besucher sich in einer Festivalsituation mental vom Alltag lösen und diesen mit dem gewonnen Abstand neu bewerten können.

Kollektive Emotionen

Die Festivalsituation ist in einem hohen Grad emotional aufgeladen (vgl. auch Neville und Reicher 2011, S. 385; Packer und Ballantyne 2011, S. 170). Dies drückt sich auf dem Festivalgelände in exzessiver Partystimmung und auf den Campingplätzen stellenweise in Form von anarchischen Zuständen aus. In der vorliegenden Studie wird die Atmosphäre überwiegend als positiv und euphorisiert beschrieben.

Zur Erklärung der emotionalen Aufladung soll hier kurz auf unterschiedliche Konzepte eingegangen werden, welche die Übertragung von Emotionen auf eine Gruppe erklären. An dieser Stelle besteht nicht der Anspruch, die skizzierten Konzepte bis ins Kleinste zu verstehen und auseinanderzudividieren. Es soll nur der Vollständigkeit halber darauf hingewiesen werden, dass es unterschiedliche Ansätze gibt (vgl. Abschn. 2.4.4). In diesem Zusammenhang ist allerdings eine bedeutende Erkenntnis, dass die Übertragung von Emotionen auf andere Personen innerhalb einer Gruppe, als die die Festivalbesucher durch die Integration in eine Gemeinschaft gesehen werden können, trotz Anwendung der unterschiedlichen Konzepte ähnliche und zur Erklärung der emotionalen Aufladung bedeutende Auswirkungen hat (vgl. Abschn. 2.4.4).

So steigern kollektive Emotionen unter anderem das Zusammengehörigkeitsgefühl und die Solidarität in einer Gruppe (Neville und Reicher 2011, S. 385; Packer und Ballantyne 2011, S. 170). Dieser Zusammenhang erklärt, warum sowohl ein sehr euphorisiert wirkendes Zusammengehörigkeitsgefühl

6.1 Interpretation und Zusammenspiel der einzelnen Faktoren

als auch eine ungewöhnlich hohe Hilfsbereitschaft unter den Festivalbesuchern ausgemacht werden kann. Gesellschaftliche Transformationen, so wird zu einem früheren Zeitpunkt in dieser Arbeit angedeutet, bedürfen nicht nur der Änderung einzelner Individuen, sondern einer spürbaren Veränderung in einer *gemeinsamen kommunikativen Umwelt, in welcher sich eine kollektiv erfahrbare Wirklichkeit teilen lässt* (Schütz und Luckmann 2017, S. 31, vgl. auch Abschn. 2.3.3). Eben diese erfahrbare Wirklichkeit kann aus den Kommentaren der Festivalbesucher an unterschiedlicher Stelle herausgelesen werden.

Zur Veranschaulichung des Zusammenspiels der einzelnen Faktoren bzw. der Festivalatmosphäre und der Festivalstimmung soll an dieser Stelle noch einmal die Abb. 4.1 kommentiert mit den bisherigen Ergebnissen bemüht werden (vgl. Abb. 6.1).

Die Festivalsituation stellt also durch den Wechsel vom Referenzrahmen *Alltag* hin zum Referenzrahmen *Musikfestival* Rahmenbedingungen, welche eine grundlegende Öffnung des Individuums für Neues initiiert, und stellt zeitgleich umfangreiche Impulse zur Reflexion gesellschaftlicher Begebenheiten bereit. Damit wäre in einer Festivalsituation sowohl die notwendige als auch die hinreichende Bedingung für einen temporären Normenwandel gegeben. Dass diese Rahmenbedingungen von den Besuchern genutzt und umgesetzt werden, ist durch die empirischen Ausführungen im Rahmen der subjektiven Faktoren belegt.

Fasst man die Ergebnisse der subjektiven Faktoren zusammen, so fällt auf, dass in diversen Ausführungen erstens das Bewusstwerden und zweitens das bewusste Ausgrenzen von Marktmechanismen, welche sich im Alltag schleichend als Norm etabliert haben, durch die Festivalsituation forciert und diese kritisch reflektiert werden. So werden Aspekte wie Wettbewerb, private Ressourcenakkumulation und die Steigerungslogik im Rahmen eines durch den Abstand zum Alltag ermöglichten Perspektivwechsels bewusst oder unbewusst von den Besuchern thematisiert und kritisch reflektiert. Dieser Perspektivwechsel findet nicht nur temporär statt, sondern zusätzlich auch kollektiv, also für andere erfahrbar und mit anderen teilbar.

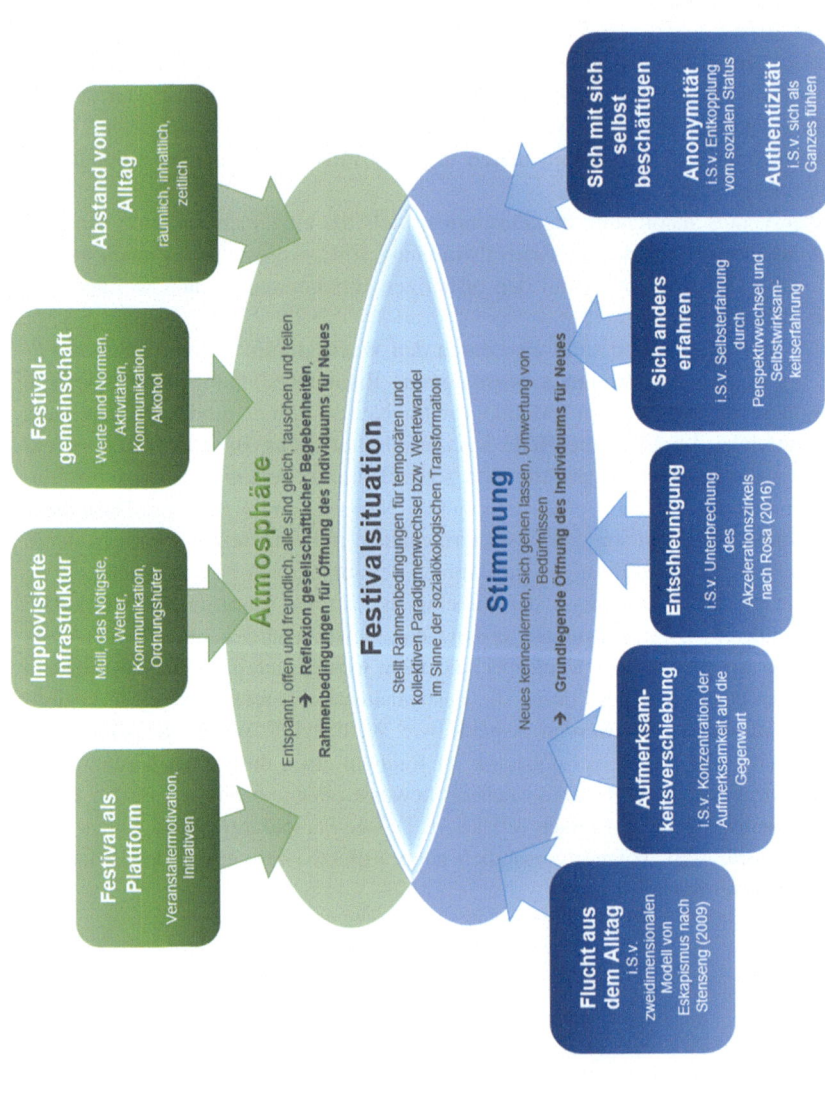

Abb. 6.1 Rahmenbedingungen einer Festivalsituation – kommentiert. (Quelle: eigene Darstellung)

6.2 Anhaltspunkte für einen geänderten habituellen Grundmodus

6.2.1 Potenziale von Liminalität und Flow

Wie eingangs herausgestellt, kann der habituelle Grundmodus unter den Besuchern von Musikfestivals bislang am umfangreichsten mit den Konzepten des Flow-Zustands und der Beleuchtung des Schwellenzustands, den Turner mit dem Begriff Liminalität umschreibt, beschrieben werden. Im Folgenden wird herausgearbeitet, inwiefern diese beiden Zustände auch in dieser Studie bestätigt werden können und welche weiteren Anhaltspunkte für einen sich ändernden habituellen Grundmodus identifiziert werden können.

Begreift man Musikfestivals als liminale Phase, was in dieser Studie an vielerlei Stelle nahegelegt (vgl. Abschn. 2.4.2) und empirisch bestätigt (vgl. Abschn. 4.3, 5.4) wird, so herrscht in einer Festivalsituation eine Art Anti-Struktur, in welcher die normative Struktur des Zusammenlebens aufgehoben ist und einer nicht durch gesellschaftliche Normen strukturierten Umgebung weicht (Turner 1969, S. 96, vgl. auch Abschn. 2.4.2). So legt ein Großteil der Festivalbesucher die Regeln des Alltags mit Betreten des Festivalgeländes ab und gibt sich einer Gemeinschaft hin, die Turner Communitas nennen würde (vgl. Abschn. 2.4.2). Innerhalb dieser Gemeinschaft fühlen sich die Festivalbesucher als Ganzes (vgl. Abschn. 5.4.2) und empfinden sich als Teil einer Gemeinschaft, in der alle gleich sind (vgl. Abschn. 5.4.1). Auch liminalen Phasen wird ein Veränderungspotenzial von Denk- und Verhaltensmustern zugesprochen. Turner selbst berichtet, dass Passanten aus einer liminalen Phase mit einem alarmierten Bewusstsein und erweitertem Wissen über allgemeine Dinge des Lebens herausgehen (Turner 1974, S. 74, vgl. auch Abschn. 2.4.2). Ein Prozedere, an welchem dieser Reifeprozess konkret bemessen werden kann, bleibt das Konzept jedoch schuldig. Dass ein aufmerksamer Umgang miteinander, ein unvoreingenommeneres Aufeinanderzugehen oder die geschilderte Gelassenheit in Stresssituationen beispielsweise als Resultat dieses Reifeprozesses zu verstehen ist, kann an dieser Stelle nur vermutet, nicht aber schlüssig über Mechanismen dieses Konzepts erklärt werden. Wichtig für die folgende Argumentation aber ist die Herleitung der Anti-Struktur und die damit verbundene Änderung der Rahmenbedingungen für soziale Interaktionen auf einem Musikfestival im Zusammenhang mit dem Flow-Zustand.

Dass der Flow-Zustand in der Empirie dieser Studie bereits identifiziert werden konnte, ist in Abschn. 5.2.2 dargelegt. Durch den hohen Grad an Konzentration und das kontinuierliche, tiefe Vergnügen an den Handlungen innerhalb des Flow-Zustands werden Fähigkeiten und Kompetenzen ausgebildet, mit denen sich eine Person während des Flow-Zustands beschäftigt (M. Csíkszentmihályi 2014, S. 93).

In Festivalsituationen, so hat sich gezeigt, dominiert der Umgang mit Handlungen und gesellschaftlichen Begebenheiten, die nicht linearen Denkstrukturen entspringen. Besucher befinden sich während des Festivals in einer Phase, in welcher sie einem ungewohnten Grad an Komplexität ausgesetzt sind und sich innerhalb eines Wechsels des gesellschaftsregulierenden Referenzrahmens neu zurechtfinden müssen. Sie sind also während ihres Flow-Zustands mit der Auseinandersetzung mit Komplexität und einer grundlegenden Neubewertung alteingesessener Normen beschäftigt. Es ist demnach davon auszugehen, dass sich hier die Fähigkeit ausbildet, neue Lebensmodelle für sich zuzulassen. Diese Fähigkeit zu stärken ist einer der Schlüsselappelle von Vertretern der sozialökologischen Transformation, da sie für einen Pfad- bzw. Paradigmenwechsel oder die ökonomische Vernunft grundlegend und Gesellschaftsmitgliedern im Zuge der Industrialisierung verloren gegangen ist (vgl. Abschn. 2.1.3). Personen, die dazu tendieren, Handlungen um ihrer selbst willen als Vergnügen zu betrachten, verfügen nach Csíkszentmihályi über sogenannte Meta-Fähigkeiten oder -Kompetenzen wie Neugier und Interesse am Leben, Beharrlichkeit und eine geringe Selbstzentriertheit, welche ihnen ermöglichen, in einen Flow-Zustand einzutreten und in diesem zu verharren (M. Csíkszentmihályi 2014, S. 93). So sind es eben diese Meta-Fähigkeiten, welche in Festivalsituationen im kollektiven Konsens als gesellschaftlich erstrebenswert angesehen werden (vgl. Abschn. 5.4.1). Sie fungieren in Festivalsituationen als soziale Dimension (vgl. Magee und Galinsky 2008, S. 355), an welcher der soziale Status der Festivalbesucher bemessen wird. Schlüsselaspekte, die diese Meta-Kompetenzen hervorbringen, sind die von Jackson (1984) erforschten Aspekte Offenheit neuen Herausforderungen gegenüber und die Bereitschaft, sich mit Handlungen zu beschäftigen und darin zu bestehen, welche ein hohes Maß an Herausforderungen kennzeichnen (M. Csíkszentmihályi 2014, S. 95). Neben der Ausbildung von Flexibilität im Sinne vom Zulassen neuer Lebensmodelle fördert der Flow-Zustand aber auch die Kreativität von Individuen. Kreativität wird von Csíkszentmihályi als notwendig für das Fortbestehen von Gesellschaften und deren Resilienz gesehen (vgl. hierzu M. Csíkszentmihályi 2010; Giddens 1988; Kagan und Kirchberg 2016; Rittelmeyer 2005). Dass der Flow-Zustand innerhalb einer Festivalsituation die Kreativität der Besucher fördert und diese im Rahmen von Festivalsituationen in ungewohntem Maße ausgedrückt wird, zeigen die Ausführungen zu den Aktivitäten der Besucher (vgl. Abschn. 4.3.4, 5.2.2). Auch ist man innerhalb eines

Flow-Zustands vollends intrinsisch motiviert, entledigt sich also jeglicher Fremdbestimmung. Handlungen, die innerhalb eines Flow-Zustands ausgeführt werden, sind ausschließlich vom Individuum motiviert und gesteuert und stoßen im Rahmen von Festivalsituationen auf positive Rückmeldungen (vgl. Abschn. 5.5.2). Diese Erfahrungen stärken die Selbstwirksamkeitserwartungen von Individuen und fördern so das Selbstbewusstsein. Die Tendenz, aus intrinsischer Motivation heraus zu handeln, unterstützt den Appell eines gesellschaftlichen Umdenkens aus der Gesellschaft heraus, also nicht von außen auferlegt. Hier kommt die Initiative für die Eigendynamik auf den Campingplätzen von den Besuchern, welche den Normenwandel kollektiv erfahrbar und erlebbar machen.

6.2.2 Der transformative Moment

Um den für diese Arbeit ausschlaggebenden Moment der Transformation zu verdeutlichen und die zur Beschreibung dieses Moments verwendeten Konzepte zu begründen, soll ein Vergleich des bereits als festivalspezifisch identifizierten Konzepts Flow (vgl. Abschn. 5.1, 5.2) mit dem hier erstmals im Rahmen von Musikfestivals erforschten Konzept Resonanz Klärung verschaffen. Über die Gegenüberstellung der Konzepte soll der in diesem Zusammenhang wesentliche transformative Charakter der Resonanztheorie herausgestellt werden. An dieser Stelle dient die Flow-Theorie als etabliertes Konzept als eine Art erklärende Vergleichsbasis.

Beide Konzepte lassen sich zur Erforschung von Gemütszuständen der Besucher in Festivalsituationen anwenden und erklären die Beziehung des handelnden Subjekts und dessen Umwelt beispielsweise innerhalb einer Festivalsituation. Beiden Konzepten werden Voraussetzungen, Mechanismen und Wirkungen zugewiesen, welche im Rahmen dieser Arbeit als festivalspezifische Faktoren und damit maßgeblich zur Klärung der Forschungsfrage herausgestellt werden (vgl. Abschn. 2.4.2). So haben beide Konzepte eine Reihe grundlegender Gemeinsamkeiten. Sie fördern die psychische Gesundheit von Besuchern, indem diese sich gesellschaftlichen Zwängen wie Fremdbestimmung, Stress und Aufmerksamkeitsfragmentierung entziehen und sich ihrem jeweiligen Fokus bewusst, konzentriert und ungestört widmen.

Ein grundlegender Unterschied allerdings ist die Grundausrichtung beider Konzepte. Die Flow-Theorie beschreibt den Zustand voller Konzentration auf und Kontrolle über eine Handlung und ist somit statisch. Sie beschreibt eine Situation, welche als solche eine optimale Balance zwischen Anforderungen der Situation und Fähigkeiten des handelnden Subjekts bietet und so keinerlei Notwendigkeit für einen Wandel vorsieht. Der Flow-Zustand wird von Csíkszentmihályi als dynamisches Gleichgewicht bezeichnet (M. Csíkszentmihályi 2014, S. 240), welches durch jedwede Veränderung die Balance verlieren würde. Die Resonanztheorie hingegen beschreibt ein Antwortverhältnis, welches auf dem aktiven und fortlaufenden Austausch zwischen dem Subjekt und dem es umgebenden Weltausschnitts basiert und somit dynamisch ist. Das Subjekt lässt sich innerhalb dieser Theorie laufend von etwas Neuem affizieren und verändert sich innerhalb eines Resonanzverhältnisses stetig, sowie auch der entsprechende Weltausschnitt von ihm verändert wird.

So kann das Verhältnis vom Besucher zur Festivalsituation über die Resonanztheorie im Rahmen eines dynamischen Konzepts erforscht werden, worüber sich das Veränderungspotenzial von Festivalsituationen in Bezug auf die hier zugrunde liegende Forschungsfrage erschließen lässt.

Im Folgenden soll der Versuch unternommen werden, Gemeinsamkeiten der Konzepte einzubeziehen und bereits etablierte Aspekte einer Festivalsituation in Bezug auf das Verhältnis von Subjekt zur Welt auszuschöpfen.

Eine Gegenüberstellung der Konzepte Flow und Resonanz soll die Kompatibilität beider Konzepte prüfen und klären, ob der Flow-Zustand im Rahmen einer Festivalsituation ggf. als Indiz für Resonanzerfahrungen herangezogen werden kann. Des Weiteren wird diskutiert, ob und inwiefern der Flow-Zustand als resonanzförderndes Element interpretiert werden kann.

Geht man auf die fünf Elemente von Resonanzerfahrungen ein und stellt sie den Charakteristika des Flow-Zustands gegenüber, so liegt der Verdacht nahe, dass der Flow-Zustand die Kriterien von Resonanzerfahrungen erfüllt. So können Übereinstimmungen der einzelnen Charakteristika beider Konzepte ausgemacht werden, welche zur Beantwortung der Forschungsfrage grundlegend sind und über die situationsspezifischen Faktoren einer Festivalsituation unterstützt oder sogar forciert werden (vgl. Tab. 6.1).

Der Moment der Affizierung beispielsweise, welcher ein beschreibendes Element des Resonanzkonzepts ausmacht, entsteht im Flow-Zustand, indem sich das Subjekt über den Einsatz von Ressourcen wie Zeit, Muße und intrinsische Motivation einer Aktivität hingibt, in welcher es mit der Handlung verschmilzt. Jedoch beansprucht das Subjekt im Flow-Zustand absolute Kontrolle über seine Handlung und die Situation, was einer Affizierung in Rosas Sinne entgegenstünde. Csikszentmihalyi revidiert 2010 diesen Aspekt des absoluten Kontrollanspruchs im Flow-Zustand. So billige das Subjekt der Situation eine unvorhersehbare und unberechenbare Komponente zu und sei im *Bewusstsein, dass man niemals etwas voll im Griff* habe (Csikszentmihalyi 2010, S. 177 f.). Diese Revidierung eröffnet

Tab. 6.1 Gegenüberstellung Flow versus Resonanz. (Quelle: eigene Darstellung)

Gegenüberstellung der Charakteristika von Flow und Resonanz im Kontext einer Festivalsituation		
Resonsanz (Rosa (2017))	Flow-Zustand (Csikszentmihályi (2014))	Festivalsituation
Moment der Affizierung	Ressourcen wie Zeit, Muße und intrinsische Motivation werden eingesetzt, es herrscht intensive und fokussierte Konzentration auf das, was ein Individuum in einem Moment tut, Handlung und Aufmerksamkeit verschmelzen (a).	Kollektive Emotionen, Aufmerksamkeitsverschiebung und das Unterbrechen des Akzelerationszirkels machen Musikfestivals zu Weltausschnitten mit starker Wertung.
Selbstwirksamkeitserwartung	Das Individuum hat das Gefühl, dass es seine Handlungen kontrollieren kann; es kann im Prinzip mit der Situation umgehen, weil es weiß, wie es auf das reagiert, was als nächstes passiert (c).	Es dominieren direkte, offene und analoge Rückmeldungen auf jedwede Aktivitäten.
Transformation	Das Individuum lässt von seinem reflexiven Selbstbewusstsein ab (b), die Wahrnehmung von Zeit wird verzerrt (d).	Ein wechselnder Referenzrahmen erfordert die Verarbeitung von Komplexität und einem Werte- und Normensystem, das sich von dem im Alltag unterscheidet.
Moment konstitutiver Unverfügbarkeit	Moment konstitutiver Unverfügbarkeit.	Moment konstitutiver Unverfügbarkeit.
Entgegenkommender Resonanzraum	Die Handlung wird um ihrer selbst willen ausgeführt, das Endziel gilt eher als Entschuldigung für die Handlung (e).	Es herrschte eine freundliche, offene und gemeinschaftliche Stimmung.

Diskussionspotenzial bezüglich der Position, die die Flow-Theorie innerhalb des transformativen Moments auf Musikfestivals einnimmt, indem sie eine Affizierung des Subjekts durch die Situation zulässt. Des Weiteren können die Kriterien zu Selbstwirksamkeitserfahrungen und dem Moment konstitutiver Unverfügbarkeit sowohl dem Flow-Zustand als auch der Festivalsituation zugerechnet werden (vgl. Tab. 6.1). Auch das im Rahmen des Resonanz-Konzepts als entgegenkommender Resonanzraum geforderte Element kann in dem Aspekt wiedergefunden werden, dass Handlungen im Flow-Zustand um ihrer selbst willen, intrinsisch und ohne jegliche Fremdbestimmung vollzogen werden. So werden in beiden Konzepten jegliche Störfaktoren zur Etablierung aktiv und konsequent ausgegrenzt. Auch diesen Aspekt fördert eine Festivalsituation. Hier werden Faktoren wie Stress, Angst und Ansprüche aus Marktmechanismen aktiv und gemeinschaftlich ausgegrenzt. So etabliert sich eine offene und freundliche Stimmung, welche von Rosa bereits als per se *präaktiviert, zur Resonanz disponiert* (vgl. Abschn. 2.1.4) bezeichnet wird.

Das verbleibende Element von Resonanzerfahrungen, die Transformation, birgt Diskussionspotenzial. Der Flow-Zustand beschreibt ein optimales Erlebnis, in welchem wahrgenommene Herausforderungen oder Handlungsmöglichkeiten einer Situation in Balance mit den subjektiv wahrgenommenen individuellen Kapazitäten stehen, was sich positiv auf das Wohlbefinden der sich im Flow-Zustand befindlichen Person auswirkt. Das Konzept beanspruch jedoch keinerlei transformative Wirkung auf Denk- und Verhaltensmuster. Es dient dem Abbau von Stress und der Erfahrung effizienter Produktivität. So kann sich ein Flow-Zustand beispielsweise auch beim abgeschotteten und konzentrierten Einlassen auf ein Computerspiel einstellen. Eben dieser Tätigkeit, in welcher der Weltausschnitt Computerspiel genuin Bildschirm-symbolvermittelt erfahren wird, billigt Rosa keinen Anspruch auf nachhaltige Resonanzerfahrungen zu, da sie auf dem resonanzfeindlichen Grundmodus der dynamischen Stabilisierung beruht, welchem keinerlei Antwortverhältnis zwischen Subjekt und Welt innewohnt (vgl. Abschn. 2.1.4).

In welcher Form also kann auch das letzte Element von Resonanzerfahrungen über den Flow-Zustand in einer Festivalsituation erfüllt sein?

Wie in Abschn. 6.2.1 aufgezeigt, bilden Subjekte innerhalb des Flow-Zustands Fähigkeiten aus, mit welchen sie während des Flow-Zustands beschäftigt sind. In einer Festivalsituation besteht die Beschäftigung der Besucher darin, sich mit Komplexität auseinanderzusetzen, sich vom vorherrschenden Wertesystems zu lösen und neue Lebensmodelle zuzulassen (vgl. Abschn. 6.2.1). In diesem Fall wäre eine Ausbildung der Fähigkeiten: Komplexität zuzulassen, sich in alltagsfremden Referenzrahmen zurechtzufinden oder sich auf Neues einzulassen, – im Rahmen der Forschungsfrage – durchaus als eine Transformation förderndes Element zu bewerten.

Das situationsspezifische Auftreten des Flow-Zustands innerhalb der Festivalsituation kann also als Indiz dafür gedeutet werden, dass ein Paradigmenwechsel im Sinne Rosas stattfindet, welcher über Interaktionen der Festivalbesucher mit deren Umwelt nach außen getragen und für andere sichtbar wird.

Neben dem Flow-Zustand hat Resonanz weitere Erscheinungsformen. Insbesondere in Festivalsituationen, die eine offene, freundliche und emotionale Stimmung mit der Bildung einer Festivalgemeinschaft und damit der Auseinandersetzung mit den Besonderheiten der eigenen Kultur verbinden, sind eben diese Erscheinungsformen auszumachen. Wie Rosa darlegt, sind Interaktionen, bei denen Menschen einander begrüßen, mit einer gewissen Aufmerksamkeit untereinander interagieren, sich gegenseitig helfen und Solidarität praktizieren, Begebenheiten, die Resonanz ausdrücken (Rosa 2017, S. 742). Diese Interaktionen setzten keine explizite Vertiefung der einzelnen Akteure in deren Handlungen voraus, wie sie im Flow-Zustand gefordert ist. Sie bestehen vielmehr in einer flüchtigen und selbstverständlichen Umgangsweise der Subjekte untereinander und begründen die Etablierung von Resonanzgewissheit, welche auch über den jeweiligen Weltausschnitt selbst bestand hat und es erlaubt, *die Weltbeziehung einer Lebensform als Ganze als resonant zu beschreiben* (Rosa 2017, S. 297 f.)

6.3 Was passiert, ist Resonanz

Wo Resonanzerfahrungen dominieren, hat – wenn auch nur temporär – ein Paradigmenwechsel nach Hartmut Rosa stattgefunden und das Weltverhältnis gelingt. So lautet ein an früherer Stelle in dieser Arbeit festgehaltener Rückschluss. Resonanzerfahrungen, wie in dieser Arbeit gezeigt, sind festivalspezifische Phänomene und werden durch die Rahmenbedingungen innerhalb einer Festivalsituation forciert. Diese Feststellung soll keineswegs andeuten, dass Resonanz exklusiv auf Musikfestivals auftritt, vielmehr ist Resonanz ein das Festival charakterisierender Aspekt. Auf Musikfestivals etabliert sich ein Grundmodus, welcher sich von dem Alltagsmodus in der Weise unterscheidet, als dass die Einflüsse der gesellschaftlichen dynamischen Stabilisierung ausgesetzt sind.

Der Blick auf die Auswirkungen einer resonanten Grundstimmung beim Aufbau einer Gemeinschaft zeigt, dass Rosas Vorhersagen im Sinne des sozialen Miteinanders in dieser Arbeit empirisch bestätigt werden konnten. Die Stimmung auf Festivals fördert soziale Interaktionen, Solidarität, Hilfsbereitschaft und subjektives Wohlbefinden. Ökologisch gesehen sind die Vorhersagen von Rosa jedoch nicht bestätigt. Der Umgang mit Müll und anderen Ressourcen durch die Festivalbesucher prognostiziert keinerlei sensiblen Umgang mit der Umwelt. Die Besucher lassen ihre Zelte und große Teile ihrer Ausrüstung auf dem Campingplatz zurück, um die anstrengende Entsorgung während und nach dem Festival zu vermeiden. Unter den Festivalbesuchern ist jedoch der Konsens auszumachen, dass für die Beseitigung des Mülls bereits im Vorfeld bezahlt wurde und somit der Veranstalter für die umweltgerechte Entsorgung verantwortlich ist. Den Ausführungen der Festivalbesucher kann entnommen werden, dass der Hang zur Vermüllung der Campingplätze nicht aus der Intention heraus entsteht, die Umwelt zu verschmutzen, sondern die Verantwortung für eine adäquate Entsorgung dem Veranstalter übertragen wird. Nichtsdestotrotz kann eine direkte nachhaltige ökologische Konsequenz aus dem Paradigmenwechsel nicht empirisch bestätigt werden.

Dennoch zeigen die Ergebnisse der Studie einen Wandel in Denk- und Verhaltensmustern. Die Auseinandersetzung mit dem gesellschaftlichen Geschehen in einer resonanten Stimmung führt zu einer kritischen Reflexion über die Besonderheiten des Alltags und die dahinterstehenden Mechanismen. Dies führt zu einem Bewusstseinswandel, der es schafft, Normen und Werte im nachhaltigen Sinne neu zu definieren. Hier ersetzen soziale Interaktion, Gruppenzusammenhalt und Solidarität die Notwendigkeit, sich durch materielle Güter in der Gemeinschaft zu positionieren.

Sich in diesem geänderten, resonanten Grundmodus befindlich, sind Festivalbesucher intensiv mit gesellschaftlichen Begebenheiten konfrontiert, über welche sich die in den Alltag implementierten Marktlogiken ausdrücken. Über den gewonnenen Abstand zu Denkmustern im alten Paradigma, welchem als Strukturimperativ der Steigerungsgedanke zugrunde liegt, sind Besucher in einer Festivalsituation in der Lage, gesellschaftliche Begebenheiten kritisch zu reflektieren. Über die Reflexion der Annahmen und Voraussetzungen, auf denen die eigenen Überzeugungen beruhen, kann die Umwertung von Bedürfnissen festgemacht werden. So läuft beispielsweise die Hinterfragung von Verpflichtungen im Alltag darauf hinaus, dass diese immer mit Hoffnungen für die Zukunft verbunden sind. Als absoluter Luxus in einer Festivalsituation aber wird die Konzentration auf das *ultimative Hier und Jetzt* empfunden (vgl. TS So4, Z. 194–197). So wird über eine kritische Reflexion das Bedürfnis nach dem unmittelbar greifbaren Einklang mit der gegenwärtigen Situation einer von Logiken des Alltagsparadigmas abhängigen, unsicheren Erfüllung von Hoffnungen vorgezogen. Auf diese Weise werden Selbstverständlichkeiten des Alltags wie der Umgang mit Zeit, Ressourcen (beispielsweise Müll), Mitmenschen, digitalen Medien oder der Natur in Festivalsituationen infrage gestellt, einer kritischen Reflexion und ggf. einer Umwertung unterzogen. In dieser, wenn auch erst mal nur temporären Umwertung von Bedürfnissen, Wünschen und Begehren, ist ein Normenwandel im Sinne der sozialökologischen Transformation zu sehen.

Dieser Normenwandel findet in einer Festivalsituation kollektiv und emotionalisiert statt, worüber sich ein starker Gruppenzusammenhalt und Solidarität zwischen den Gruppenmitgliedern ausbilden. Das heißt, ein Festivalbesucher erfährt diesen Normenwandel nicht nur subjektiv für sich allein als positiv und erstrebenswert, sondern geht davon aus, dass es den anderen Besuchern ebenso geht. Ein Normenwandel im Sinne der sozialökologischen Transformation wird in einer Festivalsituation also als positiv und gesellschaftlich erstrebenswert erfahren. Auch findet diese Erfahrung innerhalb der eigenen Kultur und innerhalb der Freundeskreise statt, welche die Individuen auch in ihrem Alltag begleiten. So findet dieser Wechsel des Referenzrahmens zwar in einem vom Alltag losgelösten Erlebnis statt, ist aber durch seinen kollektiven Charakter gleichzeitig eingebettet in dessen Strukturen und lässt sich auch im Nachhinein noch in diesem wiederfinden. Amitai Etzioni geht in seinen Ausarbeitungen zu *The Active Society* davon aus, dass die Transformation von Gesellschaften nicht über die Transformation

6.3 Was passiert, ist Resonanz

jedes einzelnen Gesellschaftsmitglieds autark stattfindet, sondern vielmehr einer Transformation des Selbstverständnisses eines sozialen Kollektivs bedarf:

> *Actually, we shall attempt to show, no man can set himself free without extending the same liberty to his fellow men, and the transformation of self is deeply rooted in the joint act of a community transforming itself. The self which is to be activated in neither the center nor the appendage of the individual self, but rather the self of a social collectivity (Etzioni 1968, S. 2).*

Handelte es sich um eine abstrakte Erfahrung, für welche eine im Alltag nicht zu bewerkstelligende Struktur erschaffen werden müsste, würde diese Erfahrung ggf. als utopisch abgetan und schnell verworfen. Es kann, wie gezeigt wurde, jedoch den Besuchern ein Bewusstsein dafür unterstellt werden, dass andere Mitglieder der Gesellschaft, welche sich auch im Alltag wiederfinden, die gleichen Erfahrungen gemacht haben und diese ebenfalls als gesellschaftlich erstrebenswert bewerten. Diesem Aspekt kann in der Klärung des Verhältnisses von Populärkultur – hier untersucht an dem Beispiel Musikfestivals – zur sozialökologischen Transformation eine bedeutsame und entscheidende Rolle zugesprochen werden. Soll nämlich ein gesamtgesellschaftliches Umdenken stattfinden, so ist es nötig, zunächst einmal ein Bewusstsein dafür zu schaffen, dass ein Normenwandel nötig und zumindest temporär möglich ist. Dies ist über den gelebten temporären Normenwandel unter sich in der Adoleszenz und damit in einem Identifikationsprozess befindlichen Gesellschaftsmitgliedern innerhalb der eigenen Kultur und des Freundeskreises in Festivalsituationen gegeben. Zur Stärkung und Weiterentwicklung dieses Bewusstseins trägt innerhalb der Festivalsituation das Erlangen der Gewissheit bei, dass man mit dieser Einsicht in der eigenen Gesellschaft nicht allein ist und ein Normenwandel gesellschaftlich erwünscht und erstrebenswert ist.

Schluss 7

Abschließend soll eine Diskussion über die Bedeutung der Ergebnisse in unterschiedlichen Kontexten erfolgen sowie die umfassende Formulierung der Beantwortung der Forschungsfrage.

7.1 Ausblick

Die aus der präsentierten Studie hervorgegangenen Kenntnisse unterstützen unter anderem Diskussionen in den folgenden drei Bereichen: Zum einen können der Bestand der Resonanztheorie anhand der empirischen Ergebnisse der Studie fundiert diskutiert und direkte Zusammenhänge getestet werden. Auch werden Argumente diskutiert, die – mit Blick auf die in dieser Arbeit hergeleiteten Ergebnisse – Anhaltspunkte zur Veränderung gesellschaftlicher Strukturen außerhalb des Musikfestivals geben. Weiter wird es möglich, in der Nachhaltigkeitsdiskussion innerhalb der Live-Musikbranche neue Bereiche und Potenziale von Musikfestivals zu erschließen. So kann ein Beitrag zur sozialökologischen Transformation gänzlich neue Nachhaltigkeitsstrategien für Musikfestivals begründen und zur Umwertung bereits bestehender Strategien herangezogen werden. Nicht zuletzt ist die Erkenntnis, dass Musikfestivals als Teil der Populärkultur als Beschleunigungsmoment für die sozialökologische Transformation zu bewerten sind, eine wichtige Komponente in der Erforschung eben dieser Transformation.

7.1.1 Feldversuch Resonanztheorie

Eine Umgebung zur Erforschung von Resonanzerfahrungen, deren Voraussetzungen und deren Auswirkungen auf kollektive Verhaltensmuster zu finden, dürfte nicht einfach sein, sofern man explizit danach sucht. Man braucht eine repräsentative Probandenauswahl, Vergleichsgruppen, unterschiedliche Versuchsaufbauten, ggf. hohes Zeitvolumen der Probanden, um geänderte Rahmenbedingungen internalisierten zu können etc. Um die Relevanz von Musikfestivals zur empirischen Erforschung der Resonanztheorie herauszustellen, ist ggf. ein interessanter Gedanke, die Argumentation dieser Arbeit gedanklich umzukehren: Man stelle sich vor, es werde ein Feldversuch zu Rahmenbedingungen angestellt, die die Weltverhältnisse von Mitgliedern industrialisierter Gesellschaften verändern. Man wolle innerhalb dieser Gesellschaften die Auswirkungen einer Loslösung von Marktmechanismen, entschleunigten Zeitstrukturen und der Abkehr von vorherrschenden Alltagsnormen mit sonst gleichbleibenden Variablen (Beruf, Familienstand etc.) auf den Aufbau einer Gemeinschaft testen. Als Forschungsfeld diene die Bereitstellung eines Raums, welcher durch zwei für moderne Gesellschaften bedeutende Resonanzachsen bestimmt wird: ein attraktives Live-Musikprogramm und der Aufenthalt in der Natur. Die Probanden müssten dazu angehalten werden, den Versuchsaufbau nicht zu verlassen, da der Aufbau einer, wenn auch nur temporären Gemeinschaft physische und psychische Präsenz verlange. Als Anreiz zu kommen und zu bleiben und als Verstärker der Wirkungen subjektiver Reize wird ein attraktives Entertainmentprogramm angeboten, welches zeitlich begrenzt ist und den Probanden ausreichend Zeit lässt, sich selbst überlassen zu sein. Und man stelle sich vor, das Resultat des Versuchs sei ein resonantes Weltverhältnis.

Betrachtet man Festivals einmal aus dieser bewusst provokant dargestellten Perspektive, so wird deutlich, wie überschaubar und klar abgrenzbar Musikfestivals als Forschungsobjekt für Relationen gesellschaftlicher Rahmenbedingungen sein können. Zwar erschweren unter anderem die Diversität von Musikfestivals und die subjektiven Bezüge der Besucher zu diesem Ereignis eine klare Abgrenzung, dennoch sind diese Störfaktoren mit einer klaren Argumentation auf ein Minimum zu reduzieren. Und doch bietet die Festivalsituation Informationen über die Etablierung von Sozialstrukturen in einer improvisierten Großstadt (im Falle des *Hurricane*-Festivals). Zudem sind die Rahmenbedingungen, denen Besucher während eines Festivals ausgesetzt sind, wie in dieser Arbeit gezeigt wird, zu einem bestimmten Anteil gestaltbar. Ändert man die Rahmenbedingungen, schafft man beispielsweise die Voraussetzungen, dass allen Besuchern uneingeschränkter Zugang zum Internet durch ihre Smartphones ermöglicht wird, so würden die Ergebnisse dieser Studie vermutlich deutlich anders ausfallen. Im Rahmen von Festivalsituationen ist es möglich, Relationen aufzudecken, welche ggf. in Situationen mit komplexeren Zusammenhängen und unklarerer Abgrenzungsmöglichkeit nicht so plakativ erscheinen. So können beispielsweise Relationen zwischen der Unverfügbarkeit von Online-Kommunikation und der sozialen Interaktion der Besucher klar zugewiesen und erklärt werden. Auch die Relation zwischen der improvisierten Infrastruktur zur Solidarität der Gemeinschaft – im Sinne von Hilfe anbieten und Hilfe nachfragen und annehmen – lässt sich klar zuweisen. Diese Zuweisungen sind somit wichtige Erkenntnisse im Rahmen der empirischen Erforschung der Resonanztheorie und könnten Anlass dazu geben, eine Studie zur umfassenden Erforschung der Resonanztheorie auf Musikfestivals anzustreben.

Vergleicht man die Festivalsituation als Forschungsobjekt beispielsweise mit einer zwar viel größer und in der natürlichen Umgebung angelegten temporären Veränderung gesellschaftlicher Rahmenbedingungen, beispielsweise der Covid-19-Pandemie, in welcher immer wieder von der Entschleunigung der Gesellschaft und der Änderung von Wertvorstellungen im obigen Sinne die Rede ist, so wird der Vorteil dieser Abgrenzbarkeit besonders deutlich. Den Umgang mit der Coronakrise bezeichnet Rosa unter anderem in einem Interview mit *Deutschlandfunk Kultur* als selbstauferlegte Zwangsentschleunigung, welche eine monströse Unverfügbarkeit mit sich bringe. Obwohl der Gesellschaft die von Rosa als auch von unterschiedlichen Vertretern der sozialökologischen Transformation favorisierte Entschleunigung auferlegt wird, und dies auch noch selbst, also aus der Gesellschaft heraus oder von dieser im Kern akzeptiert, seien der Zwang und die zeitliche Absehbarkeit der Entschleunigung nicht per se als wünschenswert zu betrachten. So seien Rahmenbedingungen wie der Grundmodus der Angst vor Ansteckungen, Arbeitslosigkeit oder die Verfügbarkeit über digitale Kommunikation Faktoren, die einer Entschleunigung in Rosas Sinne massiv entgegenstünden. Hartmut Rosa sieht in der Coronakrise eine massive Entfremdung. Die Bedrohung besteht in einem Virus, was gefährlich, aber nicht sichtbar ist und somit jegliche Mitmenschen zu potenziellen Gefährdern mache und so Misstrauen schüre (Kassel 2020).

Auch der Sozialpsychologe und Vertreter der sozialökologischen Transformation Harald Welzer sieht die derzeitigen Vorkommnisse neben aller positiven und hoffnungsvollen Ansätze für die sozialökologische Transformation eher nüchtern. Zwar könne die Krise als eine Lerngeschichte für den gesellschaftlichen Umgang mit Unvorhersehbarem fungieren. Auch der tiefe Eingriff der Krise in das Alltagsgeschehen berge hohes Potenzial zu einer sozialökologischen Transformation, in welcher die Eckpfeiler der Wirtschaft, welche auf Beschleunigung, globalen Lieferketten und hohen Abhängigkeiten basiere, kritisch hinterfragt werden. Jedoch sei Motor dieser Transformation nicht eine gesellschaftliche Einsicht, sondern eine Notfallreaktion auf eine weitaus größere Bedrohung, und so sei eine baldige Rückkehr zu vorherigen Mustern das wahrscheinlichste Szenario (Ufer 2020).

Eine klare Abgrenzung aller Voraussetzungen und Richtungen eines möglichen Wechsels der Rahmenbedingungen ist also nicht einmal in derart einschneidenden, in Richtung der sozialökologischen Transformation weisenden Eingriffe in gesellschaftliche Sozialstrukturen möglich.

7.1.2 Einfluss der Ergebnisse auf gesellschaftliche Sozialstrukturen

Das Potenzial von Musikfestivals in Bezug auf die Resonanztheorie wurde bereits von Hartmut Rosa klar formuliert. Rosa verweist in diesem Zusammenhang auf das Zusammenspiel von den *beiden vielleicht wichtigsten Resonanzsphären der Moderne: Musik und Natur,* die sich auch innerhalb eines Musikfestivals *zu einem kollektiv aufgeladenen Resonanzfeld verbinden* (Rosa 2017, S. 460). Auf welche Weise dies geschieht und welchen Einfluss dieses Resonanzfeld auf die Verhaltens- und Denkmuster der Besucher hat, ist ausführlich in der präsentierten Studie dargelegt.

In dieser Arbeit lediglich angedeutet ist allerdings ein Punkt, welcher die Diskussion um das Potenzial von Musikfestivals als Beschleunigungsmoment der sozialökologischen Transformation durchaus weiter anfachen soll. *Das Selbstverwirklichungsmilieu,* so wird in dieser Arbeit die Folgerung Gerhard Schulzes aus seiner Milieustudie *Die Erlebnisgesellschaft* zitiert, *ist das Kernmilieu sozialer Bewegungen* (Schulze 2005, S. 319, vgl. auch Abschn. 2.1.3). Betrachtet man nun das Publikum beispielsweise des *Hurricane*-Festivals und stellt dessen Charakteristika den des Selbstverwirklichungsmilieus nach Schulze gegenüber, so muss festgestellt werden, dass die jungen, gut ausgebildeten und neugierigen Besucher von Musikfestivals statistisch vorwiegend dem Selbstverwirklichungsmilieu zuzurechnen sind. Diesem Milieu wird von Schulze unterstellt, dass es eine Ichverankerte Ich-Welt-Beziehung hegt, in welcher das Ich als gegeben angenommen wird und die Welt sich dieser Gegebenheit anpasst (Schulze 2005, S. 261). Neben seinen narzisstischen Zügen wird dem Selbstverwirklichungsmilieu ein Interesse an der Welt zugesprochen, welches sich darin ausdrückt, dass meist gesellschaftliche Themen innerhalb des Milieus verarbeitet, sich mit diesen identifiziert und diese dann nach außen getragen und aktiv verbreitet und verteidigt werden (vgl. Schulze 2005, S. 325, 319). Somit sei mit dem Selbstverwirklichungsmilieu *ein neues gesellschaftliches Kräftefeld entstanden* (Schulze 2005, S. 493). Über das Ausagieren eines vorgestellten inneren Kerns (Schulze 2005, S. 38) entfaltet sich eine kollektive Selbsterfahrung dieses Milieus, welche über *die öffentliche*

7.1 Ausblick

Berichterstattung und durch die Bezugnahme der politischen Diskussion reflexiv verstärkt wird (Schulze 2005, S. 412).

Auch Welzer et al. beziehen sich in ihrer Arbeit *Kima und Kulturen* auf ein Milieu, welches den Kriterien des Selbstverwirklichungsmilieus entspricht:

> *Der Mensch ist gebaut für schnelle Reaktionen, er braucht sich gar nicht zu wandeln. Es reicht, wenn er in Bewegung kommt. Menschen sind für Überraschungen gut. Die Gesellschaft ist kein Monolith. Wichtig für sozialen Wandel sind die gesellschaftlichen Leitmilieus, die fortschrittlichen Milieus, die von den anderen wahrgenommen und beobachtet werden und die als nachahmenswert gelten (Welzer et al. 2010, S. 141).*

Wird diesen Akteuren nun im Rahmen von Musikfestivals über die kollektive Selbsterfahrung ein Wechsel der eigenen Beziehung zur Welt von entfremdet hin zu resonant nahegebracht, so ist die Wahrscheinlichkeit groß, dass eben dieses gesellschaftliche Thema von den Akteuren aufgegriffen, verarbeitet und aktiv verbreitet wird und die Akteure so zu *Change Agents* im Sinne der sozialökologischen Transformation werden. Ob Musikfestivals selbst als *Change Agent* agieren können, soll an diesem Punkt über die kollektive Selbsterfahrung der Akteure auf dem Festival festgemacht werden. Soll eine Institution als *Change Agent* agieren, so muss ihr eine Intuition zu einem bewussten und gesteuerten Handeln in Bezug auf *die konstruktive Herbeiführung von Klärungen in Entscheidungs- und Konfliktsituationen* (Haasper und Fabig 2015, S. 23) unterstellt werden können. Greift also ein Festivalveranstalter in Form einer umfassenden und ambitionierten Philosophie die Wirkung eines Musikfestivals auf Denk- und Verhaltensmuster im Sinne der sozialökologischen Transformation auf, wie es in Teilen bei der *Fusion* oder beim *Roskilde* Festival der Fall ist, und gibt den Besuchern damit Vokabeln und Instrumente in die Hand, diese Philosophie weiterzutragen, können auch Musikfestivals an sich als *Change Agents* gewertet werden. Besteht die Verbreitung der Philosophie allerdings allein in der Entwicklung einer Eigendynamik von Besuchern, welche sich zwar über die Bereitstellung der Rahmenbedingungen, nicht aber über die inhaltliche Ausformulierung einzelner Wirkungseffekte, definiert, so stellt ein Musikfestival lediglich eine sehr fruchtbare Plattform zur Rekrutierung von *Change Agents* im Sinne der sozialökologischen Transformation dar (wie beispielsweise beim *Hurricane*, *Wacken* oder *Rock am Ring*), nicht aber einen *Change Agent* selbst.

Musikfestivals werden an unterschiedlicher Stelle als gelebte Utopien beschrieben (Bilabel 2017). Innerhalb eines abgrenzbaren, geschützten Rahmens können so Denk- und Verhaltensmuster nach außen getragen, diskutiert und ausgelebt werden, in welchem Selbsterfahrungen – ob kollektiv oder individuell – eine gewichtige Rolle spielen. Der Umstand des Perspektivwechsels, welchem

Festivalbesucher aufgrund des Abstands vom Alltag unterliegen, macht es möglich und naheliegend, das eigene gesellschaftliche Verhalten, aber auch das der anderen Besucher auf einem Musikfestival sowie das der Gesellschaftsmitglieder im Alltag kritisch zu reflektieren. Dies geschieht, wie in der Studie dargelegt, aus der Perspektive der Lebenswelt und begünstigt damit ein Herantasten an den von Peter Ulrich als kritischen Punkt im Umdenken hin zu einer wohlverstandenen ökonomischen Vernunft. Über Selbstwirksamkeitserfahrungen stellt das Musikfestival und dessen Gemeinschaft ein enormes Experimentierfeld für eigene Ideen, Kritik aber auch Grenzen dar. Die Bestätigung durch die Selbstwirksamkeitserfahrungen, die in der angeführten Studie als vorwiegend positiv beschrieben werden, trägt dazu bei, eine treibende Kraft der aktiven Gesellschaft, nämlich die intrinsische Motivation, zu stärken. Die Intention zur Mitbestimmung oder zum Einwirken auf Politik und Gesellschaft wird in Festivalsituationen nicht nur als nötig, sondern durchaus auch als möglich und erstrebenswert erfahren, was ggf. Praktiken einüben lässt, welche sich auf den gesellschaftlichen Rahmen des Alltags übertragen lassen, beispielsweise offener auf Menschen zugehen oder Hilfe anbieten oder annehmen.

Eine weitere Komponente, über welche Praktiken des Alltags ggf. berührt werden, ist der Aufbau eines dispositionalen Resonanzvertrauens. Wenn auch Resonanzerfahrungen per Definition unverfügbar sind, ist dennoch das Zulassen und das Sich-Öffnen gegenüber Fremdem und dessen Anverwandlung erlernbar (Rosa 2017, S. 325). Hartmut Rosa nennt diese Lernerfolge dispositionales Resonanzvertrauen. Je mehr und je intensiver Resonanzerfahrungen in der Vergangenheit gemacht wurden, desto wahrscheinlicher ist es, künftig wieder in Resonanz zu geraten (Rosa 2017, S. 325, 693 f.). Über die Resonanzerfahrungen, welche auf Musikfestivals gemacht werden, kann auf eine Stärkung des Resonanzvertrauens seitens der Festivalbesucher geschlossen werden. Über diese Argumentation kann dieser Studie eine bedeutsame Erweiterung der Diskussion um die sozialökologische Transformation und die Nachhaltigkeitsdebatte im Allgemeinen eingeräumt werden.

Obgleich die vorangehenden Argumentationen theoriegestützt sind und plausibel dargestellt werden können, bleibt die langfristige Wirkung eines resonanten habituellen Grundmodus von Musikfestivals auf gesellschaftliche Denk- und Verhaltensmuster in dieser Studie empirisch unbestätigt.

Zwar legt ein überraschendes Ergebnis in der Online-Umfrage eine lebensverändernde Wirkung von Musikfestivals bei mehr als der Hälfte der Besucher aller untersuchten Musikfestivals nahe, jedoch muss auf einen zweiten Blick dem Umstand Rechnung getragen werden, dass diese Aussagen, wenn auch nach dem Festival, so doch noch ausreichend euphorisiert getroffen wurden. Es wird davon

7.1 Ausblick

Tab. 7.1 Musikfestivals als lebensverändernde Ereignisse. (Quelle: eigene Auswertung Frage 5 in Anhang B.a – Hurricane/Southside, Frage 7 in Anhang B.a – Highfield/M'era Luna/Chiemsee Summer)

	Wie bewertest Du den Einfluss von Musikfestivals auf Deinen Alltag?		
	Antwortoption: Musikfestivals sind lebensverändernde Ereignisse.		
	Stimme voll zu	Keine Meinung	Stimme überhaupt nicht zu
Hurricane	64%	24%	12%
Southside	67%	24%	9%
M'era Luna	53%	29%	18%
Highfield	65%	25%	10%
Chiemsee	63%	29%	8%
A Summer's Tale	35%	23%	42%

ausgegangen, dass dieselbe Befragung bei denselben Probanden ein halbes Jahr später und in einer Alltagssituation ein sehr viel nüchterneres Ergebnis vermuten ließe. Dennoch bestätigten mit Ausnahme der Besucher des *AST*-Festivals teilweise weit über die Hälfte der im Rahmen von Online-Umfragen befragten Besucher ein Statement zu einer lebensverändernden Wirkung von Musikfestivals (vgl. Riotta 2015; Snell 2005, S. 15, Tab. 7.1).

Da zusätzlich in dieser Frage offengeblieben ist, welcher Art diese lebensverändernde Wirkung sein könnte, lässt sich diese Einschätzung nicht als empirische Bestätigung der oben hergeleiteten Argumentationen verwenden.

7.1.3 Festivalformen und Nachhaltigkeitskonzepte

Ein Ergebnis der vorliegenden Studie ist, dass sich das Potenzial zur Beschleunigung der sozialökologischen Transformation auf dem *Hurricane*-Festival 2017 nicht – wie anfangs vermutet – durch die Handlungsempfehlungen des Veranstalters oder die Impulse der auf den Festivals vertretenen nachhaltigen Initiativen determiniert wird, sondern maßgeblich durch die Bereitstellung herausgestellter Rahmenbedingungen und der sich aus der Gruppe der Besucher heraus entwickelnden Eigendynamik.

Die Ergebnisse der vorliegenden Studie können also vorwiegend auf jene Festivals angewandt werden, welche durch die in Abschn. 2.4.1 formulierte Definition, also durch die Eigendynamik begünstigenden Rahmenbedingungen, beschrieben sind. Im Laufe der empirischen Untersuchung hat sich die Entwicklung einer Eigendynamik als wichtige und interessante Abgrenzung von

Festivaltypen herausgestellt. Je länger die Festivalbesucher innerhalb der Festivalsituation verweilen, je mehr sie sich selbst überlassen werden, je improvisierter die Infrastruktur eines Festivals und je jünger das Publikum, desto intensiver und dominanter ist die Eigendynamik der Festivalgemeinschaft. So sind Indizien für die im qualitativen Teil dieser Arbeit herausgestellten Mechanismen empirisch besonders deutlich auf Festivals wie dem *Chiemsee Summer*-Festival, dem *Highfield*-Festival und dem *Hurricane*-Festival sowie dem *Southside*-Festival nachzuvollziehen. Die Auswertung der quantitativen Fragebögen zeigt, dass die Belege der über die qualitative Untersuchung herausgestellten Mechanismen besonders deutlich am Beispiel des *Chiemsee Summer*-Festivals zu zeigen sind. Das *Chiemsee Summer*-Festival dauert einen Tag länger als die anderen drei Festivals und hat, bei gleichen Kriterien in den Bereichen Infrastruktur und Anleitung der Besucher durch den Veranstalter, das jüngste Publikum (vgl. Auswertung Frage 9. in Anhang B.b – *Chiemsee Summer*). Auch die Ergebnisse des *Highfield-Festivals, Hurricane*-Festivals und *Southside*-Festivals, in denen diese Kriterien sehr ausgeprägt gegeben sind, belegen in zueinander ähnlicher Intensität die ausgemachten Mechanismen. Beim *M'era Luna*-Festival lässt sich in fast allen getesteten Bereichen eine Bestätigung vermuteter Mechanismen erkennen, allerdings liegen die Ergebnisse in ihrer Ausprägung und damit in der Eindeutigkeit konstant erkennbar unter dem Niveau der drei anderen Festivals. Das *M'era Luna*-Festival ist, wie in Abschn. 3.2 beschrieben, ein Lifestylefestival, welches mit zwei Showtagen einen Tag kürzer als das *Hurricane*-Festival ist, in unmittelbarer Nähe der Stadt Hildesheim eine direkte Anbindung zu Infrastrukturen des Alltags bietet (Übernachtungs- und Einkaufsmöglichkeiten) und ein weitaus älteres Publikum anzieht (vgl. Auswertung Frage 9 in Anhang B.b – *M'era Luna*). Während des Aufenthalts auf dem *M'era Luna*-Festival bestimmt das Präsentieren von sich selbst und dem Lebensstil *Gothic* den Festivalalltag, was ggf. von der Etablierung einer Eigendynamik im obigen Sinne ablenkt. Am deutlichsten ist die unterschiedliche Entwicklung der Eigendynamiken auf den Festivals jedoch im Vergleich des *Hurricane*-Festivals mit dem *AST* zu spüren. So lassen die Ergebnisse der quantitativen Umfrage auf diesem Festival darauf schließen, dass jegliche Mechanismen, die in der Auswertung der anderen Festivals auf die Wirkung der Eigendynamik zurückzuführen sind, sich bei dem *AST* nicht oder nicht in dieser Deutlichkeit bestätigen. In den für alle sechs Festivals gleichen Testfragen zum Einfluss eines Musikfestivals auf den Alltag der Besucher wird deutlich, dass das *AST* sich den beim *Hurricane* herausgearbeiteten Mechanismen deutlich entzieht. Auch das *AST*-Festival wird im Abschn. 3.2 als Lifestylefestival beschrieben. Trotz der gleichen Dauer wie beim *Hurricane*-Festival und einer ähnlichen Infrastruktur auf den Campingplätzen ist das Publikum dieses Festivals bedeutend älter als auf den anderen getesteten Festivals (vgl. Auswertung Frage 9 in Anhang B.b – *A Summer's Tale*). Am augenscheinlichsten hinsichtlich der Etablierung einer Eigendynamik ist allerdings, dass es auf dem *AST* keine Zeiten gibt, in denen das Publikum sich selbst überlassen ist. Das Festivalprogramm bindet seine Besucher in Form von Workshops, Lesungen und wissenschaftlichen Vorträgen bereits ab morgens ganztags in sein Entertainmentprogramm ein, welches spätnachmittags dann vom Musikprogramm abgelöst wird. Bereits die ersten Workshops sind laut Veranstalterinformationen regelmäßig komplett ausgebucht. So wird die Energie und die Ambition, die auf den anderen getesteten Festivals zum Aufbau eben dieser Eigendynamik verwendet wird, auf dem *AST* für die Partizipation an dem Festivalprogramm verwendet. Während auf dem *Hurricane*-Festival das Verhältnis von Populärkultur zur sozialökologischen Transformation nicht über die vormals vermuteten Impulse der Veranstalter oder der auf dem Festival vertretenen nachhaltigen Initiativen, sondern in der Eigendynamik der Festivalgemeinschaft festzumachen ist, zeichnen sich beim *AST* Evidenzen einer deutlichen Wirkung eben dieser lernorientierten Faktoren ab. Den auf dem *Hurricane*-Festival kommunizierten nachhaltigen Themen wird keinerlei oder nur sehr geringe Aufmerksamkeit geschenkt (vgl. Abschn. 4.1). Dagegen bestätigen die Auswertungen einer speziell im Fragebogen für das *AST*-Publikum gestellten Fragengruppe, dass die auf dem *AST* kommunizierten Themen intensiv verarbeitet, diskutiert und im Nachhinein aufgearbeitet werden (vgl. Auswertung Frage 1–4 in Anhang B.a – *A Summer's Tale*). Es lässt sich daher vermuten, dass das Verhältnis von Populärkultur zur sozialökologischen Transformation auf Festivals wie dem *AST* eher über die Betrachtung des Festivals als Lernort erklärt werden kann.

7.1.4 Grenzen der Studie und Forschungsanregungen

Das Ergebnis der Studie war zu Beginn in keiner Weise abzuschätzen, weswegen das Forschungsdesign nicht explizit auf die Erforschung des Zusammenhangs von Musikfestivals zur Resonanztheorie abgestimmt werden konnte. Resonanz war das Ergebnis. Die vorliegende Studie dient dazu, unter anderem über die Resonanztheorie das Verhältnis von Musikfestivals zur sozialökologischen Transformation aufzuweisen, erhebt aber keinen Anspruch auf eine umfangreiche Untersuchung jeglicher Komponenten der Resonanztheorie in diesem Zusammenhang. In weiteren Studien zur Resonanztheorie in Verbindung mit Musikfestivals könnten die einzelnen Voraussetzungen, Hypothesen und Rückschlüsse der Resonanztheorie präziser getestet und detailliertere Informationen zu der Qualität einzelner hier aufgezeigter Verbindungen untersucht werden.

Die in dieser Studie untersuchten Open-Air-Festivals werden von derselben Firma, FKP Scorpio, veranstaltet. Dies macht die Festivals in Bezug auf die Eigendynamiken und den Einfluss der einzelnen herausgearbeiteten Faktoren vergleichbar. Da alle Festivals von einem festen Mitarbeiterstamm, der Festivalabteilung innerhalb der Firma FKP Scorpio bearbeitet werden, ist davon auszugehen, dass die inhaltlichen und organisatorischen Strukturen bei allen untersuchten Festivals identisch sind. So können die einzelnen herausgearbeiteten Faktoren, die Ausprägung der untersuchten Eigendynamik der Besucher, die Relation zur Resonanztheorie und letztendlich das Verhältnis zur sozialökologischen Transformation bei sonst gleichbleibenden Faktoren in einen direkten Zusammenhang gebracht werden. Im Hinblick auf die Diversität der Musikfestivals und die Gestaltungsoptionen, die das Erlebnis Musikfestival seitens der Veranstalter und der Besucher beinhaltet, ist zu vermuten, dass bei einem Vergleich zweier von unterschiedlichen Veranstaltern präsentierter Festivals zwar eine weniger deutliche Zuweisung von Wirkungen möglich ist, allerdings eine umfangreichere Beleuchtung der Einflüsse anderer Gestaltungsmerkmale möglich wäre. So bleibt in dieser Studie unberücksichtigt, ob beispielsweise die lokale Einbindung der Veranstalter an dem Festivalort und dessen Infrastruktur oder das Verhältnis von Veranstaltern zu ihrem Publikum ggf. weitere Einflussfaktoren zur Erklärung des Verhältnisses von Musikfestivals zur sozialökologischen Transformation darstellen.

Auch die Umstände zur Datenerhebung (vgl. Abschn. 3.3.1) und die Eingrenzung der Diversität von Musikfestivals auf den kleinsten gemeinsamen Nenner (vgl. Abschn. 2.4.1) birgt an dieser Stelle Potenzial für kritische Anmerkungen, welche innerhalb der Arbeit bereits angesprochen und behandelt werden.

Auch der Forschungsansatz in Form einer temporär begrenzten Studie im Gegensatz zu einer langfristigen Begleitung der Besucher zur Erforschung der Nachhaltigkeit der Wirkung einzelner Faktoren bietet sich für kritische Diskussionen an, welche bereits im Abschn. 2.3 behandelt werden.

7.2 Schlussbetrachtung

Mit der vorliegenden Untersuchung wird das Potenzial von Musikfestivals zur Veränderung von Denk- und Verhaltensmustern im Sinne der sozialökologischen

7.2 Schlussbetrachtung

Transformation untersucht. Sie widmet sich somit erstmalig den gesellschaftlichen und sozialen Auswirkungen einer Festivalsituation auf den Aufbau einer Gemeinschaft in Bezug auf die Forderungen einer Nachhaltigen Entwicklung. Auch wird die Resonanztheorie als verbindendes Element in dieser Studie erstmals angewendet und erweist sich als sinnvolles Bindeglied zur Aufklärung der Wirkung veränderter Rahmenbedingungen im Aufbau von Sozialstrukturen im Sinne einer Nachhaltigen Entwicklung. Mit der theoretischen Verknüpfung und der empirischen Aufarbeitung dieser Verbindungen leistet diese Arbeit einen wichtigen Beitrag zur Diskussion um Nachhaltigkeit auf Musikfestivals und das Verhältnis von Populärkultur zur sozialökologischen Transformation.

Wie tragen Popmusik-Festivals zur sozialökologischen nachhaltigen Transformation bei? So lautet die dieser Studie zugrunde liegende Forschungsfrage, welche weiter unterteilt ist in die folgenden Komponenten: Welche intersubjektiven Bedingungen müssen auf diesen Festivals herrschen, damit diese Transformation unterstützt wird? In welcher Art und Weise berühren diese Bedingungen den subjektiven habituellen Grundmodus der Besucher eines Festivals?

Als zur sozialökologischen Transformation beitragende Rahmenbedingungen, die durch eine Festivalsituation aufgebaut und erklärt werden, sind in der Studie die intersubjektiven Faktoren herausgestellt. Diese bestehen erstens im Aufbau einer eigenen Gemeinschaft durch junge Gesellschaftsmitglieder in einer Phase der Identifikationssuche mit Regeln und Normenvorstellungen, welche sich vom Alltag unterscheiden (vgl. Abschn. 4.5). Die herausgearbeiteten Unterschiede im Rahmen der Regeln und Normenvorstellungen beschreiben umfangreich die Voraussetzungen (vgl. Abschn. 4.3), die nach dem Soziologen Hartmut Rosa den Aufbau eines resonanten Weltverhältnisses unterstützen (vgl. Abschn. 4.5). Zweitens wird durch den durch die Festivalsituation forcierten Abstand vom Alltag ein Perspektivwechsel initiiert, über welchen kritische Reflexionen zu gesellschaftlichen Begebenheiten ermöglicht werden. Drittens fördert der Umgang mit einer improvisierten Infrastruktur im Rahmen des Aufbaus dieser Festivalgemeinschaften eine kritische Auseinandersetzung mit den plakativen Auswirkungen des eigenen kapitalistischen Lebensstils (vgl. Abschn. 4.2) sowie die aktive Beteiligung am Aufbau der Gesellschaft und an gemeinschaftlichen Umgangsformen (vgl. Abschn. 5.5.2).

Die Gültigkeit der subjektiven Faktoren kann allen Festivals unterstellt werden, die durch die in Abschn. 2.4.1 dargestellte Definition beschrieben werden. So können Evidenzen für die in der Feldstudie auf dem *Hurricane*-Festival herausgearbeiteten Aspekte in den quantitativen Fragebögen auf den folgenden in dieser Studie untersuchten Open-Air-Festivals empirisch dargelegt und mit den einzelnen Faktoren in Verbindung gebracht werden. Die Diskussion in Abschn. 2.4.1

lässt vermuten, dass ein kausaler Zusammenhang der einzelnen Faktoren zu der Intensität der Eigendynamik der Festivalbesucher besteht. Empirisch belegt ist dieser Zusammenhang durch die Studie allerdings nicht. Diesen zu erforschen, könnte Gegenstand weiterer interessanter Untersuchungen sein.

Auffällig ist, dass mit der Ausprägung der einzelnen intersubjektiven Faktoren auf den jeweiligen Festivals immer auch die jeweilige Ausprägung subjektiver Faktoren einhergeht. Als verbindendes Glied wird in dieser Arbeit die Eigendynamik des Festivalpublikums benannt. Je ausgeprägter sich auf einem Musikfestival die in Abschn. 2.4.1 umschriebene Eigendynamik des Publikums entwickelt, desto signifikanter sind die einzelnen Faktoren empirisch nachzuweisen.

Die Ausführungen zu den subjektiven Faktoren behandeln den zweiten Teil der Forschungsfrage, nämlich welche intersubjektiven Bedingungen herrschen müssen und auf welche Weise diese Rahmenbedingungen den subjektiven habituellen Grundmodus der Besucher eines Festivals berühren.

Unterschiedliche Konzepte, die in dieser Arbeit unter subjektiven Faktoren zusammengefasst und analysiert werden, bieten Ansätze zur Erklärung der Wirkung intersubjektiver Faktoren auf die Änderung der Denk- und Verhaltensmuster der Festivalbesucher. So legt das zweidimensionale Modell von Eskapismus nach Frode Stenseng nahe, dass der Abstand vom Alltag als eskapistische Episode im Rahmen des zweidimensionalen Modells von Eskapismus eher der Dimension des selbsterweiternd als selbstverdrängenden Eskapismus zuzurechnen ist und so das neugierige Herantasten und Austesten alltagsfremder Sozialstrukturen forciert (vgl. Abschn. 5.1.1). Die Fokussierung der Aufmerksamkeit auf das *Hier und Jetzt* setzt Anforderungen an die Zukunft und damit verbundene umfangreiche Strukturen des habituellen Alltagsmodus außer Kraft. So werden Tätigkeiten in Festivalsituationen vorwiegend um ihrer selbst willen ausgeführt und begünstigen damit die Intensität der in einer Festivalsituation gemachten Erfahrungen soziale Entschleunigung und optimale Erfahrungen im Sinne der positiven Psychologie (vgl. Abschn. 5.2). Während eines Festivalbesuchs stehen Muße, analoge Interaktion und kollektive Emotionen im Vordergrund, was die im Alltag vorherrschende Fragmentierung der Aufmerksamkeit und dadurch bedingte Verhaltensstrukturen temporär ersetzt. Über das Unterbrechen des nach Hartmut Rosa beschriebenen Akzelerationszirkels (Rosa 2016) geraten Festivalbesucher in Entschleunigung und agieren dadurch in alltagsfremden Zeitstrukturen, welche nach Hartmut Rosa unter anderem durch Nicht-Linearität gekennzeichnet sind (vgl. Rosa 2016, Abschn. 5.3.2). Durch diese Veränderungen stellt sich in Festivalsituationen bei den Besuchern ein habitueller Grundmodus ein, welcher in seiner Struktur dem von Hartmut Rosa im Rahmen seiner Resonanztheorie

7.2 Schlussbetrachtung

herausgestellten Komplementär zur dem der dynamischen Stabilisierung entspricht. So ruft dieser Grundmodus in den Besuchern Selbstbeobachtungen und Selbstwirksamkeitserfahrungen hervor, die die Stärkung eines dispositionalen Resonanzvertrauens ermöglicht und forciert (vgl. Abschn. 5.7.3). Diese Konzepte erklären, wenn auch nur temporär, einen Ausbruch aus maßgeblichen Strukturen des Alltags und begründen einen Perspektivwechsel der Festivalbesucher, welcher es ihnen ermöglicht, ihren Alltag aus einem anderen Blickwinkel zu betrachten und mit anderen Maßstäben zu bewerten. Diese Anti-Struktur, wie Victor Turner die Konstellation dieser Festivalgemeinschaft ggf. benennen würde (vgl. Turner 1964), befreit Besucher aus den Denk- und Verhaltensstrukturen des Alltags und ermutigt sie zu dem hemmungslosen Austesten von Grenzen des Sozialverhaltens (vgl. Abschn. 5.4.1). So werden bewusst oder unbewusst lineare Denkstrukturen durchbrochen (vgl. Abschn. 5.1.1) und ein Zulassen von Komplexität im obigen Sinne (vgl. Abschn. 2.1.3) möglich. Die innerhalb dieser Anti-Struktur gemachten Selbsterfahrungen und Selbstwirksamkeitserfahrungen sind aufgrund kollektiver Emotionen und des multisensualen Charakters dieser Erfahrungen durch hohe Intensivität gekennzeichnet und werden vom Festivalpublikum vorwiegend positiv beschrieben. Sie forcieren kritische Reflexion der Alltagsstrukturen und ermöglichen eigene Erfahrungen außerhalb dieser Struktur.

Auf diversen Fachkonferenzen zum Thema *Nachhaltigkeit in der Musikindustrie* wird dem Aspekt der Atmosphäre und der Stimmung auf Musikfestivals ein sehr hoher Stellenwert zugerechnet (vgl. Bilabel 2017). Die vorliegende Arbeit trägt über das Aufdecken der Verbindung der drei Konzepte Musikfestivals, Resonanztheorie und sozialökologische Transformation zur Vertiefung und ggf. zur Klärung des nachhaltigen Potenzials der Atmosphäre und Stimmung von Musikfestivals bei und leistet damit einen wertvollen Beitrag zur Diskussion um Nachhaltigkeitsstrategien in der Live-Musikbranche.

Der Aspekt, dass auf Musikfestivals von jungen Gesellschaftsmitgliedern unter vom Alltag unterschiedlichen Rahmenbedingungen eine Gemeinschaft mit eigenen Regeln und Normen aufgebaut wird und diese Gemeinschaft dazu tendiert, einen resonanten Grundmodus – im Gegensatz zu dem dynamisch stabilisierten habituellen Grundmodus des Alltags – aufzuweisen, bietet ein interessantes Forschungsfeld zu Rahmenbedingungen von Beschleunigungsmomenten der sozialökologischen Transformation. Die Erforschung der Zusammenhänge von gesellschaftlichen Strukturen innerhalb einer Festivalsituation und Strukturen des Alltags, welche aus Platzgründen keine Aufmerksamkeit in der vorliegenden Studie finden konnte, kann einen weiteren wichtigen Beitrag zur Umsetzung von Maßnahmen leisten, welche die sozialökologische Transformation unterstützen. So bliebe beispielsweise zu erforschen, in welcher Konzentration die einzelnen in dieser Arbeit herausgestellten Faktoren auf den habituellen Grundmodus der Festivalgemeinschaft wirken oder welche konkreten Aspekte im Alltag als Barriere im Rahmen der Etablierung eines resonanten Weltverhältnisses fungieren.

Als Resümee dieser Arbeit sei an dieser Stelle festzuhalten, dass eine gesellschaftliche Transformation im Sinne der sozialökologischen Idee, welche laut Vertretern der sozialökologischen Forschung nötig und möglich ist, von den Rahmenbedingungen auf Musikfestivals beeinflussbar ist.

Hartmut Rosa schließt seine Soziologie der Weltbeziehungen mit dem optimistischen Credo, dass *eine andere Art des In-der-Welt-seins, eine andere Form der Weltbeziehung [ist] möglich* ist (Rosa 2017, S. 740):

> *Subjekte sind nicht total entfremdet und verblendet, so lautet mein Ausgangsargument; sie können es gar nicht sein, weil sie immer schon in Resonanzbeziehungen stehen und sogar aus ihnen hervorgehen, sodass sie über die entsprechenden Erfahrungen immer schon verfügen (Rosa 2017, S. 740).*

Diese Form der Weltbeziehung aufzuzeigen und erlebbar zu machen und somit zu *trainieren* und dadurch dispositionales Resonanzvertrauen aufzubauen, ist, wie in dieser Arbeit gezeigt wurde, in Festivalsituationen nicht nur möglich, sondern wird von einem Großteil der Festivalbesucher praktiziert.

Musikfestivals stellen für die Mehrheit des Festivalpublikums ein lebensveränderndes Ereignis dar (vgl. Abschn. 7.1.2). Die vorliegende Arbeit hat die Ausrichtung dieser potenziellen Veränderung durch die Analyse festivalspezifischer Faktoren beleuchtet und eine Einordnung in die gesellschaftlichen Zusammenhänge hinsichtlich der sozialökologischen Transformation angeboten.

Schwer einzukreisen bleibt allerdings der kritische Punkt, an welchem Veränderungsprozesse wissenschaftlich, aber auch persönlich festgemacht werden.

Der in dieser Arbeit verwendete Ansatz von Peter Ulrich, über welchen der kritische Punkt auf dem Weg zu einer wohlverstandenen ökonomischen Vernunft *die kritische Reflexion des „Eigensinns" und der „Binnenmoral" des ökonomischen Rationalismus (d. h. der entgrenzten und verabsolutierten normativen Logik des Marktes) und seine Hinterfragung aus dem Blickwinkel der Lebenswelt* voraussetzt (Ulrich 2005, S. 4), kann in dieser Arbeit theoretisch hergeleitet und empirisch belegt werden, jedoch ist dessen Auswirkung nicht eindeutig zu bemessen.

Wertet man die Erreichung dieses kritischen Punkts als Vorbereitung für den ersten Schritt auf dem Weg zu einem Pfadwechsel, so kann aus ihm ein lebensveränderndes Ereignis resultieren.

> *Insgesamt scheinen die oft sehr faszinierenden Transformationsbeispiele ausgesprochen klein gegenüber dem großen Problem einer strukturellen Einrichtung der Welt in*

7.2 Schlussbetrachtung

Nicht-Nachhaltigkeit, wie sie gerade stattfindet. Tatsächlich aber kann man zwei Dinge nicht wissen: erstens, welche weiteren, unbeabsichtigten und nicht-antizipierten Folgen ein Pfadwechsel hat, dessen Notwendigkeit hier begründet worden ist. Jeder Schritt in eine vom business as usual abweichende Richtung erhöht die Wahrscheinlichkeit, dass auch der nachfolgende Schritt in diese Richtung erfolgen wird (...).Menschen korrigieren einmal gefällte Entscheidungen und einmal eingeschlagene Richtungen ungern, weil das nicht nur den Orientierungsbedarf erhöht, sondern auch die Infragestellung und Revision einer ganzen Kette von Entscheidungen erfordert (Welzer 2005). Daher ist die Schnittstelle zwischen dem Beibehalten der bisherigen Richtung und der Entscheidung für den Pfadwechsel so wichtig. Diese Schnittstelle ist nicht theoretisch oder abstrakt, sondern kann nur praktisch erschlossen werden: Sie weist im ersten Schritt in die andere Richtung, den man tatsächlich macht. Denn dieser Schritt ist selbst transformativ, er bringt neue Erfahrungen und damit eine neue Einstellung der Optik mit sich. Weil man die Dinge anders zu sehen beginnt, eröffnen sich Möglichkeiten weiterer Schritte (Welzer und Sommer 2014, S. 178).

Vertreter der sozialökologischen Transformation gehen generell davon aus, dass gesellschaftliche Veränderungen in gewünschter Richtung möglich und institutionell unterstützbar sind (vgl. Abschn. 2.1.1). Wie in der Arbeit gezeigt, kann aus dem innerhalb von Festivalsituationen begangenen Normenwandel sowohl die von Welzer und Sommer geforderte Etablierung neuer Sozialstrukturen als auch die Änderung kultureller Praktiken abgeleitet und so eine institutionelle Unterstützung dieser Bewegung gesehen werden.

Entstehen durch veränderte gesellschaftliche Rahmenbedingungen neue Sozialstrukturen, wie beispielsweise eine Umwertung des sozialen Status oder von Bedürfnissen (vgl. Abschn. 5.4.1) oder werden Selbst- und Selbstwirksamkeitserfahrungen gemacht, welche ggf. Modifizierungen der Sozialstrukturen im sozialökologischen Sinne nach sich ziehen (vgl. Abschn. 5.5), so können dieser Rahmenbedingungen als unterstützende institutionelle Impulse im obigen Sinne gewertet werden (vgl. Abschn. 2.1.1). Gestärkt wird dieser Schluss dadurch, dass ein Einfluss dieser Rahmenbedingungen auf die Änderung kultureller Praktiken schließen lässt, was über die Ausführungen zum Umgang mit der Zeit (vgl. Abschn. 5.3) bzw. mit der Aufmerksamkeit (vgl. Abschn. 5.2) deutlich wird.

Eine gesellschaftliche Veränderung wie die sozialökologische Transformation kann, wie die Argumentation in Abschn. 2.1.1 in dieser Arbeit zeigt, durch externe Faktoren in Form einer Gestaltungskomponente unterstützt und beschleunigt werden, wenn durch sie die beiden gesellschaftlichen Komponenten *Etablierung neuer Sozialstrukturen* und *Änderung kultureller Praktiken* berührt und transformiert werden (vgl. Abschn. 2.1.1).

Den Rahmenbedingungen auf Musikfestivals, wie in dieser Arbeit ausführlich dargelegt, kann eine entsprechende Wirkung auf beide dieser Komponenten bescheinigt werden. Dies geschieht mit einer hohen Intensität durch die kollektiven emotionalisierten Erfahrungen junger Gesellschaftsmitglieder in einer Phase der Identifikationssuche. Damit können Musikfestivals als Beschleunigungsmoment der sozialökologischen Transformation gewertet werden.

Verzeichnis über transkribierte Interviews/Gedächtnisprotokolle 8

TS Do1: persönliches Interview, Situation: Anfahrt zum *Hurricane*-Festival im Zug am Donnerstagmorgen. Es sitzen vier Jugendliche mit Bier im Zug (zwei Vierersitzer mit Tisch), Musik im Hintergrund. Entspannte Stimmung; im Zug von Hamburg nach Scheeßel 22.06.2017

TS Do4: persönliches Interview, Situation: Anreise im Zug am Donnerstagvormittag, Gruppe Festivalbesucher mit Fahrradanhängern und Sackkarren im Eingang vom Zug; im Zug von Hamburg nach Scheeßel, 22.06.2017

TS Do5: persönliches Interview, Situation: Anfahrt zum *Hurricane*-Festival mit dem Zug, Gruppe von ca. 15 sehr jungen Jugendlichen im Großraumabteil; im Zug von Bremen nach Scheeßel, 22.06.2017

TS Fr2: persönliches Interview, Situation: Sitzgruppe in Campingstühlen auf dem Campingplatz des *Hurricane*-Festivals; Scheeßel, 23.06.2017

TS FrFS: persönliches Interview, Situation: Interview mit einer Helferin am Food-Sharing-Stand auf dem Campingplatz des *Hurricane*-Festivals; Scheeßel, 23.06.2017

TS Sa WS: persönliche Interviews, Situation: vor dem Festivalsupermarkt auf dem Campingplatz des *Hurricane*-Festivals ist eine ca.650 m lange Flughafenschlange (selbstverwaltet). Alle warten geduldig. Kurzinterviews mit Personengruppen ganz hinten in der Schlange; Scheeßel, 24.06.2017

TS Sa1: persönliches Interview, Situation: vier Jugendliche auf Klappstühlen unter einem Pavillon auf dem Campingplatz des *Hurricane*-Festivals, es regnet; Scheeßel, 24.06.2017

TS Sa3: persönliches Interview, Situation: zwei junge Männer unter einem Pavillon auf Klappstühlen an einem Tisch auf dem *Grüner Wohnen*-Campingplatz des *Hurricane*-Festivals, ein weiterer Mann, putzt sich die Zähne in einer Pavillonecke, es regnet; Scheeßel, 24.06.2017

TS Sa5: persönliches Interview, teilweise transkribiert, Situation: Sieben Personen unter einem Pavillon auf dem Campingplatz des *Hurricane*-Festivals, es regnet, alle reden durcheinander; Scheeßel, 24.06.2017

TS Sa8: persönliches Interview, Situation: Gruppe von Festivalbesuchern sitzt zwischen Zelten auf Campingstühlen auf dem *Party-Campingplatz* des *Hurricane*-Festivals. Ein paar von ihnen sind als Obdachloser und als Mantafahrer, es regnet gerade nicht mehr; Scheeßel, 24.06.2017

TS So VcA: persönliches Interview, Situation: Befragung eines Viva con Agua Helfers am Viva con Agua Stand im Infield des *Hurricane*-Festivals; Scheeßel, 25.06.2017

TS So FS: persönliches Interview, Situation: Befragung eines Helfers am Food Sharing Stand auf dem Campingplatz des *Hurricane*-Festivals; Scheeßel, 25.06.2017

TS So1: persönliches Interview, Situation: Gruppe von drei sehr jungen Jugendlichen unter einem Pavillon auf dem *Grüner Wohnen*-Campingplatz des *Hurricane*-Festivals, es regnet nicht, laute Musik im Hintergrund; Scheeßel, 25.06.2017

TS So4: persönliches Interview, Situation: sehr mülliges, verwahrlostes Camp, zwei Jungs und ein Mädchen sitzen unter einem kaputten Pavillon auf dem *Party Campingplatz* des *Hurricane*-Festivals, auf der anderen Wegseite geistert eine stark angetrunkene Gruppe Festivalbesucher herum, die offensichtlich dazu gehören, laute Musik im Hintergrund; Scheeßel, 25.06.2017

TS Mo HaHe: persönliches Interview, Situation: Befragung eines Helfers am Hanseatic Help Stand auf dem Campingplatz des *Hurricane*-Festivals; Scheeßel, 26.06.2017

TS Mo1: persönliches Interview, Situation: zwei Mädchen sitzen vor ihrem Zelt auf dem Campingplatz des *Hurricane*-Festivals umgeben von abreisenden Festivalbesuchern und chillen. Es

	ist sehr ruhig (keine Musik) und entspannt, Es regnet nicht; Scheeßel, 26.06.2017
TS Mo3:	persönliches Interview, Situation: zwei Jungs sitzen vor ihrem Zelt auf dem Campingplatz des *Hurricane*-Festivals, mitten zwischen abreisenden Festivalbesuchern, und chillen. Es ist ruhig (keine Musik) und entspannt, es regnet nicht; Scheeßel, 26.06.2017
GPHurr:	fortlaufend transkribiertes Gedächtnisprotokoll vom *Hurricane*-Festival 2017 von Ina Kahle; Scheeßel, 22.06.2017 bis 26.06.2017

Alle in den Transkripten verwendeten Namen sind Synonyme und nicht die tatsächlichen Namen der jeweiligen Interviewpartner.

Anhang

Anhang A – Gesprächsleitfäden

Die Gesprächsleitfäden sind darauf angelegt, die Besucher in Unterhaltungen zu verwickeln, welche um den theoretisch herausgearbeiteten Untersuchungsgegenstand (Reflexivität der Besucher) kreisen. Sie sollen aber auch frei gewählte Themen der Interviewten zulassen, um für, bis zur Gesprächsvorbereitung noch nicht fokussierte, Themen offen zu bleiben. Die Interviews sind so strukturiert, dass sie in ca. 5 bis 10 min abgewickelt werden können, um einen lockeren Gesprächseinstieg zu ermöglichen. Sie lassen aber Raum für weitere Ausschweifungen der Interviewten, um auf die jeweilige Gesprächsbereitschaft reagieren zu können. Die Gesprächsleitfäden werden im Laufe der Studie stark modifiziert. Als effizienter Einstieg für die Gesprächsleitfäden IV und V kristallisiert sich die Frage heraus: *Hältst du das Festival für einen Ausnahmezustand, wenn ja, warum?*

Gesprächsleitfaden I: Anfahrt mit der Bahn

Anvisierte Situation: Interviews mit anreisenden Festivalgästen in der Bahn am Donnerstag, den 22.06.2017

1) Wie bereitest du dich auf das Festival vor? *Planst du wochenlang im Voraus oder packst du spontan?*
   a. Für welche Sachen sprichst du dich mit deinen Freunden ab, damit sie nicht von allen oder keinem mitgenommen werden?

b. Was hast du neben den notwendigen Sachen zum Essen, Trinken Schlafen auch Extras dabei (Verkleidungen, Badeinseln, Planschbecken, etc.)? Wenn ja, warum?

c. Gibt es eingepackte Dinge, auf die du besonders stolz bist, weil du sie vielleicht im letzten Jahr vergessen und doll vermisst hast? Wenn ja, welche?

d. Gibt es Sachen, die du aus Platzgründen zu Hause lassen musstest, obwohl du jetzt schon weißt, dass du sie vermissen wirst?

2) Hast du dir einen Plan gemacht, welche Bands du gern sehen möchtest (ggf. über die Festival-App)?

  a. *Ja:* – Wie genau wird dieser Plan erfahrungsgemäß oder erwartungsgemäß eingehalten? Sieht man alle Bands oder sind dann doch andere Sachen wichtiger? Welche Sachen sind das meist?

  b. *Nein:* – Wie strukturierst du deinen Tag auf den Festivals? Siehst du meist eher mehr oder weniger Bands als du dir vorgenommen hast? Was hält dich meist auf dem Campingplatz?

3) Gibt es Dinge, die du dir für dieses Festival vorgenommen hast und wie immer verwerfen wirst?

4) Nach welchen Kriterien hast du dich entschlossen mit der Bahn zu fahren?

  a. Woran merkst du, dass das Festival schon hier anfängt?

  b. Was wird hier plötzlich wichtig, was vorher nicht wichtig war und andersherum?

  c. Was denkst du, wenn du die ersten anderen Festivalbesucher auf dem Bahnsteig und im Zug triffst?

Gesprächsleitfaden II: Einlass

Anvisierte Situation: Interviews mit Festivalgästen am Donnerstag, den 22.06.2017 in der Warteschlange zum Einlass

1) Wie lange meinst du hier noch warten zu müssen?
   a. Stört dich das?
      a. Ja: /
      b. Nein: Bist du sonst auch so geduldig? – Wenn nicht woran liegt es, dass das auf dem Festival so anders ist?
2) Worauf freust du dich besonders?
3) und 4) analog zu Fragen 2) und 3) im Gesprächsleitfaden I

Gesprächsleitfaden III: Erster Abend

Anvisierte Situation: Besuchergruppen nach dem Ankommen vor den Zelten oder bei Aktivitäten auf den Campingwegen am Donnerstag, den 22.06.2017

1) Was erwartest du vom diesjährigen *Hurricane*?
2) Wird der erste Eindruck deinen Erwartungen gerecht?
   – Was sind deine ersten Eindrücke vom Festival, nachdem du dich ums Herkommen und Einrichten deines Camps gekümmert hast?
3) Gibt es Sachen, bei denen du stolz bist, dass du an sie gedacht hast, weil du die im letzten Jahr vermisst hast? Wenn ja, welche?
4) Wie hast du dich auf das Wetter am Festivalwochenende vorbereitet?
5) Gibt es Dinge, die dir zu Hause wahnsinnig wichtig sind, hier aber eher egal und andersherum?
6) Gibt es Dinge, die du dir für dieses Festival vorgenommen hast und wie immer verwerfen wirst? Woran hapert es meist?

Gesprächsleitfaden IV: exogene Faktoren

Anvisierte Situation: Festivalbesucher in einer Festivalsituation während des Hurricanes 2017

1) *Welche vom Veranstalter kommunizierten Informationen kommen bei dir an/Veranstalterphilosophie*
   a) Kommt bei euch an, warum der Veranstalter dieses Festival so macht wie sie es ist? – *Was stört euch? Was findet ihr gut? Was fällt euch auf, ist euch aber egal? Was hättet ihr gern anders?*
   b) Glaubst du, dass der Veranstalter sich ernsthafte Gedanken zur Nachhaltigkeit macht? Ist euch dazu etwas aufgefallen?
   c) Welche Eindrücke sind euch von gestern Abend hängengeblieben?
2) *Wie wird das Festival als Kommunikationsplattform eingeschätzt*
   – Warum meinst du sind an Festivals so viele Sponsoren interessiert? Wie schätzt ihr Festivals als Kommunikationsplattform für Sponsoren ein?
   – Glaubt ihr das kann auch mit Themen wie Nachhaltigkeit funktionieren?
   a. *Relevanzverschiebung*

- Sind euch auf dem Festival einzelne Themen wichtiger oder eben unwichtiger als im Alltag? – *Ja:* Seid ihr in der Lage über diese Themen in Festivalsituationen anders nachzudenken als im Alltag?
  b. *Eigene Verantwortung*
- Wofür fühlt ihr euch auf dem Festival verantwortlich?
  c. *Stimulusverteilung*
- Was passiert morgens, bevor das Festivalprogramm beginnt, auf dem Campingplatz?
3. *Peer-Groups*
   a. Unterhaltet ihr euch mit Freunden und Bekannten über andere Themen als im Alltag?
   Nein: /
   Ja: – Welche sind das z. B.?
           – Wie wichtig ist dir die Meinung deiner Freunde?
           – Ändert sich an deren Ansichten etwas auf Festivals?
4. *Selbsterfahrung/Selbstkritik*
   a. Denkt ihr in dieser Situation auch anders über euch und eure Situation im Alltag nach?
   b. Entdeckt ihr an euch Seiten, die ihr bisher nicht kanntet?

Gesprächsleitfaden V: Perspektivwechsel/Selbsterfahrung

Anvisierte Situation: Festivalbesucher in einer Festivalsituation während des Hurricanes 2017

1) Kommt es vor, dass du auf Festivals die Welt mit anderen Augen siehst?
   a. *Nein:* –
   b. *Ja:* Was siehst du z. B. anders? Hast du ein konkretes Beispiel für mich?
      – Wie anders siehst du es?
      – Was glaubst du wie das zustande kommt?
      – Was machst du daraus? Glaubst du, dass du darüber irgendwann nochmal nachdenkst?
2) Das Festival wird aus einer grünen Wiese gestampft, was denkt ihr über die Infrastruktur, die hier aufgebaut wird?
3) Verkleidest du dich auf dem Festival oder ziehst du dich anders an als im Alltag? Wenn ja, warum?

4) Hast du dich auf Festivals schon mal für wen anders ausgegeben? Wenn ja, warum?
5) Nimmst du dich auf den Festivals anders wahr als im Alltag? Lernst du dich ggf. anders kennen? Wenn ja, warum?

Selbstkritik

6) Hast du auf den Festivals irgendetwas bisher Selbstverständliches infrage gestellt?
   a. Nein: /
7) Ja: – Was hast du infrage gestellt und denkst du darüber mittlerweile anders nach?
8) Machst du auf dem Festival irgendetwas, was du sonst nicht machen würdest?
   a. Nein: /
   b. Ja: – Was hast du gemacht? Wie hast du dich dabei gefühlt? Was hast du hinterher darüber gedacht?
9) Hast du dich auf dem Festival mal gefragt, ob die hier alle spinnen und was genau du hier eigentlich machst? Hast du ein konkretes Beispiel für mich?

Akzeptiert ihr euren Alltag oder wollt ihr ggf. nach dem Festival verstärkt etwas daran ändern?

Anhang B – Online-Umfrage

Anhang B.a. – Eigene Fragen in FKP-Online-Umfrage Saison 2017

Hurricane/Southside
Vorgeschalteter Text zur Abgrenzung vom FKP-Fragenblock:
  Der folgende Frageblock dient einer Doktorarbeit zum Thema Festivalkultur – nur, damit Du Dich nicht über manche vielleicht ungewohnten Fragen wunderst. Also:

1) Warum fährst Du zum (*Hurricane/Southside*) Festival?
   Antwortoption: Multiple Choice mit Mehrfachantwort
   ☐ Wegen der Konzerte
   ☐ Um mit Gleichgesinnten abzufeiern
   ☐ Um einfach mit Freunden ein schönes Wochenende zu verbringen
   ☐ Um mal auf andere Gedanken zu kommen und Abstand zum Alltag zu bekommen
   ☐ Um in eine Parallelwelt einzutauchen, in der nur noch das Festival zählt
   ☐ Andere Gründe

2) Welche Aussagen zum Verhalten deines Freundeskreises sind zutreffend?
   Antwortoption: Multiple Choice mit Mehrfachantwort
   ☐ Wir diskutieren auf Festivals andere Themen als im Alltag
   ☐ Meine Freunde benehmen sich auf Festivals anders als im Alltag
   ☐ Die Meinungen meiner Freunde sind mir sehr wichtig und ich verhalte mich auf dem Festival entsprechend
   ☐ nichts von alldem

3) Wie hast Du morgens und mittags, bevor das Bühnenprogramm begonnen hat, die Zeit auf dem Campingplatz verbracht?
   Antwortoption: Multiple Choice mit Mehrfachantwort
   ☐ Frühstück
   ☐ mit anderen Gästen unterhalten/philosophiert
   ☐ über mich selbst nachgedacht
   ☐ Flunkyball gespielt
   ☐ die Festivalatmosphäre genossen

4) Das Festival lebt von der Interaktion zwischen den Gästen. Hast Du an spontanen Aktionen teilgenommen?
   Antwortoption: Multiple Choice mit Mehrfachantwort
   ☐ Aktionen, die von anderen Festivalbesuchern initiiert wurden (Funkyball Olympiade, Müllkunst, oder so)
   ☐ Verkleidungen wie Kopfbedeckungen, Mülltüten oder Tierkostüme
   ☐ Ich habe bei Rollenspielen mitgemacht oder selbst initiiert (Festivalpolizei, Wegsperrung, anderen Namen verwendet)
   ☐ Sonstige
   ☐ Keine

5) Wie bewertest Du den Einfluss von Musikfestivals auf deinen Alltag?

Antwortoption: Multiple Choice mit Einzelantwort / Likert-Skala

Stimme voll zu ☐   keine Meinung ☐   Stimme überhaupt nicht zu ☐

a) Musikfestivals sind lebensverändernde Ereignisse
b) Festivals verändern meine Einstellung zu Umweltthemen
c) Festivals verändern meine Einstellung zu gesellschaftlichen/sozialen Themen
d) Auf Musikfestivals bin ich ganz anders als im Alltag / Ich habe auf dem Festival eine Seite an mir kennengelernt, die ich vorher gar nicht kannte
e) Auf Musikfestivals stellt man bisher Selbstverständliches in Frage
f) Musikfestivals brauchen nichts zu ändern, weil ich mit mir und meinem Alltag absolut zufrieden bin

6) Wie wichtig findest Du es, dass Grüne Themen auf dem Festival kommuniziert werden?

Antwortoption: Multiple Choice mit Einzelantwort

☐ Grüne Themen haben auf Festivals nichts verloren und nerven nur

☐ Ich bekomme auf Festivals gar nichts von Grünen Themen mit

☐ Grüne Themen kommen auf Festivals besonders intensiv an mich ran und sollten stärker kommuniziert werden

7) Welche Themen spielen deiner Meinung nach in der Zukunft eine Rolle und sollten auf den Festivals thematisiert werden?

Antwortoption: Multiple Choice mit Mehrfachantwort

☐ Umgang mit natürlichen Ressourcen

☐ Soziale Ungleichheit

☐ Konsum

☐ Alternative Lebensmodelle

☐ Sonstige

☐ Keine

8) Welche Eindrücke sind bei Dir nach dem Festival hängengeblieben?
   Antwortoption: Multiple Choice mit Mehrfachantwort
   ☐ Geile Konzertmomente
   ☐ Ich vermisse das Zugehörigkeitsgefühl, auf dem Festival sind alle wie eine große Familie
   ☐ Auf dem Festival geschmiedete Zukunftspläne
   ☐ Wie krass die Natur einen im Griff hat (Sturm, Hitze)
   ☐ Wie wenig ich mich eigentlich für Nachhaltigkeit interessiere/einsetze
   ☐ Sonstige
   ☐ Keine

9) Welche Eindrücke sind Dir von früheren Festivals im Gedächtnis geblieben?
   Antwortoption: Multiple Choice mit Einzelantwort / Offene Antwortoption
   ☐ Ich war auf noch keinen anderen Festivals
   ☐ Keine bleibenden Eindrücke
   ☐ Ich denke noch oft über folgende Situation nach: _____

Highfield/M'era Luna/Chiemsee Summer

Vorgeschalteter Text zur Abgrenzung vom FKP-Fragenblock:

Der folgende Frageblock dient einer Dissertation zum Thema Festivalkultur – nur, damit Du dich nicht über manche vielleicht ungewohnten Fragen wunderst. Also:

Anhang

1) Warum fährst du zum Festival?
Antwortoption: Multiple Choice mit Mehrfachantwort
☐ Wegen der Konzerte
☐ Um mit Gleichgesinnten abzufeiern
☐ Um einfach mit Freunden ein schönes Wochenende zu verbringen
☐ Um mal auf andere Gedanken zu kommen und Abstand vom Alltag zu bekommen
☐ Um in eine Parallelwelt einzutauchen, in der nur noch das Festival zählt
☐ Andere Gründe

2) Hältst du die Festivalsituation für einen Ausnahmezustand?
Antwortoption: Multiple Choice mit Mehrfachantwort
☐ Ja, weil ich sonst niemals so viel trinke
☐ Ja, weil alle Alltagsprobleme draußen bleiben
☐ Ja, weil ich auf einem Festival anonym bin und machen kann was ich wirklich will
☐ Ja, weil auf Festivals nur das Hier und Jetzt zählt, alles andere ist egal
☐ Ja, weil irgendwie alle gleich sind
☐ Ja, weil die Leute ganz anders miteinander umgehen als sonst
☐ Nein, für mich besteht kaum ein Unterschied zu einem Konzertbesuch
☐ Nein, aus sonstigen Gründen

3) Wie sehr ist dir während des Festivals aufgefallen, dass ...
Antwortoption: Multiple Choice mit Einzelantwort / Likert-Skala
Sehr positiv ☐   positiv ☐   nicht aufgefallen ☐   negativ ☐   sehr negativ ☐

    a) ... dass du dein Smartphone nicht wie gewohnt nutzen kannst?
    b) ... dass du ganz anders auf andere Leute zugegangen bist als sonst?
    c) ... dass du dich zu Aktionen hast hinreißen lassen, die du sonst nicht ohne weiteres mitgemacht hättest?
    d) ... wie sehr du auf einem Festival der Natur (Wetter) ausgesetzt bist?
    e) ... wie geduldig man auf Festivals ist?
    f) ... in welchem Maße du dich eigentlich für Nachhaltigkeit interessierst/einsetzt?

4) Wie stehen die Chancen, dass diese Eindrücke in deinem Alltag nachhallen?
Antwortoption: Multiple Choice mit Einzelantwort / Likert-Skala

Sehr gut ☐   gut ☐   mittel ☐   schlecht ☐   sehr schlecht ☐

   a) Smartphone bewusster nutzen
   b) Ungehemmter auf Leute zugehen
   c) Offener für spontane Aktionen sein
   d) Sinn für die Natur bewahren
   e) Geduldiger sein
   f) Aufmerksamkeit für Grüne Themen erhalten

5) Nimmst du Umweltthemen in einer Festivalsituation anders wahr als im Alltag?
   Antwortoption: Multiple Choice mit Mehrfachantwort
- ☐ Ja, weil ich Alltagsthemen ausblende und für auf dem Festival kommunizierte Themen mehr Kapazität habe
- ☐ Ja, weil ich in Festivalsituationen viel offener bin als im Alltag
- ☐ Ja, weil ich den ganzen Tag draußen und dem Wetter ausgesetzt bin
- ☐ Nein, weil mich Umweltthemen generell nicht besonders interessieren
- ☐ Nein, weil ich mich während des Festivals aufs Feiern und die Bands konzentriere
- ☐ Nein, weil ich mich auch im Alltag stark mit Umweltthemen auseinandersetze

6) Was hast du morgens und mittags bevor das Festivalprogramm begonnen hat auf dem Campingplatz gemacht?
   Antwortoption: Multiple Choice mit Mehrfachantwort
- ☐ Gefrühstückt
- ☐ Mit anderen philosophiert
- ☐ Vor mich hin sinniert und über mich selbst nachgedacht
- ☐ Flunkyball gespielt
- ☐ Die Festivalatmosphäre genossen
- ☐ Sonstiges

7) Wie bewertest du den Einfluss von Musikfestivals auf deinen Alltag:
   Antwortoption: Multiple Choice mit Einzelantwort / Likert-Skala
   stimme voll zu ☐   keine Meinung ☐   stimme überhaupt nicht zu ☐
   a) Musikfestivals sind lebensverändernde Ereignisse
   b) Festivals verändern meine Einstellung zu Umweltthemen
   c) Festivals verändern meine Einstellung zu gesellschaftlichen/sozialen Themen
   d) Auf Musikfestivals bin ich ganz anders als im Alltag / Ich habe auf dem Festival eine Seite an mir kennengelernt, die ich vorher gar nicht kannte
   e) Auf Musikfestivals stellt man bisher Selbstverständliches in Frage
   f) Musikfestivals brauchen nichts zu ändern, weil ich mit mir und meinem Alltag absolut zufrieden bin

Anhang

8) Welche Themen spielen in der Zukunft eine Rolle und sollten auf den Festivals thematisiert werden?
   Antwortoption: Multiple Choice mit Mehrfachantwort
   ☐ Umgang mit natürlichen Ressourcen
   ☐ Soziale Ungleichheit
   ☐ Konsum
   ☐ Alternative Lebensmodelle
   ☐ Sonstige
   ☐ Keine

9) Verschieben sich deine Hemmschwellen während des Festivals oder auch langfristig nach dem Festival noch in Sachen:
   Antwortoption: Multiple Choice mit Einzelantwort / Likert-Skala
   Keine Verschiebung ☐   kurzfristige Verschiebung ☐   Langfristige Verschiebung ☐
                           auf dem Festival   auch noch nach dem Festival
   a) Alkoholkonsum
   b) Hygiene (Duschen)
   c) Auf Leute zugehen
   d) Eigene Aktionen initiieren (Flunkyball, Slow-Motion-Zone etc.)
   e) Eigene Meinung äußern

A Summer's Tale

Abgrenzung zum FKP-Fragenblock:

Der folgende Frageblock dient einer Dissertation zum Thema Festivalkultur – nur, damit Du dich nicht über manche vielleicht ungewohnten Fragen wunderst. Also, los geht's:

1) Was unterscheidet für dich das *A Summer's Tale* von einem Rock Festival (z. B. *Hurricane*)?

   Antwortoption: Multiple Choice mit Einzelantwort / Likert-Skala

   stimme voll zu ☐　　　　　keine Meinung ☐　　　　　stimme nicht zu ☐

   a) Große Rockfestivals finde ich auch interessant, sie bedienen für mich aber ein anderes Bedürfnis
   b) Das A Summer's Tale ist für mich ein Ort der Entspannung und nicht ein Ort des Durchdrehens
   c) Auf dem A Summer's Tale wird eher gediegen als hemmungslos getrunken
   d) Auf dem A Summer's Tale werden anspruchsvolle Themen vorgestellt und diskutiert
   e) Die Festivalatmosphäre auf dem AST ist ruhiger/entspannter dafür nicht so euphorisch
   f) Das Campen ist sauberer und komfortabler
   g) Beim AST liegt der Fokus eher auf informativen Vorträgen und interessanten Kursangeboten als auf der Musik und dem Feiern
   h) Das Publikum auf dem A Summer's Tale ist bewusster und reflektierter

2) Wie bewertest du die folgenden Aussagen zum Programm?

   Antwortoption: Multiple Choice mit Einzelantwort / Likert-Skala

   stimme voll zu ☐　　　　　egal ☐　　　　　stimme nicht zu ☐

   a) Ich habe auf dem Festival die Muße mich mit den vorgetragenen Themen intensiv auseinanderzusetzen
   b) Vorgetragene Themen werden auf dem Festival mit anderen Besuchern intensiv diskutiert

c) Ich informiere mich im Nachhinein über Themen, die mir auf dem Festival besonders gefallen haben
d) Das Festival eröffnet mir neue Perspektiven auf Themen, die mich eh interessieren
e) Ich bekomme neue Anregungen für Kurse, die ich in meinen Alltag einbauen kann
f) Ich knüpfe Kontakte zu Organisationen oder Initiativen, die sich für interessante Themen einsetzen

3) Nimmst du nachhaltige Themen auf dem A Summer's Tale anders wahr als im Alltag?
   Antwortoption: Multiple Choice mit Mehrfachantwort
   ☐ Ja, hier habe ich mehr Zeit und mehr Kopf dafür
   ☐ Ja, weil ich auf dem Festival viel offener für neue Themen bin
   ☐ Ja, hier bekommt man Input aus Bereichen, auf die man im Alltag nicht kommen würde
   ☐ Ja, da man auf dem Festival den ganzen Tag draußen ist
   ☐ Ja, weil nachhaltige Themen hier auf ein interessiertes Publikum stoßen und sich interessante Diskussionen ergeben
   ☐ Nein, ich bin auch im Alltag sehr offen für nachhaltige Themen
   ☐ Nein, ich umgebe mich auch im Alltag vorwiegend mit Leuten, für die Nachhaltigkeit ein wichtiges Thema ist
   ☐ Nein aus sonstigen Gründen

4) Wie bewertest Du den Einfluss von Musikfestivals auf deinen Alltag?
   Antwortoption: Multiple Choice mit Einzelantwort / Likert-Skala
   Stimme voll zu ☐   keine Meinung ☐   Stimme nicht zu ☐
   g) Musikfestivals sind lebensverändernde Ereignisse
   h) Festivals verändern meine Einstellung zu Umweltthemen
   i) Festivals verändern meine Einstellung zu gesellschaftlichen/sozialen Themen
   j) Eine Festivalsituation ist für mich ein Ausnahmezustand, in dem andere Regeln als im Alltag herrschen
   k) Auf Musikfestivals bin ich ganz anders als im Alltag / Ich habe auf dem Festival eine Seite an mir kennengelernt, die ich vorher gar nicht kannte
   l) Auf Musikfestivals stellt man bisher Selbstverständliches in Frage
   m) Musikfestivals brauchen nichts zu ändern, weil ich mit mir und meinem Alltag absolut zufrieden bin
   n) Durch das Festival sehe ich meinen Alltag mit anderen Augen

Anhang B.b – seitens FKP Scorpio Konzertproduktionen formulierte Fragen in der Online-Umfrage auf allen ausgewerteten Festivals

Frage 1: Was waren die Hauptgründe für deinen Ticketkauf?
　　Antwortoption: Multiple Choice mit Einzelantwort
　　　☐ Bands und Künstler
　　　☐ Party und Feiern
　　　☐ gemeinsame Unternehmung mit Freunden
　　　☐ Tradition
　　　☐ sonstiges

[Beim A Summer' Tale werden andere Optionen abgefragt: Bands und DJ's, Lesungen, Filme, Performances, Kunst, Workshops, Familienangebot, Perspektiven und Portraits, Kulinarik, Nachhaltigkeit, Festival ist in meiner Umgebung, Location, Programmvielfalt, Festivalgesamtkonzept].

Frage 2: Zum wievielten Mal warst du bei uns?
　　Antwortoption: Multiple Choice mit Einzelantwort
　　　☐ zum 1. Mal
　　　☐ zum 2. Mal
　　　☐ zum 3. Mal
　　　☐ zum 4. Mal
　　　☐ zum 5. Mal
　　　☐ öfter
　　　☐ weiß ich nicht

Frage 3: Welche Medien nutzt Du regelmäßig?
　　Antwortoption: Multiple Choice mit Mehrfachantwort
　　　☐ Fernsehen
　　　☐ Internet
　　　☐ Internet
　　　☐ Zeitschriften
　　　☐ Flyer
　　　☐ Plakate
　　　☐ keine Angabe
　　　☐ andere

Anhang 265

Frage 4: Hast Du etwas von den Festival-Tipps auf den Leinwänden an den Bühnen mitbekommen?
Antwortoption: Multiple Choice mit Einfachantwort
☐ Na klar!
☐ Ich weiß, dass es sie gibt
☐ Was für Festival-Tipps?!

Frage 5: Wie hast Du Dich während des Festivals über Spielzeiten, Bands, Bühnen und Standorte auf dem Gelände informiert?
Antwortoption: Multiple Choice mit Mehrfachantwort
☐ offizielle Festival App
☐ Programmflyer
☐ Hurricane.de
☐ Freunde und Bekannte
☐ Facebook
☐ Twitter
☐ keine Angabe

Frage 6: "Wo geht's nach Panama?" Mit dieser Aktion wollen wir allen Besuchern helfen, die sich aus irgendwelchen Gründen unwohl oder bedroht fühlen. Hast Du von der Aktion gehört oder sie sogar genutzt?
Antwortoption: Multiple Choice mit Einfachantwort

☐ Ich weiß, dass es diese Aktion gibt.
☐ Ich habe noch nie davon gehört.
☐ Ich habe Hilfe über Panama in Anspruch genommen und mir konnte geholfen werden
☐ Ich habe Hilfe über Panama in Anspruch genommen, allerdings wurde mir nicht geholfen.

Frage 7: Welche „grünen Aktionen" hast Du im Zusammenhang mit dem [jeweiligen] Festival genutzt?
Antwortoption: Multiple Choice mit Mehrfachantwort
☐ Anreise mit dem metronom (im Ticket enthalten)
☐ Foodsharing-Aktion
☐ Grüner Wohnen-Zeltplatz
☐ Müllinseln
☐ Müllrückgabe bei den Recyclingstationen
☐ Müllrückgabe bei der Müllabfuhr
☐ Viva con Agua-Becherpfand
☐ [jeweiliges] Festival für Viva con Agua
☐ Taschen-Gewinnspiel
☐ Hanseatic Help (Zelt- und Schlafsack-Spendensammlung für Bedürftige)
☐ nichts von alldem

[Die vorgegebenen „grünen Aktionen" variieren in den Abfragen auf den jeweiligen Festivals].

Frage 8: Deine Antworten waren so gut, dass wir dich gerne näher kennenlernen möchten! Bist Du...
  Antwortoption: Multiple Choice mit Einfachantwort
  ☐ Weiblich
  ☐ Männlich
  ☐ Trans
  ☐ keine Angabe

Frage 9: Wie alt bist Du?
  Antwortoption: Multiple Choice mit Einfachantwort
  ☐ 14–17 Jahre
  ☐ 18–21 Jahre
  ☐ 22–25 Jahre
  ☐ 26–29 Jahre
  ☐ 30–34 Jahre
  ☐ 35–39 Jahre
  ☐ 40–44 Jahre
  ☐ 45–59 Jahre
  ☐ 50 Jahre und älter
  ☐ Sag ich nicht!

[Die vorgegebenen Altersintervalle variieren in den Abfragen auf den jeweiligen Festivals].

Frage 10: Dein Alter sieht man Dir gar nicht an, Kompliment! Bist Du...
  Antwortoption: Multiple Choice mit Einfachantwort
  ☐ Schüler
  ☐ Student

☐ Azubi
☐ angestellt
☐ selbständig
☐ Bundesfreiwilligendienst
☐ Beamter
☐ arbeitssuchend
☐ keine Angabe

Frage 11: Welche Schulbildung besitzt Du / strebst Du an?
Antwortoption: Multiple Choice mit Einfachantwort
☐ Hauptschulabschluss
☐ Mittlere Reife
☐ Fachhochschulreif
☐ Allg. Hochschulreife
☐ Ohne Abschluss
☐ keine Angabe

Frage 12: Welche Festivals besuchst Du sonst?
☐ Rock am Ring
☐ Rock im Revier
☐ Highfield [jeweilige FKP Scorpio Festivals]
☐ Deichbrand Festival
☐ Melt! Festival
☐ Reeperbahn Festival
☐ MS Dockville
☐ Berlin Festival
☐ Splash! Festival
☐ Fusion
☐ Wacken Open Air
☐ Wacken Open Air
☐ andere (Inland)
☐ ausländische Festivals (Groezrock, Roskilde, Sziget etc.)

[Die vorgegebenen Festivals variieren in den Abfragen auf den jeweiligen Festivals, hier sind die Abfrageoptionen vom *Hurricane* angegeben].

Tabelle A Ergebnisse *Grün Rockt Hurricane* 2017

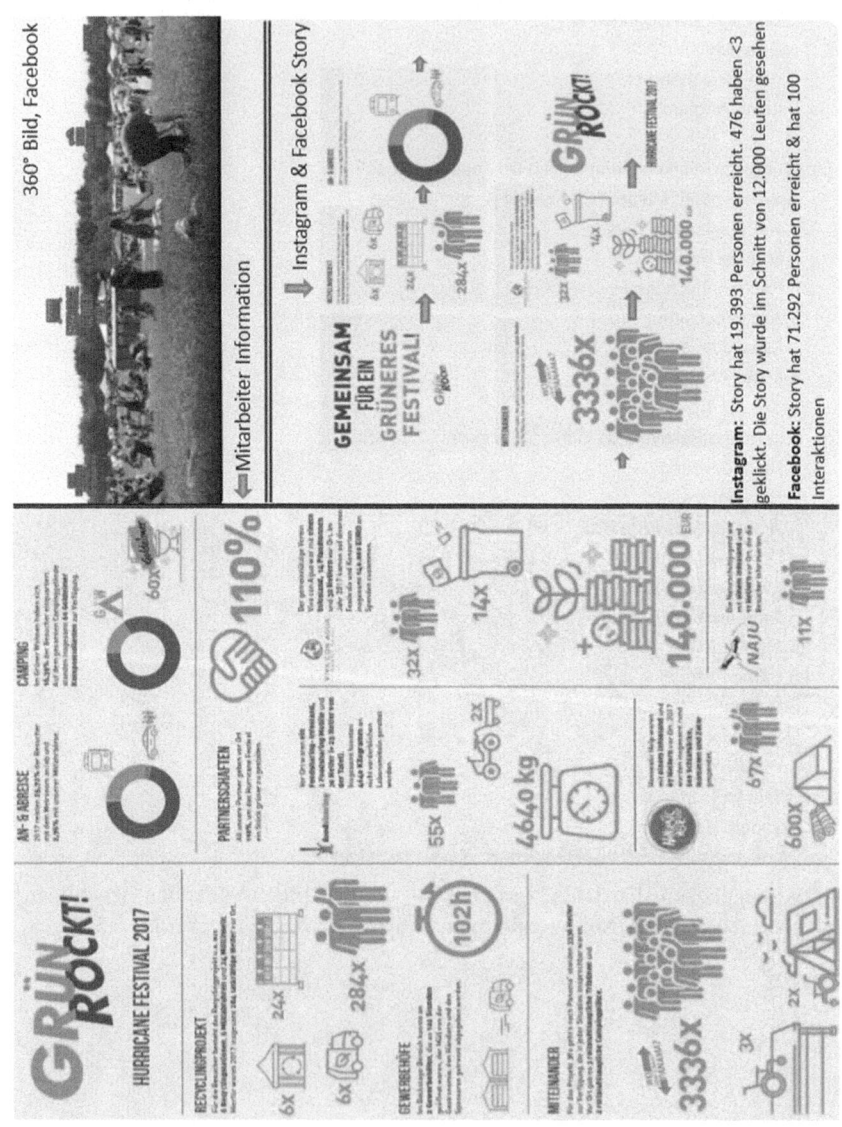

Literatur

Abramson, P. R. (2011). *Critiques and counter-critiques of the postmaterialism thesis: Thirty-four years of debate*. CSD Working Paper, S. 1–46. https://escholarship.org/uc/item/3f7 2v9q4. Abgerufen am 18.09.2019.

Abramson, P. R. & Inglehart, R. (1995). *Value change in global perspective*. University of Michigan Press. https://doi.org/10.3998/mpub.23627.

Acordia, C. & Robb, A. (2000). A future for event management: A taxonomy of event management terms. In J. Allen (Hg.), *Events beyond 2000: Setting the agenda: Proceedings of conference on event evaluation, research and education, Sydney July 2000* (Bd. 1, S. 154–160). Australian Centre for Event Management, Univ. of Technology.

Adler, A. (1930). Individual psychology. In C. Murchison (Hg.), *Psychologies of 1930* (S. 395–405). Clark University Press. https://doi.org/10.1037/11017-021.

Adler, P. (1975). The transitional experience: An alternative view of culture shock. *Journal of Humanistic Psychology, 15*(4), 13–23. https://doi.org/10.1177/002216787501500403.

Adorno, T. W. (1967). *Ohne Leitbild: Parva aesthetica* (1. Aufl.). edition suhrkamp: Bd. 201. Suhrkamp.

Adreucci, D. & McDonough, T. (2015). Capitalism. In D'Alics, G., Maria, F. de & Kallis, G. (Hg.), *Degrowth: A vocabulary for a new era* (S. 59–63). Routledge.

Alexander, S. (2014). Simplicity. In G. D'Alisa, F. de Maria & G. Kallis (Hg.), *Degrowth: A vocabulary for a new era* (S. 133–137). Routledge.

Anderson, C., John, O. P., Keltner, D. & Kring, A. M. (2001). Who attains social status? Effects of personality and physical attractiveness in social groups. *Journal of personality and social psychology, 81*(1), 116–132. https://doi.org/10.1037/0022-3514.81.1.116.

Andersson, T. D., Armbrecht, J. & Lundberg, E. (2012). Estimating use and non-use values of a music festival. *Scandinavian Journal of Hospitality and Tourism, 12*(3), 215–231. https://doi.org/10.1080/15022250.2012.725276.

Anderton, C. (2011). Music festival sponsorship: Between commerce and carnival. *Arts Marketing: An International Journal, 1*(2), 145–158. https://doi.org/10.1108/20442081111180368.

Anton, J. (2017). *Sexuelle Belästigung: Wie sicher sind Festivals?* https://www.faz.net/aktuell/gesellschaft/kriminalitaet/sexuelle-belaestigung-wie-sicher-sind-festivals-15104605.html. Abgerufen am 30.09.2019.

Arcodia, C. & Whitford, M. (2006). Festival attendance and the development of social capital. *Journal of Convention & Event Tourism, 8*(2), 1–18. https://doi.org/10.1300/J452v0 8n02_01.
Auhagen, A. E. (1999). *Die Realität der Verantwortung.* Zugl.: Berlin, Freie Univ., Habil.-Schr., 1997. Hogrefe Verl. für Psychologie.
Bachtin, M. (1995). *Rabelais und seine Welt: Volkskultur als Gegenkultur* (1. Aufl.). *Suhrkamp-Taschenbuch Wissenschaft: Bd. 1187.* Suhrkamp.
Baddeley, A. D. (2002). Is working memory still working? *European Psychologist, 7*(2), 85–97. https://doi.org/10.1027//1016-9040.7.2.85.
Baer, J. (2017). *Open-Air-Festivals: Nachhaltigkeit umsetzen.* Festivalmanagement. https://www.kulturmanagement.net/Themen/Open-Air-Festivals-Nachhaltigkeit-ums etzen,2213. Abgerufen am 25.09.2019.
Ballhaus, W., Wilke, N. & Bubbers, S. (2019). *German entertainment and media outlook 2019–2023 (GEMO).* https://www.pwc.de/de/technologie-medien-und-telekommu nikation/gemo-2018.pdf. Abgerufen am 26.06.2020.
Balzer, I. & Wächter, M. (Hg.). (2006). *Sozial-ökonomische Forschung: Ergebnisse der Sondierungsprojekte aus dem BMBF-Förderschwerpunkt.* ökom Verlag.
Bandura, A. (1993). Perceived self-efficacy in cognitive development and functioning. *Educational Psychologist, 28*(2), 117–148. https://doi.org/10.1207/s15326985ep2802_3.
Bandura, A. (1994). Self-efficacy. *Encyclopedia of Human Behavior* (4), 71–81.
Barrett-Lennard, G. T. (1998). *Carl Rogers' helping system: Journey and substance.* SAGE Publications.
Barth, V. (2002). Review Essay: Gesellschaft als dialektischer Prozess: Victor Turner zwischen Ndembu und Bob Dylan. *Forum: Qualitative Social Research, 3*(2). https://doi.org/ 10.17169/FQS-3.2.869.
Bateson, G. (1979). *Mind and nature: A necessary unity.* Dutton.
Baumeister, R. F. (1990). Suicide as escape from self. *Psychological Review, 97*(1), 90–113. https://doi.org/10.1037/0033-295x.97.1.90.
Beck, U. (1986). *Risikogesellschaft: Auf dem Weg in eine andere Moderne* (1. Aufl.). Surkamp.
Becker, E. & Jahn, T. (2006). *Soziale Ökologie: Grundzüge einer Wissenschaft von den gesellschaftlichen Naturverhältnissen* (1. Aufl.). *Sozialwissenschaften 2001–2008.* Campus Verlag GmbH.
Beitel, M., Ferrer, E. & Cecero, J. J. (2005). Psychological mindedness and awareness of self and others. *Journal of clinical psychology, 61*(6), 739–750. https://doi.org/10.1002/jclp. 20095
Bengry-Howell, A. & Griffin, C. (2012). Negotiating access in ethnographic research with 'hard to reach' young people: establishing common ground or a process of methodological grooming? *International Journal of Social Research Methodology, 15*(5), 403–416. https://doi.org/10.1080/13645579.2011.600115
Bennett, A., Taylor, J. & Woodward, I. (Hg.). (2014). *The festivalization of culture.* Ashgate.
Bennett, A. & Woodward, I. (2014). Festival spaces, identity, experience and belonging. In A. Bennett, J. Taylor & I. Woodward (Hg.), *The festivalization of culture* (S. 11–27). Ashgate.
Berkes, F. & Folke, C. (1998). Linking social and ecological systems for resilience and sustainability. In F. Berkes, C. Folke & J. Colding (Hg.), *Linking social and ecological*

systems: Management practices and social mechanisms for building resilience (S. 1–27). Cambridge Univ. Press.

Berkes, F., Folke, C. & Colding, J. (Hg.). (1998). *Linking social and ecological systems: Management practices and social mechanisms for building resilience.* Cambridge Univ. Press.

Berry, J. M. (1999). *The new liberalism: The rising power of citizen groups.* Brookings Institution Press. https://doi.org/10.7864/j.ctv7xbrk3.

Biggs, R., Schlüter, M. & Schoon, M. L. (2015). An introduction to the resilience approach and principles to sustain ecosystem services in social–ecological systems. In R. Biggs, M. Schlüter & M. L. Schoon (Hg.), *Principles for building resilience: Sustaining ecosystem services in social-ecological systems* (S. 1–31). Cambridge University Press.

Bilabel, J. (2017). *Tanzen, Denken, Diskutieren: Utopie und Alltag auf Festivals* [Die Offene Gesellschaft]. https://www.die-offene-gesellschaft.de/tanzen-denken-diskutieren-utopie-alltag-auf-festivals. Abgerufen am 19.09.2019.

Blake, J. & Davis, K. (1964). Norms, values, and sanctions. In R. E. L. Faris (Hg.), *Rand McNally sociology series. Handbook of modern sociology* (S. 456–484). Rand McNally.

BMAS. (o. D.). *CSR: Nachhaltigkeit und CSR.* Bundesministerium für Arbeit und Soziales. https://www.csr-in-deutschland.de/DE/Was-ist-CSR/Grundlagen/Nachhaltigkeit-und-CSR/nachhaltigkeit-und-csr.html;jsessionid=E4F567AC38FE0942F3ED9092721814F5. Abgerufen am 06.07.2020.

BMBF. (2015). *Sozial-ökologische Forschung: Förderkonzept für eine gesellschaftsbezogene Nachhaltigkeitsforschung 2015–2020.* Bundesministerium für Bildung und Forschung. https://www.bmbf.de/upload_filestore/pub/Sozial_oekologische_Forschung.pdf. Abgerufen am 13.09.2019.

Böhm, A. (2007). Theoretisches Codieren: Textanalyse in der Grounded Theory. In U. Flick, E. v. Kardorff & I. Steinke (Hg.), *Rororo Rowohlts Enzyklopädie: Bd. 55628. Qualitative Forschung: Ein Handbuch* (5. Aufl.). Rowohlt-Taschenbuch-Verl.

Bohus, M. & Huppertz, M. (2006). Wirkmechanismen achtsamkeitsbasierter Psychotherapie. *Zeitschrift für Psychiatrie, Psychologie und Psychotherapie, 54*(4), 265–276. https://doi.org/10.1024/1661-4747.54.4.265.

Boud, D., Keogh, R. & Walker, D. (Hg.). (1985). *Reflection: Turning experience into learning.* Kogan Page.

Bowen, F. (2015). *After greenwashing: Symbolic corporate environmentalism and society. Organizations and the Natural Environment.* Cambridge University Press.

Bowen, H. E. & Daniels, M. J. (2005). Does the music matter? Motivations for attending a music festival. *Event Management, 9*(3), 155–164. https://doi.org/10.3727/152599505774791149.

Braun, J. (2011). *Zelten auf dem Festival: Helga hat hier Platzverbot.* https://www.zeit.de/reisen/2011-06/green-camp?print. Abgerufen am 25.09.2019.

Brocchi, D. (2008). The cultural dimension of sustainability. In S. Kagan & V. Kirchberg (Hg.), *Higher education for sustainability: Bd. 3. Sustainability: A new frontier for the arts and cultures* (S. 26–58). VAS.

Brookfield, S. (1995). *Becoming a critically reflective teacher* (1. Aufl.). *The Jossey-Bass higher and adult education series.* Jossey-Bass.

Brundtland, G. H. (1987). Chairman's foreword: Our common future. In Brundtland Kommission (Hg.), *Our common future: World commission on environment and development. Brundtland Report.* Oxford University Press.
Brundtland Kommission (Hg.) (1987). *Our common future: World commission on environment and development.* Brundtland Report. Oxford University Press.
Bukowski, W. M., Bergevin, T. & Miners, R. (2011). Social development. In A. Slater & J. G. Bremner (Hg.), *BPS textbooks in psychology. An introduction to developmental psychology* (2. Aufl., S. 551–585). BPS Blackwell.
Bulka, T. (2015). *Stimmung, Emotion, Atmosphäre: Phänomenologische Untersuchungen zur Struktur der menschlichen Affektivität.* Zugl.: Würzburg, Julius-Maximilians-Univ., Diss, 2015. Mentis.
Charmaz, K. (2005). Grounded theory in the 21st century: Applications for advancing social justice studies. In N. K. Denzin & Y. S. Lincoln (Hg.), *The Sage handbook of qualitative research* (S. 507–535). Sage.
Charmaz, K. (2014). Grounded theory in global perspective. *Qualitative Inquiry, 20*(9), 1074–1084. https://doi.org/10.1177/1077800414545235.
Chirico, A., Serino, S., Cipresso, P., Gaggioli, A. & Riva, G. (2015). When music "flows": State and trait in musical performance, composition and listening. *Frontiers in psychology, 6*, Artikel 906, 1–14. https://doi.org/10.3389/fpsyg.2015.00906 (a systematic review).
Chotpitayasunondh, V. & Douglas, K. M. (2016). How "phubbing" becomes the norm: The antecedents and consequences of snubbing via smartphone. *Computers in Human Behavior, 63*, 9–18. https://doi.org/10.1016/j.chb.2016.05.018.
Cohen, D. & Todd, J. M. (2018). *The infinite desire for growth.* Princeton University Press.
CRP. (o. D.). *Der Chiemsee Summer – Das Festival in Übersee.* CRP Konzertagentur GmbH. https://www.chiemsee-summer.de/. Abgerufen am 24.09.2019.
Csikszentmihalyi, M. (Hg.). (2010). *Flow – der Weg zum Glück: Der Entdecker des Flow-Prinzips erklärt seine Lebensphilosophie* (Bd. 6067). Herder.
Csíkszentmihályi, I. S. & Csíkszentmihályi, M. (Hg.). (1988). *Optimal experience: Psychological studies of flow in consciousness.* Cambridge University Press. https://doi.org/10.1017/CBO9780511621956.
Csíkszentmihályi, M. (1990). *Flow: The psychology of optimal experience.* Harper and Row.
Csíkszentmihályi, M. (1997). *Finding flow: The psychology of engagement with everyday life* (1. Aufl.). *MasterMinds.* Basic Books.
Csíkszentmihályi, M. (2002). *Flow: The classic work on how to achieve happiness* (New Ed (1. August 2002)). Rider.
Csíkszentmihályi, M. (2010). *Creativity: Flow and the psychology of discovery and invention* (1. HarperPerennial ed., 30 [print.]).
Csíkszentmihályi, M. (2013). *Flow: Das Geheimnis des Glücks* (A. Charpentier, Übers.) (16. Aufl.). Klett-Cotta.
Csíkszentmihályi, M. (2014). *Flow and the foundations of positive psychology: The collected works of Mihaly Csikszentmihalyi.* Springer Netherlands. https://doi.org/10.1007/978-94-017-9088-8.
Cummings, J., Woodward, I. & Bennett, A. (2011). Festival spaces, green sensibilities and youth culture. In L. Giorgi, M. Sassatelli & G. Delanty (Hg.), *Routledge advances in sociology. Festivals and the cultural public sphere* (S. 142–155). Routledge.

D'Alisa, G., Maria, F. de & Kallis, G. (Hg.). (2015). *Degrowth: A vocabulary for a new era*. Routledge.
Daly, H.E. (1991). *Steady state economics*. 2. Aufl. Island Press.
Daly, H. E. (1996). *Beyond growth: The economics of sustainable environment*. Beacon Press.
DeMarco, T. & Lister, T. (1987). *Peopleware: Productive projects and teams*. Dorset House Publ.
Dessein, J., Soini, K. & Fairclough, G. (Hg.). (2015). *Culture in, for and as sustainable development: Conclusions from the cost action IS1007; Investigating cultural sustainability*. University Pr.
Dewey, J. (1933). *How we think: A restatement of the relation of reflective thinking to the educative process* (New ed.). Heath.
Dieleman, H. (2008). Sustainability, art and reflexivity.: Why artists and designers may become key change agents in sustainability. In S. Kagan & V. Kirchberg (Hg.), *Higher education for sustainability: Bd. 3. Sustainability: A new frontier for the arts and cultures* (S. 108–147). VAS.
Dilkes-Frayne, E. (2016). Drugs at the campsite: Socio-spatial relations and drug use at music festivals. *The International journal on drug policy, 33*, 27–35. https://doi.org/10.1016/j.drugpo.2015.10.004.
Doctor, J. R. (Hg.). (2007). *The Proms: A new history*. Thames & Hudson.
Duffy, M. & Mair, J. (2018). *Festival encounters: Theoretical perspectives on festival events. Routledge advances in event research*. Routledge.
Duval, T. S., Silvia, P. J. & Lalwani, N. (2001). *Self-awareness & causal attribution: A dual systems theory*. Kluwer Academic Publ.
Eisenhardt, K. M. & Graebner, M. E. (2007). Theory Building From Cases: Opportunities And Challenges. *Academy of Management Journal, 50*(1), 25–32. https://doi.org/10.5465/amj.2007.24160888.
Elias, N. (1939). *Über den Prozess der Zivilisation*. Verl. Haus zum Falken.
Engle, R. W. & Kane, M. J. (2004). Executive attention, working memory capacity, and a two-factor theory of cognitive control. In B. H. Ross (Hg.), *Psychology of Learning and Motivation: v.44. The psychology of learning and motivation: Advances in research and theory* (1. Aufl., Bd. 44, S. 145–199). Elsevier textbooks. https://doi.org/10.1016/S0079-7421(03)44005-X.
Erikson, E. H. (1950). *Childhood and society* (1 ed.). W. W. Norton & Company Inc.
Erikson, E. H. (1968). *Identity: Youth and crisis. Austen Riggs monograph series: Bd. 7*. Norton.
Ernst, A. (2010). Individuelles Umweltverhalten: Probleme, Chancen, Vielfalt. In H. Welzer, H.-G. Soeffner & D. Giesecke (Hg.), *Sozialwissenschaften 2010. KlimaKulturen: Soziale Wirklichkeiten im Klimawandel* (S. 128–144). Campus Verl.
Etzioni, A. (1968). *The active society: A theory of societal and political processes* (1st Free Press pbk. ed.). Collier-Macmillan; Free Press.
Etzioni, A. (1975). *Die aktive Gesellschaft: Eine Theorie gesellschaftlicher und politischer Prozesse*. VS Verlag für Sozialwissenschaften. https://doi.org/10.1007/978-3-322-83534-5.
Etzioni, A. (2009). A crisis of consumerism. In A. Hemerijck, B. Knapen & E. van Doorne (Hg.), *Aftershocks: Economic crisis and institutional choice* (S. 155–163). Amsterdam Univ. Press.

Evans, A. (2001). *This virtual life: Escapism and simulation in our media world*. Fusion Press.
Eventpark Luhmühlen. (2019). *Himmel und Heide: Eventpark Luhmühlen* [Der Eventpark]. https://www.himmelundheide.de/eventpark-luhmuehlen/. Abgerufen am 24.09.2019.
Falassi, A. (1987). Festival: Definition and morphology. In A. Falassi (Hg.), *Time out of time*. NM: University of New Mexico Press.
Fend, H. (2000). *Entwicklungspsychologie des Jugendalters: Ein Lehrbuch für pädagogische und psychologische Berufe*. *UTB: Bd. 8190*. Leske und Budrich.
FKP. (o. D.a). *FKP Scorpio Konzertproduktionen GmbH*. FKP Scorpio Konzertproduktionen GmbH. https://group.fkpscorpio.com/de/das-unternehmen/fkp-scorpio-deutschland/. Abgerufen am 24.09.2019.
FKP. (o. D.b). *Grün Rockt: Hurricane Festival*. FKP Scorpio Konzertproduktionen GmbH. https://www.hurricane.de/de/infos/gruen-rockt/. Abgerufen am 24.09.2019.
FKP. (o. D.c). *Highfield Festival*. FKP Scorpio Konzertproduktionen GmbH. https://www.highfield.de/. Abgerufen am 24.09.2019.
FKP. (o. D.d). *Hurricane Festival*. FKP Scorpio Konzertproduktionen GmbH. https://www.hurricane.de/. Abgerufen am 24.09.2019.
FKP. (o. D.e). *Hurricane Festival Fotogalerie*. FKP Scorpio Konzertproduktionen GmbH. https://www.hurricane.de/de/infos/fotogalerie/. Abgerufen am 21.07.2020.
FKP. (o. D.f). *M'era Luna Festival*. FKP Scorpio Konzertproduktionen GmbH. https://www.meraluna.de/. Abgerufen am 24.09.2019.
FKP. (o. D.g). *Southside Festival*. FKP Scorpio Konzertproduktionen GmbH. https://www.southside.de/. Abgerufen am 24.09.2019.
FKP. (o. D.h). *A Summer's Tale Festival*. FKP Scorpio Konzertproduktionen GmbH. http://www.asummerstale.de/de. Abgerufen am 24.09.2019.
FKP. (o. D.i). *VOLT: Der Auflade-Service für dein Handy* [Hurricane Festival]. https://www.hurricane.de/de/infos/news/volt-der-auflade-service-fuer-dein-handy/. Abgerufen am 22.7.2020.
FKP. (2017). *Besucherumfrage 2017 – Hurricane Festival*. FKP Scorpio Konzertproduktionen GmbH. https://www.hurricane.de/de/infos/news/besucherumfrage/. Abgerufen am 21.7.2020.
Flick, U. (2007). Triangulation in der qualitativen Forschung. In U. Flick, E. v. Kardorff & I. Steinke (Hg.), *Rororo Rowohlts Enzyklopädie: Bd. 55628. Qualitative Forschung: Ein Handbuch* (5. Aufl., S. 309–319). Rowohlt-Taschenbuch-Verl.
Folke, C. (2016). Resilience (republished). *Ecology and Society, 21*(4). https://doi.org/10.5751/ES-09088-210444.
FONA. (o. D.). *Gesellschaft: Sozial-ökologische Forschung*. https://www.fona.de/de/themen/gesellschaft-sozial-oekologische-forschung.php. Abgerufen am 21.7.2020.
Fook, J. & Askeland, G. A. (2006). The 'critical' in critical reflection. In S. White, J. Fook & F. Gardner (Hg.), *Critical reflection in health and social care* (S. 40–55). Open University.
Funk, W. & Krämer, L. (Hg.). (2014). *Kultur- und Medientheorie. Fiktionen von Wirklichkeit: Authentizität zwischen Materialität und Konstruktion*. transcript Verlag.
Gebhardt, W., Hitzler, R. & Pfadenhauer, M. (Hg.). (2000). *Erlebniswelten. Events: Soziologie des Außergewöhnlichen*. https://doi.org/10.1007/978-3-322-95155-7.

Gelder, G. & Robinson, P. (2009). A critical comparative study of visitor motivations for attending music festivals: A case study of Glastonbury and V Festival. *Event Management, 13*(3), 181–196. https://doi.org/10.3727/152599509790029792.

Getz, D. (2005). *Event management and event tourism* (2. ed.). Cognizant Communication Corporation.

Getz, D. (2010). The nature and scope of festival studies. *International Journal of Event Management Research* (5), Artikel 1, 1–47.

Giddens, A. (1979). *Central problems in social theory: Action, structure and contradiction in social analysis* (1979. Aufl.). *Contemporary Social Theory*. Macmillan Education; Palgrave.

Giddens, A. (1988). *Die Konstitution der Gesellschaft: Grundzüge einer Theorie der Strukturierung. Theorie und Gesellschaft: Bd. 1.* Campus-Verl.

Gillibrand, R., Lam, V. & O'Donnell, V. (2011). *Developmental psychology*. Pearson Education.

Glaser, B. G. & Strauss, A. L. (1967). *The discovery of grounded theory: Strategies for qualitative research. Observations*. Aldine.

Glaser, B. G. & Strauss, A. L. (1998). *Grounded theory: Strategien qualitativer Forschung. Hans Huber Programmbereich Pflege*. Huber.

Goulding, C. (2002). *Grounded theory: A practical guide for management, business and market researchers*. Sage.

Grabmayer, J. (2009). Die verkehrte Welt. In J. Grabmayer (Hg.), *Schriftenreihe der Akademie Friesach: N.F., 1. Das Königreich der Narren: Fasching im Mittelalter. Beiträge der Akademie Friesach, Friesach (Kärnten), 9. bis 11. November 2007* (S. 7–21). Alpen-Adria-Univ. Inst. für Geschichte.

Green Music Initiative. (o. D.). *Green Music Initiative*. http://www.greenmusicinitiative.de/. Abgerufen am 21.7.2020.

Green Operation Group Europe. (2019). *Audience Psychology? Go Group Workshop*. http://www.greenmusicinitiative.de/2016/03/go-group-cologne/. Abgerufen am 24.09.2019.

Grunwell, S. & Inhyuck, S. H. (2007). Film festivals: An empirical study of factors for success. *Event Management, 11*(4), 201–210. https://doi.org/10.3727/152599508785899893.

The Guardian. (2013). *Phubbing: The war against anti-social phone use*. https://www.theguardian.com/technology/shortcuts/2013/aug/05/phubbing-anti-social-phone-campaign. Abgerufen am 26.09.2019.

Haas, H.-D. & Neumair, S.-M. (2015). *Wirtschaftsgeographie* (3. Aufl.). *Geowissen kompakt*. WBG.

Haasper, A. & Fabig, C. (2015). *Transition Management: Veränderungen zielorientiert umsetzen* (1. Aufl.). Books on Demand.

Hagström, D. & Kaldo, V. (2014). Escapism among players of MMORPGs: Conceptual clarification, its relation to mental health factors, and development of a new measure. *Cyberpsychology, behavior and social networking, 17*(1), 19–25. https://doi.org/10.1089/cyber.2012.0222.

Halbmayer, E. & Salat, J. (2011). *Das problemzentrierte Interview*. Institut für Kultur- und Sozialanthropologie, Universität Wien. Qualitative Methoden der Kultur- und Sozialanthropologie. https://www.univie.ac.at/ksa/elearning/cp/qualitative/qualitative-45.html. Abgerufen am 25.09.2019.

Hassenpflug, D. (1993). *Sozialökologie: Ein Paradigma*. VS Verlag für Sozialwissenschaften. https://doi.org/10.1007/978-3-322-94247-0.

Heidbrink, L. (2010). Kultureller Wandel: Zur kulturellen Bewältigung des Klimawandels. In H. Welzer, H.-G. Soeffner & D. Giesecke (Hg.), *Sozialwissenschaften 2010. Klima-Kulturen: Soziale Wirklichkeiten im Klimawandel* (S. 49–64). Campus Verl.

Helmes-Hayes, R. C. (1987). "A dualistic vision": Robert Ezra Park and the classical ecological theory of social inequality. *The Sociological Quarterly, 28*(3), 387–409. https://doi.org/10.1111/j.1533-8525.1987.tb00302.x.

Helmstetter, R. (2007). Der Geschmack der Gesellschaft: Die Massenmedien als Apriori des Populären. In C. Huck & C. Zorn (Hg.), *Das Populäre der Gesellschaft: Systemtheorie und Populärkultur* (S. 44–72). VS Verlag für Sozialwissenschaften/GWV Fachverlage GmbH Wiesbaden.

Henderson, S. & Musgrave, J. (2014). Changing audience behaviour: Festival goers and throwaway tents. *International Journal of Event and Festival Management, 5*(3), 247–262. https://doi.org/10.1108/IJEFM-11-2013-0031.

Henning, B. & Vorderer, P. (2001). Psychological escapism: Predicting the amount of television viewing by need for cognition. *Journal of Communication, 51*(1), 100–120. https://doi.org/10.1111/j.1460-2466.2001.tb02874.x.

Hepp, G. F. (2001). Wertewandel und bürgerschaftliches Engagement: Perspektiven für die politische Bildung. *Aus Politik und Zeitgeschichte: APuZ*(B29), 31–38.

Herzog, D. (2002). Responsivität. In O. Jarren (Hg.), *Politische Kommunikation in der demokratischen Gesellschaft: Ein Handbuch mit Lexikonteil* (1. Aufl., S. 298–304). Westdt. Verl. https://doi.org/10.1007/978-3-322-80348-1_18.

Hewett, I. (2007). Joining the queue: The proms audiences. In J. R. Doctor (Hg.), *The Proms: A new history* (S. 210–232). Thames & Hudson.

Hirsch, F. (1976). *Social limits to growth. Twentieth Century Fund Books/Reports/Studies*. Harvard University Press. https://doi.org/10.4159/harvard.9780674497900.

Hitzler, R. (1999). „Ein bißchen Spaß muss sein!": Zur Konstruktion moderner Erlebniswelten. In H. Schwengel & B. Höpken (Hg.), *Grenzenlose Gesellschaft?* (S. 194–197). Centaurus Verlag & Media; Imprint.

Hitzler, R. & Eberle, T. S. (2007). Phänomenologische Lebensweltanalyse. In U. Flick, E. v. Kardorff & I. Steinke (Hg.), *Rororo Rowohlts Enzyklopädie: Bd. 55628. Qualitative Forschung: Ein Handbuch* (5. Aufl., S. 110–119). Rowohlt-Taschenbuch-Verl.

Hogan, R. (1976). *Personality theory: The personological tradition. The Prentice-Hall series in personality*. Prentice-Hall.

Hogan, R. (1983). A socioanalytic theory of personality. *Nebraska Symposium on Motivation. Nebraska Symposium on Motivation*, 55–89.

Hogan, R. & Cheek, J. M. (1983). Identity, authenticity, and maturity. In T. R. Sarbin & K. E. Scheibe (Hg.), *Studies in social identity* (S. 339–357). Praeger.

Hollingshead, A. B. (2011). Four factor index of social status. *Yale Journal of Sociology*(8), S. 21–53.

Hopf, C. (2007). Qualitative Interviews: Ein Überblick. In U. Flick, E. v. Kardorff & I. Steinke (Hg.), *Rororo Rowohlts Enzyklopädie: Bd. 55628. Qualitative Forschung: Ein Handbuch* (5. Aufl., S. 349–360). Rowohlt-Taschenbuch-Verl.

Horkheimer, M. & Adorno, T. W. (2010). *Dialektik der Aufklärung: Philosophische Fragmente* (19. Aufl.). *Fischer-Taschenbücher Fischer Wissenschaft: Bd. 7404*. Fischer Taschenbuch Verl.

Hradil, S. (2002). Vom Wandel des Wertewandels: Die Individualisierung und eine ihrer Gegenbewegungen. In W. Glatzer, R. Habich & K. U. Mayer (Hg.), *Sozialer Wandel und gesellschaftliche Dauerbeobachtung* (S. 31–47). VS Verlag für Sozialwissenschaften. https://doi.org/10.1007/978-3-322-95035-2_2.

Hundsbichler, H. (1992). Im Zeichen der „verkehrten Welt". In G. Blaschnitz, H. Hundsbichler, G. Jaritz & E. Vavra (Hg.), *Symbole des Alltags: Alltag der Symbole. Festschrift für Harry Kühnel zum 65. Geburtstag* (S. 555–570). Akad. Dr.- und Verl.-Anst.

Igorevna, O. O. (2015). Escapism: Current studies and research prospects in contemporary psychology. *Austrian Journal of Humanities and Social Sciences, 3–4*(1), 103–105.

Inglehart, R. (1977). *The silent revolution: Changing values and political styles among western publics. Princeton Legacy Library*. Princeton University Press. https://doi.org/10.2307/j.ctt13x18ck.

Inglehart, R. (1990). *Culture shift in advanced industrial society*. Princeton Univ. Press.

Inglehart, R. F. (2008). Changing values among western publics from 1970 to 2006. *West European Politics, 31*(1–2), 130–146. https://doi.org/10.1080/01402380701834747.

ISO. (2010). *26000: Guidance on social responsibility*. International Organization for Standardization. https://iso26000.info/wp-content/uploads/2017/06/ISO-26000_2010_E_OBPpages.pdf. Abgerufen am 22.02.2020.

It-Zoom. (2017). *Besseres Mobilfunknetz für das Hurricane-Festival*. https://www.it-zoom.de/it-director/e/besseres-mobilfunknetz-fuer-das-hurricane-festival-17048/. Abgerufen am 21.7.2020.

Jackson, T. & Senker, P. (2009). *Prosperity without growth: Economics for a finite planet*. Earthscan.

Jones, M. (2010). *Sustainable event management: A practical guide*. Earthscan.

Kagan, S. (2011). *Art and sustainability: Connecting patterns for a culture of complexity*. transcript Verlag für Kommunikation Kultur und soziale Praxis.

Kagan, S. (2012). *Auf dem Weg zu einem globalen (Umwelt-)Bewusstseinswandel: Über transformative Kunst und eine geistige Kultur der Nachhaltigkeit. Schriften zur Ökologie: Bd. 20*. Heinrich-Böll-Stiftung.

Kagan, S. & Kirchberg, V. (2016). Music and sustainability: Organizational cultures towards creative resilience. *Journal of Cleaner Production, 135*, 1487–1502 (A review).

Kallis, G. (2015). Social limits of growth. In G. D'Alisa, F. de Maria & G. Kallis (Hg.), *Degrowth: A vocabulary for a new era* (S. 137–141). Routledge.

Karadağ, E., Tosuntaş, Ş. B., Erzen, E., Duru, P., Bostan, N., Şahin, B. M., Çulha, İ. & Babadağ, B. (2015). Determinants of phubbing, which is the sum of many virtual addictions: A structural equation model. *Journal of behavioral addictions, 4*(2), 60–74. https://doi.org/10.1556/2006.4.2015.005.

Kardapoltseva, A. A. (2012). *Escapism as a complex psychological phenomenon in a life of person and society*. People's Friendship University of Russia. Proceedings of the VII International students' scientific-practical conference, Moskau.

Kassel, D. (2020). *Entschleunigung durch Corona: Warum die neue Langsamkeit nicht entspannt* [Hartmut Rosa im Gespräch mit Dieter Kassel]. Deutschlandfunk Kultur.

https://www.deutschlandfunkkultur.de/entschleunigung-durch-corona-warum-die-neue-langsamkeit.1008.de.html?dram:article_id=473780. Abgerufen am 25.06.2020.

Katz, J. E. & Aakhus, M. A. (Hg.). (2002). *Perpetual contact: Mobile communication, private talk, public performance*. Cambridge University Press. https://doi.org/10.1017/CBO9780511489471.

Kirchberg, V. (2013). Kulturwissenschaft. In Gesellschaft der Freunde der Sommerlichen Musiktage Hitzacker e.V. (Hg.), *Nachhaltigkeit ... und die Kultur? Dokumentation zum „Forum Nachhaltigkeit" bei den Sommerlichen Musiktagen Hitzacker 2013* (S. 24–28). Unibuch-Verl. zu Klampen.

Kirchner, B. (2011). *Eventgemeinschaften: Das Fusion Festival und seine Besucher* (1. Aufl.). *Erlebniswelten*. VS Verl. für Sozialwiss. https://doi.org/10.1007/978-3-531-93187-6.

Klages, H. (2001). Brauchen wir eine Rückkehr zu traditionellen Werten? *Politik und Zeitgeschichte* (29), 7–14.

Kluckhohn, C. (1951). Values and value: Orientation in the theory of action. In T. Parsons & E. A. Shils (Hg.), *Toward a general theory of action*. Harvard University Press. https://doi.org/10.4159/harvard.9780674863507.c8. An exploration in definition and classification.

Kolb, S. M. (2012). Grounded theory and the constant comparative method: Valid research strategies for educators. *Journal of Emerging Trends in Educational Research and Policy Studies*, *3*(1), 83–86.

Kolland, D. (2002). Das Leitbild Nachhaltigkeit in der kommunalen Kulturpraxis. In Kulturpolitische Gesellschaft e.V. (Hg.), *Kulturpolitische Mitteilungen: Die Zeitschrift für Kulturpolitik der Kulturpolitischen Gesellschaft/Kulturpolitische Gesellschaft e.V.* (II, S. 38–46).

Korte, S. (2007). *Rauschkonstruktionen: Eine qualitative Interviewstudie zur Konstruktion von Drogenrauschwirklichkeit*. VS Verlag für Sozialwissenschaften I GWV Fachverlage GmbH Wiesbaden. https://doi.org/10.1007/978-3-531-90583-9.

Kulturkosmos Müritz e.V. (o. D.a). *Kulturkosmos Müritz e.V*. https://www.kulturkosmos.de/. Abgerufen am 21.7.2020.

Kulturkosmos Müritz e.V. (o.D.b). *Fusion Festival*. https://www.fusion-festival.de/de/x/festival/was-ist-die-fusion. Abgerufen am 22.07.2020.

Kurt, H. (2002). Nachhaltigkeit: Eine Herausforderung an die Kunst? *Kulturpolitische Mitteilungen, II*(97), 46–49.

Kurt, H. & Wagner, B. (Hg.) (2002). *Kultur – Kunst – Nachhaltigkeit: Die Bedeutung von Kultur für das Leitbild nachhaltige Entwicklung; [Fachtagung am 10./11. Januar 2002, Akademie der Künste, Berlin. Dokumentation/Kulturpolitische Gesellschaft e.V: Bd. 57*. Kulturpolitische Gesellschaft.

Laing, J. & Frost, W. (2010). How green was my festival: Exploring challenges and opportunities associated with staging green events. *International Journal of Hospitality Management*, *29*(2), 261–267. https://doi.org/10.1016/j.ijhm.2009.10.009.

Lajos, D. & Zoltán, Á. (2014). Comparison of drug abuse at two music festivals and the importance of health education. *Procedia – Social and Behavioral Sciences*, *116*, 3236–3240. https://doi.org/10.1016/j.sbspro.2014.01.741.

Langenbach, J. (2012). *Psychologie: Am liebsten rede ich doch über mich selbst*. https://diepresse.com/home/science/756062/Psychologie_Am-liebsten-rede-ich-doch-ueber-mich-selbst. Abgerufen am 25.09.2019.

Laufer, W. S. (2003). Social accountability and corporate greenwashing. *Journal of Business Ethics*, *43*(3), 253–261.

Lawn, P. (2011). Is steady-state capitalism viable? A review of the issues and an answer in the affirmative. *Annals of the New York Academy of Sciences*, *1219*, 1–25. https://doi.org/10.1111/j.1749-6632.2011.05966.x.

Leggewie, C. (2012). Victor Turner, The Ritual Process. In A. Lang, C. Leggewie, D. Zifonun & M. Siepmann (Hg.), *Edition Kulturwissenschaft: Bd. 7. Schlüsselwerke der Kulturwissenschaften* (S. 50–52). transcript Verlag.

Leggewie, C. & Welzer, H. (2010). *Das Ende der Welt, wie wir sie kannten: Klima, Zukunft und die Chancen der Demokratie* (4. Aufl.). Fischer.

Lim, M. S. C., Hellard, M. E., Hocking, J. S. & Aitken, C. K. (2008). A cross-sectional survey of young people attending a music festival: Associations between drug use and musical preference. *Drug and alcohol review*, *27*(4), 439–441. https://doi.org/10.1080/09595230802089719.

Lim, M. S. C., Hellard, M. E., Hocking, J. S., Spelman, T. D. & Aitken, C. K. (2010). Surveillance of drug use among young people attending a music festival in Australia, 2005–2008. *Drug and alcohol review*, *29*(2), 150–156. https://doi.org/10.1111/j.1465-3362.2009.00090.x.

Little, D. (2012). *Giddens on agents and structures*. Understanding Society. Innovative Thinking about a global world. https://understandingsociety.blogspot.com/2012/05/giddens-on-agents-and-structures.html. Abgerufen am 18.09.2019.

Locke, K. (2001). *Grounded theory in management research* (1. Aufl.). *SAGE series in management research*.

Locke, K. & Golden-Biddle, K. (2005). An introduction to qualitative research: Its Potential for Industrial and Organizational Psychology. In D. M. Teti (Hg.), *Blackwell handbooks of research methods in psychology. Handbook of research methods in developmental science* (Bd. 38, S. 99–118). Blackwell. https://doi.org/10.1002/9780470756669.ch5.

Loevinger, J. (1976). *Ego development: Conceptions and theories* (1. Aufl.). *The Jossey-Bass behavioral science ser.*

Luckman, S. (2003). Going bush and finding one's 'tribe': Raving, escape and the bush doof. *Continuum*, *17*(3), 318–332. https://doi.org/10.1080/10304310302729.

Luckman, S. (2014). Location, spatiality and liminality at outdoor music festivals: Doofs as journey. In A. Bennett, J. Taylor & I. Woodward (Hg.), *The festivalization of culture* (S. 189–206). Ashgate.

Luhmann, N. (1980). *Gesellschaftsstruktur und Semantik: Studien zur Wissenssoziologie der modernen Gesellschaft* (1. Auflage). Suhrkamp.

Luks, F., Siebenhüner, B., Felbinger, D., Lux, A., Beschorner, T. & Wendorf, G. (2007). Sozial-ökologische Transformation der Ökonomik: Probleme, Potentiale und Perspektiven. *GAIA – Ecological Perspectives for Science and Society*, *16*(2), 115–121. https://doi.org/10.14512/gaia.16.2.12.

Magee, J. C. & Galinsky, A. D. (2008). The self-reinforcing nature of social hierarchy: Origins and consequences of power and status. *The Academy of Management Annals*, *2*(1), 351–398. https://doi.org/10.1080/19416520802211628.

Mair, J. & Laing, J. (2012). The greening of music festivals: Motivations, barriers and outcomes. *Journal of Sustainable Tourism*, *20*(5), 683–700. https://doi.org/10.1080/09669582.2011.636819 (Applying the Mair and Jago model).

Manthiou, A., Lee, S., Tang, L. & Chiang, L. (2014). The experience economy approach to festival marketing: Vivid memory and attendee loyalty. *Journal of Services Marketing, 28*(1), 22–35. https://doi.org/10.1108/JSM-06-2012-0105.

Markowetz, A. (2015). *Digitaler Burnout: Warum unsere permanente Smartphone-Nutzung gefährlich ist* (1. Aufl.). Droemer.

Martinho, G., Gomes, A., Ramos, M., Santos, P., Gonçalves, G., Fonseca, M. & Pires, A. (2018). Solid waste prevention and management at green festivals: A case study of the Andanças festival, Portugal. *Waste management (New York, N.Y.), 71*, 10–18. https://doi.org/10.1016/j.wasman.2017.10.020.

Maslow, A. H. (1943). A theory of human motivation. *Psychological Review, 50*(4), 370–396. https://doi.org/10.1037/h0054346.

Mezirow, J. (1990). *Fostering critical reflection in adulthood: A guide to transformative and emancipatory learning* (1. Aufl.). *The Jossey-Bass management series.* Jossey-Bass.

Mietzel, G. (2002). *Wege in die Entwicklungspsychologie: Kindheit und Jugend* (4., vollst. überarb. Aufl.). Verlagsgruppe Beltz, Psychologie Verlags Union.

MLK. (o. D.). *Rock am Ring: Green camping.* Marek Lieberberg Konzertagentur. http://www.rock-am-ring.com/info/green-camping-1. Abgerufen am 04.07.1918.

Mönks, F. J. & Knoers, A. M. P. (1996). *Lehrbuch der Entwicklungspsychologie. UTB für Wissenschaft.* Reinhardt.

Moldaschl, M. (2010). Was ist Reflexivität? *Papers and Preprints of the Department of Innovation Research and Sustainable Resource Management (BWL IX)*, Chemnitz University of Technology No 11/2010.

Morin, E. (2007). Restricted complexity, general complexity. In C. Gershenson, D. Aerts & B. Edmonds (Hg.), *Worldviews, science and us: Philosophy and complexity* (S. 5–29). world scientific. https://doi.org/10.1142/9789812707420_0002.

Moser, D.-R. (1986). *Fastnacht, Fasching, Karneval: D. Fest d. „Verkehrten Welt".* Styria.

Mulder, J., Ter Bogt, T. F. M., Raaijmakers, Q. A. W., Nic Gabhainn, S., Monshouwer, K. & Vollebergh, W. A. M. (2010). Is it the music? Peer substance use as a mediator of the link between music preferences and adolescent substance use. *Journal of adolescence, 33*(3), 387–394. https://doi.org/10.1016/j.adolescence.2009.09.001.

Nazir, T. & Pişkin, M. (2016). Phubbing: A technological invasion which connected the world but disconnected humans. *The International Journal of Indian Psychology, 3*(68), Artikel 4, 39–46.

NDR. (o. D.). *Die besten Outfits beim M'era Luna Festival.* https://www.ndr.de/nachrichten/niedersachsen/Die-besten-Outfits-beim-Mera-Luna-Festival,kostueme170.html. Abgerufen am 22.7.2020.

Neville, F. & Reicher, S. (2011). The experience of collective participation: Shared identity, relatedness and emotionality. *Contemporary Social Science, 6*(3), 377–396. https://doi.org/10.1080/21582041.2012.627277.

Noelle-Neumann, E. (1985). Politik und Wertewandel. In *Geschichte und Gegenwart* (Bd. 1, S. 3–15). Vortrag vom 19.11.1983 in Graz.

Noelle-Neumann, E. & Petersen, T. (2001). *Zeitenwende: Der Wertewandel 30 Jahre später.* Bundeszentrale für politische Bildung. Aus Politik und Zeitgeschichte. https://www.bpb.de/apuz/26133/zeitenwende-der-wertewandel-30-jahre-spaeter?p=all. Abgerufen am 07.10.2019.

O'Reilly, K., Paper, D. & Marx, S. (2012). Demystifying grounded theory for business research. *Organizational Research Methods, 15*(2), 247–262. https://doi.org/10.1177/109442 8111434559.

Opp, K.-D. (1983). *Die Entstehung sozialer Normen: Ein Integrationsversuch soziologischer, sozialpsychologischer und ökonomischer Erklärungen. Die Einheit der Gesellschaftswissenschaften: Bd. 33.* Mohr.

O'Rourke, S., Irwin, D. & Straker, J. (2011). Dancing to sustainable tunes: An exploration of music festivals and sustainable practices in Aotearoa. *Annals of Leisure Research, 14*(4), 341–354. https://doi.org/10.1080/11745398.2011.639383.

Packer, J. & Ballantyne, J. (2011). The impact of music festival attendance on young people's psychological and social well-being. *Psychology of Music, 39*(2), 164–181. https://doi.org/10.1177/0305735610372611.

Paech, N. (2009). Die Postwachstumsökonomie als Voraussetzung für eine nachhaltige Entwicklung. In F. Hinterberger, H. Hutterer, I. Omann & E. Freytag (Hg.), *Welches Wachstum ist nachhaltig? Ein Argumentarium* (S. 215–223). Mandelbaum.

Parodi, O., Schaffer, A. & Banse, G. (Hg.). (2010). *Globale zukunftsfähige Entwicklung – Nachhaltigkeitsforschung in der Helmholtz-Gemeinschaft: Bd. 15. Wechselspiele: Kultur und Nachhaltigkeit. Annäherungen an ein Spannungsfeld.* Edition Sigma. https://doi.org/10.5771/9783845267715.

Pegg, S. & Patterson, I. (2010). Rethinking music festivals as a staged event: Gaining insights from understanding visitor motivations and the experiences they seek. *Journal of Convention & Event Tourism, 11*(2), 85–99. https://doi.org/10.1080/15470141003758035.

Petty, R. E. & Cacioppo, J. T. (1986). *Communication and persuasion: Central and peripheral routes to attitude change. Springer series in social psychology.* Springer.

Picard, D. (2016). The festive frame: Festivals as mediators for social change. *Ethnos, 81*(4), 600–616. https://doi.org/10.1080/00141844.2014.989869.

Pine, J. & Gilmore, J. H. (1998). Welcome to the experience economy. *Harvard Business Review, 76*(4), Artikel 98407, 97–105.

Polanyi, K. (1985 [c1944]). *The great transformation.* Beacon Press.

Polit, D. F. & Beck, C. T. (2010). Generalization in quantitative and qualitative research: Myths and strategies. *International journal of nursing studies, 47*(11), 1451–1458. https://doi.org/10.1016/j.ijnurstu.2010.06.004.

Porwol, T. (2016). *Überleben auf dem Festival: 9 Technik-Tipps für das Smartphone.* https://www.musikexpress.de/ueberleben-auf-dem-festival-9-technik-tipps-fuer-das-smartphone-510197/. Abgerufen am 01.07.2020.

Powers, M. (1997). *The Audit Society: Rituals of Verification.* Oxford University Press.

Prentice, R. & Andersen, V. (2003). Festival as creative destination. *Annals of Tourism Research, 30*(1), 7–30. https://doi.org/10.1016/S0160-7383(02)00034-8.

Quinn, B. & Wilks, L. (2013). Festival connections: People, place and social capital. In G. Richards, M. de Brito & L. Wilks (Hg.), *Routledge Advances in Event Research Series. Exploring the social impacts of events* (S. 15–30). Taylor and Francis.

Reisch, L. A. (2002). Kultivierung der Nachhaltigkeit: Ein neuer Weg zu nachhaltigem Konsum? *GAIA – Ecological Perspectives for Science and Society, 11*(2), 113–118. https://doi.org/10.14512/gaia.11.2.7.

RFG. (o. D.a). *Dream City: Roskilde Festival.* Roskilde Festival Group. https://www.roskilde-festival.dk/en/camping/community-camping/dream-city/. Abgerufen am 22.07.2020.

RFG. (o. D.b). *Rosklile Festival: Non-profit*. Roskilde Festival Group. https://www.roskildefestival.dk/en/about/non-profit/. Abgerufen am 21.07.2020.

Rimé, B. (2007). The social sharing of emotion as an interface between individual and collective processes in the construction of emotional climates. *Journal of Social Issues, 63*(2), 307–322. https://doi.org/10.1111/j.1540-4560.2007.00510.x.

Rimé, B. & Páez, D. (2014). Collective emotional gatherings: Their impact upon identity fusion, shared beliefs, and social integration. In C. von Scheve & M. Salmela (Hg.), *Series in affective science. Collective emotions: Perspectives from psychology, philosophy, and sociology* (S. 204–216). Oxford University Press.

Riotta, C. (2015). *Going to a music festival not only makes you happier, it changes your life*. https://www.elitedaily.com/life/music-festival-make-you-happier-more-open-minded/999777. Abgerufen am 19.09.2019.

Ritchie, J. R. B. & Crouch, G. I. (2003). *The competitive destination: A sustainable tourism perspective*. CABI-Publ.

Rittelmeyer, C. (2005). *„Über die ästhetische Erziehung des Menschen": Eine Einführung in Friedrich Schillers pädagogische Anthropologie*. Juventa-Verl.

Rogers, E. M. (2003). *Diffusion of innovations. Social science*. Free Press.

Rosa, H. (2013). *Beschleunigung und Entfremdung: Entwurf einer kritischen Theorie spätmoderner Zeitlichkeit* (1. Auflage). Suhrkamp.

Rosa, H. (2016). *Beschleunigung: Die Veränderung der Zeitstrukturen in der Moderne* (11. Aufl.). *Suhrkamp-Taschenbuch Wissenschaft: Bd. 1760*. Suhrkamp.

Rosa, H. (2017). *Resonanz: Eine Soziologie der Weltbeziehung* (1. Auflage). Suhrkamp.

Rosa, H. (2018). Resonanz statt Reichweitenvergrößerung. In M. Becker, M. Reinicke, H. Rosa, K. Kipping & N. Paech (Hg.), *Anders wachsen!: Von der Krise der kapitalistischen Wachstumsgesellschaft und Ansätzen einer Transformation* (S. 57–79). oekom.

Rothwell, J. D. (2010). *In the company of others: An introduction to communication* (3. Auflage). Oxford University Press.

Roye, A., Jacobsen, T. & Schröger, E. (2007). Personal significance is encoded automatically by the human brain: An event-related potential study with ringtones. *The European journal of neuroscience, 26*(3), 784–790. https://doi.org/10.1111/j.1460-9568.2007.05685.x.

Ruck, C. & Zorn, C. (2007). Das Populäre der Gesellschaft: Zur Einleitung. In C. Huck & C. Zorn (Hg.), *Das Populäre der Gesellschaft: Systemtheorie und Populärkultur* (S. 7–41). VS Verlag für Sozialwissenschaften/GWV Fachverlage GmbH Wiesbaden.

Saupe, A. (2012). *Authentizität*. Zentrum für Zeithistorische Forschung Potsdam. Begriffe, Methoden und Debatten der zeithistorischen Forschung. http://docupedia.de/zg/saupe_authentizitaet_v2_de_2012. Abgerufen am 19.03.2020.

Schäfers, B., Kopp, J. & Lehmann, B. (Hg.). (2006). *Lehrbuch. Grundbegriffe der Soziologie* (9. Aufl.). VS Verl. für Sozialwiss.

Scheler, S. M. (1926). *Die Wissensform und die Gesellschaft*. Leipzig: Der Neue Geist Verlag.

Schlesinger, T. (2009). Kollektive Emotionen im Kontext sportbezogener Marketing-Events. *Sport und Gesellschaft, 6*(2), 148–172. https://doi.org/10.1515/sug-2009-0204.

Schmidt, E. (2019). *Party mit Problemen: Was tun gegen Müllberge auf Festivals?* ZDF heute. https://www.zdf.de/nachrichten/heute/muell-auf-festivals-100.html. Abgerufen am 22.07.2020.

Schubert, H.-J. (2007). The chicago school of sociology: Theorie, Empirie und Methode. In C. Klingemann (Hg.), *Jahrbuch für Soziologiegeschichte. Soziologisches Erbe: Georg Simmel – Max Weber – Soziologie und Religion – Chicagoer Schule der Soziologie* (Bd. 79, S. 119–164). VS Verl. für Sozialwiss. https://doi.org/10.1007/978-3-531-90494-8_6.

Schulze, G. (2005). *Die Erlebnisgesellschaft: Kultursoziologie der Gegenwart. Campus Bibliothek*. Campus Verlag.

Schütz, A. & Luckmann, T. (2017). *Strukturen der Lebenswelt* (2. Aufl.). *UTB: Bd. 2412*. UVK Verl.-Ges.

Semmerling, F. & Kroning, D. (2016a). Interview: Folkert Koopmans: CEO, FKP Scorpio Konzertproduktionen GmbH. In F. Koopmans (Hg.), *20 Jahre Hurricane* (1. Aufl., S. 7).

Semmerling, F. & Kroning, D. (2016b). Interview: Jasper Barendregt: Director Festival Production, FKP Scorpio Konzertproduktionen GmbH. In F. Koopmans (Hg.), *20 Jahre Hurricane* (1. Aufl., S. 131).

Sharpe, E. K. (2005). *Having fun changing the world: Intersection of pleasure and politics at a community music festival*. Department of Recreation and Tourism Management Malaspina University-College.

Sharpe, E. K. (2008). Festivals and social change: Intersections of pleasure and politics at a community music festival. *Leisure Sciences, 30*(3), 217–234. https://doi.org/10.1080/01490400802017324.

Sherif, M. (1966). *The psycholgogy of social norms*. Harper & Row, Pubisher, Incorporated.

Simms, A. (2005). Economy: The economic problem of sustainable governance. In G. Ayre & R. Callway (Hg.), *Governance for sustainable development: A foundation for the future* (S. 73–89). Earthscan.

Smith, R. (2010). Beyond growth or beyond capitalism. *real-world economics review* (53), 28–42.

Snell, K. (2005). *Music education through popular music festivals: A study of the OM music festival in Ontario, Canada*. Action for Change in Music Education. http://act.maydaygroup.org/articles/Snell4_2.pdf. Abgerufen am 12.09.2019.

Sobbe, G., Herrenbrück, S. & Drücke, F. (2020). *Musikindustrie in Zahlen: Das Jahrbuch des BVMI* [Umsatz]. Bundesverband Musikindustrie. https://www.musikindustrie.de/fileadmin/bvmi/upload/06_Publikationen/MiZ_Jahrbuch/2019/Musikindustrie_in_Zahlen_2019.pdf. Abgerufen am 26.06.2020.

Speth, J. G. (2012). *America the possible: Manifesto for a new economy*. Yale University Press. http://www.jstor.org/stable/10.2307/j.ctt32brhz. https://doi.org/10.2307/j.ctt32brhz.

Spiegel Online. (2014). *Müll bei Open-Air-Konzerten: Was vom Festival übrig bleibt*. Leben und Lernen. https://www.spiegel.de/lebenundlernen/uni/festivals-muell-bei-open-air-konzerten-a-970876-druck.html. Abgerufen am 25.09.2019.

Spitzer, M. (2017). Die Smartphone-Denkstörung. *Nervenheilkunde, 36*(08), 587–590. https://doi.org/10.1055/s-0038-1627505.

Stäheli, U. (1999). Das Populäre zwischen Cultural Studies und Systemtheorie. In H. Schwengel & B. Höpken (Hg.), *Grenzenlose Gesellschaft?* (S. 321–336). Centaurus Verlag & Media; Imprint.

Stangl, W. (2020). *Eskapismus*. https://lexikon.stangl.eu/12053/eskapismus/. Abgerufen am 16.7.2020.

Stenseng, F. A. (2009). *dualistic approach to leisure activity engagement: On the dynamics of passion, escapism, and life satisfaction*. Department of Psychology, Faculty of Social Sciences, University of Oslo, Oslo.

Stone, C. (2009). The british pop music festival phenomenon. In J. Ali-Knight (Hg.), *Advances in tourism research series. International perspectives of festivals and events: Paradigms of analysis* (S. 205–224). Elsevier Science. https://doi.org/10.1016/B978-0-08-045100-8.00014-4.

Strauss, A. L. & Corbin, J. (1994). Grounded theory methodology: An overview. In N. K. Denzin & Y. S. Lincoln (Hg.), *Handbook of qualitative research* (S. 273–286). Sage.

SurveyGizmo. (2019). *Enterprise online survey software and tools*. https://www.surveygizmo.com/. Abgerufen am 25.09.2019.

Süthoff, A. (2015). *Sex, drugs and crime: Wie viel Kriminalität gibt es auf Festivals?* VICE Media GmbH. https://www.vice.com/de/article/64d8b3/kriminalitat-auf-festivals-931. Abgerufen am 30.09.2019.

Sutton-Smith, B. (1972). Play as a transformational set. *Journal of Health, Physical Education, Recreation, 43*(6), 32–34. https://doi.org/10.1080/00221473.1972.10614080.

Taylor, C. (1995). *Das Unbehagen an der Moderne* (1. Aufl.). *Suhrkamp-Taschenbuch Wissenschaft: Bd. 1178*. Suhrkamp.

TerraChoice. (2010). *The sins of greenwashing: A report on environmental claims made in the north american consumer market* [Home and Family Edition]. http://faculty.wwu.edu/dunnc3/rprnts.TheSinsofGreenwashing2010.pdf. Abgerufen am 17.07.2020.

Turkle, S. (2011). *Alone together: Why we expect more from technology and less from each other*. Basic Books.

Turner, V. (1964). Betwixt and between: The liminal period in rites de passage. In J. Helm (Hg.), *Proceedings of the Annual Spring Meeting of the American Ethnological Society: Bd. 1964. Symposium on new approaches to the study of religion* (S. 4–20). Univ. of Washington Press.

Turner, V. (1969). *The ritual process: Structure and anti-structure. The Lewis Henry Morgan lectures: Bd. 1966*. Routledge & Kegan Paul.

Turner, V. (1974). Liminal to liminoid, in play, flow, and ritual: An essay in comparative symbology. *Rice Institute Pamphlet – Rice University Studies, 3*(60), 53–92.

Turner, V. & Abrahams, R. D. (1995). *The ritual process: Structure and anti-structure. The Lewis Henry Morgan lectures: Bd. 1966*. Aldine de Gruyter.

Ufer, G. (2020). *Harald Welzer zur Corona-Exitdebatte: „Das ist gute alte obrigkeitsstaatliche Haltung"* [Harald Welzer im Gespräch mit Gesa Ufer]. Deutschlandfunk Kultur. https://www.deutschlandfunkkultur.de/harald-welzer-zur-corona-exitdebatte-das-ist-gute-alte.2950.de.html?dram:article_id=474237. Abgerufen am 17.07.2020.

Ulrich, P. (2005). *Sozialökonomische Bildung für mündige Wirtschaftsbürger: Ein programmatischer Entwurf für die gesellschaftliche Rekontextualisierung der wirtschaftswissenschaftlichen Lehre. Berichte des Instituts für Wirtschaftsethik: Bd. 105*. Univ. Inst. für Wirtschaftsethik.

UNCED (Hg.) (1992). *Agenda 21: Konferenz der Vereinten Nationen für Umwelt und Entwicklung*.

UNO (Hg.) (2015). *Transforming our world: The 2030 agenda for sustainable development*.

Unsworth, N. & Spillers, G. J. (2010). Working memory capacity: Attention control, secondary memory, or both? *Journal of Memory and Language, 62*(4), 392–406. https://doi.org/10.1016/j.jml.2010.02.001 (A direct test of the dual-component model).

van Gennep, A. (1981). *Übergangsriten*. Campus Verl.

Wächter, M. & Janowicz, C. (2012). Sozial-ökologische Forschung als soziale Innovation: Kann ein Forschungsprogramm die Gesellschaft verändern? In G. Beck, C. Kropp & I. Deppe (Hg.), *Gesellschaft innovativ: Wer sind die Akteure?* (1. Aufl., Bd. 14, S. 297–313). VS Verlag für Sozialwissenschaften/Springer Fachmedien Wiesbaden GmbH Wiesbaden. https://doi.org/10.1007/978-3-531-94135-6_17.

Wall, A. & Behr, F. (2010). *Ein Ansatz zur Messung der Nachhaltigkeit von Events: Kernziele eines Nachhaltigkeitsmanagements von Events und Indikatoren zur Messung der Nachhaltigkeit*. CSM Lehrstuhl für BWL insbes. Umweltmanagement, Leuphana Universität Lüneburg.

Ward, A. F., Duke, K., Gneezy, A. & Bos, M. W. (2017). Brain drain: The mere presence of one's own smartphone reduces available cognitive capacity. *Journal of the Association for Consumer Research, 2*(2), 140–154. https://doi.org/10.1086/691462.

Webster, E. (2016). *From Glyndebourne to Glastonbury: The impact of british music festivals*. Norwich: Arts and Humanities Research Council/University of East Anglia. https://doi.org/10.6084/m9.figshare.3413836.

Welzel, C. (2009). Werte- und Wertewandelforschung. In V. Kaina & A. Römmele (Hg.), *Politische Soziologie: Ein Studienbuch* (S. 150–181). VS, Verl. für Sozialwiss. https://doi.org/10.1007/978-3-531-91422-0.

Welzer, H., Soeffner, H.-G. & Giesecke, D. (Hg.). (2010). *Sozialwissenschaften 2010. KlimaKulturen: Soziale Wirklichkeiten im Klimawandel*. Campus Verl.

Welzer, H. & Sommer, B. (2014). *Transformationsdesign: Wege in eine zukunftsfähige Moderne. Transformationen: Bd. 1*. Oekom Verl.

Welzer, H. & Wiegandt, K. (Hg.). (2012). *Perspektiven einer nachhaltigen Entwicklung: Wie sieht die Welt im Jahr 2050 aus?* (2. Auflage, Bd. 18794). Fischer Taschenbuch Verlag.

Weser Kurier. Autos von *Hurricane*-Besuchern stecken noch im Schlamm fest. *Weser Kurier,* 2016. https://www.weser-kurier.de/region/niedersachsen_artikel,-Autos-von-HurricaneBesuchern-stecken-noch-im-Schlamm-fest-_arid,1406800.html. Abgerufen am 21.07.2020.

Whellams, M. & MacDonald, C. (2008). Greenwashing. In R. W. Kolb (Hg.), *Encyclopedia of business ethics and society* (S. 1042–1043). Sage.

Wilks, L. (2011). Bridging and bonding: Social capital at music festivals. *Journal of Policy Research in Tourism, Leisure and Events, 3*(3), 281–297. https://doi.org/10.1080/19407963.2011.576870.

Wilks, L. (2015). Social capital in the music festival experience. In S. J. Page & J. Connell (Hg.), *Routledge handbooks. The Routledge handbook of events*. Routledge. https://doi.org/10.4324/9780203803936.ch17.

WOA. (o. D.). *Wacken: Metal 4 nature*. WOA Festival GmbH. https://www.wacken.com/de/news-details/metal-4-nature-nachhaltigkeit-beim-woa/. Abgerufen am 21.07.2020.

Wong, I. A., Wan, Y. K. P. & Qi, S. (2015). Green events, value perceptions, and the role of consumer involvement in festival design and performance. *Journal of Sustainable Tourism, 23*(2), 294–315. https://doi.org/10.1080/09669582.2014.953542.

Wood, A. M., Linley, P. A., Maltby, J., Baliousis, M. & Joseph, S. (2008). The authentic personality: A theoretical and empirical conceptualization and the development of the authenticity scale. *Journal of Counseling Psychology, 55*(3), 385–399. https://doi.org/10.1037/0022-0167.55.3.385.

Wrigley, W. J. & Emmerson, S. B. (2013). The experience of the flow state in live music performance. *Psychology of Music, 41*(3), 292–305. https://doi.org/10.1177/0305735611425903.

Yee, N. (2006). Motivations for play in online games. *Cyberpsychology & behavior: the impact of the Internet, multimedia and virtual reality on behavior and society, 9*(6), 772–775. https://doi.org/10.1089/cpb.2006.9.772.

Ziegenrücker, W. & Wicke, P. (1989). *Sachlexikon Popularmusik* (2. Aufl.). *Piper: Bd. 8223: Musik.* Schott; Piper.

The manufacturer's authorised representative in the EU is Springer Nature Customer Service Centre GmbH, Europaplatz 3, 69115 Heidelberg, Germany. If you have any concerns regarding our products, please contact ProductSafety@springernature.com

Printed and bound by CPI Group (UK) Ltd, Croydon, CR0 4YY

23/03/2026

02076749-0006